岳飞评传

龚延明 著

浙江古籍出版社

图书在版编目（CIP）数据

岳飞评传/龚延明著. —— 杭州：浙江古籍出版社，2023.11

ISBN 978-7-5540-2694-6

Ⅰ.①岳… Ⅱ.①龚… Ⅲ.①岳飞（1103—1142）—评传 Ⅳ.①K825.2

中国国家版本馆 CIP 数据核字（2023）第 176123 号

岳飞评传

龚延明　著

出版发行	浙江古籍出版社
	（杭州体育场路 347 号　电话：0571-85068292）
网　　址	https://zjgj.zjcbcm.com
责任编辑	石　梅
责任校对	吴颖胤
封面设计	吴思璐
责任印务	楼浩凯
照　　排	杭州立飞图文制作有限公司
印　　刷	浙江海虹彩色印务有限公司
开　　本	880mm×1230mm　1/32
印　　张	12.5
字　　数	324 千字
版　　次	2023 年 11 月第 1 版
印　　次	2023 年 11 月第 1 次印刷
书　　号	ISBN 978-7-5540-2694-6
定　　价	79.00 元

如发现印装质量问题，影响阅读，请与本社市场营销部联系调换。

目 录

前 言 ··· 1
第一章 生于危亡之秋 ································· 3
 一、徽宗的腐朽朝政 ································ 3
 二、童年时代 ······································· 12
 三、从军征辽 ······································· 15
 四、靖康之祸 ······································· 18
 五、初上抗金战场 ································· 25
第二章 初期抗金活动 ································· 30
 一、赵构即帝位 ···································· 30
 二、上书遭罢官 ···································· 35
 三、第四次从军 ···································· 38
 四、渡河战太行 ···································· 40
 五、阴风彤云之际遇宗泽 ······················· 42
第三章 转战江南 ·· 46
 一、宋金战争的严峻形势 ······················· 46
 二、苦谏杜充守东京 ····························· 54
 三、守钟山以忠义励卒 ·························· 57
 四、转战敌后 ······································· 61

五、收复建康 ··· 66
　　六、任命为通泰镇抚使 ··· 70
　　七、冒死救援楚州 ··· 74
第四章　讨伐军贼游寇 ··· 78
　　一、宋金对峙局势的形成 ·· 78
　　二、讨伐军贼游寇 ··· 91
第五章　奉命弹压农民起义 ·· 102
　　一、农民奋起反对南宋朝廷的残酷剥削 ·································· 102
　　二、奉命镇压农民起义 ·· 103
第六章　收复失地 ·· 121
　　一、收复襄阳六郡 ··· 122
　　二、长驱伊洛 ··· 130
　　三、抱疾出师援淮西 ·· 137
第七章　强烈反对宋金和谈 ·· 145
　　一、和谈之前的宋金形势 ··· 145
　　二、强烈反对宋金和谈 ·· 162
　　三、从"乞谒陵寝"到"请解军职" ·· 179
第八章　指麾中原大举北伐 ·· 185
　　一、金国毁约南侵 ··· 185
　　二、挺进中原 ··· 193
　　三、北伐势如破竹 ··· 198
　　四、十年之功废于一旦 ·· 210
　　五、尾声：再援淮西 ·· 216
第九章　千古奇冤"莫须有" ·· 220
　　一、明升暗降解除兵权 ·· 220
　　二、挺身而出，保护韩世忠 ··· 224

三、横遭罢官 ································· 229
　　四、捏造"谋反"罪名，父子下狱 ················· 231
　　五、罗织"莫须有"罪状 ························· 238
　　六、高宗是杀害岳飞的元凶 ······················ 243
　　七、朝野万马齐喑 ······························ 246

第十章　高风亮节　旷世贤将 ······················ 249
　　一、节俭廉洁　谦虚敬贤 ························ 249
　　二、教子从严　奉母至孝 ························ 253
　　三、身先士卒　执法严明 ························ 255

第十一章　论岳飞忠孝观 ·························· 259
　　一、克尽事亲之道 ······························ 259
　　二、尽忠报国 ·································· 262
　　三、驳岳飞"愚忠"论 ··························· 267

第十二章　论岳飞的军事思想 ······················ 278
　　一、两种战争观 ································ 279
　　二、治军思想的特点 ···························· 280
　　三、战例简析 ·································· 291

第十三章　《满江红》及其文学影响 ················ 295
　　一、《满江红》真伪争论的由来 ··················· 296
　　二、岳飞诗词的文学影响 ························ 300
　　三、"有诸葛孔明之风" ························· 305
　　四、力斫余地的书法艺术 ························ 310

第十四章　碧血丹心　心昭天日 ···················· 313
　　一、沉痛悼念与平反昭雪 ························ 313
　　二、昭忠绵绵无尽期 ···························· 318
　　三、新程万里驾长车 ···························· 328

附　录 ·· 330
　　一、岳飞生平大事年表 ··· 330
　　二、岳飞平反昭雪后的官衔 ······································· 333
　　三、岳飞仕履编年与考释 ·· 334
后　记 ·· 392

前　言

　　12世纪20年代，我国北方女真贵族发动了对北宋政权的大规模掠夺战争，给汉族和其他民族的人民制造了莫大的灾难。北宋政权灭亡了，宋徽宗、宋钦宗当了金人的俘虏。新建的南宋王朝，在投降派的把持下，避敌南逃。金军节节入侵，不甘忍受民族压迫的人民，纷纷起来抗击，展开了一场保家卫国的斗争。岳飞满怀爱国热情，投入了抗金的行列。

　　出身农民的岳飞，从12世纪20年代末至30年代后期，以杰出的军事才能，率领岳家军同金军进行了大小数百次的战斗，所向披靡，沉重地打击了侵略者的气焰，保卫了南方社会，鼓舞了南宋人民的抗金斗志。不到十年，岳飞"位至将相"，成为使敌人闻风丧胆的英雄统帅、南宋抗金斗争的中流砥柱。

　　南宋绍兴十年（1140），岳飞挥师大举北伐，势如破竹，取得了节节胜利。岳家军连克郾城、郑州、洛阳、朱仙镇等地，北渡黄河已指日可待。金军统帅兀术准备放弃开封向北撤退。然而，正在这时，假抗金真投降的宋高宗赵构与秦桧合谋，连下诏书，召岳飞班师，以此向金表示议和的诚意，从而葬送了抗金斗争的大好形势。

　　绍兴十一年（1141）年末，南宋朝廷以屈辱称臣、割地纳贡的条件，换来一纸"宋金和约"。从此，宋金大体上以淮河为界，出现了南北长期分裂的局面，严重地阻碍了社会经济的发展。

在抗金的民族战争中，岳飞不但是一个伟大的民族英雄，而且是一个坚持正义、敢于同昏君奸相作斗争的忠臣。岳飞站在爱国主义的立场上，代表各族人民反对掠夺、反对压迫的意志，喊出了"还我河山"的时代最强音，坚决反对向金人投降乞和。他不顾个人安危，当面斥责奸相秦桧"谋国不臧（善），恐贻后世讥"；上书高宗，严正地指出"金人不可信，和议不可恃"，从而引起了宋高宗和秦桧的忌恨。

在宋金议和过程中，岳飞遭受秦桧、张俊等人的诬陷，被捕入狱。最后，以"莫须有"的"谋反"罪名，被朝廷杀害。

事隔二十一年，赵昚即位，史称孝宗。他感到人民有强烈的抗金要求，民心不可侮而可用；在规划北伐中原时，首先为岳飞平反昭雪，将岳飞的遗骨以礼改葬于杭州西湖之滨的栖霞岭下。

从此，八百多年来，民族英雄岳飞的庙墓一直受到群众的瞻仰。岳飞刚直不阿的品质、爱国主义的精神和高尚的民族气节，已经成为激励人们更加热爱祖国、热爱人民、坚决反抗外来侵略的强大的精神力量，而秦桧一伙民族罪人，则遭到人民的谴责和历史的审判。

在"文化大革命"期间，杭州岳飞庙墓遭遇浩劫，岳飞的英名蒙受玷污。粉碎"四人帮"后，在党和政府的大力关怀和支持下，在人们热切的期待之中，经过修复的岳飞庙墓于新中国成立三十周年前夕重新开放。

岳飞的历史命运，再一次证明了一个颠扑不破的真理：人民的意志不可侮！

第一章　生于危亡之秋

宋徽宗赵佶崇宁二年（1103），岳飞出世了。岳飞的幼年、少年、青年时代，恰好处于宋徽宗在位时期。他未能遇上太平盛世，而是遭逢朝政腐朽、内外交困的战乱末世。

艰难时势，使处于社会最底层的岳飞受尽磨难，同时，也给志向远大的岳飞提供了施展抱负、叱咤风云的机会。

一、徽宗的腐朽朝政

元符三年（1100）春，二十岁的宋哲宗赵煦病故。哲宗无子，谁来继位？仓猝之际，宫廷内顿时风起浪作，乱作一团。宰相章惇力主立君立长，由申王赵佖嗣位。皇太后向氏则执意推举神宗赵顼十一子端王赵佶为帝。赵佶行为不端，在宫中早有传闻。章惇坚决反对赵佶继位，当着向太后面，直陈："端王轻佻，不可以君天下。"然而，在关键时刻，一些大臣见风使舵，倒向向太后一边，章惇势孤力单，端王赵佶终于被召入宫，当日即位于哲宗灵柩前[1]。可悲的是，不幸被章惇言中，这位"轻佻"皇帝赵佶，昏庸当政二十五年，最后把北宋王

---

[1]《宋史》卷二四三《后妃》下《神宗向皇后》；〔明〕陈邦瞻《宋史纪事本末》卷四八《建中初政》。

朝推向深渊。

宋徽宗是一个沉迷于声、色、书、画的风流天子,政治上无能的昏君。他能吟诗、作画,书法、踢球更为精通。在游赏玩乐方面,谁能投其所好,谁就有机会得到重用。听差高俅,靠着一次送篦子到端王府的机会,在赵佶面前显示了蹴鞠"好手脚",从而获得赏识;赵佶当皇帝后,高俅步步高升,官运亨通,一直做到禁军统帅——殿前都指挥使,还被授予"使相"的高阶。以徽宗赵佶的能耐,当一个画家、书法家,还是一块料。可是,把这样一个视国家权力如同儿戏的风流才子,推上君临天下的皇帝高位,他是否能做到"任贤使能",组织起一个公正廉洁、富有效率的政府班子呢?历史的回答,当然是否定的。

(一)蔡京集团的形成

宋徽宗在位期间,长期宠信的掌握国家军政最高权力的大臣,全是一班弄臣——蔡京、王黼、童贯、梁师成、朱勔、李彦,史称"六贼"。

蔡京因为擅长书法,并在政治上善于逢迎,赢得徽宗赏识,遂于崇宁元年(1102),即岳飞出生前一年,就当上了右相。此后四次封相,把持相权十七年之久。以权谋私,成了蔡京的专利。"蔡京拜相不数年,子六人、孙四人同时为执政、从官。"并利用手中权力,卖官鬻爵:"三千索,直秘阁;五百贯,擢通判。"无德无能之辈,通过向蔡京"输货僮佞以得美官者,不可胜数"[1]。

王黼因风姿美好,并在侍候徽宗时,善卖弄风情,"(着)短衫窄裤,涂抹青红,杂倡优、侏儒,多道市井淫媟谑浪语"[2],博得徽宗欢笑,而受到宠信,爬上了相位。他在相位五年,极尽搜刮之能事,"凡四方水土珍异之物,悉苛取于民,进帝所者不能什一,余皆入其家",家中蓄

---

[1] 〔宋〕王称《东都事略》卷一〇一《蔡京传》。
[2] 《宋史》卷四七二《奸臣·蔡京传·子攸传》。

养姬妾成群、所藏金银玉帛山积，可与皇帝相比①。

宦官童贯与苏州大商人朱勔，迎合徽宗喜好奇花异草、飞禽走兽，在江南设立应奉局和造作局，大肆搜刮珍异花木、江湖异石，用"花石纲"（每十船组成一纲）经运河源源不断运往京城开封，以供佐修皇家花园，因而得到徽宗嘉赏。童贯一个宦官，竟超擢节度使、使相、领枢密院事，手握兵权达二十年之久，朝中辅弼、地方长官"多出其门"，"流毒四海"②。宦官李彦，在北方汝州置供奉局，"发物供奉，大抵类朱勔"③。

宦官梁师成，迎合徽宗好礼文符瑞，"得君贵幸"，凡徽宗发号施令之"御书"，"皆出其手"，成了徽宗代言人，权势熏天，拜官至节度使、太尉。执政官、侍从官多出其门。京师人视他为"隐相"④。

这样一班奉承拍马、营私舞弊的弄臣窃取国家要职，麇集在皇帝周围，朝政怎能不黑暗？国家怎能不败亡？

身为宰相的蔡京，不思治国，而是挖空心思博取皇帝欢心。徽宗想粉饰太平，又嗜好玩乐，他就借用《易经》中"丰亨，王假之""有大而能谦必豫"的话，提出"丰亨豫大"的口号，说宋朝的礼乐制度和宫室规模，都同国家的富强和徽宗君德之隆盛不相称，需要扩建宫室，修建无比富丽堂皇的宫殿园苑。他又怂恿徽宗应"享天下之俸"。其子蔡攸在徽宗面前唱和"以四海为家，太平为娱"，何必"徒自劳苦"，让有限的时光白白流逝。这些劝进，正中徽宗下怀。

皇帝属意，奸党闻风而动。于是，宋神宗朝通过变法而储积起来的大量金银、布帛和粮食，这些原本可用于对抗西夏和辽国的战备物资，全部被移用于大兴土木、扩建宫殿、建造园苑。他们役使上万人工，铸造二十二万斤重的九鼎、修建安放九鼎的九成宫，以显示皇权浩大；兴

---

① 《宋史》卷四七〇《佞幸·王黼传》。
② 〔宋〕王称《东都事略》卷一二一《童贯传》；《宋史》卷四六八《宦者传》三《童贯传》。
③ 《宋史》卷四六八《宦者传》三《杨戬传·附李彦》。
④ 《宋史》卷四六八《宦者传》三《梁师成》。

造供祭祀用的明堂和侈丽高广的延福宫；并在京城平地上，费时六年，用人工堆起最高达九十步、周十余里的万岁山，也称艮岳。山林岩壑宛若天成，所用花石草木，全由"花石纲"经数千里水道运来，来自太湖、慈溪、灵璧的奇石玲珑美观，高达数丈。所耗费的劳动人民生命财产，难以计算。据史载，一块高达四丈的太湖石，搬运的船夫达数千人之多，所过之处，拆毁桥梁、城墙、水门，几无宁日。"花石纲"船太多，以至于运河水道容纳不下，就"取道于海，每遇风涛，则人船皆没，柱死无算"[①]。即使小至一竿竹，从浙江运至开封，全程也需花费五十贯，抵得上四等户的全部家产。不仅如此，朱勔等应奉局官吏，从中渔利，巧取豪夺，无恶不作，大发横财。朱勔因此掠夺到的田产就达三十万亩之多。靠刮取千百万劳动人民脂膏建造的穷极奢丽的宫观园苑，只供皇帝和极少数人享用，这就是"六贼"的"政绩"之一。

宋徽宗十分迷信天符、祥瑞、幻术，痴迷于道教。蔡京一伙就为他引荐方士。温州道士林灵素，善幻术，被荐引至徽宗前。林灵素吹捧徽宗是"长生大帝君"降世，徽宗大喜，赐号"通真达灵先生"。于是，徽宗在景龙门东建造上清宝箓宫，并修造与皇宫秘密相连的通道。他还下令在全国州治、府治修造道教宫观，每个宫观赐予田产，自几十顷至几百顷不等，这些田地都是从附近民户处攘夺来的。并专门制定了道官、道阶名称及升迁序列，给道士授官、授禄。林灵素被授为冲和殿侍晨、金门羽客，赐金牌，许随时入殿[②]；出入有侍卫"呵引"。他的门徒任道官，支厚俸，"美衣玉食，几二万人"[③]。徽宗朝花在道教迷信上的费用，成为国家财政中一笔巨大开支。更严重的是，身为皇帝的徽宗，醉生梦死，自称"教主道君皇帝"，置国事于不顾，常和道士在一起，装神弄鬼，编造天书，欺世惑众。

---

① 〔宋〕方勺《青溪寇轨》附《容斋逸史》。
② 〔宋〕赵与时《宾退录》卷一。
③ 《宋史》卷四六二《方技》下《林灵素》。

宋徽宗、蔡京一伙北宋最高统治集团，都过着穷奢极欲、纸醉金迷的腐朽生活。宋徽宗把十分名贵的进口香料灌在蜡烛内，使点燃的蜡烛放出馨香，每晚在寝殿内要点数百支，并赐给其他殿阁。蔡京做一碗羹要杀鹌鹑数百只；一次，他请客吃饭，仅做蟹黄馒头一项，就花了一千三百多贯。为了满足挥霍无度的生活，他们把前几朝积储下来的国家府库花得一干二净。徽宗仅即位三四年，财政就陷入了严重的入不敷出的困境，全年的国家赋税收入，八九个月就用完了。为此，他们不顾百姓死活，滥发纸币，铸当五、当十大钱，造成物价飞涨；增加各种名目的课税，通过"脚钱""折变""加耗"等手段，使农民负担的正税成倍甚至十倍地增加。为了增加可供御前支用的财富，徽宗又于政和元年（1111）设置"西城括田所"，派亲信宦官杨戬、李彦，制造种种借口，侵夺京东西、淮西北、河东、河北等地区的大河淤流之处已开垦的农田及荒山、退滩土地，作为"公田"，强迫自耕农充当佃户，按照对分方式，向官府交租。十年之间，西城括田所括取的农民土地达343万多亩。这简直是对农民赤裸裸的掠夺。

宋徽宗、蔡京一伙前后二十五年的腐朽统治，使一个处于封建文化发展高峰期的国家，实力大大削弱，把广大劳动人民推向了苦难的深渊。北宋农民对黑暗统治恨之入骨。当时民间广泛流传着一首民谣："打破筒（指童贯），泼了菜（蔡京），便是人间好世界。"[①] 地下的野火已在燃烧，反抗北宋政府的腐朽统治已迫在眉睫。

（二）农民的反抗斗争此伏彼起

压迫愈深，反抗愈烈。人民向往"人间好世界"，他们终于张扬起造反旗帜，高举起锄头、大刀，向反动的封建统治发起冲击了。

---

① 〔宋〕吴曾《能改斋漫录》卷一二《记事·打破筒泼了菜》。

政和六年（1116），淮河南岸爆发了刘五领导的农民起义。他们在庐州、寿州一带，杀官吏、除恶霸，引起北宋政府的恐慌。朝廷连忙调动几万官兵，把他们镇压了下去[①]。

宣和元年（1119），宋江起义在京东地区（今河南东部、江苏北部及山东一带）爆发了。宋江起义军虽人数不多，队伍却精干，能征善战，武艺高强，并打出"劫富济贫"的旗号，把贪官污吏、地主土豪的财产分给贫苦农民，得到了当地老百姓的帮助和拥护，因而能以少胜多，屡败宋军。史称以"三十六人"横行河朔、齐鲁间，实际人数当有数百上千，"转略十郡，官军莫敢婴其锋"[②]。

与之遥相呼应，宣和二年（1120），在方腊的号召下，浙江西部山区青溪县爆发了声势浩大的农民起义。方腊在起义前"椎牛酾酒"的誓师大会上动员说：

> 天下国家本同一理。今有子弟耕织，终岁劳苦，少有粟帛，父兄全拿去挥霍，只要稍不如意，则鞭笞酷虐随之而来，至死都不手软，你们甘心吗？
>
> 今赋役繁重，官吏侵渔，农桑不足以供应。我辈赖以为生的漆楮竹木，又全被科征夺走。……官府暴虐如此，天下人之心能不发怒吗？
>
> 加之声色、狗马、土木、祷祠、甲兵、花石靡费之外，每年又贿赂西北二虏（指西夏、辽国）银绢以百万计，这些全都是我东南百姓的膏血啊！二虏得之，反而更加轻视中国，岁岁侵扰不休。……我们百姓终岁勤苦，妻子冻馁，求一日温饱都不可能。大家看，该怎么办？

[①] 〔宋〕李纲《梁溪大全集》卷一〇九《与郑少傅书》。
[②] 《宋史》卷三五三《张叔夜传》。

众人听了，个个热血冲顶，怒不可遏，齐声高呼："唯命！"[1]

方腊起义军矛头直指官府，在不到三个月时间内，各地响应的起义军达上百万之众，连续攻占了睦（今浙江建德）、歙（今安徽歙县）、杭（今浙江杭州）、婺（今浙江金华）、衢（今浙江衢州）、处（今浙江丽水）等六州五十二县，一次又一次击败前来镇压的宋军，震动了东南半壁江山。宋徽宗慌了手脚，急忙派手握兵权的童贯率领十五万装备一流的精兵，前来镇压。农民军以劣势的装备，英勇顽强地与之浴血奋战了一个月之久。不幸，方腊在帮源洞被俘，起义军最终被血腥地镇压了下去。童贯下令残杀起义军将士，前后总计达百万；无辜被害的平民不下二百万。富庶的两浙地区遭到极大破坏，土地荒芜，遗矢蒿墙，村落萧然。社会变得更加动荡不安，加剧了北宋王朝内外交困的局势。

（三）宋金"海上之盟"

宋代在北方先后有两个强敌。从宋初以来，一直压得宋朝喘不过气来的是辽国。辽国初称契丹国，是公元907年由耶律阿保机在统一契丹族部落联盟基础上建立起来的。其都城设在上京临潢府。此外，为了便于对中国东北部新征服的渤海、奚、汉人集中聚居地区的统治，又设立了东京辽阳府、南京燕山府、西京大同府、中京大定府。辽国强盛时，宋太宗赵炅二次征辽均告失败。至宋真宗赵恒景德元年（1004），宋辽签订"澶渊之盟"：宋朝每年向辽贡岁币银十万两、绢二十万匹，两国沿边州军各守疆界，不得交侵。这才算换来屈辱的边境安宁。然而，至宋徽宗建中靖国元年（1101），辽王朝传位到末代皇帝耶律延禧，国势日趋衰弱。辽国贵族统治集团对其统治范围内的少数民族实行残

---

[1]《青溪寇轨·附容斋逸史》。

酷的剥削和压迫，激起了女真人、渤海人的强烈憎恨与反抗。

女真族建立的国家为金国。女真，又称女直（避辽兴宗耶律宗真讳，改女真为女直），系我国东北部境内一个历史悠久的民族。在辽、宋对峙时期，女真族隶属于辽。其中一部女真人被编入辽国户籍，称"熟女真"，未被编入辽国户籍的称"生女真"。生女真有十多万人，居住在黑龙江中下游和长白山地区。辽国每年要向女真各部索取北珠、貂皮、生金、名马、人参和海东青（猎鹰）。在与女真人的交易活动中，辽地方官员经常欺诈女真人，强制用低价购买物品，并向他们摊派名目繁多的徭役、贡赋。辽朝派往女真部落巡视的"银牌天使"，十分傲慢凶恶，所之处，敲诈勒索，还要强迫女真人献美女"荐枕"，稍不如意，就殴打村长或村民。贡奉海东青更给女真人带来沉重负担和莫大痛苦。因为海东青生活在沿海地区，要捕获海东青，必须打开一条穿越邻部五国部领土的通路。到了辽朝末年耶律延禧统治时，这种民族压迫变得更加残暴。积累在几代女真人心中的怨恨、愤怒，终于爆发为以完颜阿骨打为首的有组织的大规模抗辽斗争。

政和三年（1113），完颜阿骨打（史称金太祖）担任女真部落联盟的酋长（都勃极烈），并照例由辽封为节度使[①]。阿骨打上台后，顺应女真人反抗辽朝奴役与掠夺的要求，于1114年冬，以向辽索取阿疏（投辽的女真部落酋长）不允为由，发动了对辽征讨战争。一举夺取了辽军把守的军事防御据点宁江州和出河店，女真以一万之众，击垮辽军七十万。辽人曾言："女真满万，则不可敌。"此役之结果，大长女真人志气，在辽国内部引起一片恐慌。公元1115年，阿骨打称帝，国号大金，年号收国。他死后的庙号为太祖。在按出虎水（金水）旁建都，称皇帝寨（后更名会宁府）[②]。阿骨打称帝后，整顿和加强了金朝军队，

[①] 《金史》卷一《太祖纪》。
[②] 〔宋〕徐梦莘《三朝北盟会编》卷二〇，许亢宗《宣和乙巳奉使行程录》。

推行军民合一的猛安（千夫长）、谋克（氏族长，即百夫长）制度。平时从事生产，战时应征出战，既保障了供给，又保持了较强战斗力。

这一年秋天，阿骨打率军攻下了军事重镇黄龙府。辽天祚帝亲自统率十余万辽军反扑，结果在扶余附近又被金军打得大败。金军乘胜攻下东京辽阳府，从此战无不胜。辽军节节败退，辽王朝气息奄奄，灭亡之期已近在眼前。

辽阳府所辖地区即辽东半岛，与北宋的山东半岛遥遥相望。这就给宋金两国联络提供了安全的海上通道。

辽国在金国进攻下，几无招架之功，危在旦夕。此消息一传到开封（史称东京）北宋王宫，正被此起彼伏的农民起义搞得寝食不安的徽宗、蔡京集团突发异想：与金结盟攻辽，一举两得，既可收复被辽侵占的燕云十六州，赢得民心；又可转移下层群众的注意力，缓和国内矛盾。

于是，自徽宗政和八年（1118）起，宋廷遣武义大夫马政，自山东半岛登州泛海，以买马为名，与女真谈判结盟[①]。经过几次浮海往来商谈，至宣和二年（1120），金已攻克辽首府——上京，宋金双方才谈定夹攻辽国的"海上盟约"：

> 一、宋、金从北、南两个方向进攻辽，以长城为界，金军攻占长城以北州县，宋军攻占长城以南燕云地区。双方均不得单独接受辽国投降，共同灭辽。
>
> 二、灭辽之后，燕云归宋；宋廷则要把原本供奉给辽的岁币，如数交金。
>
> 三、如果宋兵出师失期，不能履约，即不把燕云交宋。

[①] 〔明〕陈邦瞻《宋史纪事本末》卷五三《复燕云》。

对宋来说，这本来是一个带有屈辱性的条约。但是朝廷要征讨长期侵扰北宋边境的辽国，收复燕云十六州故土的消息传出后，对于北宋的人民却是极大的振奋。

宣和四年（1122），金人邀宋出兵攻辽。北宋却迟迟地才派出童贯、种师道、刘韐等人，统领大军向燕京出发。大军出发之前，刘韐曾出榜招募"敢战士"，岳飞应募，随即奔赴前线。事过十余年，位列将相的岳飞曾回首往事说："国家平燕云之初，臣方束发，从事军旅，誓期尽瘁，不知有家。"①

"誓期尽瘁，不知有家"，这八个字是青年岳飞满腔爱国激情的写照，也是他一生抗金事业中行止的高度概括。

二、童年时代

岳飞于徽宗崇宁二年（1103）诞生。崇宁二年，距徽宗上台的元符三年（1100）刚三年。这一年春天，经常遭受黄河泛滥之灾的河北西路，正是饥荒季节。河北西路相州汤阴县永和乡孝悌里有一家农户，主人叫岳和，自种一些薄田。岳家自他的祖先从山东聊城县搬到孝悌里居住后，世代务农。那年月，官府赋税苛重，豪强任意兼并，侵占农户土地，再加上水、旱、蝗灾不断，农民的生活一年比一年苦，岳和家也只能勉强糊口。但是，岳和为人忠厚热情，他看见同里近邻谁家断粮停炊的，总是慷慨解囊，济人之危。家里人不堪忍受了，难免口出怨言。岳和就开导他们说：一个人一天不吃就饥饿，三天不吃要患病，直至力竭神疲而死。我们一日三餐减为两餐，不吃干的吃稀的，每天半饥半饱，苦是苦了些，但总不至于饿死，以此代价救人一命，难道不值得我们去做吗？为此，岳和一家赢得了乡里的敬重。这一年

---

① 〔宋〕岳珂编、王曾瑜校注《鄂国金佗稡编校注》卷一四《乞终制札子》，中华书局1988年版。

早春二月的十五日（公历 3 月 24 日）晚上，岳飞就在这个勤劳善良的农民家庭中诞生了。

婴儿呱呱坠地的时刻，恰好有一只大鹄鸟在岳家屋顶上飞鸣，岳和感到几分惊异，他希望儿子将来有鲲鹏万里的前程，于是给新生的婴儿取名"飞"。

当时以宋徽宗为首的北宋朝廷，只知一味榨取民脂民膏，对年年泛滥、岁岁闹灾的黄河，从没有着力加以修治。岳飞出生未满月，内黄县的黄河又决口了。内黄西邻汤阴县，处于太行山东面的大平原上。决口的河水很快就卷到汤阴，淹没田园，冲毁庐舍，夺去了成千上万人的生命。当时幸亏岳飞的母亲姚氏，当洪涛奔腾涌进家门时，她急中生智，连忙抱起婴儿坐进了一口大瓮中，随流飘去，后来大瓮总算在一块高地边搁浅了，母子俩被老百姓救上岸，才算保住了性命。

岳飞一到人间，就碰上了这场大变故。从此，岳家家境衰落，由"主户"（自耕农）沦为"客户"（佃农），开始了靠租种别人田地过日子的贫苦生活。几年以后，岳和夫妇又添了一个儿子，名叫岳翻，一家几口，仅靠岳和一人劳动，家计艰难可想而知。这就迫使岳飞从八九岁起，就得跟着父亲参加田间劳动，艰苦的生活磨炼出了他不辞辛劳、刚毅顽强的性格，也使他从小就能较深地体会下层劳动人民的苦难。

岳飞在少年时代就爱好读书。白天，趁劳动的间歇，他手捧书本阅读，或在泥地上练字。一到晚上，更是专心攻读，有时竟通宵达旦，忘记了睡眠。穷人子弟读书是不容易的，比如点灯的灯油，就是一项不小的开支；岳飞就把白天在野外拾来的柴火点燃，当灯照读。再如书籍，除亲友赠送他一些外，他还千方百计地去借书、抄书。凭着刻苦好学的精神、持久不懈的努力，几年以后，他读了很多书，其中最爱读的是史书和兵书，如《春秋左氏传》、孙吴兵法等等[①]，岳飞对这类

---

① 〔明〕钱士升《南宋书·岳飞传》。

书反复阅读，力求深刻理解思想内容，掌握书中的要领，从而接受了传统的爱国主义思想和古代军事战略战术思想。

少年岳飞具有结实的身板、超人的膂力。据说，未成年的岳飞已能拉满三百斤的劲弓，使用八百斤的腰弩。他的外祖父姚大翁一心要把岳飞栽培成为一个有出息的人。早在宋徽宗政和四年（1114）岳飞十一岁时，姚大翁就请了全县闻名的刀枪手陈广，教岳飞抡刀使枪等技击的功夫。岳飞天资颖悟，又肯虚心求教，刻苦用功，经过一段时间后，他的使枪技艺竟然超过了师傅陈广，成为"一县无敌"的枪手。

宋作为泱泱大国，却不能收回被后晋（936—946）石敬瑭出卖给辽的燕云十六州。当时的爱国志士，热烈盼望朝廷有朝一日能颁发向辽征讨的诏书，以便自己或子弟前去应征，为国效力疆场，收回故土。岳飞就是这样一个有志的青年。他练就了使枪技艺后，又到过不少地方跟人学射箭。最后，他拜同乡周同为师。周同箭术高明，爱惜人才，胸怀宽广。他把自己的武艺无保留地都传给门生。岳飞经过一番勤学苦练，便把周同的全部射箭技术学到了手。他能够左右开弓，箭无虚发。一次，周同集合众门徒比试武艺。周同开弓先射，连发三箭，三箭都中在靶上。轮到岳飞试射，他引弓一箭，射断周同集在靶上的箭矢，再一箭，正中靶心。周同非常惊讶，没想到岳飞这么快就超过自己，他为岳飞的进步迅速感到高兴，便把自己珍爱的两张弓赠送给岳飞，期望自己心爱的门生将来能为国家立功。

可惜，周同不久就去世了，这使岳飞十分悲痛。因此，每逢初一、十五，岳飞都要买点肉、酒，拿到周同墓前祭奠一番（没有钱买酒买肉，他就把自己的衣服拿去典当）。祭奠时，岳飞总是拉开周同所赠的弓，连射三箭，然后，便将祭肉埋在墓侧，洒酒。时间一久，岳飞的衣服竟快被典当光了。天气越来越冷，岳飞身上穿的衣服却越来越单。岳飞的父亲感到奇怪，问起情由，岳飞总是沉默不答。做父亲的不免怀疑起儿子是否交上了什么不好的朋友,有些什么不正当的行为。一天,岳飞外出,岳和悄悄地尾随在后,终于把岳飞典衣祭墓的一举一动看得一清二楚。于是,岳和走上前去,对岳飞说:"你学射时跟从的良师益友很多,为何对周同的感情特别深厚呢?"岳飞回答说:"周老师待孩儿特厚,在很短时间内,他就把箭术全部传授给孩儿了。像这样的好老师,应当高寿,活在世上多多培养人才,不幸,他过早地离开了人间。他生前,我未有机会报答恩德;他死后,我只好以祭奠来寄托哀思。至于引弓三发,是孩儿不忘师长传艺之恩的意思。"听了这一席充满义气的话,岳和深深感动。他眼前闪过了岳飞用功读书、刻苦练功的一幕幕情景,终于明白了儿子的抱负,便抚着儿子的背,高兴地说:"倘使将来你能获得施展才能的机会,必定会成为一个不惜为国捐躯的义士忠臣!"岳飞听了父亲的话,也非常激动,便慨然回答说:"只要大人允许我以身报国,还有什么事情办不成功呢!"原来,面对辽、夏两国的骚扰和压迫,北宋朝政的腐败,以及国弱民贫的社会现实,岳飞早就暗自下了"以身报国"的决心了。他的青少年时代,刻苦学文练武,一步一个脚印,都是为着实现自己这一伟大的抱负而努力准备啊!

三、从军征辽

岳飞十六岁那年,和一个刘姓女子结了婚。结婚第二年,长子岳云出世了。由于岳家人口增多,家计艰难,岳飞不得不外出谋生。他"尝为人佣耕",也当过地主庄园的长工[1]。并曾被人推荐,当了一阵子"市游徼"[2]。但岳飞并不情愿干这个巡逻、侦缉的差使,常常借酒解闷,

---

[1] 〔清〕潘永因《宋稗类钞》卷八《搜遗》。
[2] 〔宋〕李心传《建炎以来系年要录》卷八,建炎元年八月乙亥条。

终于因"使酒不检",丢了差使,于是又回去务农。

岳飞二十岁时,朝廷下诏要征伐辽国,说是要收复燕云故土了。岳飞听后,非常兴奋,认为效力国家的时机来临了。于是他毅然弃农从军,奔向征辽的战场。这是岳飞走向政治、军事舞台极为重要的第一步。

岳飞投军时,热切期待王师能一举收复燕地,但这希望却落了空。

原来,宋宣和四年、金天辅六年(1122)正月,金国如约出兵,迅速攻下了辽国的中京大定府,而宋的征辽大军却仍停留在边境一带。这时,又得到辽"以十万兵屯燕京",准备对宋实施报复的边报,朝廷更加惊慌失措。徽宗的"恐辽病"又发作了,他准备废除宋金联盟,退兵回来。但到了三月,金军势如破竹,辽国五座都城,除燕京外,四座已被金军攻占,辽天祚帝耶律延禧西逃。北宋朝廷这时才意识到,如再不出兵,燕京可能被金军夺取,于是命童贯领兵十万"巡边"。皇帝宠幸的高级宦官童贯,对于盗名窃誉十分擅长,对军事指挥却一窍不通,还根本不作认真的战斗部署。临出师,徽宗又下旨给他说,如果辽方不降服,就带领全师回来。童贯接旨后,变本加厉,下令"如敢杀一人一骑,并从军法"。打仗不准杀敌,真是等同儿戏!果然,从东西两路进军的北宋征辽大军,每遇到辽军袭击,宋兵因受不准杀人的约束,不敢交锋,一触即溃。徽宗又连忙下诏撤退。

过了一个月,传来了辽新立皇帝耶律淳病死的消息,北宋朝廷以为有机可乘,于是又"诏童贯毋归",让他节制二十万大军,再次兴师伐辽。都统制种师道因第一次伐辽失利,作为童贯的替罪羊被撤换了下来,由刘延庆担任统兵官。出征之前,辽易州、涿州守将来降。涿州降将郭药师所部常胜军(也称怨军),很能打仗,愿替宋军打头阵攻燕京,因此一开始宋军便获得了一些军事胜利。可是,当郭药师部队攻入燕京,与辽军展开巷战时,号称北宋名将的刘延庆,他的大部队与辽军只隔着一条卢沟河(永定河),但他竟不敢率部渡河应援,致使郭药师部孤军奋战、寡不敌众，不得不撤出燕京。眼看着到手的胜利，竟这样地被葬送了。更可气的是，刘延庆望见对岸的火光，疑心是辽军追兵来了，掉头就跑，二十万大军溃散，辎重扔了一路。燕京不但没有收复，反而损失了大量的军储。十二月，金军由居庸关南下，不战而得燕京。

北宋征辽的失败，后果是十分严重的。第一，使野心勃勃的女真贵族看穿了北宋君臣腐败无能的本质，因而激起了他们更大的掠夺欲望，从此开始了无餍足的对宋朝的勒索和敲诈。其次，从前线溃退下来的败兵，如鸟兽散，有的成了兵匪，到处打劫掠夺，给人民添了祸患。

两次征辽，岳飞都跟随真定府路宣抚刘韐上了前线。刘韐赏识岳飞英俊矫健的仪表、深通兵法的才干和出众的武艺，一见面就"大奇之"，任命岳飞为小队长[1]。第一次征辽失败后，童贯回到开封，刘韐则去担任真定府的知府，岳飞随刘韐到真定。第二次征辽，仍因皇帝昏庸，统帅无能，致使英雄无用武之地，岳飞虽然到了燕京前线，却始终没有得到和敌人交锋的机会，也是无功而返。

这时，有一股"拥众数千"的兵匪，窜扰于相州，攻掠县镇。官军几次进剿，都被打得大败而回。岳飞看到故乡人民横罹兵祸，他寝食不安，主动向刘韐请战，要求拨给一百名骑兵前去剿灭。刘韐经过认真考虑，答应了岳飞的要求，为慎重起见，共拨给了他二百名步骑兵。

岳飞带领二百名步骑兵，披星戴月，行军近五百里，赶到了相州。他先派遣三十名士兵乔装行旅商人，携带行李，推着车子，走向兵匪所盘踞的地区。意料中的事发生了，这三十多个"商人"及所携带的物品，全被兵匪们掳进了营寨。接着岳飞又派遣一百名步兵，于夜间潜伏在敌人营寨前的山脚下。次日，岳飞亲领数十名骑兵，逼近敌营垒进行挑战。兵匪头子陶俊、贾进和看到岳飞所带兵马很少，立即出

---

[1] 〔清〕钱汝雯《宋岳鄂王年谱》卷一，宣和四年条。

战。这伙兵匪自恃人多势众，又有屡胜官军的战绩，十分轻敌；陶俊居然盘腿坐在马背上，边骂边上阵。岳飞和陶俊交战了几个回合，佯装招架不住，拨转马头，直往有伏兵的山下奔跑。众贼乘势追赶上来，没想到正中埋伏。只见岳飞的伏兵跃起厮杀；后面，打入敌人队伍的三十个士兵也一拥而上，从马背上擒获陶俊、贾进和。阵上的敌兵顿时乱成一团，不知所措，全部束手就擒。未上阵的喽啰见势不妙，丢盔弃甲，纷纷逃散。岳飞只用了二百名士兵，就把数千兵匪击溃了。岳飞的军事才能，在他第一次指挥作战中就表现出来了。

岳飞奏凯回到真定府后，因功补了一个承信郎的小官。但任命书还没有下达，便接到了父亲去世的噩耗。岳飞赶忙奔回汤阴守丧。不久，朝廷下令解散"敢战士"，岳飞又重新过起了务农养家的佃农生活。

北宋仁宗时的名相韩琦是安阳人，他的子孙世代当官。韩家在安阳有田产、庄园。岳飞在守丧期内，曾到韩家庄园当过"佃客"。因为他勇力过人，武艺高强，又带过兵打过仗，韩家还要他兼挑保卫庄宅的任务。可是岳飞并不愿过这种生活，因为这时金国统治者正虎视眈眈，准备伺机南下；而北宋朝廷仍然上下欺瞒，苟安逸乐。目击过征辽战场上宋军不堪一击的岳飞，怎能不为国家的前途深深忧虑呢？

四、靖康之祸

北宋灭亡，史称"靖康之祸"。"靖康"为宋徽宗禅位后继任者钦宗赵桓的年号，金灭北宋时值靖康元年（1126）。

史家或谓靖康之祸发端于宋金"海上盟约"，这是有道理的。因为宋不与金结盟攻辽，辽国亦难逃为金所灭的厄运。如此，金与北宋反而可以暂时并存下去。正是"海上盟约"使金窥透了北宋王朝腐朽无能的虚弱本质。事情明摆着：按照"海上盟约"的条款，辽国的燕京、西京应由宋方攻下，结果已如上所述，宋军二次攻燕京不下，最后，大同府和燕京均由金军攻克。金统治者理所当然不愿按约将燕云归还给宋朝。他们对"大宋"这个老大帝国，已从敬畏变成了轻蔑。宋徽宗感到太丢份儿了，经过再三交涉，讨价还价，金主阿骨打才答应将燕京和蓟、景、檀、顺、易、涿六州二十四县归还宋朝。附加条件是：原本每年由宋奉辽的"岁币"，如数转交给金，外加燕京和六州二十四县"代税钱"，每年一百万贯①。谈成以后，金军把燕京城内"职官、富民、金帛、子女"席卷而去②，交给宋廷的仅是一座空城。

而毫无军事指挥能力的大阉童贯，则借此大捞政治资本。明明是宋军几次都打了败仗，他却无耻地吹嘘打了胜仗。宋徽宗更是昏昏然，陶醉于收复燕云的一片颂声之中，忙不迭地给童贯等人加封晋爵，童贯封国公、蔡攸进少师。又命王安中作《复燕云碑》。当然，徽宗统治集团这一手自欺欺人把戏，瞒不过朝野中头脑清醒的人，他们已预感到大祸即将临头，赵宋王朝正面临着金国的严重威胁。马扩的诗就表达了当时笼罩在人们心头的隐忧和悲愤情绪：

> 未见燕铭勒故山，耳闻殊议毛骨寒。
> 愿君共事烹身语，易取皇家万世安。
>
> ——〔宋〕马扩《茅斋自叙》

果然，正当徽宗、蔡京、童贯一伙沉浸在收复燕云庆功封赏喜悦的时候，金天辅七年、宋宣和五年（1123），继金太祖完颜阿骨打即位的金太宗完颜晟（又称吴乞买），看透了北宋王朝的腐朽无能，磨刀霍霍，已准备发动灭宋战争。他在等待适当时机，寻找借口。

---

① 〔明〕陈邦瞻《宋史纪事本末》卷五三《复燕云》。
② 《宋史》卷二二《徽宗纪》四。

这个借口终于找到了。金平州守将张瑴，出于对金军掳掠燕京城人民北去的不满，暗中与宋王朝联络，准备将平州纳归宋朝。这对宋朝来说，是求之于金而未得的州土。宋王朝随即赐以御笔诰命，授予张瑴世袭节度使。不想诰命为金人截获，金统治者十分恼火，马上派兵攻破平州，张瑴逃至燕京，匿藏于同知燕山府郭药师家。金国索取张瑴甚急。宋方不得不斩了一个酷似张瑴的人的脑袋去顶替。金人经辨验，认出是个假张瑴。宋廷出于无奈、无能，不得不从常胜军统帅郭药师家逮出张瑴，将他缢杀，又把他那颗血淋淋的头泡在水银中函送金国。这桩勾当，激怒了郭药师，他愤然说："若来要药师，且奈何？"常胜军上下皆为之泣[1]。原可作北边抵御金军第一道防线军事力量的燕京宋军，为此解体。正是这个郭药师，从此失去了对北宋王朝的信心，不久即降金，反而成了金军侵宋的向导。这到底该怪谁呢？

（一）金兵南侵

更可悲的是，金国对宋缢杀张瑴不买账，照样以宋朝"违誓书"[2]招纳金降将为借口，于宣和七年（1125）十月，发动了大规模的侵宋战争。

金军兵分两路。

东路，由右副元帅斡离不率领从平州出发，取道燕京。燕京守将郭药师捭门迎寇，不但不作任何抵御，还反过来充当金军侵宋的急先锋。燕京一失守，河北其他州郡更无防御力量，斡离不得以顺利地率骑兵长驱直入，向浚州的黄河渡口挺进。

---

[1]〔宋〕徐梦莘《三朝北盟会编》卷一八，宣和五年九月六日条。
[2]〔宋〕李埴《皇宋十朝纲要》卷一八、卷一九。

西路，由左副元帅粘罕率领从云中出发，进攻太原。金军在太原城下，遭到了河东军民坚决抵抗。"金人攻太原不下"[1]，难以与东路军配合。

十一月初，中山府奏探初报金兵南下消息时，宋徽宗还指望郭药师镇守燕京，"仗药师，谓必能与之抗，不足忧也"[2]，仍不认真备战。当北边战事频频告急，宋廷这才惊觉已濒临危境，居然没有一支可靠的军队足以保住京师。宋徽宗感到大势已去，绝望之际，首先考虑的是如何保全自家性命，一逃了之。为此，他一边做表面文章，把京师禁旅全交给宦官梁方平，屯兵黎阳（浚县）；一边慌忙令皇太子"监国"，只是在李纲等的坚持下，不得不把皇位"禅让"给皇太子赵桓——宋钦宗（次年，改年号为靖康），自己则带着蔡攸、童贯等宠臣，沿汴河逃往南方避难。

可以想见，一个长期幽居在皇宫的宦官，如何指挥千军万马？荒唐的决策，必然导致荒唐的结局。梁方平在黎阳，一见金军先头部队，就吓得赶忙从渡桥逃回黄河南岸，放一把火烧毁渡桥，单骑落荒而逃。守卫黄河南岸滑州的二万宋兵，更是连金兵影子未见，闻风溃散。金军不费吹灰之力，直抵黄河北岸，从容地分批乘船渡过黄河，竟然没有遇到宋军一兵一骑的抵抗。斡离不不禁自喜地说："南朝可谓无人矣，若有一二千人，吾辈岂能渡哉！"[3]

（二）开封被围

岳飞二十二岁那年，三年守丧期满。这三年，宋金两国之间好像没有什么纠纷，其实，宋金使者为了交割燕云，双方在不断地进行着

---

[1]《皇宋十朝纲要》卷一八、卷一九。
[2]《三朝北盟会编》卷二四，宣和七年十二月十日引《北征纪实》。
[3]《三朝北盟会编》卷二七，靖康元年正月三日引《南归录》。

讨价还价。结果，北宋以每年向金纳二十五万两银子、二十五万匹绢，以及另纳"燕京代税钱"一百万贯的高昂代价，换回了燕京及其附近地区。这明明是丧权辱国的协议，而北宋的君臣却自鸣得意。岳飞目光敏锐，当时就指出："国家以为燕云真我有矣……不知要害之地实彼所据，俟吾安定之后，一呼而入，故取燕云而不得诸关，以虚名受实祸也。"[1]

当时，北宋朝廷中也有一些具有见识的人。有的说，宋金条约至多能保三年。有的说，金对辽战争刚刚结束，国事未宁，为什么金国又要征集、扩编、训练军队？为什么他们要在边疆重镇飞狐、灵丘增加重兵？显然，这是金国为了鲸吞我大宋国土在加紧做好军事准备。

宋宣和六年（1124）三月，燕地归宋还不到一年，金国的皇帝、大臣对所拟种种进攻北宋之计，正在作最后的裁决。金军在塞外日夜进行操练。可是北宋朝廷却在张灯设乐，大摆筵宴，为收复燕云庆功行赏。当边警传来时，朝廷还在准备郊祀大典。有的大臣怕因边警而取消郊祀，失去皇帝对他们的大量赏赐，甚至不惜封锁边报瞒着朝廷。昏庸懦怯的徽宗，怕生事惹非得罪金人，还特意传旨："敢妄言边事者，流三千里，罚钱三千贯！"马扩出使金国回来，向总管河北、河东两路边防军事的童贯报告了金军活动的紧急军情，童贯不信，说："他国内人心未附，岂敢如此！"真是边境日日告急，朝廷却晏然无事。

就在这时，忧国为怀的岳飞告别老母妻儿，第二次从军，他的部队是归属于河东路的平定军。

宣和七年（1125）十月，金以宋招纳叛将为借口，从东西两路南侵。东路由都统帅斡离不统帅，自平州出发，越过燕山，直攻汴京；西路由副统帅粘罕率领，从云中出发，进攻太原。

东路军有熟悉宋朝情况的郭药师当向导，一口气打到了黄河边。

---

[1] 《宋岳鄂王文集》卷上《与张所论时事》。

当金抵达黄河北岸时,南岸的宋朝守将早已率部逃之夭夭,不见一卒一骑。金军竟可以花五天的时间,从容不迫地渡送全部骑兵过河。

郭药师曾经在东京城外西南角的牟驼岗踢过球,知道牟驼岗是宋朝的御马场,那里粮草堆积如山。在他带领下,金军迅速地占领了牟驼岗,掳掠良马二万匹。他们坐吃宋朝的粮草,围攻宋朝的京城。

金国部队已兵临城下,北宋朝廷仍不愿抗金,徽宗逃跑时,就曾派李邺赴斡离不军营求和。李邺回朝汇报情况时,胡诌什么金军"人如虎,马如龙,上山如猿,下水如獭,其势如泰山,中国如累卵"①。钦宗和宰相李邦彦等人,听了李邺一番"贼强我弱"的亡国论调,更加恐惧,他们主张逃跑,只有东京留守李纲力主抗战。但钦宗仍旧坚持要往陕西逃。经李纲再三苦谏,钦宗才勉强答应留下来;可是到深夜他又传旨准备起驾。李纲得知后,又赶至宫中,陈述利害,他说:"禁军的家眷都在京城,他们会毫无顾虑地跟着皇上出巡(逃跑)吗?万一中途逃散,皇上孤单一人,谁来侍卫?而且金骑就在跟前,他们知道皇帝的车驾不会走出很远,用健马飞快追来,那时皇上靠谁抵抗呢?"李纲这番劝告,总算使钦宗头脑清醒了一点,他决定留宫不走了,并任命李纲为亲征行营使,保卫东京。在李纲亲自督战下,东京军民英勇杀敌,他们用神臂弓、火枪,甚至用石块,一次一次地击退了金军的进攻。李纲还募壮士缒城而下,斩金酋长十余人、士卒数千人。金军知道城中防守坚固,只得派来使者逼迫宋朝讲和。这时宋朝大臣李邦彦、张邦昌等人,也一再促请钦宗与金议和。于是钦宗派使者至金营谈判和议条件。金军统帅斡离不提出:犒劳费金五百万两,银五千万两,绢、帛各一百万匹,马驼之属各以万计;割河间、中山、太原三镇;尊金主为伯父,以亲王宰相当人质等。条件极为苛刻。李纲力主不能答应这些条件,指出:金人勒索的金银数目,把全国的金

---

① 〔宋〕宇文懋昭撰《大金国志》卷四《太祖纪》。

银都搜集起来也凑不够,何况一个京城呢?三镇是国家的屏蔽,割了怎能卫国?至于派遣人质,宰相应当去,亲王不应当去。李纲建议:不如派遣辩士与金国周旋几天,等待四方勤王大军云集都门,那时金军即使没有达到勒索的目的,因处于孤军地位,也不得不撤退,那时再与他们和谈,他们就不敢看轻朝廷了,这样的和议才会长久。可是,李邦彦等人力主和议,竟说:京城早晚都不保了,还谈什么三镇?至于金银,更不足计较了。钦宗当时虽默默无言,但李纲一离开宫殿,他就全盘接受了金国的要求,写好誓书,立即派人送往金营。第二天,他派康王赵构、宰相张邦昌赴金营去当人质,还送去搜刮到的金二十万两、银四百万两。

和谈的誓书、人质虽然已送到金营,宋朝也每天送去金银,但金人仍不满足,每天在城外烧杀掠夺。不久,四方的勤王兵陆续赶到了,驻扎在城外,总计二十万以上。当时的宋朝政府,如果有抗战的打算,实行统一指挥,协调各股力量,兵力足以击败为数仅六万、孤军深入的金军。但仅因勤王师将领姚平仲夜袭金营失利,金使又来问罪,钦宗吓得立即撤了亲征行营使李纲的职,当然,更不敢作抗金的军事部署了。这可激怒了京城的军民。爱国的太学生陈东率领千余人向朝廷上书,要求恢复李纲和种师道的职务(事实上,种师道未罢官),罢去李邦彦的宰相职务。这个要求立即得到全城军民的响应,不约而来者竟达数万人,他们击破宫中登闻鼓,呼声震天动地。由于要求得不到朝廷的答复,愤怒的军民杀、伤了内侍数十人。宰相李邦彦匆忙逃走。开封府尹王时雍赶来,竟恐吓说:"你们胁制天子该当何罪?火速退出宫廷!"军民回答得理直气壮:"以忠义胁天子,不比奸佞胁天子好吗?"王时雍见众怒难犯,只好溜走。在众人的压力下,钦宗不得不重新起用李纲。军民又要求见种师道,种师道乘车来见,请愿军民才欢呼散去。

金军围城三十三天,不能攻下东京。斡离不看到宋国军民保卫京都斗志高昂，勤王军兵马众多，担心自己孤军深入，有被切断退路的危险，在得到割让三镇诏书及肃王赵枢（康王至金营十日后，宋廷应金方要求将人质更换为肃王）为质后，不等全部要求满足，便于靖康元年（1126）二月撤退了。

金军攻太原的一路，遇到太原军民英勇抵抗，未能靠近城池，更不能南下了。

岳飞坚决地站在抗战派一边，和人民同命运共呼吸。在保卫太原的前线，揭开了他抗金斗争史的第一页。

五、初上抗金战场

东路金军北撤后，去支援西路金军，从南面围攻太原。被围五个月的太原，形势顿时紧张起来。这时，在主战派舆论压力下，钦宗罢黜了李邦彦等人，还下了"太原、中山、河间三镇，保塞陵寝所在，誓当固守"的诏谕，派陕西老将种师中由真定府井陉出兵平定军，和刚收复威胜军的老将姚古形成犄角之势，企图解太原之围。靖康元年（1126）夏天，宋金双方展开了一场激战。

岳飞随驻泊平定军的一支队伍，投入了战斗。驻泊平定军禁军长官拨给岳飞一百多名骑兵，任务是当硬探（即侦察兵），要求赶在进攻前，摸清位于太原东、东南的寿阳、榆次两县的敌情。

岳飞带着这一支轻骑兵出发了。在途中常常和敌人发生遭遇战。一次，在驰往榆次方向的途中，突然遇到了金军大股骑兵，可是岳飞毫不畏惧，他大吼一声，单枪匹马地直向金军冲去，侦察骑士们紧跟着也冲了过去。他们勇猛砍杀，使敌阵大乱，最终冲出了金军的包围圈。金军人数虽多，竟不敢往前追赶。晚上，岳飞和士兵们化装成金兵，混进金军营垒侦察。遇上金军巡夜人员的盘问，岳飞总是不慌不忙，用女真话巧妙地加以应付，未露出一丝破绽。赶在拂晓之前，他们已把那里驻扎的敌军实力、部署摸清楚了，才退回来①。就这样，他出色地完成了"硬探"任务，向指挥部提供了重要的情报：第一，在太原外围，金军重兵把守的方向不在东面、东南面，而在南面的潞州和西南的汾州；第二，粘罕、斡离不和挞懒诸帅，不在军中，到阴山后避暑议事去了。

宋军遂发起对寿阳、榆次的攻击。金军惊慌失措，以为天兵天将"自天而下"。宋军接连克复寿阳、榆次。

在这次战役中，岳飞因功被授予"进义副尉"。

当时，宋军如果能乘敌不意，攻其不备，迅猛地向太原逼进，调动汾、潞金军去救援太原外围的金军，从而使被卡在汾州、潞州的宋军配合太原东边的种师中部队，对围攻太原的金军采取钳形的反包围，这样与守城的王禀军遥相呼应，内外夹攻，太原之围是能够解除的。但由于宋军前线实际上无最高的指挥官，兵权分散，而姚古部队又失期不至，结果使种师中孤军奔驰，遭到金军万户娄室的反击。双方激战，互有胜负。此时，师中粮尽援绝，在回趋榆次补给粮料时，于杀熊岭被金军击溃。种师中率领亲兵数百，殊死力战，身受四处创伤，为国捐躯。师中一死，宋军丧气，姚古部队也被金军击溃，退保隆德。

这一次解太原之围失败了，后来宋军又去解围，都因宣抚司（前线最高指挥机构）徒有节制之名而无实权、前线的将领直接遥受朝廷指挥不遵宣抚司的命令而告大败。岳飞为第一次解太原之围提供了重要情报，但没有起到应有的作用。当部队溃散时，他于夜间渡河，不慎丢失了"告身"（委任状一类的证明书）。不得已，他又返回了远在千里之外的故乡——相州。

这时，金兵远撤，东京已经解围，北宋的君主和宰相以为从此平安无事了。太上皇徽宗也从南边回来了。于是他们故态复萌，"上下恬

---

① 《鄂国金佗稡编校注》卷四《行实编年》卷一。

然,置边事于不问",依旧尽情享乐。主和派又占了上风,他们屡屡攻击李纲"专主战议,丧师费财",最后,甚至把李纲排挤出朝。可是秋风一起,避暑阴山下、长城边的金军兵马又开动了。

仍由斡离不率领的东路军,于这一年(靖康元年,1126)八月,从保州出兵,直趋汴京。由粘罕率领的西路军,于这年九月初攻占太原(太原军民坚守了八九个月早已断粮,城破后全城军民壮烈牺牲),于是经隆德、西京、郑州南下,与东路军会合于东京城下。东京被围四十一天后,被金军攻破。靖康二年(1127)二月,金王朝下令废徽、钦二帝。三月,扶植张邦昌为傀儡皇帝,建立了"大楚"伪政权,北宋王朝至此灭亡。四月,金军北撤,凡都城子女、玉帛,宫中金银库藏、车辆、服饰、历代所传宝器、府州地图、图书、浑天仪以及百工技艺,全部带走;然后押着徽钦二帝、后妃、嫔御、亲王、宗室、文武大臣共三千余人(秦桧当时也在其内)北上,京都被洗劫一空,沿途又大肆掳掠汉人,"华人男女,驱而北者,无虑十余万"[①]。这就是历史上的"靖康之祸"。

金国所发动的对宋战争,是一场掠夺性的、民族压迫的战争。金军所到之处,"杀戮生灵,劫掠财物,驱掳妇女,焚毁仓屋产业"。他们还强迫汉人剃发易服,改变民族生活习惯,违者格杀勿论。他们大量掳掠汉人充当奴隶,分配、贩卖,甚至任意杀害。在云中,粘罕一次下令活埋三千人。黄河两岸城乡,因金军屡犯,洗劫、破坏更为严重。

深重的民族压迫,引起汉族人民的激烈反抗。这时,一些原先反抗赵宋王朝封建统治的农民武装力量,如著名的五马山寨、红巾军、梁山泊水军等等,他们在民族存亡的危急时刻,改变了矛头所向,主动袭击、拦阻金军。他们有的打起赵宋的旗帜,改用赵宋年号,有的

---

① 〔宋〕李纲《建炎进退志》卷一。

则直接参加宋军，在抗金将领率领下，积极地投入保卫祖国的伟大斗争中。

就在北宋王朝灭亡之前的几个月，岳飞又毅然投奔相州大元帅府招募的勤王之师。这是他第三次从军。

大元帅府的大元帅就是康王赵构。还在金军攻破东京之前，钦宗命康王赵构出使，前往斡离不军营割地议和。当赵构一行到达长垣时，"百姓喧呼遮道"，要求赵构起兵抗敌。赵构来到宗泽任守臣的磁州时，老百姓拦住他的马头，苦苦劝他不要到金国去，并且告诉他金军已从李固渡过河了，他应该起兵进援京师才对。宗泽也劝他不要听信金人的谎言，说："当人质的肃王一去不返，这是前车之鉴；再说金兵已迫近了，你去谈和还有什么作用？"宗泽表示他可以召集起一万五千兵马，来保证赵构的安全。在金营当过十天人质、早已吓破胆的赵构，把宗泽的忠言看作"妄言"。这时磁州军民发现副使王云要挟康王入金，便立即把王云杀了。赵构这才迫不得已返回相州。这时，受钦宗之命陪同金使前去河北割地的聂昌，行至绛州，被当地人民挖掉眼睛剁成肉块；陪同金使到河东割地的耿南仲行至卫州，卫州人不准他们进城，义勇民兵还赶来追捕金使，吓得耿南仲仓皇逃往相州，投奔赵构。他不敢再提割地的事了，却对赵构编了一套谎话，说他面受钦宗圣旨，要康王召集河北诸路兵马去保卫都城。赵构遂在相州张贴布告，招募勤王师。其实，阴历闰十一月下旬，汴京（即东京）被围十分危急时，钦宗才派敢战士秦仔密持蜡书诏命，在夜间缒城而出，到相州，封赵构为河北兵马大元帅，陈遘为元帅，宗泽、汪伯彦为副元帅，并命令康王迅速带兵入援京师。十二月，赵构正式开大元帅府，当时有军队万人，多数是刘浩在相州招募的人员。岳飞所投的正是刘浩的军队。

岳飞预感到战争风云险恶，征途遥遥莫测，一年半载难以重归故里，不免恋念故土，难舍慈母。但岳母深明大义，勉励儿子"精忠报国"。岳飞含泪记取母亲的教诲，毅然返回部队。从此，他南征北战，一直驰骋在抗金的战场上，再没有机会回到家乡。

岳飞归队后，上司派他率领一百名骑兵，前去招安游寇吉倩的部众。薄暮时分，岳飞先安顿好部队，然后只带四名骑兵，紧贴马背，冲进了吉倩营寨。当吉倩部众惊魂未定时，岳飞已于马上大声喊话："金人侵我大宋，你们不举义以立功名，反以抢劫苟活，不成道理；今我以大元帅之命，招纳你们，快跟我们一道去打金人，一可解国家之难，救百姓于水火，二可转祸为福，这才是正路！"经岳飞这番劝说，吉倩接受了招安，并摆酒席招待岳飞一行。岳飞来时五人闯营，回去时带回三百八十名战士，壮大了抗金的队伍。和第一次从军立功补了个承信郎一样，这回他也因功被补为承信郎。

第二章　初期抗金活动

一、赵构即帝位

在进援东京的路线问题上，大元帅府的官员们产生了激烈的争论。有人主张自浚州渡河，向东京靠拢，这本来是条捷径，但汪伯彦、耿南仲等人却主张移军东平，实质上是为了避开敌锋[①]。康王赵构采纳了汪、耿的意见，于是命令部队向东平开拔。当大元帅府进驻大名时，已在李固渡打了胜仗的宗泽赶到；随后，梁扬祖从信德府率领勤王大军也赶到了。这时，大元帅府接到了钦宗的御笔蜡书，大意是：金人愿议和，大元帅康王带领的天下兵马，可屯兵近甸，毋得轻动。汪伯彦一伙以为议和可信，更坚定屯兵东平的主张了。只有宗泽坚请经澶渊向东京火速进兵，并指出：议和是敌人的骗局，借此以阻滞各路勤王兵马的到来，如果受骗上当，将来后悔莫及！

最后，赵构命令宗泽带领一万士卒南下至澶渊，前军统制刘浩所部拨归宗泽；大元帅府按原定路线往东行进。从此，宗泽不再参与大元帅府计议军事，被投降派排挤出去了。

赵构、汪伯彦率领的一路兵马，由大名继续开向东平，到济州就驻扎不进了，他们畏敌如虎，远远避开金军，直到北宋王朝垮台，也未进援汴京。

---

① 〔宋〕熊克《中兴小纪》卷一。

而宗泽、刘浩一路，自大名至开德府，经南华，步步进逼汴京。这条进军路线，正好穿插在金军森严壁垒、层层布防的战略地带。此时，岳飞跟随着这支部队英勇杀敌，屡立战功。

当部队进至滑州，金军尽力拦截。两军隔着黄河对垒相持。冰冻的黄河，不利骑兵作战。为了冲过黄河，宋军开展了冰上习骑。一天，岳飞带领百余骑兵，正在黄河冰面上跃马射箭。突然，大批敌骑从对岸冲来，数不清到底有多少。在这众寡悬殊的危急时刻，岳飞当机立断，斩钉截铁地对士兵说："敌人虽然众多，但不知我们虚实，趁他们立脚未定，我们迅速进击，可以获得胜利！"说罢，岳飞策马举刀，带着部众冲向敌阵，金军的一员猛将一边呼叫着一边挥舞大刀，前来迎战。岳飞和他厮杀时，竟将刀刃砍进金将的大刀一寸多深，又猛地拔出刀来再击，杀死了敌将。后面跟上来的岳飞部众乘胜冲杀，敌军大败而逃。岳飞以功补秉义郎。

靖康二年（1127）正月，宗泽军转战至开德府。这时金人对赵构打出大元帅府的旗帜，另建一个军政指挥中心，十分重视，他们正在寻踪追击赵构。为了迷惑敌人，掩护赵构，宗泽"扬声大元帅在军中"，故意把金军吸引到自己这一边来，金军信以为真，调集大量兵力至开德，于是宋金两军展开了一场大战。宗泽率部连续打了十三次胜仗，冲破了敌人的又一道防线。

有一次战斗，两军刚开始交兵，岳飞瞥见前方有两个敌旗手，在阵前摇旗呐喊，气焰嚣张。他立即连发两箭，两个敌旗手应箭而倒，敌阵顿时混乱了，岳飞乘机率领部下猛冲过去，杀伤了大量敌人，缴获了大量甲马弓刀。

开德大捷，对河北抗金军民是极大的鼓舞。宗泽的抗金信心更强了。他上书给大元帅赵构，建议赵构檄召诸路兵马火速勤王，会合京师。可是，此时赵构已阴怀称帝的打算，汪伯彦、耿南仲等人更想建立拥戴之功，他们哪管什么民族存亡、国家安危？与其说他们想解救京城之围，倒不如说他们在冷眼旁观，盼望围城形势愈急愈好。因此赵构将宗泽的建议搁置一边，不理不睬。宗泽又发信给河北总管赵野、两河宣抚范讷、兴仁府知府曾懋，请他们率部入援京师，但这三人竟认为宗泽疯狂[1]。宗泽只好孤军驰援。

二月二十日，宗泽全军驻屯南华，准备沿黄河南岸，从东京的东北方向金军进逼。金军采用了前后夹击的战术，分兵一路，进攻开德、濮州，企图从背后袭击宗泽。宗泽立即调兵遣将，分军北上还击。岳飞就在北上的这支部队中。在曹州他们遇上了金军。金军来势汹汹，岳飞决心拼死一战，他卸掉头盔，挥动铁锏，冒着密集的飞矢，杀向前去。在岳飞的鼓舞下，士卒无不以一当百，勇往直前。经过一场激战，他们又大破金军，乘胜追击数十里才回来。

宗泽的大军是一支作战勇敢的劲旅，岳飞在宗泽军中四个多月，冲锋陷阵，立下了不少战功，但终因孤军力单，无法解东京之围。

在此期间，被围困的北宋朝廷则毫无作为。面对城外金军的强大攻势，抗战派官员吴革请求领兵出战，太学生上书请求用兵抵御。钦宗与宰相唐恪只想求和，根本不予理睬。兵临城下，金军气势汹汹，怎么会和宋王朝议和？钦宗在一筹莫展之际，却迷信上郭金自吹自擂的六甲神术。郭金从市井游民中点了七千七百七十七人为"六甲"，又招募了一批所谓"六丁力士""北斗神兵""天阙大将"，组成一支据说可以活捉金军二元帅、一直打到阴山的"神兵"。这样的"神兵"，当然不堪一击。靖康元年（1126）闰十一月初，金军攻破了东京城，钦宗成了"瓮中之鳖"。他赶忙向金投降，递上降表："上皇（徽宗）负罪以播迁，微臣（钦宗）捐躯而听命。"[2] 金军入城，马上搜索国库储藏，查封了京师九十二个内藏库，索取金一百万锭、银五百万锭、帛一千万匹犒军[3]。

---

[1] 《宋史》卷三六〇《宗泽传》。
[2] 《三朝北盟会编》卷七一，靖康元年十二月一日壬戌条。
[3] 《三朝北盟会编》卷七三，靖康元年十二月二十三日甲申条。

钦宗唯命是从，下令大刮京师民间金银丝帛。金军为了达到大肆掠夺的目的，把钦宗扣押当人质，逼迫朝廷官员在民间大肆洗劫了近一个月，掠得黄金三十五万八千两、银七百十四万两、帛一百零四万匹。兀术、粘罕犹感到不满足，诛杀宋根括官梅执礼等四人[①]。接着，取走宋帝宝玺、仪仗、天下州府舆图、乐器、祭器、书画、珍宝、古玩，并掳走百工、技艺、妇女、内侍、僧道、医卜、倡优、后妃、亲王、宗室、部分文武官僚共三千人。徽宗也被押送到金营。继而下令废掉徽、钦二帝，与三千人同当俘虏随金军北去。

四月初一，金军满载掠夺来的金银财帛，押着徽、钦二帝等三千俘虏北还。北宋王朝宣告灭亡。

金军北还之前，立了一个傀儡政权，让北宋的投降派大臣张邦昌做皇帝，国号叫"大楚"。金国企图通过它，控制、奴化北宋统治区。这时北宋虽然灭亡了，但除了河东失太原等七个州郡，河北失真定等四个州郡以外，其余州郡仍为爱国军民所坚守。即使在金占领区，人民"各据山寨，屯聚自保"，抗金烈火仍熊熊燃烧。

伪楚政权一出世，就成为众矢之的；甚至伪楚政权内部一些大臣，也对其持反对态度。人们日夜盼望着建立起一个抗金的新朝廷。谁来当皇帝更有号召力呢？"但知有赵氏，不知有金人"[②]。在那个时代，绝大多数人不可能不受正统观念的支配，危亡之际，人们尤其感到拥立赵氏与保卫祖国是不可分的。可是，金军几乎把留在东京的宋太宗系统的宗室成员全部掳去，幸存的只有徽宗第九个儿子，即被封为康王的赵构了。于是他成了人们所关注的中心人物。在内外强大的压力下，张邦昌不得不退位，派人到济州，给赵构送去刻有"大宋受命之宝"文字的传国玉玺和以哲宗废后孟氏的名义写的劝进诏书：

---

① 《三朝北盟会编》卷八三，靖康二年二月二十三日癸未条。
② 〔宋〕李纲《建炎时政记》卷上。

> 比以敌国兴师，都城失守，浸缠宫阙。既二帝之蒙尘……众恐中原之无统，姑令旧弼以临朝。虽义形于色，而以死为辞……乃眷贤王，越居近服，已徇群情之请，俾膺神器之归。由康邸之旧藩，嗣我朝之大统。汉家之厄十世，宜光武之中兴；献公之子九人，唯重耳之尚在。此唯天意，夫岂人谋？尚期中外之协心，同定安危之至计。①

至此，张邦昌称帝二十三天，伪楚政权就在一片唾骂声中垮台了。河北兵马大元帅赵构身在济州，心中已在盼望早日登上皇帝宝座。北宋旧臣及百姓，出于"国中不可一日无君"，纷纷上书劝进。

如宗室赵子崧劝进书：

> 仰惟大王，拥兵在外，适遭大变，天意人心，自然推戴。四海无主，天下唯知大王。若不乘机速进，早赐正统，大耻不刷，大器无归，危亡可立而待。②

副元帅宗泽心中明白康王赵构极端自私、畏敌如虎、拒谏从佞、安于逸乐，是不适合当皇帝的，但在当时宗室全被金掳走的情况下，继位者非赵构莫属。顺应潮流，他也上了劝进书，同时又特别提醒赵构要注意做到五条：

> 宗泽具状申大元帅府：乞即宝位，以安天下。
> 并具札子曰：恭惟太祖皇帝，创业垂统，当传亿万世。今方二百年，岂谓贼虏横肆，邀迎二帝与诸王渡河北去。天下百姓所

---

① 《三朝北盟会编》卷九三，靖康二年四月十一日庚午条。
② 《三朝北盟会编》卷九三，靖康二年四月十四日癸酉条。

注耳目而系其望者，惟在大元帅府康王一人。

大元帅行之得其道，则天下将自安，宗庙社稷将自宁，二帝、二后、诸王将自回；彼之贼虏将自剿绝殄灭。

大元帅行之不得其道，则天下从而大乱，宗庙社稷亦从而倾危，二帝、二后、诸王无缘而回；贼势愈炽，亦无缘而亡。

此事在大元帅行之得其道与不得其道耳！

如何可谓之道？泽谓其说有五：一曰近刚正而远柔邪；二曰纳谏诤而拒谀佞；三曰尚恭俭而抑骄侈；四曰体忧勤而忘逸乐；五曰进公实而退私伪……

愿大元帅大王于应酬问答之间，以兹五事卜之，则君子、小人了然分矣！[1]

在金军北撤、张邦昌退位、群臣劝进的情况下，四月下旬，赵构感到重建赵宋王朝、继皇帝位的时机已到，遂将大元帅府从躲避金军的避风港济州移至南京应天府（河南商丘）。副元帅宗泽奉命率部前往南京会合。岳飞跟随宗泽部将刘浩，也到达南京。

建炎元年（1127）五月一日，赵构在南京应天府称帝，改元建炎，南宋政权正式建立。赵构当了南宋王朝（1127—1279）的第一代皇帝，史称"宋高宗"。

二、上书遭罢官

赵构一坐上皇帝宝座，臣民感到有了依靠，江山社稷又有了转危为安的希望。

面对新的政治局面，岳飞兴奋地说："陛下已登大宝，黎元有归，

---

[1]《三朝北盟会编》卷九三，靖康二年四月十三日壬申条。

社稷有主,已足以伐敌人之谋……中原之地指期可复。"他对二十一岁的年轻帝王,寄予很大的希望!

但高宗坐上皇帝宝座后,首先任命黄潜善为中书侍郎,汪伯彦同知枢密院事。而黄、汪是朝野都知道的投降派。对抗金有功、金人害怕的宗泽,却任命为襄阳知府,不让他执掌朝政。

稍可安慰人心的是,在三天以后高宗下诏起用被投降派排斥在外的李纲为左相。投降派一听到这一任命,立即对李纲发动了一场攻击,有的说李纲"为金人所恶,不当为相",有的说李纲"有震主之威"。李纲奉诏到南京后,对高宗说:"如臣愚蠢,但知有赵氏,不知有金人,宜为所恶。然谓臣材不足以任宰相则可,谓为金人所恶,不当相,则不可。"高宗也只好抚慰一番,并且把弹劾李纲的一些人贬官。但在任命李纲为左相的同时,高宗又把黄潜善提为右相[1]。就这样,南宋朝廷一建立,就在高宗亲自扶植下形成了一股以黄、汪为首的投降势力。

李纲一上任,就提出"十议",即议战和、议僭逆(指张邦昌)、议伪命(指伪官)、议巡幸(选定指挥抗金的"司令部"所在地)等关系国家大计的十个问题。当时举国上下同仇敌忾,要求迎还"二圣",复仇雪耻。李纲为首的抗战派顺应民心,与高宗、汪黄集团针锋相对,坚决主张通过抗金斗争收复故疆、迎还"二圣",坚决反对靠割地乞和而不使二帝"取祸"的妥协态度。

在南宋初,"迎二圣"是一个响亮口号,即使投降派也不能把它丢掉。但他们言不由衷,比如高宗赵构,他的内心深处,就怕"二圣"归来,自己做不成皇帝。抗战派主张以战争的胜利逼使金国送还"二圣",收复故土,洗雪国耻;投降派反对抗战,反对招兵买马,扬言抗金会使"二圣"加速取祸,他们主张派遣使者至金谈判,以"迎二圣"。

---

[1] 〔宋〕李埴《皇宋十朝纲要》卷二一,建炎元年七月壬寅条。

高宗采纳了投降派的意见，不断派使者赴金进行讨价还价的割地乞和活动，高宗甚至不惜把黄河以北领土拱手让给金国，以达到屈辱求存的目的。

为了安定民心，高举抗金旗帜，李纲主张皇帝应当去一趟汴京，根据情况再决定迁都事宜。他说："以天下形势而观，长安为上，襄阳次之，建康又次之……"宗泽则主张皇帝应该赶快回到汴京，以安定人心。但黄、汪投降派不但坚决反对朝廷搬回汴京，还反对迁都长安、襄阳，他们主张向东南方后退，以为离金人越远就越安全。他们的主张是符合高宗心意的，因此在七月，他下手诏说："京师未可往，当巡幸东南，为避敌之计。"

这时，敌人正准备着新的军事行动。中原沦陷区的百姓，日夜焚香祈祷官军早早到来。可是，正当举国上下期待着新朝廷能有一番作为的时候，皇帝不仅没有亲率六军渡河北上，反而要往南避敌！是可忍，孰不可忍？于是，岳飞写了一封洋洋数千言的奏章，这就是《南京上皇帝书》：

> 陛下已登大宝，黎元有归，社稷有主，已足以伐虏人之谋；而勤王御营之师日集，兵势渐盛。彼方谓吾素弱，未必能敌，正宜乘其怠而击之。而李纲、黄潜善、汪伯彦辈不能承陛下之意，恢复故疆，迎还二圣，奉车驾日益南，又令长安、维扬、襄阳准备巡幸。有苟安之渐，无远大之略，恐不足以系中原之望。虽使将帅之臣勠力于外，终无成功。
>
> 为今之计，莫若请车驾还京，罢三州巡幸之诏。乘二圣蒙尘未久，敌穴未固之际，亲帅六军，迤逦北渡，则天威所临，将帅一心，士卒作气，中原之地指期可复。①

---

① 《宋岳鄂王文集》卷一。

京师南迁,出谋划策的是黄、汪之辈。李纲虽然提出"长安为上、襄阳次之、建康又次之"的建都设想,但就李纲本意说,他是反对南迁的。由于当时岳飞地位很低,他不可能知道李纲在朝廷中斗争的全部过程,错责了李纲。这封奏章一上,黄、汪被刺痛了,于是岳飞受到了"小臣越职,非所宜言,夺官归田里"的处分。这个打击是沉重的。然而,权奸的迫害只能削掉他的官职,决不能使他弯腰屈膝,只要祖国仍然处在危急之中,他"从戎报国"的信念绝不改变。这年的七月底,他离开了弥漫着和谈气氛的南京,渡河北上,昂然走向抗金前线。

三、第四次从军

岳飞渡过咆哮的黄河,看到的便是杂草芜蔓的田野,被金军焚掠一空的村庄。他满怀悲愤,热血沸腾。在路上,他看到了设在大名府的河北招抚司所张贴的招募抗金健儿的榜文,顾不得回家看一看老母妻小,就毅然奔向大名府,再次从军。原来,李纲任相后,就建议高宗在河北设招抚司,由张所任招抚使,在河东设经制司,由傅亮任经制副使,以团结两河的抗金力量,捍卫河东、河北的国土,使朝廷无北顾之忧。这是李纲和投降派斗争的产物。张所原任监察御史,因向高宗上疏反对京师南迁,指斥"黄潜善奸邪不可用"[1],被贬职江州。李纲推荐张所任河北招抚使时,估计黄潜善要反对,他从大局出发,事先找了黄潜善交谈。黄潜善当面同意,却背后捣鬼。张所在江州刚接到诏书,尚未动身赴任,黄潜善的党徒已从河北送上奏章,说什么从设置招抚司以来,河北盗贼愈来愈多,愈来愈凶了,不如撤销它。这类谎言当然是不攻自破的。

岳飞来到招抚司衙门,接待他的是干办公事官赵九龄。钦宗在位

---

[1] 《宋史》卷三六三《张所传》。

期间，赵九龄任御营机宜官，那时因军务与岳飞有接触，对他很是赏识。赵九龄了解岳飞的经历，马上以"天下奇才"引荐给张所。

张所是爱惜人才、善于使用人才的官员，经赵九龄的推荐，他知道岳飞新近触犯朝廷，已被削职为民，却以"国士"的礼节接待了岳飞。只是岳飞的才干究竟如何呢？他要亲自一试。张所问岳飞："听说你打仗非常勇敢，在三军中首屈一指。那么你估量估量自己，一人能抵挡多少敌兵？"岳飞从容地回答说："打仗光凭勇敢是不可靠的，指挥打仗首先要有好的谋略决策。谋，是胜负的关键。因此，指挥打仗不怕不勇，最怕无谋。如今指挥打仗的人，都爱夸口自己勇力无匹。但是，临阵之前，既无计谋决策在胸，开战以后，又不知该往哪儿使功夫，这样自然不能取胜。所以，兵法书上就说，最好的作战方法，是以智谋取胜，其次是在外交上战胜敌人。晋国的栾枝，用兵车拖树枝扬起尘土伪装逃跑的计策迷惑楚军，打败了楚国。楚国的莫敖屈瑕，用了采樵的计策，打败了绞国。这些就是以'上兵伐谋'取胜的。"

张所一听，肃然起敬。接着，他又请岳飞谈谈军事形势。岳飞对形势的分析十分精辟，对燕云利害了如指掌，他说："如把东京比作人的心脏，那么河北等地就成了四肢，提兵压境，尽取河北之地是为了屏藩京师。如果放弃河北，那么就像四肢断了，人的性命也危险了。"在这次谈话中，岳飞还表达了誓死报国、抗金到底的决心。

经过这次谈话，张所感到岳飞的确是一个奇才！于是，他立即把岳飞从"白身"破格提拔为准备将，充中军统领，拨归都统制王彦部下当偏裨将。

岳飞三次从军，三次都遇到挫折，坚定的保卫祖国的意志，使他毅然第四次投军，这才碰上了爱才的张所。在那昏君当朝、佞臣执政、壮士难酬其志、良骥伏枥长啸的时候，他遇见了"伯乐"，这是他的幸运，也是时代的幸运，在岳飞的一生和南宋抗金史中具有重要的意义。

由于张所坚持抗金，他的言行难免遭到投降派的打压。当李纲在黄、汪排挤下罢相之后，张所也被加上罪名，流放到岭南，终于死在流放途中。然而，岳飞一直没有忘记这个忠直有识的抗战将领。人民也没有忘记张所，因为他忠于抗金事业，培植了岳飞这样的将才。

四、渡河战太行

这时，南京朝廷中黄潜善、汪伯彦之流掌权，他们反对抗金，阻挠张所、傅亮的抗金活动，还罢了傅亮的官，又唆使张浚等人弹劾李纲。这是因为李纲为激励爱国士气，惩办了叛臣张邦昌等人，还斩决了伪官宋齐愈。李纲万分气愤，只好辞职。高宗立即下诏同意李纲罢相，随后又把李纲放逐外地。为了向金人乞和，他又下诏废除李纲所经营的一切抗金措施；甚至把上书要求留任李纲、痛斥黄汪误国的太学生陈东、进士欧阳澈，绑赴刑场斩首。这一切都是为了配合通问使傅雱赴金营议和的活动。

然而，北方的人民不甘忍受金军残暴的压迫，掀起了声势浩大的抗金斗争。在河北，有五马山寨义军、范仔领导的起义师等；在河东（太行山之西），有红巾军。有一次，红巾军在泽、潞之间（山西晋城、长治一带）袭击金军，差一点活捉金西路军左副元帅粘罕，引起金人恐慌。金军搜捕不到红巾军，只好大批屠杀平民以泄愤。但这只能激起人民更大的反抗，投奔红巾军的人越来越多，金军在这一带站不住脚，也只好"迁以北去"。

九月初，传来了"金人侵河阳汜水"的谍报，吓得高宗连忙下诏，准备逃到淮甸（淮河以南地区）去。

这时，张所不顾朝廷中有人对他进行攻击，仍积极准备西渡黄河。可是在九月十五日，张所终于接到贬职岭南安置的诏令，只好怏怏离去。但张所部下都统制王彦仍按张所的设想，在九月二十一日率领岳飞、张翼、白安民等十一名裨将及士卒共七千人，西渡黄河抗金去了。

都统制王彦在南宋抗金史上是一位有名望的人物，他带领的"八字军"威震燕、代，屡立战功。

王彦是河南怀州人，出身名门大族，性格豪放不羁，爱读《六韬》一类兵书，善骑射。父亲发觉儿子有才能，送他到京师弓马子弟所训练学习。经徽宗亲自面试武艺，授职清河尉。他曾跟老将种师道与西夏作战，有战功。金军攻下京师后，他输家财投军。张所很赏识他，破格提拔他为"都统制"。

王彦军渡过黄河的第一天，就收复了卫州新乡县。在这次战斗中，岳飞奋勇抢下金军的军旗，先声夺人，压住了敌兵的气焰，于是宋军一鼓作气，打垮了敌人，活捉了千户阿里索，又击垮了万户王索的反扑。

王彦收复新乡后，向附近州郡发布讨金檄文。金人以为南宋大军打过来了，连忙调集数万人马围攻王彦营垒。王彦部队人少武器差，不得不突围出去。金军出动全部精骑追击，才把王彦部队打散了。这时，王彦身边只有数十人，且战且走，转战数十里后，奔至共城西部的山区，扎营防守。散亡的士卒也陆陆续续归来，聚集七百余人。岳飞所部也到了共城。由于部队损失十分严重，王彦决定休养生息一段时间，待联络各地义军，充实壮大队伍后，再与金军作战。这个方案本来是正确的。可是出于雪耻报国的火热忠心，岳飞不同意这个方案，他主张速战速决。王彦没有采纳。性子刚烈的岳飞竟不顾军纪，带领自己部属，离开王彦，擅自行动了。一天，在共城西北六十里的侯兆川，岳飞这支人马遇上了大队金军。兵力相差悬殊，岳飞勉励士卒说："吾属虽寡，当为必胜计，不用命者斩！"[①]

这是一场恶仗。岳飞士卒伤亡很大。他自身受伤也有十多处，经过拼死冲杀，他们终于打败了金军。晚上夜宿石门山下，敌骑企图袭击营寨，但岳飞早有充分准备，他十分镇定地指挥部队，使金军无隙

[①]《鄂国金佗稡编校注》卷四《行实编年》卷一。

可乘，只好退走。

离开了大兵营，给养得不到补充。时间一长，岳飞军中粮食吃光了，就把战马杀了当粮食吃。但这总不是长久之计。为此岳飞亲赴总部向王彦请粮。此时王彦已度过了最困难的时期。当初，金军以高价赏购王彦的头颅，王彦为防万一，经常变换睡觉的地方。部下士卒为了让王彦放心，并表达与他共同抗金到底的决心，相约在脸上刺上"赤心报国，誓杀金贼"八个字。王彦深受感动，安抚士卒，与士卒同甘苦。同时，又派人联络两河义军民兵，很快得到两河地区人民的响应，忠义民兵首领傅选、孟德、刘泽、焦文通等皆带领兵马，归附王彦八字军。王彦的兵力扩大到十多万人，营寨绵延数百里，战斗力很强，金人十分害怕，称"王都统寨坚如铁石"。实践证明王彦的选择是正确的。岳飞虽倔强任性，但面对事实，他是勇于承认错误的。岳飞重回王彦总部，不仅仅为了请粮，也有向王彦请罪的目的。王彦置酒接待了岳飞，在酒席上，有一名姓刘的幕僚，在手掌上画了一个"斩"字，数次示意王彦，要杀掉岳飞。王彦没有理睬，但他也未供粮给岳飞。岳飞空手回到本部，又率领队伍往北行进，越打越远。这时粘罕所带的一路金军，已从云中来到太行山，遇到岳飞数次阻击。在一次作战中，岳飞匹马先入敌阵，刺杀了金将黑峰大王，迫使金人暂时退却。

五、阴风彤云之际遇宗泽

建炎二年（1128）春天，东京留守宗泽利用朝廷授予他的"得以便宜从事"的特权，任命王彦为忠州防御使、河北制置使，即总管两河的军事，去攻打太原，以便打乱正在南下的金军行动部署。王彦调兵遣将时，想到了岳飞。他命令岳飞率部去把守荥河。先前，岳飞擅自率部离开主帅，按当时的军法，罪当杀头；但岳飞单骑请罪，王彦认为他能"束身自归，胆气足尚"，是个难得的人才。因此，当姓刘的幕僚示意他斩杀岳飞时,他没有同意。他还深悔没有供粮给岳飞,自己能团聚十万之众,为什么不能团结岳飞一旅孤军?

可惜,岳飞接到王彦命令后,仍然顾虑重重,意气用事,终于又违反了王彦的命令,径自带领部伍南渡黄河,投奔东京留守宗泽去了。岳飞又一次违反了军纪。

岳飞在宗泽任大元帅府副元帅期间,曾在宗泽军的刘浩部下当过一名小官。他钦佩宗泽的赤胆忠心,但此时自己违反军纪,又害怕宗泽严惩。

岳飞率领队伍渡过了黄河,他看到黄河南岸的土地上密布着连珠寨,都有官军严密地把守着;还有一条条错综排列的深广各丈余的壕沟,那是用来阻拦敌人骑兵的。这些工事构成了一个广阔坚固的防御体系,是宗泽出任东京留守后,仅用半年的时间迅速修建起来的。回想起半年前,范讷曾任东京留守,当时金军屯驻在黄河北岸,形势十分紧张,可是范讷不但没有招兵买马,鼓舞士气,加强防御,反而散布弃城逃跑的舆论,他说,"今战则无卒,守则无粮,不降则走"①,果然卖掉房产,换取金银,一旦敌人临境,就准备逃之夭夭。那时,东京的城墙毁坏,楼橹尽废,路有尸骨,范讷都不闻不问。幸亏金军当时未曾进攻东京,否则后果不堪设想。

岳飞到了东京城跟前,使他惊喜的是,毁坏的楼橹已经修复,残破的城墙修葺一新。他兴奋地拦住一位过路的老汉,拱手询问:"老人家,方今京师人心如何?"那老汉高兴地答道:"现在有宗公守城,我们百姓不害怕了!"岳飞还从士卒口中知道了一点守备情况:经宗留守多方经营,现在屯驻在东京城内外的军队和义兵已达数十万之多。城中储积了可供半年之需的军粮。听了这些消息,岳飞投奔宗留守的决心更坚定了。

---

① 《建炎以来系年要录》卷六,建炎元年六月己卯条。

但就在岳飞到达东京之前,王彦接到了宿兵京师附近以保卫京师的命令。此时,王彦的部队已经在东京外围驻扎了。

岳飞还没有见到宗泽,已有人告发了他。岳飞在东京被抓,等待着军法的处置。

岳飞被判斩决。但临刑前,宗泽突然驾到。这位抗金老将看了一眼犯人,顿时大吃一惊。这犯人不是当年刘浩队伍中的岳飞?向身边幕僚一了解,果然如此。于是宗泽叹息说:"此将材也!"① 宗泽心想,岳飞同王彦意见不协,不服主帅调遣,固然有罪,但国事艰危,正是用人之际,为什么不能给他以改正的机会呢?于是当场把岳飞开释了,并留军前候用。

不久,探报送来金军进犯汜水关的紧急情报。宗泽立即任命岳飞为"踏白使",拨给五百名骑兵,前去击敌,将功赎罪。临出发前,宗泽握着岳飞的手,再三叮咛他不要轻敌。

二十六岁的岳飞感激宗泽给他立功赎罪的机会,他跃身上马,带着五百骑兵,箭一般向西奔驰。郑州被甩在身后,再往西北,前面就是汜水关。它西靠汜水,地势险要,为东京西面的重要咽喉,也是金西路军东进的必经关口。岳飞率队赶到,立即击败了金兵。这时东京飞骑送来命令:留军竹芦渡(在汜水关东)与金军相持。可是携带的军粮快吃完了,缺乏军粮难以留军啊!必须用计逼使金军撤退。于是岳飞命令三百士卒,每人缚好两束交叉的柴草,埋伏在前山脚下,等到半夜,点燃柴草的两端,高高举起。半夜里,金军发现一山火光通明,以为宋军大股援军到了,慌忙撤营而走。岳飞乘机追击,金军大败。

岳飞奏凯回到东京,立即被升为统制官,不久又被提拔为都统制。

宗泽十分赞赏岳飞作战的勇敢。有一次,宗泽找来岳飞谈话。宗泽说:"尔勇智才艺,古良将不能过,然好野战,非古法,今为偏裨尚

---

① 《宋史》卷三六〇《宗泽传》。

可,他日为大将,此非万全计也。"说着,随手送给岳飞一张作战阵图。

岳飞回答说:"古今异宜,夷险异地,岂可按一定之图?"

宗泽反问:"如尔所言,阵法不足用耶?"

岳飞答道:"阵而后战,兵法之常,然势有不可拘者,且运用之妙,存乎一心!"

宗泽沉思了一会,终于赞同了岳飞的主张:"尔言是也。"①

老将宗泽的爱护和指导,使岳飞既感激又尊重。但是感激和尊重不等于迷信和盲从。岳飞敢于在长辈面前发表个人的见解;宗泽能虚怀若谷地听取青年人的意见,从善如流。

时代需要"千里马",而"千里马"更需要"伯乐"。风云际会,宗、岳相遇,为岳飞提供了施展才能、叱咤风云的机会!

---

① 《鄂国金佗稡编校注》卷四《行实编年》卷一靖康二年条。

第三章 转战江南

一、宋金战争的严峻形势

南宋政权建立以来，在朝廷内部就爆发了以李纲、宗泽为首的对金主战派和以高宗赵构、黄潜善、汪伯彦为首的对金妥协投降派之间的斗争。斗争主要围绕三个重要问题：

其一，对金是战还是和的问题。李纲、宗泽等坚决主张抗金，"一切罢和议""专务自守之策"①，为此，颁布新军制二十一条，积极部署长江沿江、淮河沿河的防御，置帅府，练水军，造船舰；坚决支持两河军民的自发抗金斗争，加强开封的守御等等。而高宗及汪、黄一伙，则主张对金卑辞厚赂、屈膝投降，以换取金人对南宋政府的承认；并以徽、钦二帝被金扣押，不和议则会使二帝遭杀害为借口，反对两河忠义民兵的抗金斗争，反对在河北、河东设招抚司、经略司招募义兵。

其二，要不要处理伪楚皇帝张邦昌的问题。为了张扬抗金保国的民意，弘扬临危不屈的民族气节，鼓舞民心和士气，并提高对政府的信心，李纲坚决主张惩办民族败类、甘心卖国与金人合作的张邦昌，并表示如不惩办张邦昌，自己坚决辞职。高宗及汪、黄一伙，视张邦昌为金人的亲信，怕惩办了他会开罪于金人，并幻想通过张邦昌与兀术、粘罕等金军统帅沟通，因而不但不惩办张邦昌，还无耻地吹捧他

---

① 《建炎以来系年要录》卷六，建炎元年六月庚申条。

"知几达变,勋在社稷",给他封官加爵,授予太傅、奉国军节度使、同安郡王。

其三,关于定都之争。是否仍以东京开封作为皇帝驻跸之地,这是朝野上下最为关注的问题。因为这是关系到皇帝是否真心抗金、无畏地御敌于国门之外的态度问题。岳飞不过是一个无名的下层小军官,就曾满腔热血、不顾个人得失上书反对京师南迁。在最高统治集团内部,定都问题势不可免地成为和战两派斗争中最敏感的问题。事实上,高宗畏金如虎,他早已定下放弃京师开封的决心,善于揣摩皇帝心理的执政汪伯彦、黄潜善不过是把高宗不便表达的话说出来而已。汪、黄主张高宗巡幸东南,于是"手诏:京师未可往,当巡幸东南,为避敌之计"[①]。而李纲则坚决反对,主张还京开封,作为权宜之计,可暂徙襄阳、邓州,"以示不忘中原之意","俟两河就绪,即还汴都。策无出于此者"[②]。

以上三个问题,高宗的意见,除了惩办张邦昌这一条出于舆论压力,不得不部分同意李纲的主张以外,其余均与李纲相左,导致汪、黄集团的得势与专权,他们唆使打手殿中侍御史张浚给李纲横加十多条罪名,高宗顺水推舟,以"狂诞罔悛,谋谟弗效"之罪名,罢了李纲的官,从而将李纲的一切抗金部署彻底破坏。

建炎元年(1127)十月,宋高宗带着他的一班主和宠臣,从应天府乘船沿运河逃到扬州。高宗一伙甘冒天下之大不韪,决计把河北、河东的土地和人民拱手奉送给女真贵族,无复收复失地之意了。

(一)宗泽赍志以殁

主战派领袖李纲被逐出朝廷以后,宗泽在东京留守兼开封府尹任

---

① 阙名《中兴两朝编年纲目》卷一,建炎元年七月,诏修京城条。
② 《建炎以来系年要录》卷七,建炎元年七月乙巳条。

上，继续高擎抗金的旗帜，与以高宗为首的投降派作毫不妥协的斗争，在抗金史上写下了光辉的一页。

经过金军的蹂躏，繁华的开封已面目全非，变得残破不堪、楼橹尽废。社会秩序十分混乱，物品奇缺，物价飞涨，民不聊生。

宗泽一到开封，就着手整顿社会治安，部署守城防务。首先，处死了一批勾结金军作恶多端的地痞恶棍，严禁盗窃，严惩哄抬物价，使开封的社会环境渐趋安定，市民能够恢复正常的生活。

其次，整顿聚集在开封周围、纪律散漫、缺乏统一指挥的勤王军。把原来各自为政、近于"乌合之众"的勤王军，如王善、丁进、王再兴、李贵、杨进等率领的义兵，都争取到麾下，兵力达到一百八十万之多。宗泽把他们统一部署在开封城近郊，使开封军势为之大振！

接着，宗泽对已被摧毁的开封四壁防御设施，重新加以修葺和扩建。在开封四周，修筑了二十四个坚固的壁垒，各驻兵数万，以保障开封外围的安全。沿黄河南侧，至开封近郊，修建了一层层像鱼鳞那样紧密相连的连珠寨。为了阻止金军骑兵的长驱直入，又挖了许多深广各丈余的壕沟。宗泽不顾年近七十的高龄，费尽心血，经过近半年的惨淡经营，于建炎元年（1127）十月，将开封内外坚固的防御体系构筑起来了。开封成了固若金汤的军事堡垒。

建炎元年（1127）十月，金军分东、中、西三路军马，南下进犯江淮，这是南宋建立后，金军第一次南侵。

然而，南下的金军，每一路都遭到了南宋爱国军民猛烈的抵抗。由兀术统领的金东路军，在千乘县被抗金义兵所击败，"金人弃青、潍去"；西路金军由娄室率领的一部，遭到李彦仙、孟迪等十多支抗金义兵和经略使王庶部队的阻击，不敢渡黄河；由粘罕统率的中路金军，一度占领了西京，然后东进，与渡过黄河的部分金军会合，夹攻开封，企图扫掉南侵的最大障碍。宗泽凭恃坚固的防御体系，加之指挥有方，使金军难以接近，夹攻开封的军事计划破产了。在胙城、黑龙潭等地，金军又被岳飞连连击败，在竹芦渡，岳飞还活捉了金军千户等头目。

由于宗泽、岳飞等抗金将士和人民的英勇作战，金军南下灭宋的军事行动遭到了挫败，南宋朝廷得到暂时的安定。

"时寇盗稍息，而执政大臣偷安朝夕。"高宗热衷于大兴宫室，沉湎酒色。黄潜善、汪伯彦等大臣，则经营起由国家垄断专卖的货物，牟取暴利。他们"漫不治兵，略无捍御"，自己不抗金，还咒骂抗金义兵"假勤王之名，公为聚寇"。

在国家危急的关头，赤胆报国的宗泽，在抗金最前线，建立起声援两河人民抗金斗争和官军北伐收复两河失地的基地。他在位一日，一日不忘进行提兵北伐的准备工作。他向高宗发出十九道奏章，要求皇帝回京师来主持抗战，结果却是石沉大海。他仍不甘心，呈上了第二十封奏章。

这第二十封奏章是《奏乞回銮仍以六月进兵渡河疏》，疏文说：

> 臣闻《诗》于《小雅》，载六月宣王北伐之事，盖夷狄以弓矢马骑为先，而当六月炎蒸之时，皆难于致用。故宣王乘时行师，终于薄伐玁狁，以建中兴之功。
>
> 臣自留守京师，夙夜匪懈，经画军旅。近据诸路探报，贼势穷促，可以进兵。臣欲乘此暑月，遣王彦等自滑州渡河取怀、卫、浚、相等处；遣王再兴等自郑州直护西京陵寝；遣马扩等自大名取洺、赵、真定；杨进、王善、丁进、李贵等诸头领，各以所领兵分路并进。既过河，则山寨忠义之民相应者，不止百万；契丹、汉儿亦必同心歼殄金贼，事才有绪。
>
> 臣乞朝廷遣使，声言立契丹天祚之后，讲寻求好。且兴灭继绝，是王政所先，以归天下心也。况使虏人骇闻，自相携贰邪？仍乞遣知几辩博之士，西使西夏，东使高丽，喻以祸福。两国素蒙我

宋厚恩，必出助兵，同加扫荡。若然，则二圣有回銮之期，两河可以安帖，陛下中兴之功，远过周宣之世矣。

臣犬马之齿，今年七十矣，勉竭疲驽，区区愚忠，所见如此。臣愿陛下早降回銮之诏，以系天下之心。臣当躬冒矢石，为诸将先。若陛下听从臣言，容臣措画，则臣谓我宋中兴之业必可立致。若陛下不以臣言为可用，则愿赐骸骨放归田里，讴歌击壤，以尽残年。频烦上渎天听，悚恐待罪。

建炎二年五月奏[①]

呈上这封奏章不久，宗泽接到高宗的诏书，说什么"朕将还阙，恭谒宗庙"。可是，宗泽却是受了骗。原来，高宗听到了信王赵榛将领五马山寨义军渡河前往东京的传闻，生怕赵榛与自己争夺帝位，才急急忙忙地下了要回东京的诏书。后来，五马山寨被金军攻陷，"信王不知所在"，高宗此诏也就成了一张废纸。以后，宗泽又接连四次上书，要求高宗"毋惑谗邪之言，毋沮忠鲠之论"。他还呈报了联结各地忠义山、水寨，约日会师的北伐计划。朝廷照旧不予理睬。

年迈的宗泽，心力交瘁，最后忧愤成疾。建炎二年（1128）的炎夏，他背上发痈，终于卧床不起。

部下的将领，一批一批地来看望他。东京留守司统制官岳飞已成为宗泽的亲密部下，常常守候在宗泽的病床边。每当部下来看望时，宗泽总要挣扎着坐起来，勉励部将继承他的未竟之志："吾固无恙，以二帝蒙尘之久，忧愤成疾耳，尔等能为我歼灭敌兵，以成主上恢复之志，虽死无恨！"

部将们听了宗泽这席话，热泪如雨，他们对着这位百折不挠、坚持抗金的老英雄，迸出一句誓言："愿尽死！"

---

① 《宋宗忠简公全集》卷七《奏乞回銮仍以六月进兵渡河疏》。

临绝命之前，宗泽挣扎着坐起来，环顾四周，他叹息着吟起了杜甫的诗句："出师未捷身先死，长使英雄泪满襟！"

过了一会儿，他突然连声呼喊："渡河！渡河！渡河！"喊完，即与世长辞了。

这几声呼喊，震动三山五岳，铭刻在南宋爱国军民的心坎里，更深深铭刻在岳飞的心坎里。

（二）高宗逃窜与杭州兵变

宗泽一死，开封抗金堡垒随之瓦解。宋高宗派投降派杜充接任东京留守。杜充一到开封，为了让高宗放心，也为了向金人表明南宋小朝廷弃战求和的心迹，对宗泽苦心经营起来的防御设施肆意破坏。宗泽召集起来的一百八十余万忠义兵，既愤慨又失望，纷纷散去。史称："充无意恢复，尽反泽所为。由是泽所结两河豪杰，皆不为用。"[1]宋高宗与汪、黄一伙，在有步骤地排挤、打击抗战派李纲、宗泽和破坏他们一系列抗金措施之后，感到"勤王义兵"对妥协投降同样是严重威胁。他们诬蔑各地人民抗金武装是"盗贼"，并下诏："以勤王为名，擅募民兵、溃卒者，并令遣散。"正式宣布取缔自发组织起来的抗金忠义民兵。南宋统治集团自毁抗金长城、自折"迎二圣、复故疆"旗帜的投降做法，更加助长了金统治者南侵的气焰。

建炎二年（1128）秋天，金太宗下令发动对宋战争，一要擒拿赵构，"穷其所往而追之"，二要攻取陕西。遂命娄室率军一路攻陕西，粘罕一路攻江淮。粘罕一路从云中出发，打到了黄河边。这时，接任宗泽当东京留守的杜充，不敢与金军作战，却决开黄河，企图以茫茫大水来阻挡金军的前进。结果粘罕一军绕过东京，经由山东，打进了

---

[1] 《建炎以来系年要录》卷一六，建炎二年六月甲辰条。

江淮地区，并于建炎三年（1129）二月攻下了扬州北面的泗州。参赞军事张浚得知敌情，深夜派人向高宗报告。正在行宫寻欢作乐的高宗吓得脸色惨白，天一亮，高宗立即找来黄、汪计议，准备南逃。但黄、汪至今还把南下的金军当作流窜在宿州、泗州一带游寇李成的余党，而且朝廷的使者宇文虚中已赴金和议，他们深信不久和议必达成。不一会儿，探报又到，说是金军已到天长军。朝廷这才急忙派刘光世领大军迎敌。刘光世是个资历较高的大将，当时朝野都说："光世必能御敌。"[1] 哪想到刘光世一军刚刚到达淮河，就逃跑溃散了。

三日，金军攻陷天长，高宗大惊，立即披甲上马，仅带御营都统制王渊、参赞张浚、内侍康履等五六人以及一些卫士，连宰相也没有通知，慌忙逃跑。这时黄、汪二相，正与官员"会食中堂"。突然堂吏大呼："皇上跑了！"这才惊出一身冷汗，立即上马逃命。

扬州数十万市民，看到皇帝、宰相顾自逃命，才知敌情严重，扬州城中顿时大乱，他们只好扶老携幼，也向城外奔逃。但高宗十万御营兵却纵马狂奔，冲开人群，与民争路。马踏人挤，百姓死伤者不计其数。扬州军民对误国的黄、汪恨之入骨。司农卿黄锷骑马奔至江边，一军士喊一声："黄相公在此！"人们以为是宰相黄潜善，纷纷痛骂："误国害民，皆汝之辈！"黄锷立即被拉下马来，他来不及分辩，头已落地。给事中黄哲被骑士一连射中四箭，死于非命。还有黄唐杰两兄弟也被溺死水中。被愤怒到了极点的群众误当黄潜善处死的黄姓朝官，竟有好几个。

由于高宗君臣如惊弓之鸟竞翅飞遁，金军未曾遇到抵抗，唾手取得了扬州。又听说高宗已渡江，他们就四处纵火。城内男女老幼及金帛储积，惨遭金军的屠杀、抢劫。城外挤在长江北岸抢渡的数万逃难军民，因互相挤轧而死和坠江而死的，难以计数。城内外"官军、吏

---

[1] 《中兴小纪》卷五，建炎三年二月庚戌朔条。

民死者数十万"①。

从扬州至长江边的瓜洲镇，这五十里的水路中头尾相接地挤满了公私逃难船只，因潮水未涨，大小船只不能开进长江。金军一到，所有金珠玉帛、宫车御服用具，都成了金军囊中之物。

扬州遭受了毁灭性的浩劫，变成了尸骨堆积的废墟。

自扬州到杭州，沿途丹阳、镇江、常州、苏州、吴江县、秀州同样刮起一股逃难风，百姓弃家而逃，扶老携幼，慌不择路，亲属失散，哭泣呼喊声不绝于道。官军与溃散士卒乘机打家劫舍、纵火灭迹，至于"所经之处，则烟火亘天，焚烧十室而九，所存者往往亦不足障风雨矣"②。百姓怨声载道，对宰相汪伯彦、黄潜善和指挥调动运河船只的御营司都统制王渊恨之入骨。

十三日，高宗带着一批宠用的奸臣、宦官，一口气往南逃到杭州。在朝野舆论谴责下，不得不匆匆下了一道罪己诏，罢免黄、汪的宰相官职。但对遇金军不战、先自逃跑的王渊，竟提拔为签书枢密院事，而对保驾有功的人竟不嘉奖。如此赏罚颠倒，是非不分，令人愤怒万分。

一到杭州，王渊成为众矢之的，原因有三：其一，在去年平陈通哗变时，王渊杀害了已屈服招供的一百四五十名军人，并搜刮所谓与哗变有牵连的杭州城内富户的财产作为"赃物"，贪为己有的财物不可胜记。此次他利用职权之便，抢先从扬州经运河运往杭州的上百艘船中的金银财物，除了部分是内侍康履等的财物之外，其余悉为王渊从杭州掠夺得来的。所以杭州人对他切齿痛恨。其次，在金军未到扬州前，王渊身为渡江舟船调度总指挥，不顾百姓死活，优先调拨上百艘船满载家财和眷属安全转移到杭州（为了巴结内侍，其中部分船只装的是他们的财物），终于酿成了十余万军民拥挤江北岸，坠江、践踏而

---

① 《三朝北盟会编》卷一二一，建炎三年二月三日壬子条。
② 《三朝北盟会编》卷一二一，建炎三年二月三日壬子条引《维扬巡幸纪》。

死者不计其数的惨祸。其三，在扈从高宗自扬州至杭州的水路上，王渊与宦官"以射鸭为乐"，一到杭州，先去钱江"观潮"，"中官（宦官）供帐，赫然遮道"，引起扈从统制官兵的不满，痛骂王渊："汝辈使天子颠沛至此，犹敢尔耶！"①而作为扈从的官兵，大部分来自北方黄河流域，他们怀恋失去的故土，个个摩拳擦掌，要为收复两河失地而战，如今皇上却带着一班宠臣一股劲地往南跑，毫无抗金保国之意。他们心中积怨日益强烈。高宗对贻误军机、以权谋私、一味寻欢作乐的王渊不加惩办，反而擢升他为签书枢密院事，则成了导火线。扈从统制官苗傅和武功大夫刘正彦利用御营司官兵对高宗的不满情绪，发动了军事政变。他们按事先研究好的计划，先杀死了王渊，接着又杀了受贿卖官的宦官康履。当众历数高宗没有严惩误国奸臣黄潜善、汪伯彦，逃将升官，宠信宦官，致使"数路生灵无罪而就死地，数百万之金帛悉皆遗弃"等罪状，宣布"上（高宗）不当即大位"，逼迫高宗退位，立三岁太子为皇帝，由孟太后垂帘听政。苗、刘暴动得到"三军"拥护，"百官从之"。杭州市民闻讯，人心大快。但政变不久，拥护高宗的文臣武将吕颐浩、张浚、韩世忠、张俊、辛道宗、刘光世等人率领各路人马包围了杭州。苗、刘不得不逃离杭州（后被追击兵溃，遭俘后被杀害）。于是高宗复辟，重新恢复建炎年号②。五月，改江宁府为建康府，并把行在从杭州移至建康，作为顺应军民抗战要求的一种姿态。

二、苦谏杜充守东京

建炎二年（1128）底，南侵的金军绕开开封直扑扬州，意在追擒宋高宗。在次年三月初占领扬州后，未敢轻易深入江河湖泊星罗棋布

---

① 《建炎以来系年要录》卷二一，建炎三年三月己卯朔。
② 苗、刘暴动，废除高宗建炎年号，改元"明受"，见《宋史》卷四七五《苗傅传·附刘正彦传》

的江南的金军撤兵北归。而在这一时期，岳飞作为原东京留守宗泽属下的一员将领，仍然留在开封，归属于新任东京留守杜充。同为东京留守，杜充与宗泽根本不能同日而语："宗泽在，则盗可使为兵；杜充用，则兵皆为盗矣。李纲罢，而汪、黄相于内；宗泽死，而杜充守于外，则天下事可知矣！"①

岳飞归隶杜充八个月来，看到杜充一反宗泽所为，处处遵照黄、汪的意旨，搞得"士心不附"；贪功疑忌，酷而无谋，使宗泽招聚来的众多义兵纷纷离去。而这些义兵，竟被杜充指为游寇，令部下征剿。岳飞感到十分痛苦。作为杜充的部下，他不能不听从指挥。他东征西讨，官衔逐渐升高了，从武功郎转为武经大夫、武略大夫、武德大夫，并被授予遥领刺史的职衔。但他长期以来收复中原失土、迎"二圣"、雪国耻的壮志未能实现，心中是十分苦闷的。

尽管如此，岳飞始终怀着抗敌保国的决心，坚守在开封前线。在宗泽麾下，岳飞立了不少战功，因而受到宗泽赏识和器重。杜充也十分器重岳飞，视其为一员可靠的勇将。当时留驻开封的队伍，因宗泽已死，杜充既无抗金诚意，又苛刻残暴、猜忌部将，已经人心涣散，难以指挥。驻屯在开封城东的后军王善，濮州人，拥众数十万，分为六军；驻屯在城南的张用，原是汤阴县一弓手，聚众起事，与曹成、李宏、马友诸头领结拜兄弟，也拥众数十万，"有膂力，军中服其勇"。他们桀骜难制，使杜充十分头疼。杜充决计消灭异己，企图借此提升自己的威望。

建炎三年（1129）正月十六日，杜充乘张用不备，急调驻在城西的岳飞、桑仲、马皋、李宝诸部在南薰门集结，准备攻击张用所部。不期张用早已得到情报，在南薰门摆好应战阵势。不但如此，王善也率城东部队赶来支援张用。在混战中，张用、王善打败了杜充亲信部

---

① 《建炎以来系年要录》卷一六，建炎二年六月引吕中《大事记》。

队,并活捉了李宝。唯独岳飞率领二千士卒,面对十倍于己的数万之众,毫不畏惧,一马当先,以迅雷不及掩耳之势,看准一员"贼魁,奋大刀劈之,自顶至腰分为两,数万众不战而溃"。事后忆及此事,岳飞曾对黄机密说:"人力不至于此,真若有神助之者,某平生之战类如此。"①

经此一役,张用、王善感到难以继续在东京留守司下立足,随即率众南下,干脆和官府作对,去攻打陈州了。杜充派马皋等去追击,反而被他们打得大败而还。留守部队自此分崩离析,实力大损。故而,一听说金军从扬州北返,金军骑探又常常深入京畿,好像要进攻开封的模样,处于风声鹤唳之中的杜充不敢再在东京留守下去了。为此,他抓住高宗复位、行在所自杭州移至建康的机会,决计打起"勤王"的旗号,离开东京率部南下。

杜充竟要放弃东京南逃,在这个事关抗金全局的重大问题上,岳飞再也不能沉默了。他冒着得罪上司的危险,求见杜充,单刀直入地陈述不能抛弃东京的大义,他说:

> 中原之地,尺寸不可弃,况社稷、宗庙在京师,陵寝在河南,尤非他地比。留守以重兵硕望,且不守此,他人奈何?今留守一举足,此地皆非我有矣!他日欲复取之,非捐数十万之众不可得也!留守盍重图之?②

岳飞这段话一针见血地指出杜充"勤王"的实质是放弃社稷、宗庙所在的京师,是军事上的轻举,将造成不堪设想的后果,措词十分严峻。如果这段话出于其他将领之口,杜充必将其视为犯上行为,予

---

① 〔宋〕岳珂编、王曾瑜校注《鄂国金佗续编校注》卷二七《百氏昭忠录》卷之十一。
② 《鄂国金佗续编校注》卷四《行实编年》卷之一。

以严厉惩罚，但由于岳飞是既勇武又有谋略的将领（南薰门之役，岳飞以少击众；他又在陈州生擒王善部将孙胜、孙清，现已被杜充视为军中的柱石），他不得不对岳飞另眼相看，对岳飞的严厉之词尚能容忍，只是一味为自己的逃跑辩护。岳飞虽然对杜充不满，但兵权在杜充手中，岳飞又有什么办法呢？

这年的五月，岳飞只好跟着杜充撤到建康去了。想不到的是，高宗听说杜充自作主张南下"勤王"，竟下诏嘉奖他，还在行军途中，就一连给他升官两次。到达建康后，杜充倍受荣宠，又被任命为尚书右仆射（右相）兼江淮宣抚使，留守建康，负责长江防务。

杜充擅离前线职守，不仅没有遭到严惩，反而得到皇帝的褒奖，岳飞感到愤愤不平。

三、守钟山以忠义励卒

为什么宋高宗一再提拔擅离职守、畏敌南奔的杜充？原来这是他乞和"棋局"中的一着棋。杜充弃守东京，把中原大地拱手让给金人的做法，是暗合高宗收缩兵力保住南方，使他的小朝廷得以偏安江左的如意算盘的。为此，高宗倚重杜充，目的就是要杜充守住长江天险。

其实，当时的军事形势已十分危急，为了解救东南危局，因平苗、刘有功被骤提为知枢密院事的张浚，曾向高宗提出在"关陕"开辟一个新的抗金战场，以牵制金军南下的军事计划。但是被金军凌厉攻势吓破了胆的高宗，根本听不进"抗金"两个字。他在建康只住了几个月，就回到了杭州，在离开建康之前，即派杜时亮带着他写的《致元帅书》赴金营乞和去了。书信是这样写的：

> 古之有国家而迫于危亡者，不过守与奔而已。今大国之征小邦，譬孟贲之搏僬侥耳。以中原全大之时犹不能抗，况方军兵挠

败，盗贼交侵，财贿日朘，土疆日蹙，若偏师一来，则束手待命而已。……天网恢恢，将安之耶？是以守则无人，以奔则无地。……此所以谔谔然惟冀阁下之见哀而赦已也。……愿削去旧号……则金珠、玉帛者，大金之外府也；学士、大夫者，大金之陪隶也。是天地之间，皆大金之国，而无有二上矣，亦何必劳师远涉，然后而快哉？①

这封丧尽了国家民族的尊严，一味屈膝称臣的国书，送到金人眼前，换来的只是嗤之以鼻的蔑视。建炎三年（1129）秋天，金兵分数道大举入侵了。挞懒攻取山东及淮北，娄室仍攻陕西，兀术领兵自滁、和入江东，拔离速、马五由河南入两湖、江西。金军全力以赴，只图迅速灭亡南宋，占领整个宋朝领土。

十月下旬，兀术南下攻取寿春，率大军进临长江。十一月初，占领建康西面、长江北岸的和县。

杜充得知和县守将投降消息后，除了飞檄召回在滁州攻打李成兵匪的岳飞、王瓔部队外，就只是一味消极地"清野"，烧民房、寺院。

金军沿长江北岸东进，与李成合攻乌江县，离建康不到百里了。杜充上奏谎报"督师诣采石防守"，其实却闭门深居，终日宴饮自娱。岳飞忍无可忍，闯入相府见杜充，坚请杜充出城巡视江防。岳飞义正词严地陈词：

勍虏大敌，近在淮南，睥睨长江，包藏不浅。卧薪之势，莫甚于此时，而相公乃终日宴居，不省兵事。万一敌人窥吾之怠，而举兵乘之，相公既不躬其事，能保诸将之用命乎？诸将既不用命，金陵失守，相公能复高枕于此乎？虽飞以孤军效命，亦无补

---

① 《建炎以来系年要录》卷二六，建炎三年八月丁卯条，引《国史拾遗》。

于国家矣！①

想到江防关系国家安危，岳飞这个刚毅的铁汉，不禁热泪盈眶，杜充却一声不吭，在岳飞再三恳请下，他才漫不经心地敷衍了一句："来日当至江浒！"

来日复来日，不见杜充出。

金军顺利地占领了乌江县，便从采石过江，不料被知太平州郭伟所败。金军得知马家渡无宋军守备，遂改从马家渡过江。由于杜充根本不做防备，因此，金军"渡长江如蹈平地"②。

金军已从马家渡过江的探报传来后，杜充才慌忙派都统制陈淬、统制官岳飞等十七个将领，带三万人前去接战，又派御营前军统制王燮带一万三千人应援。陈淬与兀术对阵，交战十余合，不分胜负。然而，金方统帅兀术身先士卒，亲自出阵交战。宋方呢？御营前军统制王燮被金军的凶猛冲杀吓坏了，在关键时刻不战而逃。大帅一逃，诸将纷纷溃散，陈淬力战身死。剩下岳飞一部，一直厮杀到黄昏，还不见援军，粮食辎重又全部被溃将带走了，士卒乏食，又寡不敌众，岳飞不得不退军屯驻于钟山（今江苏南京紫金山）。

形势急剧恶化，建康危在旦夕。

闭门不出的杜充这时只想保命。他想从水门逃出，却被愤怒的市民拦阻。他欺骗百姓说，出城是为了迎击金军，百姓根本不信。一计不成又生一计，杜充赶紧打开府库，赏赐士卒每人银十四两、绢十四匹，以此笼络军队。第二天，他命令三千亲兵及王冠、王进所部，护送他及全家老少，携带金银玉帛北渡长江，逃到真州去了。不久，兀术带信去招降杜充，表示可封他为"中原王"，杜充向金投

---

① 《鄂国金佗稡编校注》卷四《行实编年》卷之一，建炎三年十一月。
② 《三朝北盟会编》卷一三四，建炎三年十一月二十一日乙丑条。

降[1]，成了可耻的叛徒。

岳飞退守钟山宿营，第二天天刚亮，又出兵与金军交战，终因孤军奋战，寡不敌众，又退回钟山。

留守建康的十万官军，因主帅逃跑，军心动摇。不久，有些将领率部溃逃，各奔前程。准备将戚方自带一部，逃到镇江一带，打家劫舍，成了游寇。

逃跑像瘟疫一样，侵袭到岳飞的部众里来了。有的士卒已悄悄地跟戚方叛逃。部队正面临着溃散的危险。溃将们还一个个地派人前来同岳飞串连，表示愿推岳飞做主帅，一块儿跑回北方故乡去，但都遭到岳飞的严词拒绝。

乌云乱翻，朔风狂吹，面对将帅叛逃、士卒溃散、金军席卷而来、百姓惶惶呼救的局面，岳飞没有被巨大的痛苦所压倒，决心力挽狂澜，做一个顶天立地的中流砥柱。他集合好部队，激励部下：

> 我辈荷国厚恩，当以忠义报国，立功名，书竹帛，死且不朽。若降而为虏，溃而为盗，偷生苟活，身死名灭，岂计之得矣？建康，江左形胜之地，使胡虏盗据，何以立国？今日之事，有死无二，辄出此门者斩！[2]

岳飞爱国情殷，言辞慷慨，使士卒激动得流下了热泪，表示愿跟从岳统制，抗金不变心。将领傅庆、刘经也决定跟岳飞战斗在一起。那些原打算跑回北方故乡的西北兵，也在岳飞"立奇功取中原"的感召下决定不走了，齐声高呼："惟统制命！"

部队稳住了，兵力壮大了，岳飞精神振奋。但是，大部分宋军已

---

[1] 《金史》卷三《金太宗纪》。
[2] 《鄂国金佗稡编校注》卷四《行实编年》卷之一。

经溃散，兀术的十万军马很快包围了建康城。江东安抚使陈邦光这时权代杜充守城，看见"满野铁骑，往来如云"，吓破了胆，忙派人到十里亭给兀术送上投降书。建康陷落了，通判杨邦义不屈被杀。兀术高兴地说："金陵不烦吾攻击，大事成矣！"①

为了保存抗金实力，伺机再战，岳飞与刘经、傅庆退守茅山，准备牵制金军南下的主力，并在它的后方进行袭击。但是，岳飞、刘经所率部伍从前线撤退下来，集结已属不易，却是纪律涣散，给养匮乏，常常发生劫掠百姓的行为，岳飞感到不能在茅山长此驻扎下去。他决定将部队转移到可"资粮于官"的广德军钟村。

四、转战敌后

早在这年（建炎三年，1129）的九月，高宗就得到了"金人治舟师将由海道窥江浙"的谍报。十月，高宗渡过钱塘江，躲到越州去了。当陈淬、岳飞与金人大战于长江边的马家渡，陈淬战死，建康失陷，警报传来时，高宗又连忙从越州逃向明州。这时，攻打江西一路的金军渡过长江，占领江州后，深入江西、两湖，差点把孟太后捉住，一路烧杀抢掠，如入无人之境。兀术在占领军事重镇建康以后，就由建康进军，经溧水、广德、安吉、湖州，直取杭州。这一条历来为兵家所必争的战略要道，南宋竟没有部署重兵把守。金军前锋所向，几乎未遇什么抵抗。沿途州县的守臣，对敌情毫无所知。广德守臣周烈竟把金军当作溃散的游寇，派人前去联系，约好只要不扰民，就杀猪宰羊款待，奉送粮草犒军。金军将计就计取得了广德，周烈被杀。

离广德仅八十里的安吉，根本不知广德陷落，更无防御。兀术率

---

① 《三朝北盟会编》卷一三五，建炎三年十一月二十九日癸酉条。

军过独松岭,见两山直壁夹道,形势险要,不禁感叹:"南朝可谓无人,倘以羸兵数百守此,吾岂能遽度哉?"①

金军向杭州进逼。这时的杭州,虽然已于建炎三年(1129)七月升为临安府,但高宗和他的宰执百官在十月就匆匆地逃到了越州。朝廷早已迁走,杭州守臣康允之只听说有兵来了,也不知是什么兵,派了将军刘某去迎敌,斩得两个敌兵首级归来。康允之一看,血淋淋的人头都带耳环,惊呼:"金人也!"马上放弃临安府而逃。但爱国的广大军民得知金兵到来,坚决守城,杀了畏敌投金的临安府守臣刘海。钱塘县令朱跸率民兵迎战,在天竺山英勇战死。

杭州失陷了。高宗丧魂落魄,采纳了宰相吕颐浩下海避敌的建议:

> 金人以骑兵取胜,今銮舆一行,皇族、百司吏、兵马、家小甚众。若陆行山险之路,粮运不给,必至生变。兼金人既渡江,必分遣轻骑追袭。今若车驾乘海舟以避敌,既登海舟之后,敌骑必不能袭我。江浙地热,敌亦不能久留,俟其退去,复还二浙。彼入我出,彼出我入,此正兵家之奇也。②

于是高宗从越州逃到明州,又从明州下海逃跑。但金军仍派舟船于海上穷追,直至昌国县的海面,才被宋枢密院领海船公事张公裕所率水军挡住。如丧家之犬的高宗逃往温州。

兀术领兵十万,一路烧杀,所向披靡,可是,后方却遭到了岳飞军的痛打。岳飞派刘经带一千兵马收复溧阳县,斩敌五百多,活捉兀术刚刚任命的溧阳知县渤海太师李撒八及金军头目十二人。岳飞亲自率兵在广德袭击了金军的殿后部队,砍得金军首级一千二百十六颗,

---

① 《建炎以来系年要录》卷三〇,建炎三年十二月癸未条。
② 《建炎以来系年要录》卷二九,建炎三年十一月己巳条。

生擒金将汉儿①王权等二十四人,剃头签军②首领四十八人。

金军的成分是复杂的,女真族只是少数,多数是从被征服的各族中征集来的,如"汉儿"等。由于金军内部不平等,岳飞就利用敌军内部矛盾,特别是利用被强迫当兵的汉人对女真人的不满,做分化瓦解工作。岳飞同俘获的签军谈话,晓之以大义,并从中挑选出真正愿意倒戈的汉人放归,令他们在夜间袭击金营,烧毁金军的辎重、粮草。岳飞军又从外面夹攻,乘乱冲杀。岳飞通过此类战术,常常出奇制胜。在广德境内与金军作战,六战六捷。

驻屯广德钟村期间,军中粮食匮乏。一时又得不到政府拨支军粮。岳飞便与母亲商量,捐献家财购买军粮,以暂渡难关。当时,溃散的宋军多以剽掠为生,唯岳飞严厉约束部属,不许侵掠百姓,做到"秋毫无犯"③。驻地老百姓照常下田务农;街头市井,买卖照常。岳飞军队纪律严明,在当时的官军中声望最高,赢得了老百姓的爱戴。金军中的签军,也争着前来归降岳飞。他们称岳军为"岳爷爷军"。

岳飞的队伍壮大起来了,士卒不下一万人,加上家属、使臣等人,岳飞军拥众二万人以上。在当时得不到朝廷正常军事给养的情况下,粮食问题成了最大的困难。

相识于南京行伍之中,并把岳飞推荐给张所的赵九龄,这时突然在广德与岳飞见面。赵九龄是一个抗战派,中兴之"奇才"④。由于朝廷执政者的疑忌、排挤,终未获大用。这时他在常州衙门里当了一个属官。建康失守后,他听说诸将彷徨江上,莫知所适,又乏粮,将谋抄掠的消息,急忙去请岳飞,邀他到盛产稻谷的常州来。岳飞欣然

---

① 汉儿:1125 年金灭辽以前,在辽国统治下的汉人称"汉儿",又称"契丹汉儿",后为金人沿用。
② 剃头签军:在金人统治区,汉人丁男常被强迫签发去当兵。因汉人得按金统治者规定剪发,所以由这类汉人组成的军队,称"剃头签军"。
③ 《广德捷奏》,载《鄂国金佗稡编校注》卷一六《家集》卷七。
④ 〔宋〕陈亮《龙川文集》卷一三《中兴遗传序》。又陈亮自陈:"尝欲传其(龙伯康、赵九龄)事,而不能详……自是始欲纂集异闻,为《中兴遗传》。"

应诺。当部队即将出发时,不幸传来了常州已被金军分兵攻占的消息,岳飞只好暂时按兵不动。

由于粮食供应不足,岳飞约束部下虽严,然士卒擅自离营骚扰乡村的事常有发生,岳飞很头疼。这时有一个效用使臣李寅,向岳飞献计移屯宜兴:

> 若移军宜兴,三面临湖,唯有一陆路,极狭,使一小将守之,不可犯矣。

岳飞十分高兴。而宜兴正被建康败逃的水军统制郭吉骚扰,百姓、县官仰慕岳飞的威名,也奉书前来请岳飞到宜兴去。知县说:"邑之粮糇,可给万军十岁!"

建炎四年(1130)春,岳飞军向宜兴移防。郭吉听说岳飞军队来了,忙把人马、财物装了百多只船,驶入太湖,逃之夭夭。岳飞驻军宜兴、张渚期间,还打败了戚方为首的兵匪游寇,一县仗赖岳飞军获得安宁。领近县邑的士民、官吏,纷纷弃家搬迁到宜兴来住。"杜充之败也,其将士溃去多行剽掠。独飞严戢所部,不扰居民,士大夫避寇者,皆赖以免。"[1]岳飞捍国保民的功业,赢得了宜兴人民的感激,都说:"父母生我也,易;公之保我也,难!"[2]为了不忘岳飞的恩德,他们建立起"生祠"(纪念在世人物的祠堂),挂起岳飞的画像,祀以香火。从这时候起,岳飞的名字,就开始刻进江、浙、皖人民的心中了。

金军在攻打明州时,曾在高桥被宋浙东制置使张俊率兵打败,死伤数千人[3];后来,张俊慑于金军反扑,撤退了,明州遭受金军的蹂躏。但这却是金军深入南中国以来第一次受挫。金人得知高宗已乘海船从

---

[1] 《皇宋中兴两朝圣政》第七《高宗皇帝》。
[2] 〔宋〕钱谌《宜兴县生祠叙》,载《鄂国金佗续编校注》卷三〇。
[3] 《三朝北盟会编》卷一三六,建炎四年正月七日庚戌条。

昌国入海道，立即从明州驾铁头船入海追至昌国，并纵火劫掠至沈家门。金舟船直抵碛头，遭遇暴风雨，宋枢密院提领海船公事张公裕乘机引大舶袭击，将金船队击散，金军不得不收兵[1]。当时大江南北人民纷纷起来反抗，袭击金军，金军受到的威胁日益加重；同时浙西制置使韩世忠已屯兵镇江，守住长江下游；张浚调集大军在关陕发动反击。建炎四年（1130）二月，兀术以"搜山检海已毕"[2]为借口，从临安退兵。在纵火焚烧明州、杭州后，金军携带辎重及全部掳掠物，从运河经秀州、平江一线北撤。

当金军途经常州时，岳飞自宜兴率军迎袭，四战四胜。金军人马互相践踏，拥入河中淹死者，不计其数。活捉金军大头目女真万户一人、汉儿李渭等十一人。

岳飞在江南水乡转战四个多月，正如他自己所总结的："委是屡获胜捷。"为此，他兴奋地写了《广德捷奏》，把广德、溧阳、常州的战果一起向朝廷奏报："武德大夫、英州刺史、御营使司统制军马臣岳飞奏状奏：恭依圣旨，将带所部人马邀击金人，至广德军见阵，共斫到人头一千二百一十六级，生擒到女真汉儿王权等二十四人。并遣差兵马，收复建康府溧阳县，杀获五百余人，生擒女真汉儿军伪同知溧阳县事、渤海太师李撒八等一十二人。金人回犯常州，分遣兵马等截邀击掩杀，四次见阵，拥掩入河，弃头不斫，生擒女真万户少主字董、汉儿李渭等一十一人。委是屡获胜捷。谨录奏闻，伏候敕旨。"[3]

这是岳飞受命独立指挥作战所取得的胜利。凯旋的途中，他兴奋地在宜兴金沙寺题词：

---

[1] 《建炎以来系年要录》卷三一，建炎四年正月丙寅条。
[2] 《建炎以来系年要录》卷三一，建炎四年二月丙子条。
[3] 《鄂国金佗稡编校注》卷一六《广德捷奏》。

余驻大兵宜兴,缘干王事过此。陪僧僚,谒金仙,徘徊暂憩。遂拥铁骑千余,长驱而往。然俟立奇功,殄丑虏,复三关[1],迎二圣,使宋朝再振,中国安强。他时过此,得勒金石,不胜快哉!建炎四年四月十二日,河朔岳飞题。[2]

五、收复建康

常州之战后,岳飞第一次得到皇帝的诏书,命令他配合扼守镇江的韩世忠,从左翼打击金军,伺机收复建康。

这时,在常州附近遭到岳飞袭击的兀术,不敢在常州停留,直奔吕城屯宿,并往镇江方向退去。

久经沙场的韩世忠,已在镇江至建康一带江面上布下战船,严阵以待。

兀术遣使者向韩世忠挑战,韩世忠应战。会战时,双方激战数十合,兀术不能取胜,复遣使向韩世忠提出借路过江,条件是:归还掳掠物,馈赠名马五千匹。韩世忠轻蔑地说:"只留下乌珠(即兀术)乃可去!"[3]

兀术没奈何,派人过江请挞懒增援。于是,挞懒令托云自扬州引兵屯真州,沿长江北岸布兵,势连建康。但韩世忠亲领海船,与金军相持于黄天荡。金军舟师不敢接近宋军又高又大的海船,因为一旦接近,就会被宋船带索的大钩钩住拖走。兀术穷蹙,再次向韩世忠请求假道;韩世忠一边解下随身所佩的金凤瓶,若无其事地与部下传酒纵

---

[1] 三关:指瓦桥关、益津关、淤口关。
[2] 《咸淳毗陵志》卷二五《观寺·宜兴县》。按:岳珂编《鄂国金佗稡编校注》卷一九《家集》载有此题记,但称"广德军金沙寺壁题记"。今据顾文璧《岳飞"金沙寺壁题记"问题及其研究》(刊《岳飞研究》,浙江古籍出版社1988年版)考证,广德无金沙寺,金沙寺当在宜兴,今从之。
[3] 《中兴小纪》卷八,建炎四年四月癸丑条。

饮，一边冷冷地说："（假道）不难，但迎还两宫（徽、钦二帝），复旧疆土！"①

就这样，水路被韩世忠死死卡住了，兀术急得像热锅上的蚂蚁。

陆路方面，这时岳飞率兵追来，在清水亭与金军进行了一场激战。金军大败，尸体横七竖八地布满了十五里。岳飞部队斩获大小军将首级就达一百七十五颗，缴获金军马甲、弓箭、金鼓三千七百余件。这一仗是金军渡江南侵以来第一次惨败。

在镇江已无法渡江，兀术唯一的选择是西奔建康。但是，人马可以走陆路，满载掳掠物的船队却非得经水路不可，这又必须绕过韩世忠把守的江面，兀术左思右想，一筹莫展，于是高价悬赏征求妙计。

这时，一个无耻叛徒向兀术献策说："今江水涨满，宜于芦场地（镇江西面）凿大渠二十余里，接通长江口。"兀术听从其计，一夜之间开出一条大渠，从镇江西南通到长江②。第二天，韩世忠突然发现金军船队失踪，后来得到报告，才知金人船队已在上游直向建康驶去。韩世忠下令火速尾追，迫使金船在建康屯驻，兀术渡江又未能成功。

在陆路，金军人马向建康进发。岳飞也早有预料，此时已设伏兵于建康南面的牛头山，伺机歼敌。夜间，他派出一百士卒，身穿黑衣，混入金营骚扰敌人。金人在惊慌中互相残杀，伤亡很大。后来金军才发现夜间的混战，系宋军混入骚扰所造成，便增加"逻卒"，加强了巡逻。岳飞随机应变，又派强壮的士卒，衔枚潜伏在路旁，等巡逻兵过来时，一一擒获。搞得金军不断损兵折将，惊慌不安。兀术唯恐拖延下去，将遭到宋军包围，自己也会成瓮中之鳖，因此更急于过江。于是他在建康城中贴出赏榜，征求渡江的妙策。这时，另一个民

---

① 《中兴两朝圣政》卷七《韩世忠扼敌于金山寺》。
② 《世忠神道碑》，见顾舟《宋韩蕲王碑释文》卷上。近人金毓黻、何竹淇都以《金史·宗弼传》为据，认为兀术是"因老鹳河故道，凿渠三十里，通秦淮"。今附存此说，待考。

族败类贪图厚赏，教金人把帆船统统改装为不怕火的划桨船，等风平浪静时，轻舟划入长江，挑选好弓手，对准宋军海船的箬篷发射火箭。兀术连夜赶造火箭，等到无风的一天，果然用火攻打败了韩世忠的海船队。韩世忠因舟师损失较大，领兵退回镇江下游去了。但韩世忠以八千军队，竟能对抗兀术十万之众达四十八天之久，使兀术丧胆，在南宋抗金史上已经写下了光辉的一页。

兀术离开建康之前，进行了疯狂的报复。金军纵火焚掠三日，抓走居民、官员中的强壮男女，疯狂屠杀老弱病残，逃生者仅十分之一。一个拥有十七万居民（不计流寓商贩）的城市[①]，变成了遍地尸骨、血迹斑斑的"大坟场"。

满怀怒火的岳飞，立即率部从牛头山飞奔而下，占据了金军刚刚退走的新城[②]，趁着金军匆匆撤出建康渡江而逃的机会，狠狠打击金军。这时兀术正从建康西北的静安（亦称龙湾）向北岸的宣化渡江，金军的后部遭到了岳飞部队的追击，凡背着掳掠物尚未登舟的金军，统统被宋军以戈矛捅落水中淹毙。这一仗岳飞部队杀敌三千余，俘虏三百多人，其中将领有二十余人，得马三百匹，铠仗旗鼓数以万计，牛驴辎重无数。

静安大捷后，金军在江南不剩一骑一卒。建炎四年（1130）五月，岳飞收复了建康。

岳飞收复建康，受到了朝野普遍的赞扬。删定官邵缉上书朝廷，特别提到岳飞收复建康的功绩，他写道：

> 飞自将，取间道直捣建康，与金人战，大小数十合，皆大获。僵尸十余里，生致酋领若万户、千户者二十余人。及斩胡人秃发

[①]〔宋〕叶梦得《建康集》卷四《建康掩骼记》。
[②] 新城：即金军占领建康后于旧城西南方建造的新城。何竹淇先生在《岳飞抗金史略》中说"新城即新亭，在江苏江宁县南十五里"，待商榷。

垂环者之首无虑三千人。夺铠、仗、旗、鼓以数万计。且虑金人徘徊于建康、京口之间，势必欲留军江南，控扼险阻，牵制官军，大为东南之患。飞能奋不顾身，勇往克复建康及境内县镇，为国家夺取形胜咽喉之地，使逆虏扫地而去，无一骑留者。江浙平定，其谁之力也？①

金军第一次南侵，最后以失败告终。韩世忠和岳飞等爱国军民的抗金斗争，迫使金军从此不敢渡江南侵，保障了江南不再受战火焚烧，稳定了南方的社会秩序。

从建炎四年（1130）四月起，岳飞部队归属于御前右军都统制、浙西江东制置使张俊部下。张俊打算把统制官岳飞派往鄱阳，扼守江南东路、江南西路。建康收复后，岳飞仍然十分重视守卫建康的战略意义，在《奏乞益兵守淮略》中指出："建康为国家形势要害之地，宜选兵固守。……臣以为贼若渡江，必先二浙，臣乞益兵守淮，拱护腹心。"

高宗阅读了岳飞这一道奏章，采纳了岳飞的主张，取消了让岳飞驻军鄱阳的原议，并奖赐岳飞镀金枪、百花袍、金带鞍马和五十副铁铠。

由于岳飞收复了建康，提出了守两淮、拱护建康的重要性，他得到了高宗和朝廷大臣的重视。

收复建康后，岳飞暂回宜兴休息。宜兴县的张渚镇上住着一个名叫张完的读书人，岳飞前去拜访，并在张家的墙壁上书写了一篇题记：

近中原板荡，金人长驱，如入无人之境，将帅无能，不及长城之壮，余发愤河朔，起自相台②，总发③从军，大小二百余战，

---

① 《鄂国金佗续编校注》卷二八《百氏昭忠录》卷之十二。
② 相台：相州，因曹操所建铜雀台在相州，故相州又称相台。
③ 总发：古代未满二十岁的男子，把头发绾成两个小髻，称为"总发"。

虽不及远涉遐荒，亦足快国事之万一。今又提一垒（旅）孤军，振起宜兴，建康之城，一举而复。今且休兵养卒以待，如或朝廷见念，赐予器甲，使之完备，颁降功赏，使人蒙恩，即当深入边庭，迎二圣复还京师，取故地再上板籍。他时过此，勒功金石，岂不快哉！此心一发，天地知之，知我者知之。建炎四年六月望日，河朔岳飞书。①

这一篇题记，是岳飞豪情壮志的奔泻，可以说是岳飞自二十岁从军开始，至收复建康止，这八年戎马生活的一个总结，也是岳飞心怀壮志的真实写照。他期望着朝廷今后的国策有所改变，能切实地支持抗金事业，那么他收复故疆、为国建功立业的愿望就能实现了。

六、任命为通泰镇抚使

金军北撤以后，南宋政权度过了最大的危机。宰相吕颐浩在高宗海上之行结束后，却遭到了赵鼎等人弹劾，被罢去宰相之职。当时面临着高宗于何处驻跸的问题，川陕等路宣抚处置使张浚建议："陛下果有意于中兴，非幸关、陕不可。愿先幸鄂渚。"但遭到吕颐浩反对："若第携万兵入蜀，则淮浙、江湖以至闽广，将为盗区，皆非国家之有矣。"其他官员亦支持吕颐浩提出的驻跸江南的意见。

确定江南为根据地后，南宋朝廷急需解决的最严峻的问题，除了时刻防止金人入侵之外，还有镇压境内游寇骚扰与农民反叛。所谓"方今兵患有三：曰金人，曰土贼，曰游寇"②。游寇原是出身于华北与关陕地区的官军，被金军打败溃散后，宋廷自顾不暇，任其自生自灭，很

---

① 《宋岳鄂王文集》卷下。
② 《建炎以来系年要录》卷四二，绍兴元年二月乙酉条。

大一部分则成群结伙，流窜于江淮地区，靠打家劫舍度日，有野心的头目如李成，据江淮六七州，连兵数万，有席卷东南之意。他们盘踞一地，各自称雄，牵制了南宋政府不少力量，成为心腹之患。

因此，金人北退以后，平息游寇成为南宋政府的当务之急。而在两浙，最猖狂的是戚方。

戚方原是杜充的部将之一。在建康失陷前，他率部离开建康，在两浙流窜抢掠。他曾经为了吞并扈成（也是杜充的部将）的军队，设计诱杀了扈成。但扈成的部众却投奔了岳飞。戚方在广德又企图吞并岳飞的军队，但阴谋未遂。这股游寇遇金军就逃，见百姓就抢。

建炎四年（1130）夏天，张俊被任命为招讨使，岳飞则受命听张俊节制，讨伐戚方。这时戚方正从宣州窜入湖州的安吉。

岳飞亲率精锐三千，前往安吉上乡追击戚方。安吉县是山区，骑马行军十分艰难。岳飞在苦岭扎寨安营。戚方闻官军来了，砸断官桥，卡住通路，准备对垒固守；后来得知是岳飞率兵前来征讨，慌忙钻入深山竹丛，溜之大吉。岳飞派傅庆追赶，戚方已远遁而去。不久，戚方自恃增加了兵力，竟恶狠狠地向岳飞部队扑过来。可是交战数合即败下阵来，连忙又逃。岳飞穷追不已。戚方料定自己逃不出岳飞之手，又碰上张俊率师夹攻上来，赶快投降了张俊。

张俊不费吹灰之力，获得了收降戚方的功劳。不过，那时的张俊对部下岳飞尚未妒功猜疑，他记下了岳飞的功劳，还请岳飞赴宴庆功。宴饮间，张俊令戚方出来拜见岳飞。戚方一见岳飞，吓得连忙跪拜请罪，声声哀求岳飞免他一死。张俊有点莫名其妙，岳飞对张俊说："飞与方，同在建康，方遽叛去……屠戮生灵，骚动郡县，又诱杀扈成而屠其家，且拒命不降，比诸凶为甚，此安可贳？"

张俊打了圆场，使戚方稍稍宽下心来。这时，岳飞徐徐地从箭筒中抽出一支箭来。这支箭一亮，戚方又惊出一身汗。原来，岳飞在广德时，戚方曾卑鄙地对岳飞进行暗算。有一次，戚方竟从背后向岳飞暗放手弩，幸好未射中，飞箭射在岳飞的马鞍上。岳飞收藏了这支箭，愤然地说："他日擒此贼，必令折之以就戮！"

岳飞对张俊说明了这支箭的来历，并把它扔给戚方，要他一寸一寸地折断。戚方此时浑身发抖，不得不低着头，把箭杆一寸一寸地折断。岳飞和张俊看到戚方这副猥琐的样子，不禁大笑起来[①]。

这时岳飞声誉日高。朝野士大夫交章上书，称赞岳飞的功绩。有的奏章指出"岳飞骁武精悍，沉鸷有谋，临财廉，与士信"，具有超人的才干和特立的情操；有的奏章引用了岳飞对部下所讲的话："要使后世书策中，知有岳飞之名，与关（关羽）、张（张飞）辈功烈相仿佛耳！"为此，他们向朝廷提出建议："望朝廷论飞之功，加以爵赏，使与韩（世忠）、刘（光世）特然成军者势力相抗！"

七月，宰相范宗尹也向高宗极力推荐岳飞，并说："张俊自浙西来，盛称岳飞可用！"

高宗决定擢用岳飞，他还记得岳飞主张坚守两淮拱护建康的献策，于是对范宗尹说："飞，杜充爱将，充失臣子之节，而能用飞者，有知人之明。迁飞武功大夫、忠州防御使、通泰镇抚使兼知泰州。"八月一日，岳飞正式被授予通泰镇抚使之职[②]。

然而，岳飞对朝廷授予他此官十分不满。其原因在于"镇抚使"是为了羁縻游寇头目、建立藩镇而设。提出此策者乃范宗尹，他指出："江北、荆湖诸路盗起，大者至数万人，据有州郡，朝廷力不能制。此皆乌合之众。急之，则并死力以拒官军，莫若析地以处之，盗有所归，则可以渐制。"为此，他向高宗建议：

昔太祖受命，收藩镇之权，天下无事百有五十年，可谓良法。

[①] 《鄂国金佗稡编校注》卷五《行实编年》卷之二。
[②] 《三朝北盟会编》卷一四一，建炎四年八月一日辛未朔条。

然国家多难,四方帅守事力单寡,束手而莫知所出,此法之弊也。今日救弊之道,当稍复藩镇之法,亦不尽行之天下。且裂河南、江北数十州为之。少与之地,而专付以权,择人久任,以屏王室。

今诸郡为盗据者,以十数,则藩镇之势骎骎成矣。曷若朝廷为之,使恩有所归?①

高宗力排众议,采纳了范宗尹设藩镇之议,并命年方三十三岁的范宗尹为相,决意立即推行此策。于是授诸路镇抚使:桑仲、李成、孔彦舟、薛庆皆起于群盗;翟兴、刘位皆土豪;李彦先、郭仲威皆溃将;吴翊、赵霖、冯长宁皆摄官。"朝廷大臣出使所除唯赵立、陈规、解潜、岳飞、范之才而已。"②

尽管岳飞被授通泰镇抚使,属于"朝廷大臣出使所除"之列,但同时被授镇抚使的多为游寇、土豪,不能不使刚刚击垮两浙游寇戚方的岳飞扼腕,他表示坚决不愿接受此职,要求开赴前线,提兵北伐。

为此他向尚书省呈上一份《申省状》:

照得飞近准指挥,差飞充通泰州镇抚使,仰认朝廷使令之意,除已一面起发,前赴新任外,契勘金贼侵寇虔刘,其志未艾。要当速行剿杀,殄灭净尽,收复诸路,不然则岁月滋久,为患益深。若蒙朝廷允飞今来所乞,乞将飞母、妻并二子为质,免充通泰州镇抚使,止除一淮南东路重难任使。令飞招集兵马,掩杀金贼,收复本路州郡,伺便迤逦收复山东、河北、河东、京畿等路故地。庶使飞平生之志得以少快,且以尽臣子报君之节。

---

① 《建炎以来系年要录》卷三三,建炎四年五月甲辰条。
② 《建炎以来系年要录》卷三三,建炎四年五月甲辰条李心传按语。

岳飞上书要求免除通泰镇抚使之命,而授他在淮南东路招兵买马之权,以收复两淮失地,继而收复中原,以"使飞平生之志得以少快"[1]。岳飞怕朝廷不放心,甚至主动提出愿以老母、妻子以及两个儿子为人质。但岳飞的请求没有得到朝廷批准。具有高度爱国热情的岳飞,当时缺乏对高宗和朝廷某些大臣的深刻认识,也缺乏对宋军诸将的全面了解,他苦心谋划的军事设想,虽然顺应了爱国志士、广大抗战军民的愿望,也符合军事作战的需要,但实际上难以行通。无论如何,身任通泰镇抚使,独当一面,岳飞已步入高级将领行列。

建炎四年(1130)夏季,朝廷对长江沿线防务作了新的调整。江州一带,以观文殿学士、新除江西荆湖南北路宣抚使朱胜非为江州路安抚大使兼知江州;从池州到建康,以镇南军节度使、开府仪同三司充醴泉观使吕颐浩为建康府路安抚大使兼知池州;镇江以下,以太尉、御前巡卫军都统制刘光世为两浙路安抚大使兼知镇江府。二品以上为安抚大使,三帅皆由重臣担当[2]。

通泰镇抚使在刘光世防区内,隶属于两浙路安抚大使司。

岳飞奉命屯驻泰州,严格治军,禁止军中骚扰百姓,将士畏之,"室家安堵,尤得民情"[3]。

七、冒死救援楚州

岳飞要求朝廷授予他招兵买马之权的地方——淮南东路(南至长江,北至淮河,西面以和州、滁州为界),在建炎四年(1130)夏天,形势如何呢?

兀术过江后暂驻在六合,他想把从江南掳掠得来的金银财物,尽

---

[1] 《鄂国金佗稡编校注》卷一七《乞淮南东路重难任使申省状》。
[2] 《建炎以来系年要录》卷三四,建炎四年六月丙戌条。
[3] 《三朝北盟会编》卷一四二,建炎四年九月四日癸卯条。

快经运河押送到金国的中都。可是运河边的重镇承州、楚州,都为宋军所控扼。挞懒曾率军围攻楚州,遭到守将赵立的坚决反击,未能攻下。他与兀术计议合兵攻打,决心要打通这条北归的水路。八月,金军对楚州发起了疯狂的围攻。楚州告急。

承州处在楚州与扬州之间。承州守将薛庆是一个颇得民心的抗金将领。当时,扬州守将郭仲威邀薛庆一同进援楚州,以解楚州之围。薛庆当即南下扬州,驰见郭仲威商讨出兵。不料在这种危急时刻,郭仲威竟在置酒宴会,薛庆大怒,厉声叱责:"此岂纵酒之时耶?我为先锋,汝当继后!"①

薛庆屁股没有沾一下座椅,驰马就走。归途中薛庆遭到了金军重兵袭击。他率领百余亲兵与金军转战十余里,因敌我力量相差悬殊,不得不一边战斗一边退向扬州东门。郭仲威眼见薛庆危急,却拒开城门。结果在金军乱箭之下,薛庆堕马遇害。薛庆所骑战马失去了主人,嘶鸣着冲出战场,沿原路奔回承州。州吏一见,惊呼:"薛太尉坐骑回来了,太尉战死了吗?"

朝廷命张俊支援楚州。作为大帅的张俊,竟以"敌方济师,挞懒善兵,其锋不可当,(赵)立孤垒,危在旦夕,若以兵委之,譬徒手搏虎,并亡无益"为借口,拒不从命。签书枢密院事赵鼎苦苦劝说张俊发兵救援楚州,甚至向朝廷提出:"倘使张俊出兵援楚州还有顾虑,我赵鼎愿伴他同往。"张俊听了仍然不理。朝廷对他也没办法。

朝廷又命刘光世挥师急援楚州。刘光世虽有五万之众,也"畏金人之锋,不能援扬、楚"。

建炎四年(1130)八月十九日,朝廷诏命通泰镇抚使岳飞驰援楚州。②

---

① 《建炎以来系年要录》卷三六,建炎四年八月庚辰条。
② 《建炎以来系年要录》卷三六,建炎四年八月己丑条。

岳飞的处境十分困难。他的部队"见带军马万余，自春并不曾支给衣赐"，"惟是新复建康之后，所有士马疮痍尚新，羸弊方甚，兼自到任未及一旬，刍茭、糗粮，一一窘乏……欲望钧慈（指刘光世）捐一二千之众，假十余日之粮"[1]。可见岳飞军缺衣、缺粮草，兵员来不及整顿补充，装备极差。况且，岳飞军尚在宜兴，大军移防，颇费时日。但岳飞受命之后，毫不迟疑地行动起来，决心冒死救援楚州。

八月二十一日，部队从宜兴进至江阴，待渡。

八月二十六日夜二更，岳飞因军情紧急，率轻骑先入泰州，辎重在后。

九月初四日，大军齐集泰州[2]。

九月二十日，进抵承州，与金军转战，三战三捷。

把一万人的队伍，从太湖西岸转移到长江北岸的东海之滨，在当时交通极不便利的情况下，这是一项多么艰巨的军事行动！

军无十日粮，要筹粮、补给装备，在当时军政机构运转不灵的情况下，这是何等繁重的任务！

当时挞懒、兀术合兵，兵锋甚锐，宋诸大将都在江南畏缩观望，不敢救援楚州，独岳飞奋提一旅孤军北上，这是何等的勇气！

以岳飞的兵力，去解数倍于己的金军对楚州的包围，显然绝非易事。但岳飞临危不惧，知难而进，以忠义鼓励士卒。部队斗志高昂，在承州附近打了胜仗，生擒金军大小头目七十余人。当这批俘虏被押解到杭州后，高宗赐札给岳飞，表彰他"节义忠勇，无愧古人。所至不扰，民不知有兵也；所向必克，寇始畏其威也"[3]，并赐给岳飞金注碗一只、盏十只。

但是，岳飞一旅孤军，得不到其他部队的配合、支援，最后仍无

---

[1]《鄂国金佗稡编校注》卷一七《申刘光世乞兵马粮食状》。
[2]《建炎以来系年要录》卷三七，建炎四年九月癸卯条。
[3]《鄂国金佗稡编校注》卷五《行实编年》卷之二。

法解楚州之围。

九月二十五日,楚州被金军攻陷了,金军掌握了渡淮的交通孔道。两淮地区几乎全部陷入金人之手。

岳飞兵力单薄,给养匮乏,不足以抗衡挞懒二十万之众,只得渡江退至江阴屯驻。绍兴元年(1131)春,挞懒主力部队进攻通州缩头湖张荣水寨,这是以己之短击人之长,结果金军舟船陷于泥淖中动弹不得。机智的张荣弃舟杀敌,挞懒军惨败。挞懒仅带二千余人奔回楚州。此后不久,金军撤出两淮地区。缩头湖因而改名"得胜湖"[1]。

岳飞在救援楚州后不久,接受了新的任务,征讨游寇李成去了。

---

[1] 〔清〕顾祖禹《读史方舆纪要》卷二三《江南·兴化县》。

第四章 讨伐军贼游寇

一、宋金对峙局势的形成

建炎四年（1130）是宋金战争形势发生重大变化的一年。

兀术南侵，遭到江南爱国军民的打击，尤其是遭到韩世忠、岳飞的阻击，从此不敢渡江。等到张荣水军在淮南大败挞懒主力后，金军不久即渡淮北撤。

这一年，川陕宣抚处置使张浚在西北开辟了第二战线。他调集了号称四十万的大军，在富平与金军大战，迫使金国朝廷把东南战场的兀术军转移到西线战场上去，从而有力地牵制住金军主力，掩护了东南，使东线的形势缓和下来。

金国统治者粘罕等人，开始感到迅速灭亡南宋的设想并不符合现实；在征服南宋的策略上，便相应地作了一些改变。

这一年，金人采取了以下三大措施：

第一，把军事重心转移到川陕一线，企图越过秦岭攻入四川，控制长江上游，用大迂回的战略包围南宋。

第二，七月在中原立刘豫为"儿皇帝"，建立伪齐政权作为缓冲，以巩固金国在北方的统治，并达到以"中国攻中国"的目的。

第三，十月有预谋地纵归原北宋御史中丞秦桧，在南宋政府中巧妙地安插"奸细"，从内部破坏抗金力量。

此后，宋金军事争战虽稍有缓和，但斗争反而更为复杂和激烈，侵略与反侵略、爱国与卖国、忠与奸的斗争,将在不同的战线上以更为尖锐的形式表现出来。

(一)金兵占据陕西

关陕在战略地位上十分重要。早在建炎三年(1129),抗战派大臣张浚就认为经营关陕是北伐中兴的起点。关陕也是金人必然要争夺的地方;张浚唯恐金人先入陕取蜀,则东南不保,于是,"请身任陕蜀之事"。朝廷委任张浚为川陕宣抚处置使。张浚到任时"金人已取鄜延,骁将娄室孛堇引大兵渡渭,攻永兴,诸将莫肯相援",他"即出行关陕,访问风俗,罢斥奸赃,以搜揽豪杰为先务,诸将惕息听命"[1]。吴玠、吴璘就是张浚器重的两名勇将。

吴玠,德顺军陇干人,从小长于骑射,懂兵法,读书能通大义。不到二十岁即从军,在对夏战争中立有战功。靖康初年,三十五岁的吴玠擢升为秦凤路第十二副将。

建炎四年(1130),兀术从江南退师后,仍屯兵淮西,张浚担心金军再次骚扰东南,在西线汇合五路之师,主动出击,以牵制金军。果然,金人急调兀术入援。九月二十三日,宋金大战于富平。富平会战,宋方军事总指挥张浚是个志大才疏、刚愎自用的文臣。虽然,早在建炎三年(1129)秋到达陕西后,他就一心想在陕蜀组织大规模的反攻军事行动,成就"中兴大业";可是,他并没有认认真真地做军事力量的协调、组织和整顿工作。尽管张浚对筹划反攻雄心勃勃,充满自信,其属下部将王彦、曲端、吴玠、郭奕、杨晟悇等却表示条件未备,反对大兵团决战。前军统制王彦说:"陕西兵将上下之情未相通,若少有不利,五路俱失。"威武大将军曲端也陈说:"金人新造之势,难与争

---

[1] 《宋史》卷三六一《张浚传》。

锋，且宜训兵秣马，保疆而已。"张浚听不进不同意见，竭尽陕秦六路财力物力，集中于富平，"金银钱帛粮食如山积"；集结六路兵二十万、马七万。张浚盲目乐观，以为富平之战必胜，"自此便可以径入幽燕"。又问曲端："如何？"曲端的回答十分干脆："必败！"张浚咄咄逼人，追问："若不败如何？"端曰："若宣抚之兵不败，端伏剑而死！"[1]主帅与大将之间矛盾尖锐如此，士气如何能高涨？临战前，金军屯兵于下邽，离富平八十里，而金军统帅娄室滞后，尚在绥德军，众将领请求在金军到达富平之前先发制人，主动出击。张浚却迂腐之极，说："不可！夫战者当投战书约战。"使金军统帅娄室得以从容地整兵屯驻于富平，与宋军对垒。娄室率数十骑登山侦察宋营，侦察后高兴地说："（浚军）人虽多，营壁不固，千疮万孔，极易破耳！"[2]金军看清了宋军弱点，又利用张浚骄傲轻敌的情绪，一面对张浚派遣的约战使者佯称来日应战，至期兵又不出，一而再，再而三，迷惑张浚。张浚果真上当，"以娄室为怯，吾破虏必矣"[3]。张浚为了挖苦娄室，张榜悬赏：谁能活捉娄室孛堇，即使无一官半职的布衣百姓，也授予节度使，奖赏银万两、绢万匹。

娄室岂甘示弱，为了回敬张浚之不恭，在军营大门前张榜：谁能生擒张浚者，奖赏驴一头、布一匹。

张浚自信必败金军，主要依据有三：一是宋军人马众多，数倍于金军；二是二十万宋军与七万战马被部署在低洼地，前面有一大片芦苇沼泽地，不利于金骑冲击；三是村自为寨，寨周围由宋军车马屯卫，营寨十五五相连结，构成连环寨，一呼百应，互为声援。然而，懂得兵法的将领吴玠就指出："我军所据地势不利，宜移据高地，方能阻碍金骑。"然而，张浚和他的一班支持者却反驳说："我师数倍于金军，

---

[1] 《三朝北盟会编》卷一四二，建炎四年九月二十三日壬戌条。
[2] 《三朝北盟会编》卷一四二，建炎四年九月二十三日壬戌条。
[3] 《三朝北盟会编》卷一四二，建炎四年九月二十三日壬戌条。

营寨前面又是一大片芦苇沼泽地，极不利于敌方骑兵行动。"

谁知金军恰好利用"沼泽地不宜骑兵作战"的常理，采纳奇策，精选三千骑兵，每匹马驮上装满泥土的布袋，一边走一边填平芦苇沼泽，悄悄通过沼泽地，突然向村寨发起冲击。惊慌失措的老百姓往军营里跑，又哭又叫，真是"一呼百应"，宋军军营未战而乱。虽泾原经略使领兵奋战，"自辰至未，胜负未分"，但宋将赵哲临阵脱逃，张浚不等搞明情况，"乘骑急奔"。会战不到半天，宋军就全线崩溃[①]。堆积如山的军用物资，成了金军囊中之物。张浚只带了亲兵一千多人，一口气狂奔到蜀口的兴州，又从兴州逃入四川的阆州。金兵向陕西内地发起全面进攻，到绍兴元年（1131）三月，永兴路和秦陕五路为金军所占领。后来，金军又把这全陕六路划归伪齐。在陕西陇右地区，南宋尚能控制的仅有阶（今甘肃陇南市武都区）、成（今甘肃成县）、岷（今甘肃岷县）、洮（今甘肃临潭县）诸州，以及凤翔府（今陕西凤翔）的和尚原（今陕西宝鸡西南）、陇州（今陕西陇县）的方山原诸地[②]。

作为宋金战争史上规模最大的一次兵团作战，富平之战虽有牵制金军兵力的作用，将金军用兵重心一度转移到西线，使南宋政权在东南一隅受到的军事压力缓解；但未能展开全面战斗，就遭丧师失地的惨败，"轻脱寡谋，失机败事"的张浚难辞其咎，应受到历史的谴责[③]。

金军在占据全陕六路以后，向入川的前哨据点和尚原进攻，企图拔掉由吴玠、吴璘坚守的据点，占领蜀口，打开入川的通道。吴玠在富平之战溃败之后毫不气馁，收集了逃散溃兵数千人，坚守大散关东的和尚原。

---

① 《建炎以来系年要录》卷三七，建炎四年九月癸丑条。
② 《建炎以来系年要录》卷四三，绍兴三年三月条。
③ 参邓广铭《岳飞传》页 80，人民出版社 1983 年版；方健《再论张浚》，刊《岳飞研究》（第四辑），中华书局 1996 年版。

绍兴元年（1131）五月，金将没立和乌鲁折从凤翔、阶州、成州分兵两路进攻和尚原，吴玠以几千人的兵力打退了金军数万人的进攻，赢得了保卫川陕的第一次胜利。

兀术大怒，发誓要擒获吴玠。十月，他亲领数万人马，在宝鸡架浮桥，过渭河，猛攻和尚原。吴玠面对滚滚而来的骑兵，先是组织弓弩手发射"箭雨"，大杀敌人的锐气；再用侧翼奇袭的办法断绝敌军粮道，使其困乏；最后又设伏兵拦击敌兵。这三招竟把数万金军打得落花流水。兀术差点被擒①，仅以身免。和尚原大捷，致使金军不敢窥伺陕南，四川得以保全。

兀术入侵江南受阻后，金朝对宋采取以"和议佐攻战"策略，张浚在西部开辟第二战场、组织富平会战丧师失地，继而金兵争夺蜀口失败，这一连串事件，使得宋金双方沿秦岭、长江至淮河一线对峙，宋金相持的局面开始出现。

（二）金扶植伪齐政权

金太宗完颜晟在灭亡北宋时，曾扶植汉人傀儡政权作为华北新征服地区屏障和宋金之间的缓冲地带。先是立张邦昌为"楚国"皇帝。南宋建立、赵构继承赵氏帝位后，张邦昌慑于舆论压力和人心不附，投附宋高宗。金朝此举实际上没有成功。

由于在建炎三年（1129）之前，战争主动权一直掌握在金国手中，金太宗有穷追高宗、灭亡南宋政权之意，故在伪楚被废之后，并不急于重新扶植傀儡政权。金太宗曾说："俟宋平，当援立藩辅，以镇南服，如张邦昌者。"②可是，直到建炎四年（1130），金军南侵追擒高宗、

---

① 哈佛燕京学社《琬琰集删存》卷一，明庭杰《吴武安玠功迹记》。
② 《金史》卷七七《刘豫传》。

灭亡南宋的计划却未能实现,且双方军事力量已明显发生变化,形成了自川陕至江淮相持的漫长战线,宋金对峙局面开始确立。金太宗眼看短时间已难以灭宋,遂采纳了粘罕、高庆裔的建议,封刘豫为"齐国"儿皇帝,命降金的宋太原知府张孝纯做宰相,建都大名府,号北京。金太宗立刘豫册命说:

> 咨尔刘豫,凤擅直言之誉,素怀济世之才,居于乱邦,生不偶世。……举郡来王,奋然独断,逮乎历试,厥勋克成。夫委之安抚,德化行;任之尹牧,狱讼理;付之总戎,盗贼息;专之节制,郡国清。……宜即始归之地,以昭建业之元。是用遣西京留守高庆裔,副使、礼部侍郎知制诰韩昉,备礼,以玺绶宝册命尔为皇帝,国号大齐,都于大名府。岁修子礼,永贡虔诚,畀尔封疆,并从楚旧。……忠以藩王室,信以保邦圻。惟天难谌,惟命靡常,常厥德,保厥位,尔其勉哉!勿忽朕命。[①]

从册命中可以清楚地看出立伪齐的目的:其一,立"岁修子礼"的伪齐"以藩王室",在宋金之间建立起缓冲地区。金军不再直接派军队屯驻在北方的中原;与之相应,南宋在江淮设藩镇,宋金双方直接交战状态减少。其二,"付之总戎,盗贼息"。自宣和七年(1125)至建炎四年(1130)上半年宋金长期直接交战而产生的游寇,因此可以得到控制、减少。这对金稳定新统治区社会秩序,也是十分重要的。这一历史事件的出现,反映了"比较安定的宋金形势才开始出现"[②]。

金太宗何以会看中刘豫,叫他当"儿皇帝"呢?一方面,刘豫本人是个投降派;另一方面,这也是金最高统治集团内部派系斗争

---

① 〔宋〕岳珂《桯史》卷七《楚齐僭册》。
② 赵俪生《靖康建炎间各种民间武装势力性质的分析》,收入《寄陇居论文集》。

的产物。

刘豫原为北宋河北路提点刑狱公事。南宋初,枢密使张悫荐刘豫出任知济南府。其时,山东盗贼满野,刘豫恐惧,希望改在江南得一知州之差遣,宰相不允,刘豫愤而赴任。金军元帅左监军挞懒攻济南府时,济南府守将关胜坚决抗敌,屡屡出城与金军战斗。刘豫不但不支持,反而把他杀害,作为投靠挞懒的资本。刘豫因此被授以京东西安抚使兼知东平府之职,隶属挞懒①。

挞懒攻占山东之后,即屯驻山东按兵不动,凡该地区大事有权专断,不必奏请朝廷。刘豫拼命巴结挞懒,向他不断进奉搜刮得来的宝物珍玩。这一招果然奏效,挞懒向太宗为刘豫求封。而当时金王朝实权派人物左副元帅粘罕驻扎在山西大同,其亲信西京留守高庆裔见挞懒有推荐立刘豫为傀儡皇帝之意,遂向粘罕建议道:

吾君举兵,止欲取两河,故汴京既得,而复立张邦昌。后以邦昌废逐,故再有河南之役。方今河南州郡自下之后,亦欲循邦昌故事。元帅可首建此议,无以恩归他人。②

粘罕觉得高庆裔说得在理,为了避免挞懒抢先一步,立派高庆裔自云中经由燕山府、河间府,沿黄河故道到达刘豫的家乡景州及山东的德州、博州、东平府等地,去采访所谓"求贤建国"之民意。迫于压力,当地士民的回答很巧妙:

愿听所举,某等不知贤者。③

---

① 《金史》卷七七《刘豫挞懒传》。
② 《三朝北盟会编》卷一四一,建炎四年七月二十七日丁卯条引《金虏节要》。
③ 《三朝北盟会编》卷一四一,建炎四年七月二十七日丁卯条引《金虏节要》。

高庆裔无奈，不得不强令当地士民书写《愿状》，然后由粘罕把这些虚假的拥戴刘豫为傀儡皇帝的《愿状》收集起来，派右监军兀室驰送金太宗吴乞买，得到了金太宗的允可。于是便有了上述封刘豫为"子皇帝"之册命。伪齐无非是金国的一个属邦而已。刘豫当上了傀儡皇帝之后，仍采用宋朝制度，任用投降于金的宋朝文武官吏。他的军队，大部分是招募从南宋流窜或投降过来的游寇、军贼组建的。正是这批贰臣逆子、降兵降将，给金军提供了一道并不可靠的屏障，同时也成了金统治者"以中国攻中国"的工具。

（三）内奸秦桧破坏抗金

在宋廷对金妥协议和、迫害抗金将领和破坏抗金斗争的过程中，不能不提一个扮演了汉奸角色的人物——秦桧。

建炎四年（1130），影响宋金关系变化的第三件重大历史事件，就是被金军俘房的北宋御史中丞秦桧，由挞懒纵归。

秦桧，字会之，江宁人。进士出身，复中词学兼茂科。秦桧当太学生时，"博记工文，善干鄙事，同舍号为'秦长脚'"[1]。他的妻子王氏，是宋神宗朝宰相王珪的孙女[2]。

秦桧于北宋灭亡之际，曾反对割地，反对立张邦昌，乞存赵氏王室，因此给人以对金强硬派的印象。靖康二年（1127）二月，金军在攻陷汴京、扣留二帝准备北返之前，打算推立异姓。东京留守王时雍等召集百官军民共议立张邦昌，众人失色，不敢站出来说个"不"字。监察御史马伸首先挺身而出，大声道：

---

[1] 〔宋〕罗大经《鹤林玉露》甲编卷五《格天阁》。
[2] 《宋史》卷四七三《秦桧传》。

> 吾曹职为争臣（谏官），岂容坐视不吐一辞？当共入议状，乞存赵氏。①

身为御史台长官（御史中丞）的秦桧，经"同僚合辞力请"，不得已，在马伸起草的《议状》上签了名②。尽管此时秦桧站在反对立张邦昌一边，但他心中已有几分胆怯，忧虑马伸起草的《议状》措辞过于激烈，恐遭杀头之祸，于是又以个人身份单独上状给粘罕，表示他签字其上的《议状》不能完全代表他本人的意见。秦桧进状是这样写的：

> 张邦昌在上皇时，执政日久，伐燕败盟之计，皆所预知。今若册立，恐元帅府大兵解严之后，奸雄窃发，祸及无辜，将不称元帅吊民伐罪之意，若蒙元帅推天地之心，以生灵为念，于赵氏中推择其不预前日背盟之议者，俾为藩臣，则奸雄无因而起，元帅好生之德，通于天地。③

此状嗫嗫嚅嚅，毫无锋芒可言，字里行间透露出来的是小心翼翼，唯恐得罪金人。金军元帅对北宋亡国之臣拂逆不从的行为十分震怒，秦桧未能脱免，被金军掳走北去，随行的还有妻子王氏及家奴砚童、婢兴儿等④。

秦桧是贪生怕死的软骨头，成为囚徒之后，本性很快暴露无遗。同时被掳的宋文官中，守节不屈的不在少数。张叔夜在途中自杀，何栗、孙傅、陈过庭、司马朴等，都未屈服于金军的淫威。秦桧则摆出一副

---

① 《建炎以来系年要录》卷二，建炎元年二月癸酉条。
② 〔宋〕王明清《挥麈录余话》卷二《靖康议状乃马伸之文》。
③ 《宋史·秦桧传》所载秦桧签名的《议状》，据王曾瑜考证，是出自秦家的宋本，接近马伸所起草的《愿状》，且为秦桧粉饰。上引秦桧进状，乃金方传本，出自《大金吊伐录》下。详参王曾瑜《荒淫无道宋高宗》，河北人民出版社1999年版，第100页。
④ 《三朝北盟会编》卷一四二，建炎四年九月二十五日甲子条。

摇尾乞怜的姿态。他通过一些渠道向挞懒贿赂重礼，以博得挞懒好感。又帮助徽宗润色致粘罕的信，乞求允许赵佶派专人去南宋劝说嗣子（赵构）不要"妄有交构，遂重获罪于大国"——一句话，要南宋投降，不要进行抗金斗争，否则"祸皆自取，悔将何及！"[1]

世传秦桧在金国已倡和议，大致指此。秦桧通过挞懒，将此书转交粘罕。金军元帅未予理睬。然而秦桧一变原来主张对金强硬的态度为向金投降议和，已表现得明明白白。后来，金太宗将秦桧赐给其弟挞懒充当任用（执事）。不久，又升为参谋军事、随军转运使[2]。同是沦落阶下囚，尽节而死的有之，缧绁之中不见天日的有之，而秦桧却自阶下囚陡升为座上客。

建炎四年（1130）秋，挞懒率军从山东进攻淮南，秦桧被命为随军转运使同行。金军攻打楚州，泗楚州镇抚使赵立领兵数千，顽强抵抗，金军久攻不下。挞懒命秦桧起草一篇檄文，劝楚州军投降，向城中散发。秦桧在挞懒军中的地位和作用，由此可见一斑。十月二十五日，楚州被金军攻陷；同在这一天，秦桧与王氏、家奴、婢女一同"逃归"南宋境内涟水军丁祀水寨。水寨巡逻人员抓到了他们，捆绑起来准备杀掉。秦桧急忙声辩："我御史中丞秦桧也！"水寨兵都是村民，根本不懂什么御史中丞，也没有听说过秦桧之名，都把他当作奸细。秦桧急了，哀求说："你们这里有没有秀才？秀才一定知道我姓名。"寨兵找到一个卖酒的王秀才，此人叫王安道，与秦桧素不相识，但他佯装认识。寨兵信以为真，不但没有杀他们，反而以礼相待[3]。次日，将他们送交水寨头目丁祀。丁祀遣舟船，令王秀才、冯由义陪伴，从涟水军航海一直送至行在所越州[4]。

---

[1] 《建炎以来系年要录》卷一六，建炎二年六月末记事附注。
[2] 《建炎以来系年要录》卷三八，建炎四年十月辛未条。
[3] 《三朝北盟会编》卷一四二，建炎四年九月二十五日甲子条。
[4] 《建炎以来系年要录》卷三八，建炎四年十月辛未条。

秦桧携全家及大量钱帛从金国安全归来，士民都很惊讶。秦桧声称自己在楚州杀掉金朝的监视人员，夺舟而归。但是，舆论认为疑点很多，一是与秦桧同时被拘执的有何㮚、孙傅、司马朴，此三人均不得归，为何秦桧能独自南归？二是燕京和楚州相距二千五百里，漫漫长途，岂能平平安安地渡河、泛海，不受盘查？三是金人倘无纵放秦桧归宋之意，只令随军任用，其家属必为人质，岂可伴秦桧同行？四是如果真如秦桧所言，他是杀金监军夺舟而归，那情况必万分紧急，一人逃命已难，全家逃跑则更为不易，如何还能携带丰厚的财物行装？秦桧的说法破绽百出，他的来历极为可疑。故军中诸将都说："两军相距，岂全家厚载造朝，必大金使来阴坏朝廷。"①

当时朝廷中，宰相范宗尹、同知枢密院李回与秦桧关系好，"尽破群疑，力荐其忠"②。十一月，高宗令秦桧先见过宰执（宰相、副相及枢密院长官）。次日，高宗引见，秦桧倡言："如欲天下无事，须是南自南、北自北。"③建言对金"讲和"。同时，秦桧将早已准备好的、代高宗起草的、向左监军挞懒乞降的"国书"，当面呈交给高宗。

高宗与秦桧一拍即合。事后，高宗喜不自胜地对大臣说：

> 桧朴忠过人，朕得之喜而不寐。盖闻二帝、母后消息，又得一佳士也。④

南宋政权初建，宋高宗屡次遣使赴金求和，但一直"且守且和"，没有放弃抗金斗争。"而专与金人解仇议和，实自桧始。"⑤

---

① 《建炎以来系年要录》卷三八，建炎四年十月辛未条附录；《宋史》卷四七三《秦桧传》。
② 《宋史》卷四七三《秦桧传》。
③ 《建炎以来系年要录》卷三九，建炎四年十一月丙午条。
④ 《宋史》卷四七三《秦桧传》。
⑤ 《宋史》卷四七三《秦桧传》。

在具体做法上，宋高宗虽然未能采纳秦桧提出的由皇帝亲自向金左监军挞懒致送国书的建议——感到太丢份儿——但在根本上，高宗不但赞同秦桧"解仇议和"的建议，而且将其作为国策定了下来。他令大将刘光世向挞懒通书致意，试探挞懒的反应。高宗向刘光世下手诏，交代如何办理向挞懒致书事宜：

> 前御史中丞秦桧近自挞懒寨中脱身来归，所得情实及虏中事宜，皆可质据。今令宰执与桧商量，成书一通，录以付卿。卿可依此修写，作书五本，自以卿意，十余日间，累遣五辈，令往通达。彼若审见利害之实，肯以师还，不复侵略，庶几粗获消息。①

刘光世当然照办，挞懒未予理睬。

秦桧见过高宗后三个月，绍兴元年（1131）二月，从礼部尚书升为参知政事（副相）。当了副相的秦桧，又觊觎着宰相之位。他通过阴谋手段，挤逐宰相范宗尹。七月，范宗尹罢相，相位空虚。秦桧扬言："我有二策，可以耸动天下。"同僚问他："为什么不说？"秦桧恬不知耻地说："今无相，不可行也。"此事传入高宗耳朵，高宗问及二策，秦桧要官的嘴脸毫不掩饰："陛下若用臣为相，有耸动天下事。"高宗期望秦桧做出轰动天下的大事来，遂命其为右相。秦桧任相后，向高宗所献的二策是：

> 一则与南北士大夫通致家信；一则纠率山东、河北散群之人愿归乡土者，差官管押前去。②

---

① 〔宋〕刘光世《鄜王刘公家传》卷三。
② 〔宋〕綦崇礼《北海集》卷七《秦桧罢相制》。

其实，还是"南自南、北自北"老调重弹。秦桧特别强调此二策，是有深意的。其后金遣使李永寿、王诩等来南宋"议七事"，第一事即"尽取北人"，与桧所倡二策相合。可见，秦桧在南宋政府中，完全是秉承金国统治者意旨行事的[1]。

秦桧任相后，力行"南自南、北自北"的卖国政策。宇文虚中作为使节出使金国，被扣留后被迫出仕金国，其家属在福建，秦桧强令将他们送往金国。虚中之子师爰苦苦哀求免行，秦桧不同意，结果被驱往金国，"举室皆灭于虏"。还有郑著、赵彬、杨宪等三十家也被驱往金国，"悲号之声，感动道路"[2]。

推行"南自南、北自北"的政策，后果十分严重，完全是出卖南宋利益的卖国行径。它所包含的内容是：凡是原籍在河东、河北、山东、陕西等地的官僚豪绅、士兵百姓，一律要返归金统治下的辖境；凡是原籍在中原的，则返归伪齐境内。邓广铭指出其要害之处是：首先，南宋官军绝大多数来自北方上述地区，他们体格魁梧、勇敢善战，把他们遣散，南宋官军不就自然瓦解了吗？其次，禁止华北、中原和西北地区居民再投奔南宋。其三，承认金、伪齐所占领之地的合法性，不能再提"恢复故疆"的口号了[3]。

秦桧虽一心为金国统治者效劳，但一时却不能得到金国最高统治集团青睐，他们内部对宋和战政策尚未取得一致。秦桧提出的对策也未能符合他们的贪婪胃口。在南宋这一边，秦桧的二策更是不得人心。朝野上下，收复失地、迎还"二圣"、报仇雪耻的呼声仍然很高。特别是高宗，见秦桧入相一年，毫无"政绩"可言，他也十分不满地发牢骚：

---

[1] 《鄂国金佗续编校注》卷二〇《章尚书颖经进鄂王传》。
[2] 《鄂国金佗续编校注》卷二〇《章尚书颖经进鄂王传》。
[3] 邓广铭《岳飞传》，人民出版社 1983 年版，第 84 页。

秦桧言"南人归南,北人归北",朕是北人,将安归?又桧言"臣为相数月,可使耸动天下",今无闻。①

高宗因此罢了秦桧相职。所降罢职制书写道:

自诡得权而举事,当耸动于四方。逮兹居位以陈谟,首建明于二策,罔烛厥理,殊乖素期。念方委听之专,更责寅恭之效,而乃凭恃其党,排摈所憎,岂实汝心,殆为众误。顾窃弄于威柄,虑或长于奸朋。②

同时,高宗宣谕朝廷"秦桧终不复用",榜示于朝堂。

高宗罢秦桧相职,反映了他矛盾的心理——既要投降求和,又要保全南宋朝廷。投降求和不成,他也不放弃用武力与之抗衡,再等待议和时机。秦桧罢相后,吕颐浩、朱胜非复相,他们都主张对金和伪齐用兵,并建议派遣诸帅分屯于淮南等路,各据要害,筹划北伐。这和岳飞时刻不忘收复故土、迎还"二圣"的想法是一致的。

总之,宋金军事力量对比发生变化后,宋金战争出现了新的形势,金军南侵势头已被遏制,而南宋已有余力"安内",进而经营北伐。

二、讨伐军贼游寇

(一)击溃马进、张用

以宋高宗为首的南宋政府,在战争形势稍为缓和的情况下,便把主要精力转到"安内"上去了。所谓安内,即剿平境内的兵匪游寇。

---

① 《建炎以来系年要录》卷五七,绍兴二年八月甲寅条。
② 《建炎以来系年要录》卷五七,绍兴二年八月甲寅条。

在金军南侵、宋军溃逃、朝廷接连南迁的过程中，前线各地的溃兵有不少成了游寇。他们趁朝廷自顾不暇的时机，到处流窜，肆意抢掠，给战乱不止的社会制造着新的灾难。高宗曾采纳范宗尹的羁縻之计，划出数郡，开藩封疆，给溃军游寇首领封官提职。如封李成为舒、蕲、光、黄镇抚使，孔彦舟也被封过蕲、黄镇抚使，但他们照样四处窜扰杀掠。江西、湖南、湖北一带，成了兵匪横行之地。金人一来，他们闻风而逃，所经州县洗劫一空；金人走了，他们立即霸占地盘，称王称霸。监察御史韩璜曾把惨不忍睹的景象上报朝廷：

> 自江西至湖南，无问郡县与村落，极目灰烬，所至破残，十室九空。询其所以，皆缘金人未到，而溃散之兵先之；金人既去，而袭逐之师继至。官兵盗贼，劫掠一同。城市乡村，搜索殆遍。盗贼既退，疮痍未苏，官吏不务安集，而更加刻剥。兵将所过纵暴，而唯事诛求。嗷嗷之声，比比皆是。民心散畔（叛），不绝如丝。①

韩璜担心"民叛"，不是过虑。人民无路可走，湖南、江西农民纷纷起义。建炎四年（1130）二月，鼎州钟相起义，就是因反抗叛匪孔彦舟而发生的。

无论是出于抗金的需要，还是从巩固南宋政权考虑，都必须割除游寇这一"肿瘤"。

建炎四年（1130）十二月，朝廷任命张俊为江淮招讨使，派他去讨伐流窜于江西、湖南、湖北等地的李成、张用、曹成等游寇。

李成在安徽滁州曾被岳飞打败，后趁金军南侵，自号"李天王"，"乘金人残乱之余，据江淮十余州，连兵数十万，有席卷东南之意，数

---

① 《建炎以来系年要录》卷四一，绍兴元年正月癸亥条。

使其徒多为文书、符谶，以为幻惑，声撼中外，朝廷患之"①。当时江西安抚大使兼知池州的吕颐浩打算在池州设治所，李成马上派骁将马进围攻池州上游的江州。江州被围三个月，江东大帅吕颐浩、杨惟忠、巨师古率师来救，均被马进击败，官军不能近城。城中守军粮尽援绝，知州姚舜明、统制刘绍先弃城而逃。马进攻陷江州后大肆杀掠。李成遂入江州坐镇。吕颐浩毫无办法，只得驻军饶州。朝廷为之震动。知枢密院事李回竟提出要高宗亲征。高宗表示："朕决须亲征，但（等）敌骑稍北。"②可见，李成作乱已成为南宋政府心腹之患。李成攻陷江州后，又派马进攻打洪州。

高宗诏命张俊去讨平李成，并用威胁的口吻说："今日诸将，独汝无功。"张俊恐惧，被迫受命。张俊自料凭本部军讨李成"必不可胜"，其他诸将中，唯有岳飞"谋勇"兼备，于是上书请求派遣通泰镇抚使岳飞同往。绍兴元年（1131）正月十日，岳飞受诏命归张俊节制，征讨李成。十一日，岳飞从江阴出发，十五日即到宜兴，经徽州直奔饶州，与张俊会合后，向洪州进发③。

从宜兴入徽州至鄱阳，这一条行军路线，正好穿越连绵起伏的天目山、黄山、怀玉山。时值二月，江南春早，望不尽的苍松翠竹，听不断的山涧潺潺水声，鸟语花香使人沉醉，巍峨群山又令人胸襟开阔。爱国情深的岳将军为壮丽的山河所吸引，途经祁门西面三十余里的东松寺时，抑制不住内心情感，挥笔在壁上题词：

余自江阴军提兵起发，前赴饶郡，与张招讨会合。崎岖山路，殆及千里，过祁门西约一舍余，当途有庵一所。问其僧，曰："东松。"遂邀后军王团练并幕属随嬉焉。观其基址，乃凿山开地，

---

① 《三朝北盟会编》卷一四四，绍兴元年正月十一日己酉条。
② 〔宋〕熊克《中兴小纪》卷九。
③ 《三朝北盟会编》卷一四四，绍兴元年正月十一日己酉条。

创立廊庑,三山环耸,势凌碧落,万木森郁,密掩烟霓,胜景潇洒,实为可爱。所恨不能款曲,进程遄速。俟他日殄灭盗贼,凯旋回归,复得至此,即当聊结善缘,以慰庵僧。绍兴改元仲春十有四日,河朔岳飞题。①

  岳飞在戎马倥偬之际,给我们留下了这篇赞美江南山色的散文,使我们窥见了英雄丰富的内心世界。岳飞懂得美,欣赏美,追求美,惟其如此,他才能够锲而不舍地为大美祖国而战。

  二月,岳飞在鄱阳与张俊会师。然后火速进兵,先于游寇马进到达洪州。前军统制王瓎、后军统制陈思恭也陆续到达。马进到达后,不得不在隔江的西山连营扎寨,与官军对垒。马进拥十万之众,兵势甚盛。

  张俊召集岳飞、杨沂中、陈思恭、王瓎诸将商议用兵策略。诸将主张分兵两路夹击。岳飞补充说:"贼贪而不虑后,若以骑兵三千,自(赣江)上流生米渡渡江,出其不意,破之必矣。飞虽不才,愿为先锋以行。"张俊遂分兵两路,以岳飞一部为先锋军。岳飞率部从生米渡过江,亲率骑兵向西山马进营寨的右翼猛扑,在玉隆观两军相遇。岳飞身先士卒,奋勇地冲入敌阵,后续骑兵紧紧跟进,并在与另一路宋军夹击下,把马进军打得大败,俘虏了五万人。匪首马进率残部逃遁。岳飞跟踪追击二十五里。至河渡土桥,匪军才过了数十骑,桥突然崩塌,马进无路可逃,引兵五千反扑。岳飞一箭射杀先锋将,并指挥骑兵冲锋,杀得马进军望风溃逃,往西窜入筠州。岳飞追至筠州城东屯兵。第二天,马进倾巢而出,在城外列阵十五里,仗着人多势众,要与官军决战。岳飞早有成算,天一亮,他领军二百人,高举"岳"字旗,摇动战鼓,大模大样地向敌阵前进。游寇以岳飞军少可欺,立即出阵交战,可是

---

① 《鄂国金佗稡编校注》卷一九《东松寺题记》。

刚出阵，岳飞的伏兵霎时蜂拥而出，猛击寇军，打得马进军抱头鼠窜。岳飞派人喊话：愿意改邪归正的原地坐下，放下兵器，保证不杀！

匪军应声而坐的有八千人。可是，张俊怕这八千降卒复叛，命陈思恭在夜间将他们全部秘密地杀害了。

马进率残部往南康军方向溃逃，在朱家山堰森林中又遭到了岳飞伏军的袭击，马进部将赵万被斩。马进仅带十余骑逃遁。岳飞杀获五千余人。李成知马进惨败，亲率十万大军，与宋军会战于奉新楼子庄。李成匪将商元在草山据险设伏，为张俊所识破。张俊派兵绕小路登上草山顶，从背后袭击商元伏兵。李成军大败而逃。岳飞乘胜追击至武宁，准备在修水南岸大战游寇，以便一举歼灭。因为一旦敌人渡过了修水，从武宁到江州就是一片平地，追歼就难了。这时正遇修水暴涨，寇军无法涉渡。前有江阻，后有追兵，数万之众，遂不攻自垮。岳飞"不鸣一桴，不施一镞，而解一邑倒垂"①，收复武宁后又往九江方向继续追击，杀、降数万人。三月二十八日，官军收复江州。李成自独木渡越过长江，逃往蕲州。

岳飞军骑兵追杀李成部将马进、孙建，李成投奔伪齐刘豫，当汉奸去了。

平定李成后，虽然除掉一个毒瘤，但江西尚未宁静。时叛时降的张用拥众五万，屯兵于瑞昌，对江州威胁很大。张用，河南相州人，以勇力闻名，号"张莽荡"。在宗泽当东京留守时，张用和王善均听命于宗泽；杜充当东京留守后离去，成了游寇。张用妻子号"一丈青"，勇敢非凡，能敌千人。这支游寇显然不易对付。张俊又召见岳飞，说："非公无可遣者！"又问："用兵几何？"

岳飞回答说："此贼可徒手擒！"

强中还有强中手。岳飞跟张用早已较量过多次，东京南薰门之

---

① 〔宋〕章子仁《南昌武宁县城隍祠岳忠武王遗像记》，载《鄂国金佗续编校注》卷二七。

战、铁炉步之战，岳飞均大败张用。为了稳妥起见，张俊又给岳飞增兵三千。

这一仗该如何打？岳飞已有成算。在金牛屯兵后，岳飞派一个士兵携带亲笔手书去见张用。张用拆开信，先看署名，见是"河朔岳飞"，心中吃了一惊，忙展信细读下去：

> 吾与汝同里人，忠以告汝："南薰门、铁炉步之战，皆汝所悉也。今吾自将在此，汝欲战，则出战；不欲战，则降。降则国家录用，各受宠荣；不降则身殒锋镝，或系累归朝廷，虽悔不可及矣。"①

张用夫妻读罢岳飞这一封动之以乡情、陈之以利害的书信，陷入了深思。他们考虑到，互为掎角的几股游寇势力中，李成已溃逃，占据鄂州的李允文也被张俊俘虏，押送行在所；如今官军大军压境，更何况前来征讨的不是他人，正是岳飞，如不投降，必然凶多吉少。张用遂决定率部投降岳飞。

张俊对僚属说："岳观察之勇略，吾与汝曹俱不及也！"这次平息江淮游寇的战功，张俊上奏以岳飞为第一。

七月，岳飞被提升为神武副军统制。

张俊受诏还朝时，岳飞仍留在洪州，弹压游寇。

十二月，岳飞擢升为神武副军都统制。

岳飞驻守洪州一年间，给深受兵匪祸害的当地人民留下了极好的印象。数万之众驻军洪州，市中见不到军人。只有在部队检阅、比试武艺时，居民才有机会观瞻岳家军的真容。岳飞对当地的士大夫十分尊重，待之以礼，不耻下问。士大夫们也极愿意拜访岳飞。岳飞不摆架子，不轻率地发表意见和回答问题。但当他认为有必要发表意见的

---

① 《鄂国金佗稡编校注》卷五《行实编年》卷二。

时候，决不瞻前顾后、欲说还休，而且出言切中事理，往往为人所重。一次，有人问岳飞："天下何时太平？"

岳飞响亮地回答："文官不爱钱，武官不怕死，则太平矣！"

岳飞的回答是针对当时社会的弊病有感而发。然而，这句话在阶级社会里有深刻的社会意义，长期为人们所颂传，已成为至理名言。

（二）讨平曹成

当张俊、岳飞平定游寇李成、张用的时候，吴玠、吴璘两兄弟在抗金西线的关陕地区一再击败金军，连连告捷。

在东西战线相对稳定，江西巨寇李成、张用被扫平的情况下，绍兴二年（1132）正月，南宋朝廷搬回了临安府，并且定都临安，这是宋高宗亲自作出的决定。他说："吾舍此何适？"[①] 高宗看中杭州，是因为杭州离金人较远，比建康等地更为安全，即使金军渡淮越江，也可速取海路逃跑，兼之杭州有湖山之美，便于游玩享乐。

但建都东南一隅的临安，不便于国家的号令迅速地通向四方。尤其是在西起川陕、东至江淮的漫长战线上，当中有一段，即两湖之地，当时被游寇割据，更阻碍了政令的通达、部队的调度。

如曹成占据道州，马友割据潭州，李宏盘踞岳州，刘忠则窜扰于潭州与岳州之间。曹成、马友、李宏都是从张用部伍中分裂出来的，其中以曹成的势力为最强盛，号称有十万之众。平时，他们相互火并；一遇官军前来征讨，则又互相支援，结为辅车相依之势。荆湖游寇如不扫平，则东线、西线不能相连，东南不能与陕、川相通，于抗金斗争和国家安危关系极大。

南宋政府决定征讨上述游寇，倚重于屡立战功的岳飞，任命他为

---

① 〔宋〕叶绍翁《四朝见闻录》乙集《高宗驻跸》。

权知潭州兼权荆湖东路安抚使，前往道州、贺州征讨。

岳飞的兵马出动了。

绍兴二年（1132）二月十七日，岳飞从南昌发兵。远在数百里之外的曹成打听到消息，马上告诉部下："岳家军来矣！"布置分头逃窜，自留中军在贺州。岳飞沿赣江上游，穿过武功山与万洋山之间的谷地，三十日到达湖南茶陵。岳飞希望能招降曹成，派了先遣部队到郴州、桂阳侦察曹成军有无听诏受降的动向。后来，岳飞又数次招降，但曹成不听。岳飞从抗金利益出发，只好用武力征服。

闰四月，岳飞军进入贺州。曹成已在太平场布阵数十里抗拒。一场大战即将发生。这时岳飞的部下捉到了一个敌探，送至中军帐交岳飞审问。正在审问之中，岳飞突然走出帐外，找来管军粮的军吏了解军粮情况。军吏回答说："粮食快吃光了，转运使还没有把粮食调来，怎么办？"岳飞着急地说："快催，要不然，只得重新返回茶陵就粮了！"讲到这里，岳飞似乎发现自己走漏了军情，突然不讲了。他返入帐内，继续审问敌探。最后对敌探说："你既是本地良民，我放你回去。"

中计的敌探立即将岳飞军缺粮的"情报"报告给曹成。曹成大喜，下令准备追击岳飞。当晚，岳飞令各营摆出丰盛的饭菜，让士兵们饱餐一顿。半夜里，岳飞军绕着小路悄悄行军，于第二天拂晓突然出现在太平场，向游寇猛烈进攻，歼灭了全部守隘之兵，烧毁其营寨。曹成大惊而逃，奔至贺州北二十里处，又聚集三万之众，据守莫邪关。岳飞派前军统制官张宪攻关。张宪亲兵郭进骁勇出众，力可举鼎。在攻关时，郭进不顾关口飞矢如雨，挥枪冲杀过去，一枪就把对方旗头杀死，游寇阵营顿时大乱；张宪军乘机杀进关口，攻克了莫邪关。郭进立了第一功。岳飞在阵地上解下金束带赏给郭进，后来又提升郭进为秉义郎。

岳飞军入关，游寇丢下了辎重物资、家眷老少，四处逃散。岳飞军中有一个名叫韩顺夫的军将,被胜利冲昏了头脑,违反军纪,解鞍脱甲饮酒作乐起来。曹成麾下猛将杨再兴率部反扑,韩顺夫的士卒猝不及防,遭受伤亡。韩顺夫本人被杨再兴砍掉手臂,流血而死。

岳飞发怒了,责令第五副将王某必须生擒杨再兴,以赎对部下约束不严之罪。

杨再兴英勇非凡,岳飞又派后军统制王经、前军统制张宪会合第五副将王某,三路兵马追击杨再兴。杨再兴力战三将,不仅使官军无法近身,还把岳飞的弟弟岳翻也斩杀了[①]。

曹成再次与杨再兴合兵,控扼桂岭入口的"三隘"——北藏岭、上梧关、蓬岭。三关形势险要,曹成自以为得了地利,后来者无法争夺。岳飞率军到岭下,亲自带兵出战。他打破常规,不列阵势,一鼓而上,杀声震天,锐不可当。曹成的都统领王渊招架不住,大败溃逃,曹成全军大乱,北藏岭、上梧关遂被岳飞一举而得。曹成不罢休,反复争夺北藏岭,死了很多士卒,仍不能夺回。曹成被逼作最后的决战,他从桂岭至北藏岭布营立寨,绵延六十余里,自己亲自坐镇第三关——蓬岭。这时曹成的兵力仍有数万,而岳飞仅有兵员八千。

岳飞调兵遣将,在蓬岭下布好阵势。十五日,也就是追击曹成的第十一天,岳飞军发起了总攻,数路兵马同时登关。曹成军吓得如鸟兽散,四面逃窜。岳飞马上召集张宪、王贵、徐庆等部将,下达命令:"曹成败走,余党尽散,追而杀之,则良民胁从,深可悯痛。吾今遣若等三路招降,若复抵拒,诛其酋,抚其众,谨毋妄杀!"

岳飞能把顽固的游寇首领与一般胁从者区别开来,不滥杀戮,这在当时的南宋将领中是不多见的。曹成往广东的连州方向逃去,张宪尾追不放。曹成穷蹙,又从连州转入湖南郴州。而王贵一路追兵又自

[①] 《三朝北盟会编》卷一五一,绍兴二年五月三日壬戌条;《建炎以来系年要录》卷五三,绍兴二年闰四月丙申条。

桂阳追至郴州。曹成转身又奔向邵州。不料,又逃不出岳飞的神算,徐庆率部自道州追至邵州。此时,三路追兵沿途招降了曹成部卒二万人。岳飞选用其将领,分粮给降卒,吸收自愿留下的精壮,壮大了队伍。曹成更加恐惧,急忙往江西方向逃窜,在江西碰上了从福建回师的宣抚副使韩世忠部队。曹成走投无路,于是率部向韩世忠投降了[①]。独有郝晸、杨再兴一部拒降,率众西走沅州。后来,这部游寇也为张宪所破,郝晸受擒。杨再兴飞马纵入深涧,当官军张弓搭箭,向深涧里的杨再兴瞄准时,从山涧里传出洪钟般的声音:"我是好汉!当执我见岳飞!"说完这句话,杨再兴从山涧上来,甘愿受缚,由张宪带着去见岳飞。

岳飞终于擒获了有杀弟之仇的杨再兴。但岳飞是一位以抗金为重、十分爱惜人才的将军;他不计个人恩怨,见了杨再兴,二话不说,先为他松绑,然后诚恳地对杨再兴说:"汝壮士,吾不杀汝,当以忠义保国家!"[②]杨再兴慨然允诺,从此成为岳飞帐下的一名勇将。后来,他跟随岳飞英勇作战,立下了很多功劳。

岳飞雷厉风行地完成了征讨任务,朝廷以岳飞平曹成之功,授他中卫大夫、武安军承宣使的职衔;并将韩京、吴锡、吴全所部拨归岳飞,命岳飞屯戍九江,守卫长江中游。

七月,蕲黄镇抚使孔彦舟叛归刘豫。南宋朝廷担心刘豫侵犯江淮,加强了沿江一线的防御:命宣抚使刘光世守镇江,宣抚副使韩世忠守建康,承宣使岳飞守九江。"镇江、建康、江州皆大帅总重兵。"[③]年轻的岳飞已成了大战略防区的军事长官。绍兴二年(1132),宰相吕颐浩为筹划收复中原,考虑诸大将实力时,把统兵三万、装备最好的张俊排在第一位;统军四万的韩世忠列第二位;第三位就是拥有精兵

[①]《皇宋中兴两朝圣政》卷一一。
[②]《三朝北盟会编》卷一五一,绍兴二年五月三日壬戌条,个别字参照《建炎以来系年要录》卷五三改。
[③]《中兴小纪》卷一三,绍兴二年八月癸巳条。

二万三千的岳飞；第四位是声名不佳的王𤫊，有一万三千人；资格最老、战斗力最差的刘光世被放在第五位，有四万人，其中徒吃军粮的老弱兵占了一半①。由此可见，岳飞的威望和实力，已经与老帅、宿将相提并论了。那时，刘光世四十四岁，韩世忠四十四岁，张俊四十七岁，岳飞三十岁。

这几年，岳飞奉命安内，征剿军贼游寇，无往而不胜。然而，这非其抱负。自从金军入侵，占领河朔，掳走二帝，他念念不忘的是收复中原，殄灭金贼，迎还"二圣"②。岳飞的战袍上，刺绣着"誓作中兴臣，必殄金贼主"十个大字。因此，讨平李成、击垮曹成，他并不以为功，《大营驿题记》最能表明他的心迹：

> 权湖南帅岳飞被旨讨贼曹成，自桂岭平荡巢穴，二广、湖湘悉皆安妥。痛念二圣远狩沙漠，天下靡宁，誓竭忠孝。赖社稷威灵，君相贤圣，他日扫清胡虏，复归故国，迎两宫还朝，宽天下宵旰之忧，此所志也。顾蜂蚁之群，岂足为功？过此，因留于壁。绍兴二年七月初七日③。

---

① 〔清〕毕沅《续资治通鉴》卷一一一，绍兴二年十一月乙巳条。
② 《鄂国金佗稡编校注》卷九《行实编年》之六《遗事》。
③ 《鄂国金佗稡编校注》卷一九《永州祁阳县大营驿题记》。

第五章　奉命弹压农民起义

一、农民奋起反对南宋朝廷的残酷剥削

南宋王朝是北宋王朝的延续。比起北宋，南宋政府以战争需要为名，对南方人民的横征暴敛名目更多，完全是一种超出一般农民所能承受的超强度剥削。如北宋时最基本的夏、秋二税，原本应交纳一石，如今额外加收"正耗""加耗""和籴米"和"斗面米"，要增加到五六石。其中夏税，按规定要交纳绢帛，又称税绢，在宋金战争期间，各地官府以军需为由，提前催交，一般民户不得不向大户或从市场上买绢输纳，绢价因此暴涨，每匹八千至十千，使民户不堪承受。二税之外，有按人口摊派的"身丁钱"，至南宋，在北宋所定正额之外，又额外加征"大礼钱""免夫钱""纲夫钱"等等，因此又比原来增加了六七倍。

除了以上承继北宋的赋敛剥削外，南宋王朝又以对金战争需要为名，新增了种种榨取人民的苛捐杂税，如"赡军月桩钱""板帐钱""经总制钱"等。"赡军月桩钱"别称"每月桩发大军钱""应付桩办大军月桩钱"，始于绍兴二年[1]。地方政府必须按月按规定数额向中央政府解送，用于赡军。郡县横敛，铢积丝累。这是南宋初期农民新增的一项深重负担。连参知政事李光也说："诸路月桩最为民间重害。"

---

[1]《宋史》卷一七九《食货志》下一《会计》。

除了各种税收，南宋政府还将制作兵器的原料，如牛皮、牛筋、箭杆、翎毛，以及修城用的木头、麻、皮等物资，向民间摊派。这种临时科派，通过各地设置的"军期司"分摊、催交，官吏借口军情紧急，往往从中渔利，乘机敲诈盘剥。贫困的民户交纳不起，州县催逼如狼虎，不少无法完纳的农民被投入牢狱，任由狱吏无情地鞭打，惨不堪睹。一些"中产之家"，亦困于输赋之难，不得不"举债鬻产，以应县官之限"。

无法忍受残酷的剥削，贫苦农民千方百计逃避赋敛；逃避不得，只有揭竿而起，杀出一条生路。用当时官员的话来说："福建盗起，本于科敛诛剥，民不堪命。""江西土寇，皆因朝廷号令无定，横敛不一，名色既多，贫民不能生，以至为寇。""兵兴累年，馈饷悉出于民，无屋而责屋税，无丁而责丁税，不时之需，无名之敛，殆无虚日，村民所以去而为盗。"① 道破了南宋初期，在民族斗争十分激烈的情况下，仍然交织着激烈的阶级斗争的深刻原因。

二、奉命镇压农民起义

南宋初期的农民反抗斗争，主要有洞庭湖畔钟相、杨幺起义，建州范汝为起义，信州王宗石起义，严州缪罗起义，虔化李敦仁、吉州彭友起义等。

南宋朝廷把农民反抗斗争看作比金军入侵更危险的大患。在金兵暂时撤退、宋金形势发生急剧变化以后，高宗立即把南宋领兵抵御金军的大将韩世忠、刘光世、张俊、岳飞等，从抗金前线调离，分头去镇压各地的农民起义。

建炎四年（1130），江南东路信州地区农民，不堪王瓂军的劫掠骚

---

① 《建炎以来系年要录》卷四二，绍兴元年二月癸未、乙酉、癸巳诸条。

扰，在王宗石领导下，二十万农民奋起反抗。高宗派遣以畏避金军闻名的刘光世前去镇压，结果这二十万起义群众，被这支对外如绵羊、对内如虎豹的"官军"残酷屠戮殆尽[①]。

同年七月，福建建州，爆发了以范汝为为首的群众起义，人数迅速扩大到十万以上。绍兴元年（1131），高宗调遣韩世忠为福建、江西、荆湖南北路宣抚使，前去镇压。起义群众坚守建州城，终于不敌拥有精良武器、训练有素的韩世忠军队猛烈进攻，最后遭到血腥镇压。

（一）调往江西平息虔吉之乱

岳飞归隶张俊，被调往镇压江西虔、吉农民起义。

岳飞这几年建立了巨大功勋，他军事才能卓越，治军严明，成为令朝野刮目相看的人物。绍兴三年（1133）春天，高宗特派郑壮去见岳飞，带去赏给岳飞的赐物——金蕉酒器（与赏给韩世忠的赐物同），还传诏岳飞，要他带兵赴行在。皇帝要接见他，在当时人看来，这是最高的荣誉。

就在这时，权监察御史刘大中上言："岳飞提兵洪州，颇有纪律，人情恃以为安业。今盗贼未息，而飞既去，则民不安。"高宗采纳了他的意见。因此，岳飞未赴行在。高宗又诏命岳飞去讨平虔、吉一带的"盗寇"。

所谓虔、吉盗寇，其实是虔、吉一带的农民起义军。它是金兵骚扰、官军掳掠、政府横征暴敛之下，官逼民反的产物。建炎四年（1130）初，南侵金军穷追逃向虔州的隆祐太后时，沿路焚烧抢掠，给虔、吉一带造成极大的破坏；而护送隆祐太后的卫军也沿途明抢暗夺，行同强盗，激起群众的反抗。陈辛率领数万愤怒的群众，向住在景德寺的孟太后

[①]《建炎以来系年要录》卷三四，建炎四年六月辛卯条。

申诉。孟太后居然指使卫军杀出景德寺,"纵火肆掠"。虔州城几乎被焚烧殆尽。官逼民反,从1130年至1136年,江西农民起义的烈火一直在燃烧,"本路盗贼,虔为最,吉、抚、筠、袁次之"①,"一伙才了,一伙又生,无有穷已"②。江西安抚大使朱胜非在奏章中分析农民起义的原委时说:"至于江西土寇,皆因朝廷号令无定,横敛不一,名色既多,贫民不能生,以至为寇。臣自桂岭而来,入衡州界,有屋无人,入潭州界,有屋无壁,入袁州界,则人屋俱无。良民无辜,情实可悯。"③朱胜非因此要求朝廷减轻赋税,实行招安。但南宋朝廷依旧征敛无度,致使江西农民起义的烈火越烧越旺。

建炎四年十二月十五日(1131年1月),虔化县原虔州乡贡进士李敦仁与其弟李世雄等,招集本县六乡数万人,在罗源起事,攻占石城县、靖安县等四县,又转攻福建汀州宁化县、清流县。南宋政府用剿、抚两手应对。起义历时一年之久,于绍兴元年十二月,为江东路安抚大使司统制官郝晸、颜孝恭所扑灭,"剿戮尽净"④。吉州彭友(又称彭铁大)、李动天(李洞天)、虔州陈颙、罗闲十等领导的农民起义军,拥兵十余万,结寨五百余处,相互连结,互为呼应,声威扩及江西、福建、广东三省。

绍兴三年(1133)暮春三月,神武副军都统制岳飞奉诏前去镇压虔、吉一带农民起义,但军费尚无着落。坚持"不打掳"的岳飞,不得不向朝廷请求支拨给养装备。因为是平定"内乱",高宗立即下诏,命令诸路漕臣督办军马钱粮、户部拨给岳飞做春装的绸一万五千匹、吉州榷货务转赐行军费三万缗。当时岳飞军将士有二万四千余人⑤。

---

① 〔宋〕李纲《梁溪全集》卷一〇四《与李尚书措置画一札子》。
② 《梁溪全集》卷一〇六《申省措置酌情处断招降盗贼状》。
③ 《建炎以来系年要录》卷四十二,绍兴元年二月乙酉条。
④ 《宋会要辑稿·兵》一〇之二六至二八。
⑤ 《建炎以来系年要录》卷六三,绍兴三年三月辛未条。

彭友听说承宣使岳飞带兵来征讨，宣言道："人言岳承宣智勇为天下第一，我今破之。岳承宣且败，他人若何？"岳飞听后，一笑置之。为避免流血，他又先派了两个辩士到彭友营寨去劝降。彭友回答说："为我语岳承宣使，吾宁败不肯降！"①

这时岳飞已得到雩都北乡土豪陈瑀的密告，掌握了起义军的虚实情况②，遂发动了进攻。起义军经过艰苦的抗击，最后失败，彭友在马背上被岳飞生擒；二万多老弱被俘，后被岳飞放回老家。逃散的起义军战士又聚集起来，转移到重要的据点——固石洞坚守。

岳飞屯大军于瑞金县，自己率领千余骑赶至固石洞。他又派辩士对李动天劝降说："汝诚众且险，能保不败耶？"

劝降无效，又进行胁降："败而后降，吾不汝贳！"

但劝诱、威胁都不能使起义军屈服。岳飞对起义军奈何不得，遂率大军列阵山下，缺乏阵地战经验的农民起义军又被岳飞用计打败了。许多起义者宁死不屈，纷纷投崖，壮烈牺牲。官军攻上山后，岳飞传令军中："毋杀一人！"

岳飞没有伤害被包围的起义群众。他毕竟是农民出身，知道农民的痛苦，能把"土寇"与"游寇"相区别。他说："此辈虽凶顽，然本愚民耳，杀之何益？"

岳飞挑选了一部分勇锐精壮的起义军战士，编入军中，其余放归田里，并令地方官吏"使各安业耕种"。

棘手的事还在后头。高宗传下密旨，要岳飞血洗虔州城，为隆祐太后在虔州城受"震惊"泄愤。

岳飞接到这一密旨，心都颤栗了，无辜之民又有何罪？他拒不执行，上书高宗："请诛首恶，而赦胁从。"高宗恶狠狠地批复："不许！"

---

① 《鄂国金佗稡编校注》卷五《行实编年》卷二。
② 《雩都县志》卷三〇《忠勇》。

岳飞再次上书，高宗置之不理。岳飞继续上书，坚持己见，高宗不得已让岳飞自己裁决。岳飞杀了彭友、李动天、陈颙等农民起义领袖，但保住了虔州城居民不受屠戮。赣州人民为了岳飞拒旨屠城这件事，绘岳飞像挂在家中，以作纪念。八年后，岳飞被高宗、秦桧等投降派杀害，每逢他的忌日，当地人民都会施舍钱、饭给寺庙，请和尚为岳飞超度①。

七月中旬，高宗知道岳飞已平定了吉、虔的农民起义，就催促岳飞"赴行在"。

岳飞同长子岳云从九江出发，九月九日到达杭州。九月十三日，岳飞第一次觐见皇帝。高宗很是高兴，当面夸奖了岳飞一番，并赐给他金线战袍、金带手刀、银缠枪、一匹战马外配海皮鞍，还有衣甲、弓箭、马铠各一副。赏给岳云弓箭、战袍、银缠枪。此时，岳云年方十五，少年英迈，已带甲上过战场了。高宗还特赐岳飞一面绣着御笔手书"精忠岳飞"四字的旗子，令岳飞在行军时务必竖起。这既是对岳飞数年来效命赵氏王室所立战功的嘉奖，也是对岳飞尚有抗旨行为、未能完全尽忠于高宗的敲打。

高宗还提醒岳飞醉酒误事，要他戒酒。

驻军南昌时，岳飞与江南兵马钤辖赵秉渊对饮，喝得酩酊大醉，无意识中痛打了赵秉渊。当时的江西安抚大使李回弹劾岳飞醉酒打人，违犯军纪。今天高宗往事重提，弦外之音，就是要岳飞记住朝廷对此事不加追究，乃是皇恩浩荡，日后当铭刻图报。

岳飞的官衔转为镇南军承宣使、江西沿江制置使。不久，迁为江南西路舒蕲州制置使，在江州置司，独立建置帅府。岳飞防区的范围扩大了，跨越至长江北岸，自舒州至蕲州，直连中原腹地，方圆达数百里。

---

① 《鄂国金佗续编校注》卷二三《襄阳石刻事迹》之二。

岳云被封为保义郎、阁门祗候。

岳飞的部将张宪、王贵、姚政、杨再兴等二十四人，都因功升了官。

岳飞的声望与地位迅速提高，已显名当代，受到从朝廷到地方州府的尊敬。这在绍兴三年（1133）皇帝所降的一道诏书中可以十分清楚地看出：

> 敕：具悉。朕以九江之会，衿带武昌，控引秋浦（池州，今安徽贵池区），上下千里，占江表形势胜地。宿师遣戍，而以属卿，增壮军容，并加使号，盖图乃绩，顾匪朕私。维卿殄寇之功，驭军之略，表见于时，为后来名将。江、湖之间，尤所信赖，儿童识其姓字，草木闻其威声。则夫进秩授任，就临一道，岂特为卿褒宠，亦以慰彼民之望，其尚何辞！所辞宜不允。①

岳飞的地位升高了，职权扩大了，荣誉得到了，可是，从杭州返回九江的路上，岳飞却闷闷不乐。原来，对岳飞来说，平定游寇或"盗寇"（对反抗王朝统治的农民的诬蔑之词），不是他所追求的目标，他所念念不忘的是"报君仇""斩除顽恶"，即收复失地、灭金虏。他途经新淦时，于萧寺壁上奋笔题诗：

> 雄气堂堂贯斗牛，誓将直节报君仇。
> 斩除顽恶还车驾，不问登坛万户侯。②

在一个秋雨初停的日子，岳飞在大江边的楼阁上凭栏北望，站了好久，感慨唏嘘，怆然而涕下。他命手下摆置文房四宝，一口气写下

---

① 《鄂国金佗续编校注》卷三《辞免镇南军承宣使不允诏》。
② 〔宋〕赵与时《宾退录》卷一："绍兴癸丑，岳武穆提兵平虔、吉群盗，道出新淦，题诗青泥市萧寺壁间。"

了《满江红》词：

> 怒发冲冠，凭栏处、潇潇雨歇。抬望眼，仰天长啸，壮怀激烈。三十功名尘与土，八千里路云和月。莫等闲、白了少年头，空悲切。　靖康耻，犹未雪。臣子恨，何时灭。驾长车，踏破贺兰山缺。壮志饥餐胡虏肉，笑谈渴饮匈奴血。待从头、收拾旧山河，朝天阙。①

这首词，道出了岳飞郁郁不乐的所在。岳飞并没有满足于已建立的功勋，他想到的是江北八千里江山仍在金人蹂躏之下，尚未收复。比起统一祖国的大业，已经取得的这些功勋荣耀，轻微得如同尘土，不值得挂齿。他激励自己不要蹉跎岁月，以致老死时空叹壮志未酬，有愧中原父老期望。这首词，抒发了岳飞对敌人的刻骨仇恨，对祖国的热烈情怀；表达了不驱逐敌人、不收复故疆决不罢休的冲天壮志。由于这首词充满了强烈的爱国精神，艺术上又十分完美，因此成为千古绝唱。

岳飞回到九江。正是在这一年，他定下了"连结河朔"②的战略，开始了恢复中原的大业。

（二）奉命镇压农民起义

绍兴五年（1135）二月，岳飞自池州赴杭州觐见皇帝。高宗赐岳飞银帛，封其母荣国太夫人姚氏为福国太夫人。不久，岳飞被改任荆湖南北襄阳府路制置使，封武昌郡开国侯，受命镇压湖南洞庭湖农民起义。

---

① 《满江红》词之写作时间，与是否为岳飞所撰的作品真伪问题，是学术界长期争论未决的悬案。参看本书第十三章。
② 《鄂国金佗续编校注》卷一一《令遣发参议官高颖措置三路忠义军马省札》。

洞庭湖钟相、杨幺领导的农民起义，爆发于建炎四年（1130）。它波及湖南、湖北两路，起义群众多达二十万人[①]，历时六年之久，是宋代三大农民起义之一，无论在当时还是对后世影响都很大。

起义最初的领导人是钟相，鼎州武陵人，早在北宋末年，他利用治病、宗教在民间进行串联活动，宣传"法分贵贱贫富，非善法也。我行法，当等贵贱、均贫富"[②]的思想，逐渐组织起一个社团。正在酝酿起义的时候，金军入侵，宋金战争爆发了。激于民族大义，钟相高举爱国抗金的旗帜，把矛头指向金军。京师被围的消息传来时，钟相毅然地派儿子钟子昂率领三百民兵去东京"勤王"，没料到，徽、钦二帝宁愿割地求和，不敢抗金，钟子昂所率民兵也和各地的勤王兵一样，被遣散回籍。

南宋王朝建立后，高宗赵构仍然采取妥协投降的政策，致使金人步步进逼，越过了长江，闯进了两湖、江西。金军的破坏已惨不堪言，接着是李成、李宏、马友、曹成等游寇以及征讨游寇的宋军的轮番骚扰，加上地方官府横征暴敛，广大的荆湖地区被洗劫得"郡邑凋残""田畴荒芜""十室九空"。游寇"无物可寻"，甚至"以人为粮"。

建炎四年（1130），金军在长沙大肆烧杀的时候，游寇孔彦舟跟在金军的屁股后，闯进澧州打家劫舍。人民忍无可忍了，在钟相号召之下，以打孔彦舟为名，举起了义旗，数日之间，得到鼎、澧、潭、峡、岳、辰六州和荆南府所属的十九个县群众的揭竿响应，建立了楚国，推钟相为楚王，以"均平"号令起义地区，保护"执末之夫"[③]。他们烧官府、杀官吏、打爷儿（游寇）、斩土豪，与南宋政权抗争。

当钟相、钟子昂被孔彦舟派人刺杀后，起义军首领杨幺（本名杨太），担负起了楚国军政领导的重任。绍兴三年（1133），他自号"大

---

① 《挥麈录·三录》卷三《建炎荆州遗事》。
② 《三朝北盟会编》卷一三七，建炎四年二月十七日条。
③ 〔宋〕胡寅《斐然集》卷一七《致张德远书》。

圣天王",立钟相少子钟子仪为太子,建立起洞庭湖根据地。南至长沙、北达江陵、东至岳阳、西到常德的大片地区,都是农民起义军的活动范围。农民起义军采取"陆耕水战"的体制,有力地保护了起义地区人民的生产和生活。

卧榻之侧,岂容他人酣睡?杨幺的楚国近在肘腋,南宋朝廷必然把它视为"心腹蓄毒"[1],高宗面对金国步步退让,而对杨幺的楚国则千方百计必欲灭亡。

在镇压起义军过程中,南宋政府使用了剿、抚两种方法。鼎州知州程昌寓、参知政事兼荆湖宣抚使孟庾、湖广宣抚使李纲、荆南镇抚使解潜等朝廷大员和地方守臣,派出一批又一批的人去招安,妄图用高官厚禄瓦解起义军。结果,去招安的人,"杨幺皆杀之"。

招抚不行,南宋政府立即采用武力进剿,命程昌寓充鼎澧镇抚使率兵镇压起义军。程昌寓刚一进入义军活动的鼎州,便遭到农民起义军的拦截,"官军不能措手,痛遭杀害"。程昌寓逃得快,仅以身免。

后来朝廷又派刘安抚、孟执政、李宣抚前去镇压,但统统不是起义军的对手。

六月,朝廷改派神武前军统制王𤫉为制置使,率兵征讨,又派了御前忠锐第一将崔增、水军统制吴全率领水军配合,水陆共计六万兵马前往洞庭湖围剿。结果又被起义军打得大败。王𤫉灰溜溜地逃回鄂州。朝廷因王𤫉丧师,罢了他的军职。

这就是南宋对洞庭湖农民起义军五年剿抚的结果:"招安之人屡遭,而大半不还;水陆之师每进,而无敢深入。"[2]

伪齐太尉李成以为有机可乘,连忙派使者去洞庭湖联络,许诺降齐可"得州者做知州,得县者做知县",事成"裂地而王"。他一而再

---

[1] 《建炎以来系年要录》卷八五,绍兴五年二月壬辰条。
[2] 《建炎以来系年要录》卷八五,绍兴五年二月壬辰条。

地派人去劝说,并且带去了大量的官告(委任状)、金束带、锦战袍、羊豺等礼物。

李成派人与杨幺联络,使朝廷十分紧张,绍兴四年(1134)三月、四月,接连下了两道省札给岳飞,向他通报李成与杨幺"相勾结之事"。一道是三月二十五日下达的《刘洪道奏李成结连杨幺省札》:

> 荆湖北路安抚使刘洪道奏:臣于三月初八日,据权知岳州刘愿申,收到杨幺寨内走出王㻑军统制官吴全下元被捉使臣王忠等,取责到知见伪齐李成结连杨幺等,欲南来作过等事。臣契勘:近据探报,李成于襄、邓等州添兵聚粮,置造舡筏、攻城器具,欲南来作过。缘本路阙兵提备,臣已具利害,奏乞添屯重兵防御去讫。
>
> 今又据前项权知岳州刘愿申报,外寇与湖贼结连,欲水陆侵犯,与其他风传探报不同。兼目今湖水势已涨,上流防御,系朝廷大计。伏望详酌臣已奏并今奏事理,速降睿旨施行,伏候敕旨。
>
> 右奉圣旨:札与岳飞。今札送神武后军统制、江南西路舒蕲州制置使岳承宣,准此。[①]

另一道省札是四月四日发出的《再据刘愿申杨幺贼徒结连作过省札》:

> 权知岳州刘愿申:契勘荆湖制置使王四厢(㻑),复提大军前去鼎州,措置招捕杨幺贼徒。二月二十四日到州,收到被虏军兵王忠等二名,自贼寨脱身出来。寻行取问责据。逐人供:各是

[①] 《鄂国金佗续编校注》卷五《刘洪道奏李成结连杨幺省札》。

水军统制吴全部下人，内王忠是使臣，袁海是效用。去年十一月十一日随吴全乘海船入湖讨捕杨贼，到地名青江上口，逢贼大车船，本军船小，当被围了，势力不加，遭贼擒杀。吴全一行兵将王忠等各被捉缚回寨，得贼首杨幺、黄诚存留在寨使唤。王忠等逐日见杨幺、黄诚等评议下项机密事件：

……

一、去年十二月三日，见伪齐李成发下使臣，称是康武翼，来下文字，要与贼商议通和。令贼首杨幺、黄诚、（黄）寿等打造大车船，准备来年七月间前来鄂州，汉阳，蕲、黄州以来，迎接李成相公一行人马；已备下甲军二十万，就你们大船济渡。许留甲军三万与杨幺、黄寿等，相添装压车船。令贼船取水路下江；李成取陆路，经由江西，前来两浙会合。要赴行在作过。候了日，许杨幺等荆湖两路，与钟相男伪太子建国通和。当时杨幺、黄寿等允许供依，应公文交付康武翼，于当月七日发遣回去。

一、见贼首诬议张宣抚相公招安事。其杨幺、黄寿等所说：目即且权许受招安，图教诸小寨兵夫放心作田，兼要诸处采木人朾稳便，及要稳住诸路人马不动，本寨安然打船。

一、诸贼寨已有大小车船共二十九只。及创行打造大车船一十五只，每只各长一百步，底阔三丈，高三丈五尺，板厚七寸。各要四月半先造成底，推入水，候五月尽，船就。令人兵六月间火急收刈早稻，七月间起发。先取岳州，作老小硬寨，将旧车船排泊城下，要抵拦潭、鼎州人马。却将新车船一十五只前去攻取鄂州，汉阳，蕲、黄州以来，迎接李大军马到来济渡，分水陆路，前去浙中会合。

一、贼寨逐时行移文字，只作甲寅年，并不用绍兴年号。今年七月间，定是会合伪齐，攻打沿江州县。

右勘会，近据刘洪道申到前项事理，已奉圣旨，札与岳飞去讫。

今再札送江南西路舒蕲州制置使岳承宣，准此。①

按照尚书省所颁降的这两道札子，伪齐李成勾结杨么共同攻城夺地、直逼江浙，欲推翻南宋政府，已得到杨么应允，"事势委是危急"。情况确如所说，那么湖南洞庭湖农民起义军难免有卖国之嫌。然而，这是污蔑农民起义军的不实之词。事实是，投靠伪齐的巨寇李成派使者多次潜入湖湘串连周伦等水寨首领，然而遭到起义军首领严词拒绝，并把第二批使者三十五人全部杀死，抛入江中。当时鼎澧逸民撰写的《杨么事迹》，关于此事记载得凿凿分明：

> 至绍兴四年十一月，水贼周伦寨去岳州稍近，一日令人赍申状赴岳州太守程殿撰陈诉：称近有伪齐下襄阳府李成太尉差人自安、复州取水路，来故县滩水寨，送金帛、物□、文书，言欲水寨诸首领各备人船、战士，克日相会，水陆并进，取复向下沿江州县，得州者做知州，得县者做知县，别命官资，优加犒赏等事。周伦宴设来人，以干鱼鲊脯回答。报言："周伦等止是鼎州龙阳县税户，为被知州程吏部凌逼，要行尽底杀戮，不得为王民，且在湖中苟逃各家老小性命，不晓得会合事节。"发遣来人归回。
>
> 后月余日，李成又差三十五人来，内有郑武功、胡大夫二官员，又将官告、金束带、锦战袍并羊豝之类，再三相约诸寨首领克日会合。周伦知事势异常，难以依随，又恐日后多有人来相逼，别生患害，一夜将来人以酒醉倒，尽行杀戮，沉入江中。
>
> 有此事因申岳州，乞就便申奏朝廷。②

---

① 《鄂国金佗续编校注》卷五《再据刘愿申杨么贼徒结连作过省札》。
② 《鄂国金佗续编校注》卷二六《杨么事迹》。

鼎澧逸民隐去真实姓名,他称农民起义军为"水贼",可见并非农民起义军成员,而是和南宋政府站在一边的,所记的当是客观事实,不可能无中生有替农民起义军说好话。从农民起义军拒绝李成勾结并申报当地地方政府一事可以看出,农民起义军是受程吏部(程昌寓)迫害,做"王民"不得,才起而反抗的;但他们面对伪齐诱降,则大义凛然,严词拒绝,不愿意成为受人唾骂的卖国贼。为了避免朝廷给起义军加上勾结"北人"(伪齐、金国)的罪名,特地派人将李成前来串连的经过,向鼎州知州程千秋报告。

然而南宋政府却听信了王忠、袁海编造的"当时杨幺、黄寿等允许供依"的谎言,匆匆地颁降了二道省札。"朝廷为水寨杨幺等有北人来结约,恐事体张大,不便,遂除张右相(浚)充都督,岳枢使节制军马,本州讨荡水寨杨幺等巢穴。"[①]绍兴四年(1134)八月,宋高宗擢升三十二岁的岳飞为清远军节度使、湖北荆襄潭州制置使,"乃诏专委飞措画讨捕(杨幺)"[②]。

在抗金问题上,南宋政府中存在着抗战派与主和派的斗争,但在镇压农民起义问题上,两派的立场则完全一致。作为主和派头子的高宗,恨不能把起义军杀尽诛绝。抗战派大臣张浚叫嚣:"洞庭实据上流,今寇日滋……为腹心之患,不先去之,无以立国。"岳飞所奉行的信条是:"内寇不除,何以攘外?"

岳飞相信李成与杨幺有勾结,因此接受镇压杨幺任务后态度积极,立即向朝廷上了一道有关军事部署的《措置杨幺水寇事宜奏》:

> 所有措置讨捕黄诚、杨太等贼徒事,切缘臣所管军马,并系西北之人,不习水战。今蒙圣旨驱使,不敢辞免,谨已遵奉

---

① 《鄂国金佗续编校注》卷二六《杨幺事迹》。
② 《建炎以来系年要录》卷七九,绍兴四年八月壬寅条。

指挥外；臣契勘湖贼黄诚、杨太等占据重湖，猖獗累年，战舰舟船数目浩瀚。又贼众多凭恃水险，出没作过。今来若以湖南帅司马准、步谅两项军马听知鼎州程昌寓节制，以荆南镇抚司并湖南帅司各发兵船，约期进讨，切虑如此事不专一，临时难以措画，有误指踪。

臣愚欲望圣慈特降睿旨，令湖南帅司除留三千人在潭州弹压外，并荆南镇抚司都共有二千人，乞令臣量留一千人在镇抚司外，将其余军马舟船，尽数并拨付臣相度分布使唤。兼马准、步谅亦乞令付臣使唤。如鼎州缓急合要军马使用，乞令臣相度分遣，庶几军马归一，斟量调发，免致误事。

兼契勘：王瓊已降指挥，江州驻扎。今来讨捕湖贼，正赖舟船使用，欲乞将王瓊随军舟船，除海船及有余船外，只乞战船并海湖船权暂尽数拨付本军，候事毕日归还。

臣访闻湖南州郡系出产材木去处，欲乞行下本路，一就并钉线工匠应副添修本军舟船。

其合用钱粮，窃详湖北路委是阙乏，无以桩办，伏乞特降指挥，专一令江西应副外，券钱乞从朝廷宽剩支降，庶不有误事机。

所陈利害，并系急切，伏望圣慈详酌，依臣所乞，前去措画，誓尽犬马之劳，以图报效。谨录奏闻，伏候敕旨。

贴黄：臣契勘：湖贼先与伪贼结连。近探得陕府、长安见今点集人马，东京亦已聚兵。今来襄、汉诸州并系边面，防秋是时，切虑不测前来侵犯作过。伏乞添兵屯守，及更抽摘军马，付臣遣发巡边照管，庶免误事。乞速赐措置施行。[1]

这道奏章上去以后，由于伪齐与金国先下手向淮南地区发起进攻，

---

[1] 《鄂国金佗稡编校注》卷一一《措置杨幺水寇事宜奏》。

南宋政府注意力又集中到两淮地区。镇压洞庭湖农民起义的行动暂时停止，岳飞也被调遣驰援淮西。直到绍兴五年（1135）二月，岳飞援淮西行动结束。如前所述，岳飞应诏前往杭州觐见高宗，重新奉命征剿杨幺，右相张浚为都督。

绍兴五年（1135）五月，张浚、岳飞到达洞庭湖地区。他们所采取的方略，仍然是剿、抚结合。

荆湖南北襄阳府路制置使岳飞率数万大军屯于鼎州城外，置寨列舰，严密封锁消息。然后，派使臣打进水寨去劝降。那些被派遣的使臣，想到以往去招安者的下场，吓得发抖，纷纷跪在地上向岳飞叩头，请求免去这个差使。岳飞十分自信地说：“吾遣汝，汝不死！”这些使臣只好将信将疑地去了。他们刚望到起义军水寨，就大声呼叫：“岳节使遣我来！”

果然有些营寨把岳飞使者接了进去。起义军的重要首领之一黄佐读了岳飞的招抚榜文后害怕了，他与部下商量，说岳飞"号令如山"，"若与之战，万无生全理，不如速往就降"。于是黄佐投降了岳飞。岳飞立即上报朝廷，给黄佐封了官，"赏赐特厚"。抚慰一番后，仍遣黄佐归湖中去招安。又有起义战士三百余人来降，岳飞照例赏赐一番，还对他们不加管束，任他们自由走动，有的重新回到湖中，岳飞也不加追究。过几天，"又有二千余人来降"。

参政席益对岳飞的做法产生了严重怀疑，他对张浚说：“岳侯得无有他意，故玩此寇？”

张浚是了解岳飞的用心的——能招安尽量招安，少流些血。于是笑着回答说：“岳侯忠孝人也，足下何独不知用兵有深机，胡可易测？”

但起义军中动摇投降的毕竟是少数。六月初，岳飞决心用兵镇压了。正在这时，朝廷急诏张浚回朝，以筹划防御金兵秋天南下之事。张浚环绕洞庭湖一周，看到起义军森严的布防，感到进攻时机尚未到来。他召岳飞回长沙，商议暂时撤兵。但岳飞却向张浚汇报了具体的进攻部署，竟说：八天之内破寨。

对岳飞的军事才干，张浚是钦佩的，但听岳飞说八天破寨，觉得未免言过其实。张浚严肃地对岳飞说："君何言之易矣！王四厢两年尚不能成功，乃欲以八日破，君何言之易耶？"岳飞微笑着回答道："王四厢以王师攻水寇则难，飞以水寇攻水寇则易。湖寇之巢艰险莫测，舟师水战我短彼长，入其巢而无向导，以所短而犯所长，此成功所以难也！若因敌人之兵夺其手足之助，离其腹心之援，使桀黠孤立，而后以王师乘之，覆亡犹反手耳！"

张浚听了觉得也有道理，决定暂缓回朝。岳飞回鼎州，立即召见将军任士安。任士安原是王燮的部下，头一年王燮征讨杨么时，他不听王燮指挥，自行其是；王燮兵败，他负有一定的责任。现在岳飞往事重提，命军卒抽打他一百鞭子，折了他的骄气。然后命他率领本部人马在三天之内攻下水寨，不然的话，拿头来见！

任士安是杨么的手下败将，起用败将去打头阵，岳飞部下将领感到不理解。任士安本人更胆战心惊。当他率领士卒接近起义军兵寨时，命士卒大声呼喊："岳节使二十万至矣！"

起义军发觉任士安大呼大叫不过是张扬声势，以掩盖其胆怯，实际上并无岳飞大军在后，于是合兵与任士安大战。任士安知道岳飞军令森严，不得不死战。到第三天，正感难以抵挡，突然，四下里喊声大起，岳飞亲率大军包围过来了，经过激战，攻下了起义军的永安寨。岳飞带兵乘舟拥入水寨。这时，经黄佐劝降，起义军的将领杨钦也来投降。岳飞十分高兴，认为起义军的"腹心溃矣"。张浚立即授予杨钦武略大夫的官职。杨钦一军有三千多人，舟船四百多艘，这一投降，起义军受到重大损失。岳飞把杨钦部下的强壮士兵编入军中，放走老弱，拨给土地耕种，安置就业，企图以此动摇起义军军心。

起义军领袖杨么坚守总部营寨。杨么智勇双全，他曾通过车船战击败了官军一次又一次进攻，使起义军在南宋王朝的腹心坚持战斗达六年之久。起义军的车船，最大的有三层楼那样高，可载千余人，船身两边装置车轮，用脚踏车，"以轮激水，疾驶如飞"。船上还装置撞竿，长十余丈，一头挂巨石，一头系在辘轳上。这些战船一遇官军又小又矮的战船，就放撞竿，一击便可把官军战船击碎。起义军还有一种叫"木老鸦"的武器，二尺来长，两头削尖，也用来居高临下地打击敌人，威力很大。但车船水战，湖水越满越好；湖水干涸，则车船行动不利。不幸，这一年夏天大旱，岳飞军又决堤放水，洞庭湖的水位更浅了，遂使起义军高大的车船行动困难，发挥不了原有的威力。

岳飞统领牛皋、傅选、王刚几员部将，亲率帐下精兵，向龙阳县江北起义军总部水寨进发。协同作战的还有鄂州水军一部。这一回，由于岳飞以优势的兵力临阵，杨幺终因兵少，孤寨无援而战败。杨幺被擒后，壮烈就义。

岳飞从长沙回鼎州进攻起义军，到攻破起义军最后一座堡垒，前后正好八天。

岳飞镇压了杨幺农民起义军，俘获近二十万人。鲁莽的牛皋主张"略行洗荡，使后人知所怕惧"。岳飞坚决不同意，他说：

> 杨幺之徒，本是村民，先被钟相以妖怪诳惑，次又缘程吏部（昌寓）怀鼎江劫虏之辱，不复存恤，须要杀尽，以雪前耻，致养得贼势张大。其实只是苟全性命，聚众逃生。今既诸寨出降，又渠魁杨幺已被显诛，其余徒党，并是国家赤子，杀之岂不伤恩，有何利益？况不战屈人之兵而全军为上，自是兵家所贵。若屠戮斩馘，不是好事。但得大事已了，仰副朝廷好生之意，上宽圣君贤相之忧，则自家门不负重寄，于职事亦自无惭也！

牛皋听了，心悦诚服。

岳飞挑选了好几万精壮的起义军战士，编入军队中，大大增强了部队的战斗力，加强了抗金的力量。十几万老弱，则按照他们自己的意愿，"给米粮"，归田就业。然后把三十余所营寨焚烧。

必须指出，作为封建王朝高级将帅的岳飞，忠实地执行了君王的命令，镇压了声势浩大的钟相、杨么农民起义，杀了不少起义军将士。其主要罪责纵然不能由岳飞来承担，但岳飞也回避不了应负的责任。

第六章　收复失地

南宋以临安为国都，苏南、浙江、闽北便成了京畿，而处在江淮之间的皖北、苏北就成了捍御东南的屏藩。因此，南宋政府南渡后始终注重江淮地区的防守。绍兴三年（1133），诏韩世忠、刘光世在建康、镇江置帅府，屯兵十万。经此部署之后，朝廷认为"可恃以安"[①]。在西线，绍兴四年（1134）春天，兀术又率十多万大军猛扑仙人关。吴玠针锋相对，在仙人关西筑起"杀金坪"堡垒，严阵以待。吴璘又自阶州领兵来援，经过七天七夜转战，在"杀金坪"与吴玠会师。兄弟俩并肩战斗，终于打退了金军拼死的进攻。此后，金军退据凤翔，屯田养兵，作固守之计，五年未敢轻动。西线稳住了。

绍兴四年（1134）夏天，中线狼烟滚滚，局势日益紧张。

在金人扶植刘豫伪齐政权前后，京西、河朔忠义民兵始终坚持抗金和打击伪齐政权，如河南的翟兴、翟琮、董先、牛皋，襄、邓地区的李横、李道、谭兖等人，他们"守一方，三面邻敌"，"披荆榛，守孤垒"。不仅如此，当金军主力投入西部战场时，他们又乘机发动进攻，趁虚收复洛阳、汝州、颖昌和朱仙镇（在开封西南），并派人与南宋政府联系，要求派兵接应，准备收复东京（已成为伪齐京都）。

---

① 《鄂国金佗续编校注》卷二九，赵鼎《赵忠简公鼎奏札·措置防秋事宜》。

绍兴三年（1133）冬，刘豫向金人求援，金军与伪齐合兵进攻义军。由于缺粮少援，义军支持不住，已收复的地方相继失守，自襄阳、邓州一线撤出。李横、翟琮、牛皋、董先、李道等撤向长江南岸。战略重镇襄阳于是落入伪齐李成手里。

中线形势顿时紧张起来了。金军进攻仙人关失败以后，用兵重点转移到中线；刘豫也蠢蠢欲动，准备大举南侵。中线面临着严重威胁。朝廷必须赶紧选定中线防守的主帅。

江西安抚制置大使赵鼎提出要调换驻鄂州、岳州的帅臣，并提议要岳飞驻防鄂州、岳州。然而，朝廷没有同意，而是派了资历较高的神武前军统制王㒮驻屯鄂州。

其实岳飞对中线防御早已注意，在中线出现危急之前，已对敌情进行研究。他不主张在内线消极地守城，而是主张外线作战，收复中原，从根本上解除战争威胁。

当义军首领李横还在襄、邓一带斗争的时候，岳飞已确定"连结河朔"的方针，派出张宪赴襄阳与李横联系，以便进军时得到他们的配合。

一、收复襄阳六郡

当时李横、牛皋、董先、李道、翟琮等义军首领已被迫退师到汉阳军界，然而湖北安抚使刘洪道拒绝收留他们；岳飞挺身而出，发信给赵鼎，提出"李横等已至蕲、黄州，一行兵马既经溃散，若在江北驻扎，必不能安，或令过江，相兼捍御，却可为用"。赵鼎采纳了岳飞的意见，"遂急差官水陆斡运粮米，起发应副"，并发公文让岳飞"从长措置"[1]。

李横等原来就担心自己并非官军，怕"诸郡不纳"。现在，刘洪道果然不肯收留，正感走投无路之时，赵鼎遣送的粮食运到了，部众才

---

[1] 《鄂国金佗续编校注》卷二九《乞支钱粮赡给李横军兵》。

安定下来。

当岳飞得知李横已从黄州渡江到南昌时,亲自飞骑至南昌迎接。朝廷将李横、牛皋等南归义军拨归岳飞节制。于是,牛皋、董先、李道等都成了岳飞的部将。岳飞考虑到义军在困苦环境中能坚持战斗,英勇可用,而且熟悉当地的地理、民情,更具有一定的号召力,在未来进军中原、收复失地的北伐战争中,可以发挥他们的长处,因此十分重视义军。

正当朝野为中线防御忧心忡忡的时候,岳飞却呈上一道《乞复襄阳札子》,提出收复襄阳六郡的主张:

> 镇南军承宣使、神武后统制、江南西路舒蕲州制置使臣岳飞札子奏:臣窃惟善观敌者,当逆知其所始;善制敌者,当先去其所恃。今外有北虏之寇攘,内有杨么之窃发,俱为大患,上轸宸襟。
>
> 然以臣观之,杨么虽近为心腹之忧,其实外假李成,以为唇齿之援。今日之计,正当进兵襄阳,先取六郡,李成不就縶缚,则亦丧师远逃。于是加兵湖湘,以殄群盗,要不为难。
>
> 而况襄阳六郡,地为险要,恢复中原,此为基本。臣今已厉兵饬士,惟俟报可,指期北向。
>
> 伏乞睿断,速赐施行。庶几上流早见平定,中兴之功次第而致,不胜天下之幸。取进止。[①]

要守住中线,安定两湖民心,必须夺回襄阳六郡(襄阳府、郢州、随州、唐州、邓州、信阳军);要恢复东南和川陕的联系,从全局加强抗金的防御,也必须收复襄阳六郡;要收复中原,实现中兴根本大业,更是必须收复襄阳六郡。为此,岳飞向朝廷请战:收复襄阳六郡时机

[①]《鄂国金佗稡编校注》卷一〇《乞复襄阳札子》。

已成熟,"臣今已厉兵饬士,惟俟报可,指期北向"。

高宗和宰执讨论,认为收复襄阳计划可行。派谁挂帅出征呢?高宗提出:"就岳飞如何?"

参知政事赵鼎的回答十分干脆利落:"知上流利害,无如(岳)飞者!"①

签书枢密院事徐俯却不同意,他认为岳飞身为大将独当一面的资历还太浅,不能完全信赖。当时,朝廷中对岳飞能否担起这项重责抱有怀疑的人,不在少数。

高宗最后下了决心,依然把收复襄阳的任务交给岳飞。

但高宗的想法和岳飞不同。岳飞志在收复中原;而高宗是为了保住长江防线,保障南宋朝廷安全,并赢得一点议和的资本。因此,岳飞部队尚未出发,高宗就亲赐御札,要岳飞"追奔之际,慎无出李横所守旧界",他怕追得太远,会"致引惹,有误大计"②,即惟恐招惹金人发怒,耽误议和"大计",否则,"虽立奇功,必加尔罚"。

三省、枢密院"同奉圣旨"给岳飞下的命令更露骨,规定了五个"不得",即不得越出六州军界,不得追远,不得"称提兵北伐"或"言收复汴京"等。还命令襄阳收复后,大军退回江上屯驻。此"圣旨"全文如下:

三省、枢密院同奉圣旨,依下项:

一、王瓘见驻军鼎州,招捕杨幺,累有申奏,乞别差官兵防托大江。今差岳飞兼制置荆南、鄂、岳,其湖北帅司统制官颜孝恭、崔邦弼两军,并荆南镇抚司军马,并听节制使唤。

一、李横退师,据诸处探报,叛贼李成、孔彦舟等占据襄阳

---

① 《建炎以来系年要录》卷七五,绍兴四年四月庚子条。
② 《鄂国金佗稡编校注》卷一《高宗皇帝宸翰》卷上,《命岳飞毋出李横所守界》。

府、唐、邓、随、郢州、信阳军，候麦熟，聚兵南来作过。岳飞军累有奏陈，措置收复，备见尽忠体国。今差本官统率所部军马，于麦熟以前措置收复上件州军。

一、今来出兵，止为自通使议和后来，朝廷约束诸路，并不得出兵，伪齐乘隙侵犯，李成等辄敢占据，须着遣兵收襄阳府，唐、邓、随、郢州，信阳军六郡地土，即不得辄出上件州军界分。所至州县，务在宣布德意，存恤百姓。如贼兵抗拒王师，自合攻讨；若逃遁出界，不须远追。应官吏、军、民来归附者，不得杀戮，一面招收存恤。亦不得张皇事势，夸大过当，或称提兵北伐，或言收复汴京之类，却致引惹。务要收复前件州军实利，仍使伪齐无以借口。

一、岳飞本军每月现支钱一十二万余贯，米一万四千余石，会计出师三月军须，合用钱三十六万余贯，米四万二千余石。今来虑有添兵，及有犒设激赏，理宜宽剩支降。今于行在榷货务支银一十万两，每两二贯五百文，金五千两，每两三十贯文，二项计准钱四十万贯。吉州榷货务于今年贴纳算请等盐钱内支二十万贯以上。总计支钱六十万贯，内以二十万贯充犒设激赏。米支六万石，于沈昭远催运二十万石内，先次发到江上米内支拨。并令岳飞措置，随军支遣。如人船不足，令帅司、运司极力应副。

一、收复诸州并委岳飞随宜措置，差官防守。如城壁不堪守御，相度移治山寨，或用土豪，或差旧将牛皋等主管。事毕，大军复回江上屯驻。

右札送江南西路舒蕲州兼荆南鄂岳州制置使岳承宣疾速施行，不得下司。

绍兴四年三月十三日　押[①]

---

① 《鄂国金佗续编校注》卷五《朝省行下事件省札》。

绍兴四年（1134）五月，岳飞被授命为江南西路舒蕲制置使兼黄复州汉阳军德安府制置使，率领大军浩浩荡荡地出发了。对于朝廷只限收复襄阳以及其他的约束，岳飞是不满的，但这次提军北上，却是恢复中原的第一步，也是岳飞实现宿愿的起点，所以岳飞还是十分兴奋的。

岳飞在船上对幕僚们说："某不擒贼，不涉此江！"

从南宋政府建立以来，主动出击还是第一次。朝廷为此作了周密的军事部署：命韩世忠屯兵泗上；命刘光世出兵万人向陈、蔡进发，作为右翼，配合岳飞；还命川陕宣抚副使吴玠出兵进攻在陕西的伪齐军，以分散敌人力量。

岳飞大军过江后，立即攻打郢州。岳飞身为统帅，亲冒矢石，跃马环城侦察地形。伪齐郢州守将京超以勇猛闻名，号"万人敌"，列阵以待。岳飞命张宪责问京超为何叛从刘豫。京超的军师刘楫恬不知耻地回答："今日各事其主，毋多言也！"

面对如此无耻的汉奸，岳飞怒不可遏，下令拔城后，生擒刘楫。第二天黎明攻城，士兵搭人梯登上东北角的敌楼，攻进郢城，杀敌七千多，京超投崖而死。刘楫果然被活捉，岳飞喝令他面朝南跪下，责之以大义，亲自处决了这个败类。第一仗旗开得胜，收复郢州。

岳飞接着派张宪、徐庆攻随州。伪齐守将王嵩顽抗一个多月，刚加入岳飞军的牛皋主动请战，提出三天内把城攻下。诸将认为张、徐两将军都久攻随城不克，猛将牛皋不过是徒托大言。但岳飞却批准了牛皋的请战。牛皋携带三天军粮，率军猛攻随城。因牛皋曾在这一带抗金，又有张、徐两将的配合，果然不等三天口粮吃完就攻克随城，俘虏五千人，生擒王嵩。论功行赏时，牛皋归头功于张宪。他诚恳地说："我心里想到的是国家大事，别无争功较长的意思。"

当时，岳云才十六岁，也参加了攻随城的战斗，他手持两椎，左右挥击，英勇杀敌，首先登城。从此，岳云以勇冠三军闻名。

收复郢州后,岳飞挥师直指襄阳。伪齐大将李成引军出城四十里,左临襄江列阵迎战。岳飞察看了李成的阵法,笑着对部下说:"此贼屡败吾手,吾意其更事多,必差练习,今其疏暗如故。夫步卒之利在阻险,骑兵之利在平旷。成乃左列骑兵于江岸,右列步卒于平地,虽言有众十万,何能为?"

岳元帅举起马鞭,指着王贵下令:"尔以长枪步卒由成之右,击骑兵!"

指着牛皋下令:"尔以骑兵由成之左,击步卒!"①

牛皋、王贵一左一右,率步骑兵合攻李成军。李成骑兵不能展开,被王贵率步兵用长枪纷纷刺翻,向江边溃逃,连人带马掉入江中。李成的步军则被牛皋的骑兵冲得七零八落,死伤不计其数。李成连夜率残部逃遁。襄阳府收复了。

李成得到刘豫增兵后,又以三十万之众屯兵新野,准备再战。岳飞先派王万率一路军驻清河水,作为诱饵。自己率兵于后迤逦跟去。李成果然中计,他倾三十万之众,猛扑王万军;岳飞军及时赶到,与王万军会合,夹击李成军,取得了胜利。第二天复战,岳飞又大胜。王万乘胜追击,直杀得李成军横尸二十余里。

岳飞军收复襄阳府后,接着准备收复邓州、唐州、信阳军。高宗赵构却颇为不悦,不但不激励岳飞乘胜扩大战果,反而忧心忡忡地给岳飞下了一道御札,要岳飞提防李成"包藏祸心,俟卿班师,彼稍就绪,复来扰劫,前功遂废",要他"用心筹画全尽之策来上"②。

岳飞接到这一道御札之后,为解除高宗顾虑,立即上了《画守襄阳等郡札子》:

---

① 《鄂国金佗稡编校注》卷六《行实编年》。
② 《鄂国金佗稡编校注》卷一《高宗皇帝宸翰》卷上,《夏五月进兵襄阳克之捷闻廷议犹患其难守赐御札问方略》。

臣六月二十三日酉时，准御前金字牌，伏蒙圣慈特降亲札处分，令臣条具襄阳、随、郢利害。

臣窃观金贼、刘豫皆有可取之理。金贼累年之间，贪婪横逆，无所不至，今所爱惟金帛、子女，志已骄堕。刘豫僭臣贼子，虽以俭约结民，而人心终不忘宋德。攻讨之谋，正不宜缓。苟岁月迁延，使得修治城壁，添兵聚粮，而后取之，必倍费力。陛下渊谋远略，非臣所知，以臣自料，如及此时，以精兵二十万直捣中原，恢复故疆，民心效顺，诚易为力。此则国家长久之策也，在陛下睿断耳。

若姑以目前论之，襄阳、随、郢地皆膏腴，民力不支，苟行营田之法，其利为厚。然即今将已七月，未能耕垦，来年入春，即可措画。陛下欲驻大兵于鄂州，则襄阳、随、郢量留军马，又于安、复、汉阳亦量驻兵。兵势相援，漕运相继，荆门、荆南声援亦已相接，江、淮、荆湖皆可奠安。六州之屯，宜且以正兵六万，为固守之计。就拨江西、湖南粮斛，朝廷支降券钱，为一年支遣。候营田就绪，军储既成，则朝廷无粮饷之忧，进攻退守，皆兼利也。惟是茸治之初，未免艰难，必仰朝廷微有以资之。基本既立，后之利源无有穷已。又此地夏秋则江水涨隔，外可以御寇，内足以运粮；至冬后春初，江水浅涩，吾资粮已备，可以坐待矣。于今所先，在乎速备粮食，斟量屯守之兵，可善其后。

臣识暗不学，辄具管见，仰报圣问，辞拙事直，伏乞圣慈裁决。干冒天威，臣不胜屏营战栗之至。取进止。

贴黄：臣见今只候粮食稍足，即便过江北，虽番、伪贼马势重，臣定竭力剿戮，不敢少负陛下。伏乞特宽宵旰之念，不胜庆幸。

七月，岳飞进兵邓州。这时伪齐军汇合金军在邓州西北列营三十余所，共守邓州。岳飞指挥王贵、张宪、王万、董先分数路出击，敌大败，金将刘合孛堇只身逃走，岳飞军生擒伪齐邓城守将高仲。至七月二十三日，接连收复唐州和信阳军。

从五月初五至七月二十三日，岳飞仅用两个多月的时间，就收复了襄阳六郡大片地区，充分显示了岳飞卓越的统帅才能和岳家军的强大战斗力。

捷报传来，轰动都城。按预定计划收复失土，在南宋还是第一次。朝廷准备举行隆重的"献捷之礼"。高宗不胜感慨地说："朕素闻飞行军极有纪律，未知能破敌如此！"[1]

岳飞被提升为清远军节度使、湖北路荆襄潭州制置使，不久又晋封为武昌县开国子。朝廷以王瓒无功，把王、岳的防区做了对调，由王瓒守江州，岳飞屯驻鄂州。岳飞管制的范围比原来大了很多，担当起了防守中部战线的主要责任。

建节封侯，这是封建社会崇高的恩典。宋室南渡以后，享有节度使衔的武臣为数不多，只有刘光世、韩世忠、张俊、吴玠等几员大将。而几年前还是下级军官的岳飞，如今只不过三十二岁，已成为节度使，这在宋朝历史上也是很罕见的。

在襄阳大捷后，岳飞上书高宗，主张乘胜一鼓作气，"以精兵二十万直捣中原，恢复故疆"。但高宗没有采纳，他所需要的仅仅是守住长江防线。所以，战事一结束，他马上召岳飞回屯江上。

襄阳大捷在南宋抗金史上具有重要地位。岳飞收复襄阳六郡，从此控扼了长江上游，东可进援淮西，西可联结川陕，北可图复中原，南可屏蔽湖广，具有重要的战略意义。其功勋可与韩世忠镇江大捷、吴玠和尚原大捷相匹敌。

刘豫失去了襄阳六郡，又恨又急，连忙向金告急，请派兵南侵。秋天，金出兵五万与伪齐合兵，对南宋发动了大规模的进攻。然而，

---

[1] 《建炎以来系年要录》卷七九，绍兴四年八月癸未条。

他们不敢去争夺襄阳六郡。

起初，金军诸大将提出入淮西占领合肥，再从采石渡江南下。后来"又虑岳飞之军，自襄阳出攻其背"[1]，不敢从淮西渡江，于是决定由开封向东南走徐州，到泗州渡淮河，在扬州渡江南下。这条路线直冲刘光世、韩世忠守御的东线。由此可见，金、伪齐军不敢对岳飞守御的中线进攻，甚至在选择其他进军路线时，也要远远地避开岳飞的防区。

金、伪齐南侵军在江苏大仪、承州被韩世忠连连打败。岳飞也派兵援淮西，以二千步兵击败金骑偏师五千之众，收复庐州。金军南侵受阻，被迫退兵。伪齐军见金兵后退，以一昼夜三百里的速度溃逃。

此后，岳飞在鄂州投入到紧张的北伐经营中。

一日，难得半日闲的岳飞登上了长江边的黄鹤楼。他遥望金统治下的北方，满怀悲壮地写下了一首《登黄鹤楼有感》：

> 遥望中原，苍烟外、许多城郭。想当年、花遮柳护，凤楼龙阁。万岁山前珠翠绕，蓬壶殿里笙歌作。到而今、铁骑满郊畿，风尘恶。　兵安在，膏锋锷。民安在，填沟壑。叹江山如故，千村寥落。何日请缨提锐旅，一鞭直渡清河洛。却归来、再续汉阳游，骑黄鹤。

二、长驱伊洛

从靖康之祸以来，经过了十年的外御内讨，至绍兴五年（1135）下半年时，南宋的军事力量大有增强，政权开始稳定下来。

但是，徽、钦二帝仍旧被幽禁在金国，金人仍旧占领着淮河以北

---

[1] 《建炎以来系年要录》卷八〇，绍兴四年九月乙丑条。

地区，伪齐刘豫盘踞中原，南北依然分裂。这些仍然是南宋臣民的耻辱和痛苦。

南宋爱国志士要求进取中原、收复故土、迎二帝、雪国耻的呼声愈来愈高了。比如，有些士人在应科举考试对策时，对朝廷抗金十年无所作为流露不满，提出自己的主张。进士黄中甚至大胆地指责高宗："人生天地之间，如白驹之过隙。所谓十年者，岂可多得？……然臣恐陛下有思念忧惧之言，而未有思念忧惧之诚心也。"①

黄中的指责可谓击中了高宗言行不一的要害。但是高宗自有他的如意算盘，自有他的驾驭臣民之术。这时他觉得民心可用，也正作出一副准备进军的姿态。

当时南宋王朝所统辖的军队称神武军，岳飞统领的是神武后军。后来发现，神武军号系北齐高欢时所使用，加上刘豫傀儡政权也称"齐"，宋廷遂于绍兴五年十二月（1136年1月）决定改神武军为行营护军。刘光世所部人马称行营左护军，吴玠所部人马称行营右护军，王彦所部八字军改称行营前护副军，张俊所部称行营中护军，韩世忠所部称行营前护军，岳飞所部称行营后护军。以杨沂中所部隶三衙殿前司②。对各防区重新作了划分：韩世忠部屯驻承、楚二州，张俊部屯驻建康，刘光世部屯驻太平州，他们的防线分布在淮水流域、长江中下游。王彦部屯驻荆南，岳飞部屯驻鄂州，防线处在长江中上游。吴玠部守川陕。

当张浚、岳飞镇压了洞庭湖农民起义以后，高宗分别给张浚和岳飞手札，称赞张浚说："天其以中兴之功付卿乎！"对岳飞更是大加嘉奖，并在手札中特别提了一句："腹心之患既除，进取之图可议。"

接着，高宗又擢升岳飞为检校少保、荆湖南北襄阳路招讨使，不久，又擢升为武胜定国军节度使、宣抚副使，令岳飞移军京西，置司

---

① 《建炎以来系年要录》卷九三，绍兴五年九月乙亥条。
② 《建炎以来系年要录》卷九六，绍兴五年十二月庚子条。

襄阳。

按照朝廷的旨意,岳飞身为招讨使,需向伪齐占领的地区散发一道声讨刘豫和招降伪齐军民的檄文,做好动摇伪齐军心民心的工作。岳飞于绍兴六年(1136)二月,命主管机宜文字胡闳休写了《奉诏移伪齐檄》:

> 契勘伪齐僭号,窃据汴都。旧忝台臣,累蒙任使,是宜执节效死,图报国恩。乃敢背弃君父,无天而行?以祖宗涵养之泽,翻为仇怨;率华夏礼义之俗,甘事腥膻。紫色余分,拟乱正统,想其面目,何以临人?方且妄图襄汉之行,欲窥川蜀之路,专犯不疑,自速诛夷。
>
> 我国家厄运已销,中兴在即,天时既顺,人意悉谐,所在皆贾勇之夫,思共快不平之怨。今王师已尽压淮、泗,东过海、沂,驲骑交驰,羽檄叠至。故我得兼收南阳智谋之士,提大河忠孝之人,仗义以行,乘时而动。金洋之兵出其西,荆湖之师继其后。
>
> 虽同心一德,足以吞彼国之枭群;然三令五申,岂忍残吾宋之赤子?尔应陷没州县官吏兵民等,原非本意,谅皆胁从,屈于贼威,归逃无路。我今奉辞伐罪,拯溺苏枯,惟务安集,秋毫无犯。倘能开门纳款,肉袒迎降,或愿倒戈以前驱,或列壶浆而在道,自应悉仍旧贯,不改职业,尽除戎索,咸用汉条。如或执迷不悟,甘为叛人,嗾桀犬以吠尧,嚣猎师而哭虎,议当躬行天罚,玉石俱焚,祸并宗亲,辱及父祖,挂今日之逆党,连千载之恶名。顺逆二途,早宜择处,兵戈既逼,虽悔何追。谨连黄榜在前,各令知悉。①

---

① 《鄂国金佗稡编校注》卷一九《奉诏移伪齐檄》。

与此同时，高宗还跟宰相张浚面议了北伐大合兵的军事部署。时间是在绍兴六年（1136）春天。

军事部署是这样的：韩世忠自承州、楚州出发，准备夺取伪齐占领的淮阳；岳飞进屯襄阳，准备直捣中原；刘光世屯驻合肥以牵制伪齐军；张俊屯驻盱眙作策应。这个以岳、韩为进攻主力的部署，体现了张浚独称韩、岳"可以倚办大事"的思想。张浚对岳飞怀抱收复中原的雄心是理解的，他对岳飞说："此君素志也！"①

对于这些军事部署，岳飞、韩世忠等大将以及朝中主战大臣都非常兴奋。尤其是岳飞，他加紧筹措军务，研究进攻路线，十分忙碌。这时的岳飞军，由于吸收了杨幺起义军中的大量战士，增加了朝廷拨归节制的韩京、吴锡、李山、赵秉渊、任士安诸部，加上前前后后吸收的来自金统治区的抗金忠义民兵，赵云率领的河东忠义军，以及由梁兴率领的太行山忠义民兵，已经成为一支具有强大战斗力的抗金武装。

赵云原为河东忠义军将领，屡屡出兵攻击金军，勇敢善战，使金军不得安宁。眼看在战场上难以对付河东忠义军，金人使用毒辣的计策，抓走赵云的父亲赵福、母亲张氏作为人质，并许诺授予赵云平阳府路副总管的军职，诱赵云投降。赵云以忠义许国，不从。金军杀害赵福，囚系张氏于绛州。赵云遂投奔以英勇抗敌远近闻名的岳家军②。梁兴（又名梁青）名声更大。太行山义军亲热地称他"梁小哥"。靖康以后，梁小哥联络爱国青年，结为太行山忠义保社，有众四千。曾攻破金军占领的神山县，屡败金军，致"金军遥见小哥旗帜，不敢进"③。绍兴五年（1135）冬季，金军对太行山进行全面扫荡，梁小哥为了保存抗金实力，率百余忠义民兵渡河至襄阳府岳飞军营。岳飞即将此事

---

① 《宋史》卷三六五《岳飞传》。
② 《建炎以来系年要录》卷八二，绍兴四年十一月丙寅条。
③ 《中兴小纪》卷一九，绍兴五年十二月辛亥条。

向朝廷奏报。高宗说,果真如此,应当优予官职,以劝更多的北方义军来归。而且,通过他们才可以更确实地了解金军实情。①

高宗降诏岳飞接纳北方投奔的忠义军。在得到朝廷允诺后,岳家军吸纳了新的血液,战斗力更加强大了。

左右两翼的北伐开始了。

右翼,韩世忠自楚州渡淮北上,长驱直入,攻下宿迁。但攻淮阳军时,由于伪齐军防守严密,韩世忠攻城六天不能下;到了第七天,金军援兵赶到,韩世忠只得退兵楚州。过了两个月,韩世忠与金人再战于淮阳军,这次因张俊害怕韩世忠并吞他的部众,不肯派兵增援,韩世忠无功而还。东线北伐受阻。

左翼,正当岳飞准备出征,岳飞的母亲病故。岳飞向朝廷禀告"母忧",等不及朝廷批复,就扶护灵柩往庐山葬母去了。葬后,岳飞又接连上表,请求准予守丧。父母去世,朝臣必须解职回家,守丧三年,然而,形势确实不允许身寄一路重任的岳飞长期守丧。江西制置大使李纲已为岳飞军北伐筹集了部分钱粮发往鄂州②。鄂州与伪齐相邻,如不出兵,粮道有可能遭到伪齐袭击,耽误大事。因此朝廷累诏岳飞"起复",返回部队。五月底,岳飞返回襄阳。

七月,岳飞军从襄阳出发北伐。临出发前,朝廷又授岳飞河东宣抚、节制河北路之职。岳飞早已提出并实行"连结河朔"的方针,因此,他在两河地区声名远播。由岳飞去收复两河地区,自然是最得人心的。

岳家军分兵两路③,一路往东北方向,由十分熟悉京西地形的牛皋统领,直插汝水边的镇汝军(伪齐州名,北宋时名为汝州)④。曾在汝州鲁山县宝丰村打败过南侵金军的牛皋,今日率部重返故地,精神抖擞,

---

① 《建炎以来系年要录》卷九七,绍兴六年正月癸酉条。
② 《梁溪集》卷八六《乞催起岳飞兵马札子》。
③ 《梁溪集》卷八九《乞降诏诸帅持重用兵札子》。
④ 王曾瑜《岳飞几次北伐的考证》,载《文史》第六辑。

一战就大败伪齐镇汝军守军,生擒素称骁勇的伪齐守将薛亨,攻下汝州。接着又乘胜攻克颍州,为岳家军北伐建立了头功。

另一路,由王贵、郝晸、董先、杨再兴等领兵,往西北方向,沿汉水、淅水北上,穿过熊耳山,攻取卢氏县,进入商洛地区。然后又分兵西取商州、虢州,东取伊阳,这一路缴获粮食十五万石,降众数万,又获大胜。

岳飞麾下骁将杨再兴率部进攻伪齐重兵防守的长水县(位于伊水北)。八月十三日,杨再兴与伪齐的孙都统、后军统制满在激战于业阳。杨再兴杀敌五百余,斩获孙都统首级,生擒后军统制满在及士卒一百余,伪齐数千守军立即惊溃。八月十四日,伪齐顺州(北宋时名伊阳)安抚张宣赞亲自出马,统兵二千与杨再兴战于孙洪涧,杨再兴鼓舞士卒,涉河斗敌,一鼓作气,将敌杀散。于是杨再兴部收复了长水县。此次战斗,夺到马一万匹,粮一万余石,除供给宋军食用外,其余散给民众。

商、虢、卢氏、长水、伊阳等地,处于黄河两岸,伊水、洛水之间,山林密布,是洛阳西面的险要地段,也是两河忠义民兵活动的根据地之一。这一地区的收复,东向可以进取洛阳、开封,西向可以经营关中,北注黄河直捣幽燕,战略意义十分重大。

岳飞军在短短的时间内,所向披靡,取得了攻城略地的巨大胜利,这与他北伐之前已连结河朔忠义民兵有很大关系。用岳飞自己的话来说:"相州之众,尽结之矣!"[①] 岳家军北上途中,金占领区人民热情为岳家军当向导,提供敌军守备情况,供应车船等等。岳飞十分兴奋,他曾向张浚请示过:如果军事形势进一步发展,他准备命令王贵与牛皋两路合兵,自伊洛直渡黄河,与太行山山寨忠义民兵相配合,收复黄河北岸金军占领的地区。

---

① 《鄂国金佗续编校注》卷二七,黄元振编《岳武穆事迹》。

张浚深受鼓舞,兴奋地对高宗说:"飞措置甚大,今已至伊、洛,则太行山一带山寨,必有通谋者,自梁青之来,彼意甚坚。"①

然而,出乎张浚的意料,高宗听后,显得十分冷淡。岳家军收复卢氏、虢州,捷报飞递,转到高宗手里时,高宗也是这个态度。相反,高宗对韩世忠军北伐受阻于淮阳,刘光世、张俊屯兵不动,却还一一加以抚慰,并给予爵赏。如此反常,究竟是什么道理呢?

后来,高宗居然说出这样一段话来:"岳飞之捷固可喜。淮上诸将,各据要害,虽为必守计。然兵家不虑胜惟虑败尔,万一小跌,不知如何?更宜熟虑。"

宰相赵鼎听了他这番"高论",也感到莫名其妙。不久,高宗同张浚又谈起岳飞商虢之捷,说道:"岳飞之捷,兵家不无缘饰,宜通书细问。非吝赏典,欲得措置之方尔!"

说岳飞虚报战绩,素无前例,怀疑是无据的;高宗确实也不吝赏赐,如韩世忠、张俊、刘光世无功也得赏了。高宗上述言行,绝不是偶然的,而是为了要调整岳飞军的部署,即"欲得措置之方"。

高宗的盘算,在四月间给韩世忠的手诏中已有透露。那手诏嘉奖韩世忠退回楚州之举是"进退合宜,不失时机",同时告诉韩世忠,他准备"或遣岳飞一窥陈蔡,使敌枝梧之不暇也"②。原来这次北伐,高宗只打算叫岳飞"一窥陈蔡",使敌忙于东西应付。他既没有拓土陈蔡的想法,更没有渡河北上收复中原的用兵计划。因此,当岳飞于八月攻克蔡州,上表请示进取中原时,高宗感到岳飞的行动已经越轨了,急忙下诏:"不许。"唯独李纲,事先早已看穿了朝廷下诏北伐是虚张声势。他曾提出三点疑问:第一,兵马未动,即张榜告示,宣扬即将北伐,岂不是有违"兵家诡道"?第二,粮食给养没有认真准备,说是"因

---

① 《建炎以来系年要录》卷一〇五,绍兴六年九月己巳条。
② 《建炎以来系年要录》卷一〇〇,绍兴六年四月壬寅条。

粮于敌"，即从敌人那里夺粮供给，岂非轻率？第三，即使王师收复京东、京西两地，但如何派兵镇守？对金人援兵又如何应付？朝廷预先都没有筹划，这能说是疏忽吗？

果然，岳家军收复虢州、卢氏县的十七天后，由于"孤军无援"和"以粮不继"[①]等原因，不能竟功而还，退军鄂州。

当时有些朝臣责怪都督行府指挥失误，说张浚志大才疏，其实张浚固然有责任，但根子却在高宗，因为一切行动都必须经过高宗的裁决。

忠心耿耿的岳飞，第二年入朝时，对高宗说："去年秋天，我军已深入陕西、河南的商洛地区，营寨中有一些士卒饥饿得不行，逃亡了。严重的缺粮，迫使我引兵急还鄂州，致使北伐之功不就。"

从这段欲说还休的话来看，岳飞是责怪张浚等负责全线军事指挥的大臣指挥失误，韩世忠、张俊、刘光世等大将没有及时配合的。他仍然以为皇帝是中兴之主，是坚意北伐的。这是岳飞的误解。他哪里知道高宗这次北伐的目的，首先是为了向国人表示他未忘父兄之仇，有中兴之志，借此以笼络人心；其次是为了向金显示一下武力，表明今非昔比，宋已有力量窥图中原，借此捞一点议和资本，以求金方同意和谈。说到底，高宗只需要有一个进攻的姿态，适可而止，而不准将领行动超越他的设想，以致破坏和议的成功。

三、抱疾出师援淮西

当岳家军夺回商、虢，在伪齐腹心插进了一把钢刀时，伪齐大为震恐。刘豫急忙派使者向金国朝廷讨救兵。不过，这一回能否讨得求兵，刘豫并没有把握。因为金太宗一年前病逝，粘罕失势，高庆裔被杀，刘豫失去了靠山；新上台的金熙宗完颜亶信任挞懒一派，而挞懒对刘

[①] 〔宋〕赵鼎《忠正德文集》卷八《丙辰笔录》。

豫以往疏远自己久怀不满。更何况挞懒现时尚需认真对付政敌，无暇顾及伪齐。

果然，刘豫的使者搬不来一个救兵。当金熙宗召集诸将研究要不要出兵时，蒲卢虎（宗磐）说："先帝（金太宗）之所以封刘豫为儿皇帝，立齐国，是想借刘豫扩疆界保边境，使我大金得以休养。如今，刘豫进不能取一尺之地，守又守不住，兵连祸结，反而使我得不到休息。假如答应刘豫的要求，打胜了，功利归他；打败了，我受其害。何况前年答应借兵，已失利而还，这次怎么能答应呢？"

金熙宗听了认为有道理，决定不派兵救齐，只命兀术提兵在黎阳，观察是否有向宋进攻的机会。

刘豫为了保住儿皇帝的宝座，不得不孤注一掷了。

绍兴六年（1136）九月，刘豫征集了三十万军队，号称七十万，遣刘麟由寿春进犯合肥；派刘猊由紫金山出涡口攻定远；派孔彦舟由光州趋六安。刘豫的军事进攻部署，击中了南宋军事布局中"张俊、刘光世、杨沂中、韩世忠、岳飞分屯诸州，而沿江上下无兵"的要害。伪齐军来势汹汹，重点进攻方向在淮西，这正是南宋战斗力最差的刘光世、张俊部队负责防守的区域。

刘光世、张俊惊恐万状。刘光世打算放弃庐州，张俊准备丢掉盱眙。他们谎报敌情，不断向朝廷报警，为逃跑制造舆论。

朝廷中议论纷纷，退保长江的舆论占了上风。宰相赵鼎主张叫张俊会合刘光世军，先在淮南抵挡一阵，然后撤军守住长江。高宗赞成这个主张，但他认为张俊、刘光世不能胜任防守长江下游的重任，命令岳飞尽率本部人马沿江东下。同时高宗又亲写手札给在平江都督府的张浚，传令张俊、刘光世、杨沂中后撤，退守长江。张浚接诏后，他统观全局，反对后撤，向高宗提出了合兵掩击可保必胜的策略：

若诸将渡江，则无淮南，而长江之险与敌共。淮南之屯，正所以屏蔽大江；使贼得淮南，因粮就运，以为家计，江南其可保乎？今淮西之寇正当合兵掩击，况士气甚振，可保必胜。若一有退意，则大事去矣。又岳飞一动，则襄、汉有警，复何所制？愿朝廷勿专制于中，使诸将不敢观望。①

"江南其可保乎？"这一问，击中了高宗的要害。高宗要保住东南半壁小朝廷，就必须保住长江防线；要保住长江防线，就必须保住大江的屏蔽——淮南。张浚说得如此透彻，高宗这才清醒过来，他不能不采纳张浚的意见；但高宗对刘光世、张俊守淮南是不放心的，仍然急令岳飞从鄂州提兵东下，由此而造成襄阳空虚的后果，他也顾不上了。

这时传来了刘光世军队撤出合肥的消息。张浚连夜驰告刘光世："如果有一个人渡江，立即斩首示众！"刘光世畏于军令，不得不率领部队回返合肥。

高宗和南宋一些高级将领把伪齐军的战斗力估计得太高了。其实，伪齐军虽然兵员众多，声势很大，但由于失去了金人的护持，战斗力很弱。东路军刘猊东进到淮东，被韩世忠部队阻挡，不敢东向，引兵转向定远；刘麟从淮西渡河，在濠、寿之间遭到张俊的阻挡。而刘猊军到达定远南的越家坊、藕塘时，又被杨沂中、张俊打得连连大败，马上缩回去了。刘麟中路军和攻光州不下的孔彦舟西路军听说刘猊败北、岳家军沿江东下，也立即退兵。

岳飞接到高宗催促东下的手诏时，正苦于严重的眼病。近五六年来，岳飞东征西讨，都是盛夏冒暑行军，穿越密林山区，跋涉江泽卑湿之地，因而得了畏光、刺痛的眼病。他住所内的窗口，都用层层的布幕挡住，不让透进光线，以此来减轻一些痛楚。可是，他得诏后，毅然以国事为重，迅速遣发兵力，前往九江。

---

① 《建炎以来系年要录》卷一〇六，绍兴六年二月丙申条。

十一月七日，当岳飞赶到九江时，淮西战事已经结束。于是高宗下诏说："淮西既无事，飞自不须更来。"

当淮西恢复平静后，高宗对宰相赵鼎说："刘麟败北，朕不足喜，而诸将知尊朝廷，为可喜也。"

从高宗这段话里，透露出他对几年前张俊、刘光世等大将拥兵自重，不听朝廷调遣，至今仍感愤懑。他对此次各大将领能服从他的旨意而感到喜悦，尤其是对岳飞能迅速"勾抽襄阳等处军马"来保卫长江天险感到十分满意。

可是，由于岳飞忠实地执行了高宗错误的军事调遣，襄鄂防御空虚了。金人虽然不答应借兵刘豫，但并非撒手不管，坐视南宋威胁中原之地。金熙宗不是明令兀术"提兵黎阳以观衅"吗？现在看到岳飞军东调，中线空虚，兀术以为有了可乘之机，遂于十月底、十一月初，与伪齐合兵向岳飞防区发动了一次凶猛的进攻。

金齐联军有两个主攻方向。一是指向岳飞军新收复的商、虢等西京地区，一是直指唐、襄、邓地区，而以后者为此次战役的主要目标。金齐联军分兵三路，齐头并进：自唐州何家寨侵襄阳为一路，由汝州侵邓州为一路，从蔡州望明港侵信阳军又是一路。这一次金、伪齐出动的兵力相当雄厚。仅向虢州进攻的有金军一万五千余人，马三千余匹，伪齐军二万余人，马二千余匹；进攻商州的一股为一万余人；侵犯唐、襄、邓、信阳军的虽没有确切数字，但据军探所报，"何家寨，伪五大王聚集番伪贼马重厚"，"镇汝军贼势重厚"，"望明港大寨，为见贼马众多"[①]，其兵力当不少于进攻商、虢的兵力。

岳飞料知金、伪齐可能趁虚而入，因此当接到高宗不须再向东进发的诏令后，就急如星火地向鄂州回师。回师途中收到了不少部下告急的报告。回到鄂州，飞骑报警更是接踵而至。如在豫西、陕南一带，

---

① 《梁溪集》卷九二《乞遣兵策应岳飞奏状》。

料理商虢伊洛诸县军政大事的统制官寇成,向宣抚司一连上了四道紧急军状,申称"贼马厚重",要求"星夜"派兵救援。在襄阳处置军务的王贵,也请"疾速"增援。统制官崔邦弼自信阳军告急,要求"疾速差添军马"御敌。

岳飞判断,金齐联军的意图在于突破襄鄂防线,夺取控扼长江上流的战略要地。他当机立断,调集二万精锐挥师渡江。到十一月十五日,即岳飞从九江回师鄂州的第八天,岳飞的雄师已经驰骋在襄汉古道上了①。

这样的飞速回援,是敌人预料不到的,当他们看到前线出现岳家军旗帜的时候,一下子惊得目瞪口呆。

江西制置大使李纲虽然钦佩岳飞的勇武智略,信任岳家军强大无比的战斗力,但面对金齐联军汹汹而来,竟然也担心岳飞孤军北渡"难以捍御",奏请朝廷令刘光世迅速派兵策应。

高宗读了李纲的奏章,他所担心的不是岳飞顶不住,而是岳飞乘胜追击,以致越出襄阳六郡的界分,破坏他的部署。为此,他给岳飞写了封亲笔信:

> 览奏,知卿出师汉上。规模素定,必不徒行。方冬远涉,将士良苦,卿更勤加抚劳,用副朕意。

岳家军不愧为英勇无敌的军队。当岳飞派出的援军到达之前,各地守将都已与敌军交战。就连那个一连上了四道求援军状的寇成,虽处在敌人腹地,但未等援军到来,已自奋勇击敌,接连两次打败了敌骑兵的进攻。王贵在离何家寨四十里地的大标木打败伪五大王的进攻,

---

① 《鄂国金佗续编校注》卷八《番伪分路前来令更切审料贼情省札》。

焚毁了敌人的军粮储积①，取得了何家寨大捷。信阳军的秦祐也在长台镇打败敌军。

岳飞抱病亲率大军渡江、部署各路反击后，前线固守各地的岳家军士气更加高涨了。商州转危为安，十二月，朝廷便命邵隆就任商州知州。在伊洛一带作战的寇成于十二月又打了一次大胜仗。在襄汉战场上，岳飞精锐一到，敌军顿时收敛，暗地里撤军了。

何家寨奏捷后，朝廷允许岳飞"前去相度，若蔡州可下，即行收复"。岳飞精神抖擞，冒寒风，犯霜雪，率主力往取蔡州。他亲临前线，做了试探性进攻，发现敌人防守严密，城池坚固，非一朝一夕可以攻下；而当时大军仅带十日军粮，势不能持久围攻。又考虑到需预防敌人蹑后截住归路，岳飞决定班师，令董先殿后掩护。

战争中，进攻不易，退兵也难。当岳飞从蔡州城回师的消息传到伪齐朝中时，刘豫连忙命令李成、刘复、商元、王爪角、孔彦舟等十名大将，带十万之众紧追。刘豫甚至要求他们务期必胜，直捣武昌。

董先首先获得了敌情，驰告岳飞。岳飞从容地作了将计就计的军事部署。他令董先在牛蹄的险要处和密林中埋伏部分兵力，另率部分兵力守住桥头，如敌军前来追击，只需以少量疑兵诱敌。不久，李成率兵追到桥头，见董先跃马挺枪而出，先吃了一惊。接着，董先又把刘豫企图围歼岳家军的如意算盘当场揭露，李成又吃了一惊，一时答不出话，只是直着嗓子喊："汝勿走，我今先擒汝！"董先也响亮地回答："我定不走，只恐汝走耳！"

李成见董先悠闲自在，心中结起了疑团：莽莽森林里，会不会有重兵埋伏？小心为上。李成派出轻骑搦战，董先也以轻骑应战。正在相持之中，李成的僚属向李成报告，发现森林中隐隐有岳家军旗帜移动。李成恐怕中计，忙鸣金收军。董先也鸣金收军。李成疑惧更深。正在

---

① 《鄂国金佗稡编校注》卷一九《何家寨捷报申省状》。

进退两难之际，猛听得战鼓如雷，只见岳飞亲领大军厮杀过来了。李成军一见，吓得掉转屁股就逃。岳飞渡河追击三十里。经过一场激战，李成匹马而逃。岳飞军擒获伪齐大小将领数十人，俘虏数千人。岳飞宽待俘虏，散钱遣送他们回去，还语重心长地对他们说："汝皆中原百姓，国家赤子也，不幸为刘豫驱而至此。今释汝，见中原之民，悉告以朝廷恩德，俟大军前进恢复（中原），各率豪杰，来应官军！"①

俘虏们欢呼而去。岳家军将所擒将领，立即押赴行在报功去了。

李成一败，岳飞又遣王贵、董先等击败伪齐诸将，焚其营。

岳飞回师襄阳打退金齐联军的进攻，前后不到一个月。这次回援，又一次粉碎了伪齐军的反扑，粉碎了刘豫保住儿皇帝的美梦，加快了刘豫这个金人傀儡被废黜的进程。

绍兴七年（1137）二月二十五日，朝廷赏岳飞抗击伪齐连战连捷之功，特擢升岳飞为太尉，军职由湖北京西路宣抚副使升为宣抚使，威名日著②。

朝廷所降《起复太尉加食邑制》写道：

> 起复检校少保、武胜定国军节度使、充湖北京西路宣抚副使、兼营田使、武昌郡开国公、食邑二千五百户、食实封一千户岳飞沉毅而有谋，疏通而善断。威加敌人，而其志方厉；名著甲令，而其心愈刚。有虑而后会之机，有誓不俱生之勇。
>
> 曩者分遣将士，深入贼巢，荐闻斩馘之奇，尽据山川之险。至于牛蹄之役，尤嘉虎斗之强，积获齐山，俘系载道。令行塞外，已观奋击之无前；响震关中，将使覆亡之不暇。是用跻荣掌武，加重元戎。玉佩绛裳，备殊勋之典礼；雕戈金节，增上将之威棱。

---

① 《鄂国金佗续编校注》卷二七《岳武穆事迹》。
② 《建炎以来系年要录》卷一〇九，绍兴七年二月丁巳条；《宋史·高宗纪》五。

仍衍爰田,倍敦真食,以厚褒扬之宠,以明待遇之隆。

於戏!朕不爱爵禄而用才,庶几无负;汝宜竭股肱而报上,思称所蒙。往图竹帛之光,勉徇国家之急,则朕克济垂成之业,而汝亦有无穷之闻。可特起复太尉,依前武胜定国军节度使、湖北京西路宣抚使兼营田大使,加食邑五百户、食实封二百户。主者施行。①

---

① 《鄂国金佗续编校注》卷二《起复太尉加食邑制》(绍兴七年二月二十五日)。

第七章　强烈反对宋金和谈

一、和谈之前的宋金形势

绍兴四年（1134）至六年（1136）间，南宋的军事力量得到迅速加强，诚如金万户都统韩常所分析的："今昔事异，昔我（金）强彼（宋）弱，今我弱彼强，所幸者，南人未知此国事耳！"[①] 军事上如此，政治上呢？由于岳飞、吴玠、韩世忠等爱国将帅的善谋善战，外患的威胁减轻，南宋政权闯过了濒于危亡的险境，日渐巩固起来。而金国统治集团因连年用兵，师老无功，在对待南宋的问题上出现了继续用兵和招降议和的政见分歧，导致金统治集团内部的分裂，甚至互相残杀。

金天会十三年（1135）正月，金太宗死，十六岁的完颜亶（合剌）当了皇帝（金熙宗）。太师蒲卢虎、左监军挞懒和东京留守讹鲁观（宗隽）联合，为了攫取大权，打击太保、都元帅粘罕的势力，先以贪赃的罪名逮捕并处死粘罕的亲信高庆裔。不久，粘罕也忧郁纵酒而死。挞懒升为左副元帅，讹鲁观升为左丞相。挞懒派执掌实权后，一边继续肃清异己，一边对南宋使用"以和议佐攻战"[②]的策略。

本来，金国的政局动荡，是南宋规复中原的大好时机。宋高宗却认为和议的春天已经到来，苟安东南的条件已经成熟。挞懒派的上台，更使宋高宗欢欣鼓舞。他为了向金人表示和谈的诚意，居然在绍

---

① 《大金国志》卷二七。
② 《大金国志》卷七。

兴五年（1135）二月起用了与挞懒有特殊关系的秦桧，命他为资政殿学士。

绍兴元年（1131）八月，高宗就曾任命秦桧为宰相。当时高宗满怀信心，希望通过秦桧与挞懒的私人关系，迅速达成与金媾和的目的。无奈，当时金国朝廷中主战的粘罕派掌握着实权，挞懒派虽倾向与宋议和，但不能左右朝论。因此，高宗的和议希望不仅成了画饼，甚至连派往金国的使者也往往被扣留不还，至于金军的进攻更是连年不断。残酷的现实使高宗感到，没有军事上的胜利，就没有谈判和议的条件，这时他才认识到李纲的"能战而后可和"的意见是正确的。又由于抗战将领韩世忠、岳飞、吴玠等人在东西战线上的胜利，主战的舆论高涨，高宗迫于舆论，才乘吕颐浩、黄龟年揭露秦桧"专主和议，沮止恢复"的机会，于绍兴二年（1132）的六月罢免了秦桧的宰相职位，同时还自我表白一番，说明他是不同意秦桧的意见的："桧言南人归南，北人归北，朕北人，将安归？"①

其实，当时使高宗对秦桧不满的倒不是"南人归南，北人归北"的谬论，而是秦桧入相一年，并没有实现高宗梦寐以求的宋金议和。这使高宗大为失望，以致愤愤地说出"终不复用"秦桧的话来。但这不过是高宗一时的愤慨，非出于真心。

（一）秦桧复任宰相

绍兴七年（1137）正月二十五日，南宋的使者何藓自金国归来，对高宗汇报挞懒派掌权的详细情况以及徽宗去世的噩耗之后，这个曾经一度高唱孝道、雪耻的皇帝，终于自食其言，而谋求向杀父的世仇议和了。高宗要议和，就必须进一步依靠和重用秦桧，于是，当月又

---

① 《宋史》卷四七三《秦桧传》。

升秦桧为枢密使,"恩数"与宰相匹,成为最高的军事长官。

那年年底,王伦出使金国归来,又带到挞懒的口信:

"好报江南,既道途无壅,和议自此平达。"①

王伦还带来"金人许还徽宗的梓宫及皇太后""许还河南诸州"的消息。高宗听了大喜过望,竟说:"如果金人能够同意朕的议和要求,其他一切代价在所不惜!"②

这时的宰相是赵鼎。赵鼎虽然也是主张与金和议的,但在划定宋金疆界问题上,坚持钦宗时的旧约,即以黄河旧道为界(黄河旧道经天津由海河入海),不同意以新河道为界(黄河改道后,向南经山东由淮河入海),否则就罢议。秦桧反对赵鼎的意见,对高宗说:"若陛下决欲讲和,独与臣议其事,不许群臣干预,则其事乃可成。"高宗自然同意。秦桧又广收党徒,乘间进谗,逼使赵鼎辞去相位。于是,在绍兴八年(1138)三月,高宗擢升秦桧为宰相兼枢密使,军政大权全落入秦桧手中。

秦桧再次复相,是高宗决心推行向金屈膝投降路线的重要部署,从此抗战派受到压制,致使抗金事业不断遭到挫折。

(二)高宗建储风波

宋代皇位继承制度,一开头就出了问题。宋太祖称帝十八年,没有立自己的儿子为皇太子。结局是,赵匡胤五十岁那年,猝死宫中。临死前,曾召其弟晋王光义入寝殿,有人望见寝殿内灯影摇曳,皇弟光义不时离席。三更鼓敲过,太祖曾步出寝阁,用柱斧戳入雪地,凄厉地喊叫:"好做!好做!"五更鼓过,太祖猝死。是夜,光义宿于宫

---

① 《建炎以来系年要录》卷一一七,绍兴七年十二月壬午条。
② 《宋史纪事本末》卷七二《秦桧主和》。

中。第二天,光义即帝位。这就是历史上流传的"烛影斧声"的故事。宋太宗赵光义上台后,除了编造一些"混沌道士"离奇的预言和"金匮之盟"等掩人耳目的舆论外,还做了一件极不得人心的事,即先后谋杀了赵匡胤的两个儿子——德昭和德芳。此后,宋太宗十分重视立储制度。自真宗、仁宗至钦宗,均是以皇太子的合法地位继承帝位的。皇位牢牢地在宋太宗直系后裔中传承。但人心是杆秤,权力再大,也难以压制人们心中的不平。社会上流传起一种说法,认为皇位应归还给赵匡胤的后裔,司天监苗昌裔曾对内侍王继恩说:"太祖之后,当再有天下。"① 宋太祖裔孙赵子崧相信此说,于靖康之乱时曾传檄天下:"艺祖造邦,千龄而符景运;皇天佑宋,六叶而生眇躬。"② 即欲自己称帝。流言甚至把靖康之祸、北宋灭亡与宋太祖托生金主吴乞买(完颜晟)联系起来:

> 绍兴五年(金天会十三年)正旦,吴乞买因迷酒色,瘫痪已久,请近侍扶起受朝,共见东方一佛,随日而出。未几,殂于明德宫,时年六十一。诸酋皆尽烧饭以吊。吴乞买当金太祖朝,尝使汴京,其貌绝类我太祖皇帝塑像。众皆称异。③

吴乞买即金太宗。金军灭亡北宋,并将宋太宗后裔徽、钦二帝及赵氏宗室俘虏北去,都是金太宗在位期间发生的事。《呻吟语》这段含蓄的记载,实向世人暗示:赵匡胤托生吴乞买,灭亡北宋及将太宗后裔俘掠北去,是讨还血债。

此种人死后投胎托生之类的说法,在今人看来当然荒唐可笑,然

---

① 《挥麈录余话》卷一。
② 《建炎以来系年要录》卷四,建炎元年四月壬戌条。
③ 〔宋〕确庵、耐庵编,崔文印笺证《靖康稗史笺证》之六《呻吟语》。

而在古代,"这种观点却不只盛行而且经常会发生影响的"①。这种流言自然也传入了宫中。

宋高宗即位以来,预立皇位继承人的"国本"问题一直悬而未决。本来,宋高宗曾生一子,名赵旉,在苗刘兵变时被拥为"明受"皇帝,高宗反而靠边。苗刘兵变被镇压之后,赵旉也随之"夭亡"。问题之严重还不止此,高宗在扬州因受金军惊吓,生育能力丧失,时年才二十三岁。这一宫廷秘闻不胫而走,朝野都知道皇帝已丧失生育能力,臣民十分不安。因此,太子赵旉死后不久,乡贡进士李时雨就上书:

> 臣窃闻皇太子服药不瘥,此天祸之于陛下,亦已极矣。然事之既往,夫复何言。而承嗣之道,理不可后。又况国家当忧勤危急之际,宗庙社稷之所继统,生灵之所系属,敌国之所观望,不于此时权时制宜为之谋画,臣恐天下之心,未有安也。为今之计,欲乞暂择宗室之贤者一人,使视皇太子事,以系属四海,增重朝廷。

高宗阅奏,大为震怒,遂令"日下押出国门"②。从此事也可看出,当时士民将立皇嗣继统视为"生灵之所系属,敌国之所观望"的国家根本大事。宫中同样焦急,隆祐皇太后自江西还行在,"尝感异梦",事后秘密地向宋高宗诉说,据说"高宗大悟"③。

此后,高宗对择宗室立嗣的态度有所改变。

绍兴元年(1131)六月,上虞县丞娄寅亮上书:

> 先正有言:"太祖舍其子而立弟,此天下之大公。周王薨,章圣取宗室育之宫中,此天下之大虑也。"仁宗感悟其说,诏英祖

---

① 邓广铭《岳飞传》第219页。
② 《建炎以来系年要录》卷二五,建炎三年七月庚寅条。
③ 《宋史》卷三三《孝宗纪》一。

入继大统。文子文孙，宜君宜王，遭罹变故，不断如带。今有天下者，独陛下一人而已。恭惟陛下，克己忧勤，备尝艰难，春秋鼎盛，自当"则百斯男"，属者椒寝未繁，前星不耀，孤立无助，有识寒心。天其或者深戒陛下追念祖宗，公心长虑之所及乎？

崇宁以来，谀臣进说，推濮王子孙以为近属，余皆谓之同姓，遂使昌陵之后，寂寥无闻，奔迸蓝缕，仅同民庶。恐祀丰于昵，仰违天监，太祖在上，莫肯顾歆，是以二圣未有回銮之期，金人未有悔祸之意，中原未有息肩之时也。臣愚不识忌讳，欲乞陛下于"伯"字行下，遴选太祖诸孙有贤德者，视秩亲王，俾牧九州，以待皇嗣之生，退处藩服，更加广选宣祖、太宗之裔，材武可称之人，升为南班，以备环卫；庶几上慰在天之灵，下系人心之望。臣本书生，白首选调，垂二十年，今将告归，不敢缄默。位卑言高，罪当万死。惟陛下幸赦。[①]

娄寅亮上这份奏疏时，战战兢兢，是冒着"罪当万死"的风险的。疏中虽提出"遴选太祖诸孙有贤德者，视秩亲王"，马上又说"待皇嗣之生，退处藩服"，这本身是矛盾的，既然要待高宗生子为皇嗣，何必先遴选太祖后裔为亲王？其实，娄寅亮闪烁其词，无非是不敢点明皇上既已不能生育，可早日选太祖后裔立为皇储之真言而已。同时，也委婉地强调"太祖在天，莫肯顾歆"，天下大乱，与太祖冥报有关。娄寅亮没有想到的是，这份奏疏居然使高宗"读之感悟"，立即召娄寅亮赴行在——绍兴府，并将他擢为监察御史。

于是，宰相范宗尹乘机上言："此陛下万世之虑。"高宗明确地对大臣说：

---

① 《宋史》卷三九九《娄寅亮传》；参《建炎以来系年要录》卷四五，绍兴元年六月辛巳条。

> 艺祖（宋太祖）以圣武定天下，而子孙不得享之，遭时多艰，零落可悯。

参知政事张守曰：

> 尧、舜授受，皆以其子不肖。艺祖诸子不闻失德，而以传序太宗，此过尧、舜远甚。

高宗说：

> 此事亦不以难行，只是道理所在。朕止令于"伯"字行中选择，庶昭穆顺序。①

朝廷于是降诏，广选太祖后裔"伯"字辈宗子四五人，高宗亲自挑选，结果没有一个幼年聪慧的，全给退了回去②。

绍兴二年（1132）五月，知南外宗正事赵令懬奉诏挑选到太祖第七世孙伯琮、伯浩二人。伯浩长得丰润，伯琮则长得清瘦。高宗先看中伯浩。他又叫伯浩、伯琮并排站好，准备仔细观察一番。这时，忽然闯进来一只猫。伯浩遂伸腿踢了一脚猫，而伯琮依然毕恭毕敬地站立着，丝毫不受影响。高宗想："这个胖小子，轻举妄动，如何能承担重任？"便将伯浩退了回去，留下七岁的伯琮③，交给张婕妤养育。王才人（后成为高宗皇后）亦请得养育一宗子伯玖，更名璩。"中外议颇籍籍。"④

---

① 《建炎以来系年要录》卷四五，绍兴元年六月戊子条。
② 《建炎以来系年要录》卷四五，绍兴元年六月戊子条。
③ 《建炎以来系年要录》卷五四，绍兴二年五月辛未条。
④ 《宋史》卷二四三《后妃》下《宪圣吴皇后传》。

朝野对高宗同时养育两个宗子在宫中，而不明确立皇太子，仍不放心。故议论"籍籍"。绍兴五年（1135）二月，右相张浚在入对时，"又以储贰（立皇太子）为言"。宋高宗解释说：

> 宫中现养艺祖之后二人，长者年九岁，不久当令就学。

这个九岁的宗子便是赵伯琮，已改名赵瑗。五月，高宗封赵瑗为保庆军节度使、建国公，"出就资善堂听读"。资善堂，在宋代为皇子就学之所。

但当时赵瑗处境仍然十分微妙，虽被封国公，却没有被封王、立为皇子，同时尚有少他二岁的伯玖与之竞争。宋高宗这样安排，似有他难言的隐衷：他仍对自己恢复生育能力抱有幻想，不甘心把皇位就这样轻易地让给太祖之后。对立皇太子的事，就这样不尴不尬地拖着。

岳飞曾受诏赴行在，召对罢，"诣资善堂，见孝宗皇帝（按：其时为建国公，孝宗皇帝属追称）英明雄伟，退而叹曰：中兴基本，其在是乎"①。

可见，岳飞也是把立皇嗣当作国家头等大事，时刻挂在心中的。到了绍兴七年（1137）九十月间，岳飞被召赴行在所，随跸到建康府。僚属随军转运薛弼伴岳飞同行。在船上，薛弼看到岳飞在写奏疏，问岳飞写什么，岳飞十分严肃地说："此次到朝廷去，除军事之外，还将奏陈有关国本大计的事。"薛弼听不明白，又问岳飞奏陈何等大计。岳飞说：

> 近谍报，虏酋以丙午元子（按：此指钦宗赵桓儿子赵谌，于靖康元年丙午年立为皇太子）入京阙（送回汴京），为朝廷计，莫

---

① 《鄂国金佗稡编校注》卷二一《吁天辨诬·建储辨》。

若正资宗（按：资宗，指就读于资善堂之宗子赵瑗）之名，使虏谋沮矣！①

薛弼听说上司岳飞将上朝奏请立赵瑗为皇太子，未予附和。薛弼说："身为大将，似不应干预此等事。"岳飞不以为然："臣子一体，也不当顾虑形迹。"在岳飞看来，文臣武将都是皇帝之臣，对于立储这样的国本大计，武臣也不必有所顾忌。

通常，岳飞军中文书皆由幕僚起草。唯独极机密文书由他自己亲笔书写，防止走漏风声。

岳飞与薛弼到达建康府后，同一天被高宗召见于行在所。岳飞第一班，薛弼第二班。岳飞在这次召对中，除了奏陈军事方略外，还将在途中准备好的"请正建国公皇子之位"的奏疏从袖中拿了出来，双手捧着，一字一句地念。事也不巧，此时殿中刮过一阵阴风，"冲风吹纸动摇，飞声战，读不能句"。高宗听了一脸不高兴，严厉地对岳飞说：

卿言虽忠，然握重兵在外，此事非卿所当预也！②

岳飞听了高宗如此严厉的训斥，遍体冒汗，下得殿来，脸色如死灰一般。

接着，薛弼上殿应对。高宗立即对他说：

飞适来奏，乞正资宗之名。朕谕以"卿虽忠，然握重兵于外，此事非卿所当与也"。

---

① 〔宋〕薛季宣《浪语集》卷三三《先大夫行状》。
② 《中兴小纪》卷二一；并参〔宋〕黎靖德编《朱子语类》卷一二七《高宗朝》，中华书局1986年版。

薛弼担心连累自己,赶忙开脱干系:

> 臣虽在幕中,然初不与闻。昨至九江,但见飞习小楷,凡密奏皆飞自书耳。

高宗听了,已明白此事与岳飞幕僚无关。于是叮嘱薛弼:

> 飞意似不悦,卿自以意开喻之。①

高宗对岳飞身为大将造朝奏请建储耿耿于怀,第二天,又对宰相赵鼎提及此事,重申岳飞奏请立建国公为皇子,此事非他所当参预②。

赵宋祖宗家法,向来疑忌武将,不准武将干预军事以外的朝政。像立皇太子这样关系国本之大事,"唯腹心大臣得为之,非将帅任也"③。

这件事,萌蘖了宋高宗与岳飞之间的裂痕。高宗对岳飞产生疑忌,岳飞对高宗也产生了不满、不信任情绪。

时人张戒认为这件事与岳飞后来遇害有直接关系。他评论说:

> 嗟夫!鹏(岳鹏举,即岳飞)为大将,而越职及此,取死宜哉!④

"取死宜哉",此话当然说过头了,这是张戒为奉迎高宗、秦桧杀害岳飞制造舆论。但岳飞奏请建储,导致高宗对岳飞防范,君臣之间开始产生难以泯灭的裂痕,这却是事实。

---

① 《鄂国金佗稡编校注》卷二一《建储辨》转引张戒《默记》。
② 《忠正德文集》卷九《辨诬笔录》。
③ 〔明〕陈邦瞻《宋史纪事本末》卷七六《孝宗之立》。
④ 《鄂国金佗稡编校注》卷二一《建储辨》转引张戒《默记》。

(三)"朕无怒卿之意"

绍兴七年（1137）二月八日，岳飞奉诏从鄂州至平江行在所，后又随高宗至建康。一直到三月十三日，才离开建康返回鄂州。这时张浚尚在相位，秦桧已任枢密使，随高宗行幸。

岳飞猜测皇帝召见他的目的，可能是征询军事方略。为此，岳飞十分认真地做了奏对的准备。在赴平江之前，他还征求了宣抚司机密黄纵的意见。岳飞问："入觐，以何为先？"黄机密说："当以取汝、颍为失计，而改图之。既取之不可守，而复失之，亦徒劳。"岳飞不解地问："安坐而不进，则中原何时可复？"黄机密说："取中原非奇兵不可！"岳飞又问："何谓奇兵？"黄机密答："奇兵乃在河北！"岳飞大喜道："此正吾之计也，相州之众尽结之矣！"

到了平江的第二天，高宗召岳飞上殿入对。岳飞详尽地奏陈了规复中原的策略。岳飞感到不解的是，高宗对自己所陈策略不置可否，态度冷淡。岳飞不能不联想起从南渡以来一直未息的和议舆论，尤其是近两年来秦桧的复用，更使他怀疑主和派已在干扰皇帝的视听；对高宗此次宣诏觐见的用意，他开始猜疑起来。

果然，高宗这次先后宣诏韩世忠、岳飞等人觐见，不是为了倾听将帅们的军事进攻计划，而是借机试探主战派将帅对和议的态度。他最担心诸大将反对和议，尤其害怕岳飞和韩世忠反对。如何说服诸将帅，这才是高宗绞尽脑汁要解决的问题。

有一天，高宗问岳飞："卿得良马否？"岳飞一时摸不清高宗问话的用意，但他借机作了一番讽谏。岳飞答道："骥不称其力称其德也。臣有二马，故常奇之。日啖刍豆至数斗，饮泉一斛，然非精洁则宁饿死不受。介胄而驰，其初若不甚疾，比行百余里，始振鬣长鸣，奋迅示骏。自午至酉犹可二百里。褫鞍甲而不息不汗，若无事然。此其马受大而不苟取，力裕而不求逞，致远之材也。值复襄阳……相继以死。

今所乘者，不然，受不过数升，而秣不择粟，饮不择泉，揽辔未安，踊跃疾驱，甫百里，力竭汗喘，殆欲毙然。此其为马，寡取易盈，好逞易穷，驽钝之材也。"

高宗原想以良骥隐喻，希望岳飞能做一匹对主人驯服的良马，顺从和谈，不料岳飞竟弹出这样一段弦外之音来。饥不择食，渴不择饮，有奶便是娘，那不是在影射刚任命的枢密使秦桧吗？容易满足，莫不是讥讽朕胸无大志、苟且偷安？还有，岳飞称赞不绝的"致远之材"——二匹良马，偏巧都死了，会不会是暗喻自己压抑老将宗泽、罢斥名相李纲？高宗满腹疑惑，但又不便明说，只好勉强说了个"善"字。高宗已经完全了解岳飞反对和议的坚定不移的立场了。

过了没几天，高宗对宰相张浚、枢密使秦桧等辅臣说了这样一段话："前日岳飞入对，朕问有良马否。飞奏旧有良马，已而亡之。今所乘不过驰百余里，力便乏，此乃未识马故也。"又说："飞今之所进议论皆可取。朕当谕之国家祸变非常，惟赖将相协力，以图大业。不可时时规取小利，遂以奏功。徒费朝廷爵赏，须各任方面之责，期于恢复中原。"

从这段比较隐晦的话里，高宗透露出他对前次岳飞北伐的否定，认为岳飞大胆进言是越职行为，是将相不协的表现。高宗对岳飞的不满情绪，已经隐隐地流露出来，他们之间的裂痕，进一步加深了。

接着，发生了一桩更为不愉快的事情，对岳飞来说，无疑是一次严重的打击。

高宗在平江府停留不久，即往建康府巡幸。

在前往建康的途中，高宗与张浚等大臣商议了整编刘光世五万军队的事情。刘光世听到风声后，上了一道乞解兵权的奏章。高宗亲笔批复，同意刘光世引退。

刘光世的部队是因军纪不良而受整编的，那么刘光世引退后，派谁来统领这支队伍呢？高宗自然而然地想到纪律如铁的岳家军的统帅——岳飞。岳飞不仅严于治军,而且英勇善战。刘光世部队驻军淮西,紧依长江,负有屏藩行在的重大使命。在高宗看来,也只有任命岳飞统领此军,才能使他在临安高枕无忧。到达建康后,高宗立即召见岳飞,授权岳飞接管刘光世军队,并郑重地说:

> 中兴之事,朕一以委卿。除张俊、韩世忠不受节制外,其余并受卿节制。①

次日,张浚主持的诸路军事都督府,就奉旨命岳飞收掌"淮西宣抚刘少保(光世)下官兵等共五万二千三百一十二人,马三千一十九匹,须至指挥"②。接着,高宗又亲笔降御札给刘光世部将王德,以稳定淮西军,让他们准备接受岳飞号令。御札全文如下:

> 朕惟兵家之事,势合则雄。卿等久各宣劳,朕所眷倚。今委岳飞尽护卿等,盖将雪国家之耻,拯海内之穷。天意昭然,时不可失,所宜同心协力,勉赴功名,行赏答勋,当从优厚。听飞号令,如朕亲行,倘违斯言,邦有常宪。付王德等。御押。③

淮西军五万之众合并于岳飞军中,岳家军兵力骤增一倍以上,成为三军之冠;而且皇帝还亲口说"中兴大事,一以委卿",岳飞当时是何等的兴奋和激动啊!胸中涌起了"重新收拾旧山河"的热潮;他兴奋地想到,收复中原的宏图即将付诸实施了。为此,岳飞奋笔疾书,写了一道恢复的方略,上呈高宗,这就是著名的《乞出师札子》:

---

① 《鄂国金佗续编校注》卷二七《岳武穆事迹》。
② 《鄂国金佗续编校注》卷八《督府令收掌刘少保下官兵札》。
③ 《鄂国金佗稡编校注》卷一《高宗宸翰》(绍兴七年)。

臣自国家变故以来，起于白屋，从陛下于戎伍，实有致身报国、复仇雪耻之心。幸凭社稷威灵，前后粗立薄效。陛下录臣微劳，擢自布衣，未曾十年，官至太尉，品秩比三公，恩数视二府，又增重使名，宣抚诸路。臣一介贱微，宠荣超躐，有逾涯分；今者又蒙益臣军马，使济恢图。臣实何能？误荷神圣之知如此！敢不昼度夜思以图报称？

臣窃揣敌情，所以立刘豫于河南，而付之齐、秦之地，盖欲荼毒中原，以中国而攻中国。粘罕因得休兵养马，观衅乘隙，包藏不浅。臣谓不以此时禀陛下睿算妙略，以伐其谋，使刘豫父子隔绝，五路叛将还归，两河故地渐复，则金人之诡计日生，浸益难图。

然臣愚，欲望陛下假臣日月，勿拘其淹速，使敌莫测臣之举措。万一得便可入，则提兵直趋京、洛，据河阳、陕府、潼关，以号召五路之叛将。叛将既还，王师前进，彼必舍汴都而走河北，京畿、陕右可以尽复。至于京东诸郡，陛下付之韩世忠、张俊亦可便下。臣然后分兵浚、滑，经略两河。如此，则刘豫父子断必成擒。大辽有可立之形，金人有破灭之理，为陛下社稷长久无穷之计，实在此举。

假令汝、颖、陈、蔡坚壁清野，商於、虢洛分屯要害，进或无粮可因，攻或难于馈运，臣须敛兵，还保上流。贼必追袭而南，臣俟其来，当率诸将或挫其锐，或待其疲。贼利速战，不得所欲，势必复还。臣当设伏，邀其归路，小入则小胜，大入则大胜，然后徐图再举。设若贼见上流进兵，并力以侵淮上，或分兵犯四川，臣即长驱，捣其巢穴。贼困于奔命，势穷力殚，纵今年未终平殄，来岁必得所欲，陛下还归旧京，或进都襄阳、关中，惟陛下所择也。

……异时，迎奉太上皇帝、宁德皇后梓宫，奉邀天眷（钦宗）以归故国，使宗庙再安，万姓同欢。……臣之志愿毕矣，然后乞身归田里,此臣夙夜所自许者。①

这道札子是岳飞挂帅襄鄂后日夜筹划的结果。他一边满怀信心地等待高宗的批复,一面准备去接管刘光世的部队。

正当这个时候,力主和议的枢密使秦桧,不仅对岳飞的规划表示不赞同,还在高宗面前提出"并军不便"的谏议。高宗一贯疑忌武将,于是马上改变主意,决定"不以德、琼军隶飞,诏飞诣张浚议事"②。

对岳飞上奏的《乞出师札子》,高宗作了这样的批复:

> 览奏备悉,俟卿出师有日,别降处分。淮西合军,颇有曲折。前所降王德等亲笔,须得朝廷指挥,许卿节制淮西之兵,方可给付。③

这真是咄咄怪事,皇帝亲自召见岳飞,都督府也下了朝旨,命岳飞统领刘光世军队,言犹在耳,墨迹未干,为何于朝夕之间"颇有曲折"了呢?岳飞无论如何也解不开这个谜。

过了几天,岳飞被通知朝辞回鄂州,留下从官在建康待命,实际上之前的任命已被取消。但岳飞仍然怀着能统领淮西军以增强抗金力量的期待,向高宗陛辞。那天,高宗先是抚慰了他一番,接着,装模作样地同岳飞谈起了收复中原的方略。高宗问岳飞:"何时可毕?"岳飞回答:"期以三年!"高宗大不以为然地说:"朕驻跸于此,以淮甸为屏蔽,若辍淮甸之兵,便能平定中原,朕亦何惜!第恐中原未复,而淮甸失守,则行朝未得奠枕而卧也!"

岳飞终于明白了,这不过是高宗收回成命的借口,并军的事已经

---

① 《鄂国金佗稡编校注》卷一一《乞出师札子》。
② 《宋史纪事本末》卷七〇《岳飞规复中原》。
③ 《鄂国金佗稡编校注》卷一《高宗宸翰》(绍兴七年)。

告吹。他知道这时任何奏陈都已无法改变高宗的主意，就默默地回到了寓所。

失望、痛苦深深地折磨着岳飞。以往，在迁都、限制他越出界分进军中原等问题上，岳飞对朝廷的决定虽有过不满，但他总以为是辅臣蒙蔽了皇帝的视听，从不曾怀疑皇帝的抗金立场。在岳飞心目中，皇帝是国家象征，抗金的旗手。可是如今高宗对规复中原的大计，以及与此有关的合军问题，竟出尔反尔，视同儿戏！岳飞迷惘了，国家的前途在哪儿？作为大将的自己还能发挥什么作用？然而王命难违，岳飞只得赴都督府与张浚议事。张浚起初也赞同将刘光世军并于岳飞军[①]。但见高宗改变了主意，身为宰相的张浚不仅没有谏止，反而存有私心，想让刘光世军归属都督府，以便由他直接掌握。因此他与岳飞一见面，就问岳飞谁可代刘光世为统帅，岳飞没有回答。张浚就提出："王德、吕祉如何？"岳飞说："德与（郦）琼素不相下，一旦握之在上，则必争。吕尚书不习军旅，恐不足服众。"张浚又提出："张俊、杨沂中如何？"岳飞认为张俊"暴而寡谋"，杨沂中资望太浅，均不能驭此军。张浚听了，冷笑说："浚固知非太尉（指岳飞）不可！"岳飞回答说："都督以正问飞，飞不敢不尽其愚，岂以得兵为念哉！"岳飞见自己一番忠心连张浚也误解了，痛心之极。他再也不能忍受，回到住处后立即写下了乞罢军职的札子，呈递都督府。岳飞拿出张都督早先给他的公文给黄机密看，并说："都督府所开列的军队交接事宜，本来一日可以办好，现在却要我先返回鄂州，留从官待命，必然是中途生变，才这样做的。我恢复中原的规划已无望了，不得已请求罢职赋闲。"

岳飞对黄机密作了一番交代后，悻悻地离开了建康。途经九江，他又奋笔疾书，向高宗上了乞罢帅职的奏疏，不等复文，便怒上庐山守丧去了。这是岳飞对高宗的反抗。

[①] 参见《系年要录》卷一〇九，绍兴七年二月庚申，引《赵鼎事实》。

高宗看了岳飞的上表，大吃一惊，对岳飞的疑忌加重了。左司谏陈公辅素闻岳飞"忠义可用"，对此，他对高宗说："恐别无他意，只是所见有异，望陛下加察。"

陈公辅还说岳飞是个"粗人"，"凡事终少委曲"，要高宗"当示以不疑"。陈公辅的话，只能起一点缓解作用，不可能冰释高宗对岳飞的疑忌，也解决不了高宗、岳飞在抗金立场上的根本对立。

不久，朝廷宣布解除刘光世的军职，"以其兵尽属督府"[①]。秦桧趁张浚在合肥的机会，勾结知枢密院事沈与求，以"握兵为督府为嫌"为由，奏请高宗任命王德为都统制，郦琼为副都统制，总管淮西军。果不出岳飞所料，郦琼不服。郦琼、王德相互弹劾，气氛十分紧张。九月，朝廷命郦琼带兵赴行在，准备解除郦琼的兵权。郦琼得悉后，遂以所部四万人叛投伪齐。张浚因此被迫辞相。张浚辞相后，高宗假惺惺地问张浚谁当宰相适合，张浚不答。高宗脱口而出："秦桧何如？"张浚直率地回答说："近与共事，始知其暗！"

高宗只好召回赵鼎为相。但过不了半年，赵鼎就被罢相，秦桧堂而皇之地再次封相了。从此，高宗、秦桧投降的政治轴心牢固地结成了。

军中不可一日无统帅。岳飞上庐山后，朝廷急命权兵部侍郎兼都督府参议军事张宗元代领岳飞军。原参谋官、新任襄阳知府薛弼怕军心浮动，请张宪扶病临军。薛弼还向将校们作了一番解释，说张侍郎临军是权宜之计，朝廷已遣使去请岳宣抚回军了。

高宗的确已派岳飞的部将李若虚、王贵等上庐山去劝岳飞下山。高宗还交代李若虚、王贵，如果请不动，就和岳飞一同按军法处斩。李若虚等人到庐山东林寺时，岳飞弃军已经半个多月了。可是不管他们怎么劝说，岳飞就是不受诏命，一直僵持了六天。最后，李若虚几乎是哀告了："相公欲反耶？且相公河北一农夫耳！受天子之委任，付以兵柄，相公

[①]〔宋〕朱熹《朱文公文集》卷九五《太保张公行状》(下)。

谓可与朝廷相抗乎？公若坚执不从，若虚等受刑而死，何负于公？"[1]

在部属的哀求下，岳飞不得不下山。他先赴行在"待罪"。高宗对岳飞进行了一番假惺惺的劝抚后，不无威胁地警告岳飞："卿前日奏陈轻率，朕实不怒卿，若怒卿，则必有行遣。太祖所谓'犯吾法者惟有剑耳'。所以复令卿典军，任卿以恢复之事者，可以知朕无怒卿之意也！"

此地无银三百两。高宗是强压怒火，岳飞则是怒火强压。他们的矛盾进一步加剧，裂痕进一步扩大。

"秦桧见飞举止，已有忿忿之意矣。"岳飞的反抗举动，所针对的当然包括秦桧在内，秦桧怎能不愤恨岳飞呢？

二、强烈反对宋金和谈

（一）在鄂州屡次请战

绍兴七年（1137）秋天，岳飞重返鄂州赴任。

权湖北京西路宣抚判官张宗元在鄂州代职期间，深为岳飞军的精诚团结所感动。他回行在后，将所见情况向高宗作了汇报，说："将和士锐，人怀忠孝，皆飞训养所致。"[2]

如果是一个中兴的英主，听了张宗元的汇报，该感到高兴，但生怕武将擅权的高宗听了，心中却升起疑云。

这一场冲突，对岳飞精神上的打击是沉重的。岳飞绝不是计较自己能掌握多少兵力，而是痛心于不能"成恢复之功"。诚如黄机密在岳飞被害后忆及此事时所说："如今，天下男女老幼都知道岳飞的威名；但岳飞的恢复大计未能成功，其中曲折士大夫是不知道的！"

沉重的打击没有摧毁、也不可能改变岳飞光复中国，救中原父老

---

[1] 《建炎以来系年要录》卷一一二，绍兴七年七月丁卯条。
[2] 《宋史》卷三六五《岳飞传》。

于水火之中的决心。岳飞的心胸是开阔的,个人痛苦、君臣嫌隙不过是纤尘芥蒂,何足挂齿!他所渴望的是为祖国早日建功立业,中原未复羞领兵。在鄂州,岳飞又兢兢业业地经营起北伐大业来了。

郦琼率淮西兵叛投刘豫后,淮甸防务空虚,顿时朝野震动。高宗知道郦琼素来佩服岳飞,又是岳飞同乡,他写信给岳飞说:"闻琼与卿同乡里,又素服卿之威望,卿宜为朕选一二可委人,持书与琼。"高宗想通过岳飞的关系把郦琼招回来。招回叛将,谈何容易?岳飞考虑到长江防线的全局,向高宗提出了愿提兵进驻淮甸,以防万一的积极建议。这个建议,高宗自然不肯采纳,仅下诏岳飞驻防九江,声援淮、浙。

郦琼投伪齐后,力劝刘豫南侵。突然之间得到了郦琼数万兵力,刘豫自感实力大增。郦琼之建议,正中他下怀。他立即向金人提出出兵请求,希望乘势合力向南宋进攻。然而,金国最高统治集团经过权力斗争,新的实力派上台,形势已发生了很大变化。绍兴五年(金天会十三年,1135),金太宗完颜晟(吴乞买)死,金熙宗完颜亶继位。在吴乞买统治的时代,实力派首脑人物是粘罕。刘豫本是挞懒看中,并向吴乞买推荐扶立的。粘罕、高庆裔不过为争取政治筹码顺水推舟,将刘豫扶上台。这些年来,刘豫为了巴结粘罕、高庆裔,逢年过节不时向他们馈送厚礼。而对曾支持过他的挞懒以及兀术等,均不放在心上。到了绍兴七年(1137)秋,正当刘豫派使者向金军乞兵时,粘罕、高庆裔已被新实力派挞懒、兀术取代,先是高庆裔被斩首,接着粘罕"绝食纵欲,恚闷而死"①。伪齐的靠山倒了。对刘豫讨救兵一事,金人佯许②。这一年十月,谍报传来兀术与刘豫陈兵清河(宋时黄河新道,在今山东省境内)准备南下的风声。岳飞知悉刘豫一贯亲粘罕,而挞懒、兀术等人对刘豫素有积怨。善于使用反间计的岳飞打算乘机离间,

---

① 《三朝北盟会要》卷一七八,绍兴七年八月引《金虏节要》。
② 参见《大金国志》卷九《熙宗纪》。

以恶化金与伪齐的关系。一天，巡逻兵拿获了兀术军的一个间谍，军吏请岳飞处决，岳飞惊愕地注视间谍半晌，然后说："你不就是张斌吗，原来是我军中人嘛！"

于是，他把这个间谍带进私室，厉声责问道："以前，我曾派你送密封蜡书到齐，与齐结约，诱获兀术共杀之。结果你一去不返，没有将蜡书送到。你为什么要背叛我？"

间谍听了，莫名其妙，张口结舌，只好将错就错地承认自己犯了死罪，请求给予立功贷死的机会。岳飞表示愿给间谍一个立功赎罪的机会。接着，岳飞亲笔写了一封给刘豫的密书，大意说：去年八月交锋，我尽力进攻贵军，金人对你不疑，江上密约已有成功的希望。如谋事成功，宋与齐当结为兄弟盟国。

岳飞写好密书后，亲自将间谍松绑，对他说："把这封蜡书送给齐王，并将举兵南向的期限带回，就免你一死。"间谍唯唯诺诺，满口应承了。军吏就在间谍大腿上划开一条刀口，塞进蜡书，缝好；又送给他大量银子。岳飞反复叮咛，警告他绝对不能泄密。间谍拜谢后上路了，刚走出不远，岳飞把间谍喊回，再次叮咛，又多送了他一些银两。如此反复三次。金人间谍得到如此重大的情报，不敢耽误，赶忙向兀术报功邀赏去了。兀术得到岳飞密送给刘豫的假情报，信以为真，急忙驰告金熙宗，加紧了废除伪齐的部署[①]。

十一月，金熙宗先在太原、河间设元帅府，令伪齐军队听元帅府节制；并派兵屯戍于陈、蔡、汝、亳、许、颍之间，监视伪齐军行动；然后派挞懒和兀术，以配合伪齐南侵的名义，向汴京进发。兀术等约伪齐左丞相刘麟渡河到武城商议军计。刘麟毫不戒备，带了二百名骑兵赶至武城，落入了兀术布下的罗网，全部被擒。兀术、挞懒又率军

---

① 《宋史》《金佗稡编》《金佗续编》《宋朝南渡十将传》均载有此事。但《金史》记载有矛盾，将同一件事分别归于张浚、岳飞和王伦。现据〔清〕毕沅《续资治通鉴》卷一一九所附《考异》的意见，把此事归于岳飞。岳飞巧妙地使用反间计有效果，但不是促使金废伪齐的决定因素。

马不停蹄驰赴汴京城下。兀术自领三骑突入伪齐宫中的讲武殿,露刃要挟刘豫上马,遂将刘豫禁于金明池。伪齐灭亡。刘豫的伪齐政权,由金人一手扶上台,又由金人一手撑下台。这就是傀儡政权的命运。

刘豫废罢后,伪齐故地改由金人直接统治,原伪齐统治下的河洛百姓,人心惶惶,更加盼望王师北上。岳飞感到这正是大举北伐的良机,立即上书朝廷,提出趁机捣其不备,长驱以取中原。可是,上书得不到回音。岳飞又致书给宰相赵鼎:

> 近得谍报,知逆豫即废,房仓卒未能镇备,河洛之民纷纷扰扰。若乘此兴吊伐之师,则克服中原指日可期,真千载一机也。[①]

赵鼎在抗金的立场上虽然不如张浚、李纲等人坚定,但他还是想等待有利时机进兵以收复故土的。因此,赵鼎收到岳飞的信后,表示赞许;但他估计到高宗不会赞同,遂向高宗试探说:"士大夫多谓中原有可复之势,当乘机进兵,恐将来不免议论,谓朝廷失此机会。"

果然不出所料,高宗立即批驳说:"用不着担心外面的纷纷议论,今日,太上皇梓宫和皇太后、渊圣皇帝(钦宗赵桓)都未还,如不议和,就没有归还的机会。"

忠心报国的岳飞不甘心错过这个大好时机,他又向高宗上书,甚至不避嫌地在奏疏中提出增兵的要求,以便让他大举北伐。

岳飞这次上书的要求又被否决了,不仅如此,高宗居然对大臣们说出这样的一番话来:"岳飞所辖的长江上流范围广阔,宁可缩小他的管辖范围,也不能给他再增加兵力。当今诸大将之兵,已经难于分合调动。况且'末大必折,尾大不掉',历来为人们所戒。"[②]

[①] 岳飞《致赵忠简书》,原录自杭州岳坟岳飞手迹碑刻。
[②] 《建炎以来系年要录》卷一一八,绍兴八年二月壬戌条。

"末大必折,尾大不掉。"防范武将擅权,是北宋开国皇帝宋太祖以来的家传祖训,成为宋朝历代君主的信条,高宗及南宋的一些文官们照例遵循不违。高宗抬出祖宗家法,目的是借此否定岳飞增兵的要求,否定北伐的谏议,以确保与金和议的实现。

绍兴八年(1138)二月,高宗从建康回到杭州,并宣布杭州为行都。这是他坚持和议,主张南北分治,向金人作出的又一次表示。当时爱国军民无不愤慨,陷入了失望的深渊。而高宗一伙却沉醉于歌舞升平之中。正如南宋孝宗时林升《题临安邸》一诗中所讽刺鞭挞的那样:

> 山外青山楼外楼,西湖歌舞几时休?
> 暖风熏得游人醉,直把杭州作汴州! ①

岳飞心急如焚,在鄂州屡次上书朝廷,请出师中原,结果都如石沉大海,音讯杳然。

(二)秦桧专主和议

金国废掉伪齐之后,亮出一副与宋谈判议和的姿态。绍兴七年(1137)年底放回宋使者王伦,捎来挞懒口信:"好报江南,既道途无壅,和议自此平达。"② 这对高宗、秦桧来说,是梦寐以求的好消息。只要能议和,能保住南宋朝廷,高宗甚至表示不惜任何代价:

> 若敌人能从朕所求,其余一切非所较也。

---

① 〔清〕厉鹗《宋诗纪事》卷五五,林升《题临安邸》。
② 《建炎以来系年要录》卷一一七,绍兴七年十二月癸未、丁亥条。

为此，高宗对王伦赏赐特厚。过了四天，急不可耐的高宗又派王伦使金，封他为徽猷阁直学士、提举醴泉观使充大金国奉迎梓宫使，又封右朝奉大夫高公绘为大金国奉迎梓宫副使①。这个任命也暴露了高宗只愿迎回徽宗尸骨、不愿迎回钦宗的极端自私的嘴脸。

王伦把高宗、秦桧一伙不惜代价投降议和的真实意图告知金国最高统治集团之后，实权派、金国最高军事首脑兀术就派了乌陵思谋等使者，带来书信：

当归河南及梓宫（徽宗灵柩）、渊圣（钦宗）、太后（高宗生母韦氏）。②

值得注意的是，高宗不愿迎回钦宗，金国却偏偏提出愿把钦宗送回，这就给了宋高宗一个下马威，在未开谈判之前，先已使他提心吊胆。

金国谈判议和使者进入宋境后，高宗、秦桧即任命秦桧同党范同为接伴金国使，王伦充馆伴使。听说金使到达常州，高宗按捺不住激动的心情，对秦桧说："不惮屈己，以冀和议之成者。"③对于高宗的屈己求和，朝野掀起一片反对声浪，秦桧不得不承认："群臣见人主卑屈，怀愤愤之心。"枢密副使王庶上章说：

先帝北征而不复，天地鬼神为之愤怒。陛下与贼有不共戴天之仇，忍复见其使乎？其将何以为心？其将何以为容？其将何以为说？

且彼之议和割地，不过画河、画淮二者而已。若曰画淮为界，则我之固有，安用和为？若曰画河，则东西数千里，荆榛无人之

---

① 《建炎以来系年要录》卷一一七，绍兴七年十二月癸未、丁亥条。
② 《建炎以来系年要录》卷一一九，绍兴八年五月戊子条。
③ 《建炎以来系年要录》卷一二〇，绍兴八年六月戊辰条。

地，倘我欲宿兵守之，财赋无所从出，彼必重索岁币以重困我矣！不若拘其使而绝之。①

左丞相赵鼎、参知政事刘大忠、监察御史张戒、兵部侍郎张焘、著作佐郎朱松等人，都对金人许以归还河南、陕西地来达成议和的用心表示怀疑。张戒对高宗讲："中原万里之地，我朝竭尽兵力十年，都未能夺回，现在突然无故复还，不是十分可疑吗？"秦桧任命权吏部侍郎魏矼充馆伴使，遭到魏矼拒绝。他对高宗说："顷任御史，尝论和议之非，今难以专对。"

朝廷中反和议的意见众多，理由也不尽相同，归纳如下：

其一，金人提出和议，是麻痹朝廷的缓兵之计，他们必将伺机再图南侵。岳飞说："此殆必有肘腋之虞。"礼部侍郎尹焞说："以金内乱，惧我袭己，故甘言以缓王师。"②

其二，金人以和议作圈套，诱朝廷向金臣服。吏部员外郎许忻指出："彼以'诏谕江南'而来，则是飞尺寸书而下本朝……我躬受之，则为臣妾矣！"③

其三，金人妄图以黄河新道之南、淮河之北的东西千余里"兵火之余、白骨未收"的凋敝之地，来换取岁贡数百万的实惠。正如枢密副使王庶所指出的，这是"彼无所施为，而坐收成功"。

这一片反对和议的声音虽然充塞朝廷，可是只想偏安一隅、急于求和的高宗是无论如何也听不进去的。但他又找不出理由驳斥，只好乞灵于封建孝道，哭丧着脸对臣僚们说："先帝梓宫，果有还期，虽待

---

① 《三朝北盟会编》卷一八三，绍兴八年六月条。
② 〔宋〕尹焞《谏讲和札子》，《南宋文范》卷一五。
③ 《三朝北盟会编》卷一八七《许忻奏论和议不便》。

二三年尚庶几；惟是太后春秋高，朕旦夕思念，欲早相见，此所以不惮屈己，冀和议之速成也。"①

善于揣摩圣意的秦桧立即诣谀地说："屈己议和，此人主之孝也。"但搬出孝道作为投降议和的遮羞布，已是老调重弹，怎能说服臣下？更令人不解的是，钦宗不是还活着吗？为什么连提也不提了？为此很多朝臣仍旧坚持金人不可信、和议不可恃的观点，反对和议。韩世忠甚至主张立即与金决战；岳飞直截了当地指出金人讲和是"诡为此耳"。高宗看了这些奏章后大怒，抗金不坚定的赵鼎只好服从圣意了。他一方面在同僚面前帮忙粉饰，一方面建议高宗要提"迎还钦宗"，并承认讲和"诚非美事"，是"将计就计"。于是高宗假惺惺地对朝臣们说："讲和诚非美事，以梓宫及母兄之故，不得已为之。……敌人不可深信，但得梓宫及母兄今日还阙，明日渝盟，所得多矣。"②

秦桧复相后，高宗和秦桧结成了妥协投降的政治轴心。这个政治轴心影响极大，使妥协投降势力成为朝廷中的主导力量，并影响到南宋以后各朝，致使终宋之世，"国家一统之业……其裂而不复合"③。

（三）强烈反对屈膝议和

绍兴八年（1138）六月，金使者乌陵思谋一行到达杭州，没有交出所携国书，也不赴都堂（宋宰相议事之所），而提出要宋宰相到他们下榻处，"就馆议事"。遭到宰相赵鼎反对后，又迫于归期之限，才不得不赴都堂。乌陵思谋态度倨傲，高宗、秦桧甘愿受辱，接受了金国提出的苛刻条件：赵构自动取消帝号，向金主称臣纳贡。作为交换，金国"赐归"梓宫、皇太后以及原属伪齐的疆土。乌陵思谋南来使命

---

① 《宋史》卷四七三《秦桧传》。
② 《建炎以来系年要录》卷一二〇，绍兴八年六月丙子条。
③ 〔宋〕罗大经《鹤林玉露》卷三《二罪人》。

完成，遂返金。

七月，高宗又派王伦使金，以加快和谈步伐。对于高宗与秦桧屈膝议和，岳飞强烈反对。

岳飞反对和议的斗争，不仅体现在言论上，更体现在行动上。尤其是近一年来，正当宋金使者频繁往来进行议和活动时，他依然积极地进行着挺进中原的准备工作。岳飞派出一批一批人员，携带蜡书、旗子潜入中原，去联络义兵，相约以"岳"字旗为号，一旦北伐，请他们立即响应。枢密副使王庶视师江淮，岳飞写信给他说："今岁不举兵，当纳节请闲！"[1]

为了说服岳飞赞同议和，高宗决意召岳飞入觐。宣召岳飞入朝的诏书到达鄂州，岳飞已猜到高宗的用意，他不甘心"就范"，遂"乞归田野，以养残躯"。高宗也明白岳飞的用心，无非是要回避这次觐见，遂以"疾速前来行在""不许再有陈请"的严厉诏旨，迫使岳飞来到杭州。接见时，高宗又重弹他那套投降老调和孝悌的"苦衷"。耿直的岳飞毫不隐讳地说出了自己的观点："金人不可信，和好不可恃，相臣谋国不臧，恐贻后世讥议！"[2]

岳飞的话似锥似箭，直刺秦桧心坎，"桧衔（怀恨）之"。而高宗对岳飞这番话又岂能坦然？

十月，金国派出江南诏谕使萧哲、张通古来宋廷商谈和约。金使的头衔竟为"江南诏谕使"，公开称宋朝为"江南"，不承认宋朝是一个独立的国家；不叫"议和使"，而叫"诏谕使"，就是把高宗当作金国的臣子看待。这是对南宋的极大污辱。人们被激怒了，再次掀起了反对议和的高潮。高宗迫于舆论，找宰相赵鼎、秦桧商议。赵鼎坚决反对如此屈辱的议和，秦桧则表示可以接受。一日散朝后，秦桧独留

---

[1] 《三朝北盟会编》卷一八三，绍兴八年四月十四日己巳条。
[2] 《宋史》卷三六五《岳飞传》。

身，向高宗奏讲和之说。

> 桧曰："臣以为讲和便。"
> 上曰："然。"
> 桧曰："讲和之议，臣僚之说皆不同，各持两端，畏首畏尾，此不足以断大事。若陛下决欲讲和，乞陛下英断，独与臣议其事，不许群臣干预，则其事乃可成；不然，无益也。"
> 上曰："朕独与卿。"
> 桧曰："臣亦恐未便。欲望陛下更加思虑三日，然后别具奏禀。"
> 上曰："然。"
> 又三日，桧复留身奏事如初，知上意欲和甚坚，犹以为未也。
> 乃曰："臣恐别有未便，欲望陛下更思虑三日，容臣别奏。"
> 上曰："然。"
> 又三日，桧复留身奏事，知坚决不移，方出文字："乞决和议，不许群臣干与。"
> 上欣纳之。①

赵鼎坚持以黄河旧道划分两国疆界，与秦桧意见不合，遭到秦桧党羽的严词弹劾，竟被罢相。从此，秦桧独相，专主和议。宰执大臣之中，枢密副使王庶带头强烈反对议和，上疏七次，向高宗面奏六次，他表示决不在议和文件上签押。秦桧与他争论，王庶蔑视地说："公不思东都抗节全赵时，而忘此敌矣！"秦桧大怒，纠集党羽弹劾王庶。王庶被罢去枢密副使的职务，他的职务由秦桧党羽参知政事孙近接替。秦桧还提拔勾龙如渊为御史中丞，以挟持舆论，弹劾异己。

枢密院编修官胡铨在著名的《戊午上高宗封事》中乞斩秦桧、孙近、

---

① 《三朝北盟会编》卷一八四，绍兴八年十月条。

王伦，该封事对屈膝议和表达了最强烈的抗议：

皇帝陛下：

臣谨按：王伦本一狎邪小人，市井无赖。顷缘宰相无识，遂举以使虏，专务诈诞，欺罔天听，骤得美官，天下之人切齿唾骂。今者无故诱致虏使，以"诏谕江南"为名，是欲臣妾我也，是欲刘豫我也。刘豫臣事丑虏，南面称王，自以为子孙帝王万世不拔之业。一旦豺狼改虑，捽而缚之，父子为虏。商鉴不远，而伦乃欲陛下效之。夫天下者，祖宗之天下也。陛下所居之位，祖宗之位也。奈何以祖宗之天下为犬戎之天下，以祖宗之位为犬戎藩臣之位乎？陛下一屈膝，则祖宗社稷之灵，尽污夷狄；祖宗数百年之赤子，尽为左衽；朝廷宰执尽为陪臣；天下士大夫皆当裂冠毁冕，变为胡服⋯⋯

夫三尺童子，至无知也。指犬豕而使之拜，则怫然怒之。今丑虏则犬豕也，堂堂天朝，相率而拜犬豕，曾童稚之所羞，而陛下忍为之耶？伦之议乃曰："我一屈膝，则梓宫可还，太后可复，渊圣可归，中原可得。"呜呼！自变故以来，主和议者，谁不以此说啖陛下哉！而卒无一验，是虏之情伪，已可知矣！而陛下尚不觉悟。竭民膏血而不恤，忘国大仇而不报，含羞忍耻，举天下而臣之甘心焉。⋯⋯梓宫决不可还，太后决不可复，渊圣决不可归，中原决不可得，而此膝一屈不可复伸，国势陵夷不可复振，可为痛哭流涕长太息也。

向者，陛下间关海道，危如累卵，当时尚不肯北面臣虏，况今国事稍张，诸将尽锐，士卒思奋，只如顷者丑虏陆梁，伪豫入寇，固尝败之于襄阳、败之于淮上、败之于涡口、败之于淮阴，较之前日蹈海之危，已万万不侔！倘不得已而遂至于用兵，则我岂遽出虏人下哉！今无故而反臣之，欲屈万乘之尊，下穹庐之拜，三军之士不战而气已索,此鲁仲连所以义不帝秦,非惜夫帝秦之虚名,惜夫天下大势有所不可也。

今内而百官、外而军民,万口一谈,皆欲食伦之肉,谤议汹汹,陛下不闻,正恐一旦变作,祸且不测。臣窃谓不斩王伦,国之存亡未可知也。

虽然,伦不足道也。秦桧以心腹大臣而亦为之。陛下有尧舜之资,桧不能致陛下如唐虞,而欲导陛下如石晋。近者,礼部侍郎曾开等引古谊以折之。桧乃厉声责之曰:"侍郎知故事,我独不知?"则桧之遂非狠愎,已可自见。而乃建白,令台谏、从臣佥议可否,是明畏天下议己,而令台谏、从臣共分谤耳!有识之士,皆以为朝廷无人。……秦桧,大国之相也,反驱衣冠之俗,归左衽之乡;则桧也,不惟陛下之罪人,实管仲之罪人矣。

孙近附会桧议,遂得参知政事。天下望治有如饥渴,而近伴食中书,漫不敢可否事。桧曰:"虏可和。"近亦曰:"可和。"桧曰:"天子当拜。"近亦曰:"当拜。"臣尝至政事堂三发问,而近不答,但曰:"已令台谏、侍从议矣。"呜呼,身为参赞大臣,徒取充位如此,有如虏骑长驱,近尚能折冲御侮耶?

臣窃谓:秦桧、孙近亦可斩也!

臣备员枢属,义不与桧等共戴天。区区之心,愿斩三人头,竿之藁街,然后羁留虏使,责以无礼,徐兴问罪之师,则三军之士不战而气自倍。不然,臣有赴东海而死耳,宁能处小朝廷求活耶![1]

胡铨的奏疏一上,反对议和的舆论势如潮涌,越涨越高。朝臣纷纷奏论和议之非,切责秦桧误国。秦桧及其党羽连忙进行反扑,将他们罢官的罢官,流放的流放。对于胡铨,他们更恨之入骨,因为胡铨的奏

---

[1] 〔宋〕胡铨《胡澹庵先生文集》卷七《戊午上高宗封事》。

章大量散发，都城吏民争相传阅，群情更加激愤，"喧腾数日不定"。高宗当初甚至要把胡铨"正典刑"，只是由于公论难违，无法下手。

秦桧为了收拾这一局面，去找范同商量。范同说："只莫睬，半年便冷了，若重行贬谪，必成竖子（指胡铨）之名。"胡铨先被判送昭州编管，后改判广州编管，总算没有被送往"瘴疠地"窜死。

十二月，金使到达杭州，要求高宗行拜受金国诏书之礼。爱国的官吏、军民看到金使趾高气扬，义愤填膺；想到国家蒙辱，痛心疾首，纷纷落泪。主管宫殿禁卫的杨沂中、解潜、韩世良等感到后果难测，便到都堂找秦桧，请求说："以主上受金书，欲行屈己之礼，万一军民汹汹，不能弹压，将若之何？"狡猾的秦桧不作回答。他们又到御史台，责问勾龙如渊："今三大将（韩、岳、张）在外，他日见责：'以尔等为宿卫之臣，乃令上行此礼？'不知何词以对！"

杨沂中是高宗的心腹之将，连他都反对行"屈己之礼"，秦桧害怕高宗受不住反和议的"高压"，便提出自己不能胜任议和事，向高宗请辞。岂知高宗早已听过勾龙如渊的汇报，当时就怒不可遏地对他说："士大夫只为自身谋利，当初朕被金兵追赶到明州，那时朕即使向金人跪拜一百次，又有谁来过问？"见秦桧也要求辞职，高宗更加气愤，他说："秦桧向来主张议和，现在也提出要辞职了，他走了无妨，将来金人只会找朕要脑袋，总不会要秦桧的脑袋！"

秦桧激将法成功，高宗坚定了与金和谈的决心。可是金使却要求先册封高宗为宋帝，才能"徐议余事"。这件事本在意料之中，但要高宗亲自向金使跪拜受诏，一则朝论反对；二则当时杭州、常州、镇江、绍兴等处民情愤激，大有一触即发之势。显而易见，此事决不可行。高宗、秦桧煞费苦心，总算想出了一条计策，先由高宗向臣民表白一番："朕嗣守太祖、太宗基业，岂可受金人册封？"又斥责王伦一番，以此抚慰人心。再由秦桧向金使说明高宗正在"谅阴（守丧）三年"期间，不敢冒渎受诏，现已委派他作为冢宰代高宗跪拜受诏。金使怯于宋军民的同仇敌忾，只好答应。匆匆地演完耻辱投降的丑剧后，绍兴九年（1139）正月元旦，南宋朝廷正式宣告宋金和议达成。但南宋政府不敢将称臣纳贡的和约内容告诉人民。当时实际签订的条约是：

一、宋帝向金帝称臣；

二、金归还南宋河南、陕西之地；

三、金归还徽宗灵柩和韦太后；

四、宋每年向金贡银二十五万两、绢二十五万匹。①

对于钦宗归国问题，宋方谈判人员王伦、范同遵照秦桧透露的上意，缄默不提。尽管金使曾几次暗示可将钦宗送回，宋方代表也装聋作哑，犹恐避之不及。

和议达成，高宗和秦桧沉醉于"胜利"之中。但他们每想起岳飞、韩世忠两位大将反对和议的坚定立场，不免心有余忧。为此，在正式发表公告之前，高宗就给岳飞写了封御札：

"已得大金国书，朕在谅阴中，难行吉礼，止是宰执代受。书中无一须索，止是割还河南诸路州城。此皆卿等扶危持颠之效，功有所归，朕其可忘！"

不管高宗如何吹嘘"胜利"，和议的实质就是"屈和"。岳飞闷闷不乐，对幕僚说：敌人是绝不会讲信用的。

过不了几天，高宗为庆贺和议成功，大赦天下。照例，大臣们都要向皇帝敬献贺表，岳飞借机叫幕僚张节夫起草了《谢讲和赦表》，写道：

念此艰难之久，姑从和好之宜……

窃以娄钦（敬）献言于汉帝，魏绛发策于晋公，皆盟墨未干，顾口血犹在，俄驱南牧之马，旋兴北伐之师。盖夷虏不情，而犬羊无信，莫守金石之约，难充溪壑之求。图暂安而解倒垂，犹之

---

① 《建炎以来系年要录》卷一三五，绍兴十年五月戊戌条。

可也；顾长虑而尊家国，岂其然乎？

……臣幸遇昌时，获观盛事。身居将阃，功无补于涓埃；口诵诏书，而有惭于军旅。尚作聪明而过虑，徒怀犹豫而致疑：为无事而请和者，谋；恐卑辞而益币者，进。臣愿定谋于全胜，期收地于两河。唾手燕云，终欲复仇而报国；誓心天地，当令稽颡以称藩！①

这一封《谢讲和赦表》，以诙谐讥刺的笔调、外柔中刚的手法，痛快淋漓地表达了岳飞对和议的强烈反对。趁此机会，他又提出自己一贯坚持的誓死收复故疆的抗金主张，和高宗、秦桧大唱反调。这道贺表成为传诵一时、振奋人心的檄文，而"秦桧读之切齿"。

与此同时，韩世忠对和议也十分不满，他在洪泽镇设下伏兵，准备袭击返回的金使张通古等人，"以坏和议"，结果计谋被泄漏，未能成功。

高宗对岳飞、韩世忠反对和议的言行，当然是恚恨的。但要维持和议，仍少不了韩、岳等大将守边，他只好隐忍，并且借举国庆贺、大臣照例加俸晋爵的机会，加岳飞为"开府仪同三司"，又把岳飞的食邑户从一千四百户增加到一千七百户，并特下制书，称岳飞"沉勇多算""机智若神""信义足以威三军，威名足以折千里"，以示恩礼殊厚。制书全文如下：

门下：蒐卒乘而缮甲兵，尤谨艰难之日；听鼓鼙而思将帅，不忘闲暇之时。乃眷爪牙之臣，夙勤疆场之卫，爰加襃律，丕告治廷。太尉、武胜定国军节度使、充湖北京西路宣抚使兼营田大

---

① 《鄂国金佗稡编校注》卷一〇《谢讲和赦表》。其中"遇昌时"的"昌"字本为"明"，据《三朝北盟会编》卷一九二改。

使、武昌郡开国公、食邑三千五百户、食实封一千四百户岳飞：霍、卫有闻，沉勇多算。有岑公之信义，足以威三军；有贾复之威名，足以折千里。临敌而意气自若，决策则机智若神。陷阵摧坚，屡致濯征之利；抚剑抵掌，每陈深入之谋。眷彼荆襄，实勤经略。边鄙不耸，几卧鼓而灭烽；流亡还归，皆受田而占籍。莫兹南纪，隐若长城。

属邻邦讲好之初，念将闻宣劳之久。肆因庆泽，式表高勋。是用进同三事之议，仍总两藩之节。衍封多井，增实腴租，以昭名器之崇，以就宠光之渥。

於戏！丰报显赏，盖以褒善而劝功；远虑深谋，尚思有备而无患。祗若予训，益状尔猷。可特授开府仪同三司，依前武胜定国军节度使、湖北京西路宣抚使兼营田大使、加食邑五百户、食实封三百户。封如故。主者施行。[①]

高宗期望通过给岳飞戴高帽（夸奖他智略如西汉之名将卫青、霍去病，威信如东汉的岑彭、贾复）、晋爵加俸，以笼络岳飞，使他"就范"，即赞同和议，不再从中作梗。这自然是一厢情愿，以岳飞的抱负、情操，高官厚禄岂能动摇他抗金的意志？岳飞对朝廷这一"殊赏"，照例是不愿接受，并利用上辞免书的机会，再一次表达了反对屈膝求和的强硬立场：

太尉、武胜定国军节度使、湖北京西路宣抚使兼营田大使臣岳飞札子奏：

臣正月二十四日准都进奏院递到白麻一道，除臣开府仪同三司，加食邑五百户、食实封三百户者。臣初捧制文，尚怀疑惑，

---

① 《鄂国金佗续编校注》卷二《开府仪同三司加食邑制》（绍兴九年正月十一日）。

岂谓非常之典，遽及无功？又于二月十四日，准本司往来干办官王敏求差人赍到前件告一轴，乃知朝廷以逆胡归疆，而将阃之寄例进优秩。不惟臣一己私分，愈切惊惶，至于将士三军，亦皆有觍面目。

伏念臣奋自疏迂，叨国显荣，每怀尸素之忧，未效毫分之报，岂可因此霈泽，遂乃滥预褒升！伏望圣慈，特此睿断，毋嫌反汗，亟寝误恩。所有告命，臣不敢祗受，已令本司签厅牒鄂州寄收，以待朝廷追取外，冒犯天威，不任激切俟命之至。取进止。①

宋代官场礼仪，凡除授制诏授予臣僚，臣僚例行公事，都须上表"辞免谢"，一而再，再而三，辞谢三次，朝廷例降"不允诏"，方可受命，否则被视为不恭。岳飞这封辞免奏札，却出自真诚，直截了当地指出"无功"而遽受"非常之典"，缘于"逆胡归疆"，不但自己"惊惶"，连麾下"将士三军"也感到汗颜。显然，这绝非例行公事之套语，而是出于对议和强烈反对的真情。

岳飞所进辞免书，被朝廷批以"不允"。二月二十七日收到不允诏书后，岳飞再次上章恳辞：

今月二十七日，蒙降到诏书不允者。臣近者累犯天威，力辞恩宠，庶几陛下洞烛危恳，终赐矜从，而温诏谆谆，未回睿听，跼地吁天，不知所措。

夫爵赏者，人君所以为历世磨钝之具，人臣得之，所以荣耀乡里，而显贵宗族也，谁不欲贪多而务得哉？然所得当得，固以为荣；受所非受，反足为辱。伏念臣奋迹羁单，被恩优腆，使臣终身守此官，已逾涯量；岂可分外更冒显荣，遂速颠隮！虽陛下

---

① 《鄂国金佗稡编校注》卷一四《辞开府札子》。

推天地至宽之量,在所兼容;而微臣抱金石图报之心,宁无自愧!所有臣为将不效,献言悖理之实,臣于累奏中固已缕陈,更不敢谆复,紊烦圣听。伏望陛下检会臣累次札子,追寝成命,特降俞音,庶使微臣少安愚分。取进止。①

岳飞力辞不受封赏,并不是为"立异于众人",而是为表明强烈反对和议的态度,并向朝廷敲起警钟,避免"将来虏寇叛盟"时被敌人取笑。但最后高宗特下"温诏",不许再辞,岳飞不得已受之。

果不出所料,"盟墨未干",第二年夏天,金人撕毁和约,发动了对宋的大规模南侵。

正由于岳、韩等抗战派未尝一日放松练兵和备战,因此不但能抗御金军气势汹汹的进攻,而且乘胜反击,直捣中原。

三、从"乞谒陵寝"到"请解军职"

自废刘豫伪齐以来,北宋各代皇帝陵墓所在地西京洛阳,实际上已在京西湖北宣抚使岳飞的辖区以内。岳飞是一个虔诚的爱国者,他想到了久已荒废的陵寝,便欲整修和祭扫,以告慰象征国家的先帝神灵。

(一)乞谒陵寝

绍兴九年(1139)正月十二日,岳飞看到朝廷颁降的《讲和赦书》,知金人有归还河南地之意后,他立即上了一道《乞祗谒陵寝奏》:

太尉、武胜定国军节度使、湖北京西路宣抚使兼营田大使臣

---

① 《鄂国金佗稡编校注》卷一四《辞开府第三札子》(绍兴九年二月)。

岳飞状奏：臣伏睹正月十二日降到《赦书》，交割河南州县，内西京河南府系臣所管地方。自刘豫盗据以来，祖宗陵寝久失严奉，臣不胜臣子区区之情，欲乞量带官兵，躬诣洒扫。谨录奏闻，伏候敕旨。①

高宗、秦桧对岳飞此举还是同意的。因此，二月三日朝廷降省札给岳飞：

右勘会已降指挥，差同判大宗正事（赵）士㒟、兵部侍郎张焘前去祗谒陵寝。三省、枢密院同奉圣旨，札与岳飞照会，候逐官起发，申取朝廷指挥，量带亲兵，同共前去祗谒。今札送湖北京西路宣抚使岳开府。②

朝廷对祗谒陵寝事，颇为重视，在同意岳飞"量带亲兵"与赵士㒟同往洛阳祭扫陵寝后不久，又下了一道省札，明确规定了"修奉诸陵"的费用于"大军钱内"开支③。

按说，岳飞祗谒陵寝事已经落实。谁能想到，因岳飞第二道奏书中提出"往观敌衅"的计划，高宗又出尔反尔，取消了岳飞随赵士㒟前往祗谒陵寝的命令。岳飞第二道奏书原文如下：

北虏自靖康以来，以和款我者十余年矣，不悟其奸，受祸至此。今复无事请和，此殆必有肘腋之虞，未能攻犯边境。又刘豫初废，藩篱空虚，故诡为此耳。名以地归我，然实寄之也。臣

---

① 《鄂国金佗稡编校注》卷一二《乞祗谒陵寝奏》（绍兴九年正月）。
② 《鄂国金佗续编校注》卷九《同判宗士㒟等前去祗谒陵寝省札》（绍兴九年二月三日）。
③ 《鄂国金佗续编校注》卷九《合用修工费用令王良存于大军钱内支省札》。

请量带轻骑，随二使祗谒陵寝，因以往观敌衅。①

此奏疏一上，高宗、秦桧大吃一惊，他们这才明白：原来岳飞主动要求去洛阳祗谒陵寝，还有更重要的目的——乘此机会去侦察金军动息，揭穿金国"无事请和"的真实意图。他还是坚持反对议和，坚持收复两河失地。这对正在紧锣密鼓准备屈膝议和的高宗、秦桧，如同当头一记棒喝。于是，高宗马上收回成命，迅速降旨，不许岳飞亲自去洛阳祗谒皇帝陵寝了。四月十一日，三省同奉圣旨称：

> 检会绍兴九年四月十一日敕："枢密院札子：枢密院奏：勘会已降指挥，令岳飞量带亲兵，同士儦、张焘前去祗谒陵寝。缘今来新复故地之初，正要大将抚存军旅。奉圣旨：令岳飞更不须亲征。止选差将官一二员，部押壕寨人匠、军马，共一千人，随逐士儦、张焘前去祗谒陵寝。其一行合用钱粮，令王良存随逐应办。仍札与士儦、张焘照会。"四月十三日，三省同奉圣旨，检会已降指挥，札与岳飞照会。仍令学士院降诏奖谕。②

这道圣旨，又给岳飞当头浇了盆冷水。高宗一次又一次地出尔反尔，如何能使岳飞信任高宗？凡是议和，岳飞坚决反对；凡是抗金，高宗竭力阻止。高宗与岳飞之间深刻的矛盾，已难以化解。

（二）拍案而起请解军职

高宗、秦桧对于岳飞抗金行动十分恐惧，唯恐岳飞的举动"触怒"

---

① 《鄂国金佗稡编校注》卷一二《论房情奏略》。
② 《鄂国金佗续编校注》卷九《照会免去祗谒陵寝省札》（绍兴九年四月十四日）。

金国,破坏和谈。在出尔反尔三令五申不许岳飞亲往洛阳"祇谒陵寝"之后,又降御札,警告岳飞毋得深入河南地,进行联络义军的招纳活动:

> 朝廷得金人书,归我河南地。虏好方密,令毋得过界招纳。朕委任卿严饬边备,唯是过界招纳,得少失多,已累行约束,丁宁详尽。今后虽有三省、密院文字,亦须缴奏,不得遣发。
>
> 付此亲札,想宜体悉。付岳飞。
>
> 御押[①]

在接连不断地接到高宗御札和"三省同奉圣旨"之省札后,岳飞深感自己手脚被捆绑,行动不自由,难以伸张他"尽忠报国、还我河山"的壮志。既如此,身为大将,又有何用?悲愤之极的岳飞决定辞掉一切军职,乞身归田里,不愿和这些一心卖国投降、置广大人民群众利益于不顾的无耻小人为伍。于是在绍兴九年(1139)三四月间,他上了《乞解军务札子》:

> 臣窃谓事君以能致其身为忠,居官以知止不殆为义。伏念臣受性愚戆,起家寒微,顾在身官爵之崇,皆陛下识拔之赐,苟非木石,宁不自知?每誓粉骨糜身,以图报称。然臣叨冒已逾十载,而所施设,未效寸长。不唯旷职之可羞,况乃微躯之负病。盖自从事军旅,疲耗精神,旧患目昏,新加脚弱,虽不辞于黾勉,恐有误于使令。顾乞身稍遂于退休,庶养疴渐获于平愈。
>
> 比者修盟漠北,割地河南,既不复于用兵,且无嫌于避事。伏望陛下俯照诚恳,曲赐矜从,令臣解罢兵务,退处林泉,以歌咏陛下圣德,为太平之散民,臣不胜幸甚。他日未填沟壑,复效

---

① 《鄂国金佗稡编校注》卷二《令毋得过界招纳》;转引自《纪事实录》。

犬马之报，亦未为晚。臣无任激切战惧俟命之至。取进止。①

这道奏札，给高宗与秦桧来了个措手不及。奏札中"比者修盟漠北，割地河南，既不复于用兵，且无嫌于避事"，明明是对议和的讽刺。岳飞怒气冲冲，无非是反对和议。怎么办？训斥一通，只会火上加油；下诏抚慰，作出让步，许他祇谒陵寝，那又不是决计屈膝议和的高宗、秦桧所能为的。我们不知道他们在宫中如何紧急磋商，但最后结果是明确的：冷处理，不直接对岳飞解职请求表态。大义凛然的岳飞敢说敢为，针对朝廷置之不理的态度，他又上了《乞解军务第二札子》：

> 臣顷以多病易衰，仰渎宸听，乞退处丘垄，以便养疴。伏蒙陛下未忍弃去，当摅俞音。不免控沥肺肝，再摅悃幅。
> 今贤能辈出，才智骈臻，干城腹心之士可付以军旅者类不乏人。则臣之所请无邀君之嫌。
> 今讲好已定，两宫天眷不日可还，偃武休兵，可期岁月，臣之所请，无避事之谤。
> 臣不揆庸愚，幸免此二事，只以疾病余生，恐误任使。久享厚禄，坐费太仓，早夜以思，身不遑处。所以不避斧钺，至于再而不已。伏望陛下垂溥照之明，回盖高之听，曲加仁恻，洞照愚衷，使一夫之微，终遂其欲，特许退休，就营医药。臣不胜感戴圣德愿望之至。

岳飞上第二份辞职报告后，高宗感到不能再不予理会，遂煞费苦心地斟酌书写了一道不允辞职诏书：

---

① 《鄂国金佗稡编校注》卷一五《乞解军务札子》。

> 敕：其悉。卿竭忠诚而卫社，迪果毅以临戎，元勋既著于鼎彝，余暇尚闲于俎豆。蕃宣所赖，体力方刚，遽欲言归，殊非所望。顾安危注意，朕岂武备之可忘；惟终始一心，汝亦戎功之是念。益敦此义，勿复有云。所请宜不允。[①]

岳飞深感无奈。辞职既不许，只能留在军中，等待机会了。通过这一事件，岳飞对高宗、秦桧更加不信任了；反过来，高宗、秦桧对岳飞的猜疑与戒备也更加深了。

---

① 《鄂国金佗续编校注》卷四《乞罢军政退休就医不允诏》（绍兴九年）。

第八章　指麾中原大举北伐

一、金国毁约南侵

就在南宋朝廷沉醉于金人许归河南地、和议成功的"胜利"时，战争的乌云正在升起，并迅速地罩向江淮大地。

金天眷二年（宋绍兴九年，1139）秋，金国统治集团内部又展开了激烈的派系斗争。推翻粘罕后崛起的挞懒（完颜昌）、蒲鲁虎（完颜宗磐）、讹鲁观（完颜宗隽），在兀术（完颜宗弼）与斡本（完颜宗干，金熙宗继父）发动的政变中被杀[1]。其理由是挞懒一派主张对宋议和："宗弼察挞懒与宋人交通赂遗，遂以河南、陕西与宋，奏请诛挞懒，复旧疆。"[2]兀术因此进拜都元帅兼领行台尚书省。金熙宗授予兀术军政大权："诏诸州郡军旅之事，决于帅府，民讼钱谷，行台尚书省治之。"[3]兀术总掌军政实权后，即一反挞懒派归河南等地与宋通好的方针，"遂议南伐"。这得到熙宗全力支持。

金天眷三年（宋绍兴十年，1140）五月三日，金熙宗撕毁和约，诏谕诸州县，以挞懒擅割河南，江南（指南宋朝廷）不肯徇其邀求之故，特降诏元帅府，复取河南、陕西地。诏书说：

---

[1] 《金史》卷四《熙宗纪》。
[2] 《金史》卷七七《宗弼传》。
[3] 《金史》卷七七《宗弼传》。

> 粤有辽叔世，专肆奢暴，惟皇天假手于我太祖武元皇帝，恭行讨伐，并有土宇。惟我太宗文烈皇帝，不敢闷于天降威，乃命帅臣，自大河以北，皆为我有。太宗始务息民，不贪其土，止以大河分流为界。……挞懒等复力言：齐为不道，既废矣，边面四塞遐逖，猛士虽能守之，未免枕戈坐甲之劳。间以江左为邻，易生衅隙，不可撤警，难以久安之计，不若因以河南地赐与大宋。……朕以元元休息之意，断自朕心，又可其请。挞懒等不俟诏命款报，遽割土疆，旋班屯军，凡此之为，皆挞懒等实稔奸谋，相为接好，将启乱心。……朕尝以止戈为武，含垢藏疾，不欲重违成命。故王伦既执之后，命使发蓝公佐偕往责数之，调岁贡、齐正朔、征誓表、追册命，冀其无我违，然后礼降封册。今省来章，蔑如也；其余事，意反有要求。……乃议大军数道，节制并进，应洪流之南，皆从抚惜。呜呼！非朕一人与夺有食言，尚念军士久岁征役，所成大事，式当此行。……今命大元帅府领大军数道，当体至意。①

于是，都元帅兀术率十万兵马自黎阳直趋汴京，以聂儿孛堇军和河南的李成为左、右翼，取道汴京直下两淮；右监军撒离喝率西路军，由同州出发，攻陕西。

金朝撕毁盟约，重开战争的行动，使高宗、秦桧投降议和集团，在政治上和军事上陷入十分被动的境地。

绍兴九年（金天眷二年，1139）八月二十六日，金许"以河南地与宋"。南宋即派遣文武官员去接管"新复州郡"——河南、陕西地。如派遣孟庾、刘锜为东京开封府正副留守，路允迪、李显忠为南京应天府留守，李利用为西京河南府权留守等。同时，又派王伦、蓝公佐为正副使臣，出使金国。十月四日，王伦到达御林子，始见金熙宗。

---

① 《金史》卷四《熙宗纪》；《建炎以来系年要录》卷一三五，绍兴十年五月丙戌条引《绍兴讲和录》。

结果是遭到冷遇,金熙宗对转交的宋高宗书信"悉无所答"。而另派翰林待制耶律绍文为宣勘官,接待以宋签书枢密院事(相当于国防部副部长)身份出使的王伦。耶律绍文毫不客气地问王伦:

"还知元帅挞懒罪否?"

伦对:"不知。"

又问:"无一言及岁币,却要割地,但知有元帅,岂知有上国耶?"

伦曰:"昨者签宣萧哲以国书来,许割河南,归梓宫、太母,天下皆知上国寻海上旧盟,与民休息,使人奉命通好两国耳!"①

王伦被扣押,"留云中无还期"。金熙宗只放副使蓝公佐归宋,目的是要他转告高宗赵构:现在要商议的不是归河南等地的事,而是岁贡、誓表、正朔、册命等事,并索取"河东、北士民之在南者"。这分明是不祥的消息。文武百官对宋金关系的转变,都感到十分忧虑,纷纷上奏,希望君相对此能有所提防,并作出应变。右正言陈渊入对时,向高宗进谏:

近因蓝公佐归自金国,而同时正使王伦辄为金人所留。又闻金人尽诛往日主议之人,且悔前约,以此重有邀索。国事之大,无过与此。于是辄以和战二议不可偏执之说……且陛下既知今日之和自当以战为主,则和之不可坚守而战之不可不备也审矣。

盖和、战两途,彼之意常战,不得已而后为和;我之意常欲和,不得已而后有战。战非我之意,和亦非彼之意,不能以相异也。……然则和之必变,立可待矣。或者必欲多与之币以幸其久

---

① 《建炎以来系年要录》卷一三二,绍兴九年十月辛亥条。

而无变,无是道也。

　　故臣愿陛下以和为息战之权,以战为守和之备,惜财以厚民,吝予以存信,不务目前之利,务为长久之策。①

吏部员外郎许忻因反对和议被秦桧排挤,外任荆湖南路转运判官,临行,亦上疏曰:

　　臣窃见金人为本朝患,十六年于兹矣。昨者张通古辈来议和好,陛下以梓宫、母后、渊圣之故,俯从其欲,复命王伦等报聘。今王伦既已拘留,且重有邀索,外议藉藉,谓敌情反复如此,咸以为忧。望陛下采中外之公言,定国家之大计,深察敌人变诈之状,亟安天下忧虑之心。继自今时为严守备,激将士捐躯效死之气,雪陛下不共戴天之仇。上以慰祖宗在天之灵,下以解黎元倒垂之命,庶几中兴之效,足以垂光于万世。②

文臣对金国内部镇压主和派的政变和对宋朝态度的明显变化,忧心忡忡,迫切地要求"陛下深察敌人变诈之状,亟安天下忧虑之心,继自今时为严守备";武将更是焦虑万状,摩拳擦掌。岳飞自不待言,他对金许归河南地,根本不信,早就指出"盖夷虏不情,而犬羊无信,莫守金石之约,难充溪壑之求"③,一直强烈反对议和,没有停止过北伐抗金的准备。淮东宣抚处置使韩世忠,得悉金朝内部动荡、政局不稳,上言:

　　金人诛戮大臣,其国内扰,淮扬戍卒及屯田兵尽勾回。

---

① 〔宋〕陈渊《默堂文集》卷一三《上殿札子》(绍兴十年正月二十三日)。
② 《建炎以来系年要录》卷一三四,绍兴十年正月辛巳条。
③ 《鄂国金佗稡编校注》卷一〇《谢讲和赦表》。

他主张"乘虚袭击"。高宗听了十分紧张,用斥责口吻回答说:

> 世忠武人,不识大体。金人方通盟好,若乘乱幸灾,异时何以使敌国守信义?①

宋高宗明确地否决了韩世忠"乘虚袭击"的请战要求。在稳住韩世忠之后,高宗和秦桧对岳飞更是放心不下,在宋金形势产生急剧变化的关头,唯恐岳飞主动出击,于是在绍兴十年(1140)初专门给他下诏:

> 昨因虏使至,虑传播不审,妄谓朝廷专意议和,是用累降旨,严饬边备。近据诸路探报,虏人举措,似欲侵犯。卿智谋精审,不在多训,更须曲尽关防,为不可胜之计,斯乃万全。朕比因伤冷作疾,凡十日不视朝,今则安和无事。虑贻卿远忧,故兹亲诏,想宜知悉。付岳飞。
>
> 御押②

高宗戒敕岳飞"曲尽关防""严饬边备",不许越出辖区,主动进驻新收复之河南地作出积极的防御金人"侵犯"的部署。

不管高宗如何"识大体"、对敌国"守信义"、命令武将"曲尽关防"、不许"乘虚袭击",金军已铺天盖地而来,并不买赵构、秦桧"忍耻恃和"③的账。金国都元帅兀术,打破过去秋季出兵、宋军惯于"防秋"的常规,夏季五月出兵,使宋朝廷措手不及。力主和议的宰相秦桧成为众矢之的。"敌欲盟则盟,欲战则战,使旗方北,敌骑已南。此

---

① 《建炎以来系年要录》卷一三一,绍兴九年八月丙寅条。
② 《鄂国金佗稡编校注》卷二《朝廷得谍报,虏人果有意叛盟,赐御札令饬备》(绍兴十年)。
③ 〔明〕黄淮等编《历代名臣奏议》卷三三九《御边》,吴昌裔奏。

桧主和之验也。"① 秦桧怕因此丢官罢相,"大恐,不知所为,顾盼朝士,问以计策"②。

这时,有个司勋员外郎张嵲,为秦桧出谋划策。他向秦桧背诵了《尚书·商书·咸有一德》中的"德无常师,主善为师;善无常主,协于克一(德没有不变之法,只要能达到善治就是可行之法;善没有不变之准则,只要能协调于和谐统一就是善)"。秦桧一听,感到有道理,就当前如何应付金军败盟的被动处境,又询问了张嵲。张嵲心领神会,进一步把他的主意具体化:

> 天下之事,各随时节,不可拘泥。曩者相公与虏人讲和者,时当讲和也,今虏人既败盟,则曲在彼,我不得不应,亦时当如此耳!③

以前求和,没有错;现在金人既已败盟,当然不能再讲和了,赶快换一副面孔,要讲抗金,要主战。接着,张嵲建议秦桧立即"召诸将为战攻之计"。秦桧喜出望外,马上吩咐张嵲为他起草一份向高宗上奏的奏书:

> 臣闻:"德无常师,主善为师;善无常主,协于克一。"此伊尹相汤《咸有一德》之言也。臣昨见挞懒有割地讲和之议,故赞陛下取河南故疆。既而兀术戕其叔挞懒,蓝公佐之归,和议已变,故赞陛下定吊民伐罪之计。今兀术变和议果矣,臣愿先至江上,谕诸路帅同力招讨。陛下相次劳军,如汉高祖以马上治天下,不宁厥居,为社稷宗庙决策于今日。如臣言不可行,即乞罢免,以

---

① 《建炎以来系年要录》卷一三五,绍兴十年五月辛丑条所引《中兴龟鉴》。
② 〔宋〕黎靖德编《朱子语类》卷一三一《本朝》五《中兴至今人物》上。
③ 《朱子语类》卷一三一《本朝》五《中兴至今人物》上。

明孔圣"陈力就列,不能者止"之义。①

高宗与秦桧站在同一条"屈膝求和"的船上,他实际上和秦桧处于同样尴尬的境地,对于秦桧引经据典,以"德无常师"来掩饰己过,不但没有反感,反而赞同。高宗迅速将秦桧此奏转发给诸大将。岳飞读到"德无常师"之句时,十分气愤,"恶其言饰奸罔上"。岳飞一眼洞穿秦桧"饰奸"的卑鄙手段;至于说"罔上",无非是岳飞不敢指斥乘舆(高宗)而已。他心中当然明白,没有高宗背后支持,秦桧无法玩弄此种拙劣的伎俩,早就应该被罢免了。

为了表明与金决战的姿态,高宗、秦桧接连作出了几个大动作。先是颁布声讨金国不讲信用、命诸大将准备应战之诏书:

> 昨者金国许归河南诸路,及还梓宫、母、兄。朕念为人子弟,当申孝悌之意;为民父母,当兴拯救之思,是以不惮屈己,连遣信使,奉表称臣,礼意备厚,虽未尽复故疆,已许每岁银绢五十万。所遣信使,有被拘留,有遭拒却,皆忍耻不问,相继再遣。不谓设为诡计,方接使人,便复兴兵。今河南百姓,休息未久,又遭侵扰,朕蠹然痛伤,何以为怀?仰诸路大帅,各竭忠力,以图国家大计,以慰遐迩不忘本朝之心,以副朕委任之意。②

同时,又声讨金都元帅兀术,颁布《赏格》:

> 三省、枢密院同奉圣旨:金人侵犯中原,兵革不息,已逾一纪。天下忠臣义士,虽在沦陷之中,乃心不忘国家。今兀术无名再起

---

① 《建炎以来系年要录》卷一三六,绍兴十年六月甲辰条。
② 《鄂国金佗续编校注》卷四《绍兴十年·金人叛盟兀术再犯河南令诸路进讨诏》,并参《建炎以来系年要录》卷一三五,绍兴十年五月戊戌。

兵端，南北云忧，未知休息之日，凡尔怀忠抱义、乡里豪杰之士，有能杀戮首恶，或生擒来献者，并与除节度使，仍加不次任使。其余能取一路者，即付以一路；取一州者，即付以一州，便令次任。应府库所有金帛，并留赏给兵士。其余忠力自奋，随力大小，高爵重禄，朕无所隐。

又三省、枢密院同奉圣旨：两国罢兵，南北生灵方得休息。兀术不道，戕杀其叔，举兵无名，首为乱阶。将帅军民，有能擒、杀兀术者，现任节度使以上，授以枢柄；未至节使者，除节度使；官高者，除使相；现统兵者，除宣抚使。余人仍赐银、绢五万匹、两，田一千顷，第宅一区。①

继而，于六月一日又命三大宣抚使韩世忠、张俊和岳飞各兼招讨使之衔：

少师、京东宣抚处置使韩世忠为太保，封英国公兼河南北诸路招讨使；

少傅、淮西宣抚使张俊为少师，封济国公兼河南北诸路招讨使；

武胜定国军节度使、开府仪同三司、湖北京西宣抚使岳飞为少保兼河南北诸路招讨使。②

五年前，南宋朝廷授予岳飞检校少保阶官。其后，逐步晋升为太尉（正二品）、开府仪同三司（从一品），直至如今擢为正任少保（正一品），位列"三少"（少师、少傅、少保），官高位尊，当属殊赏。此前，

---

① 《建炎以来系年要录》卷一三五，绍兴十年五月戊戌条引蜀中刊行《丝纶集》。
② 《建炎以来系年要录》卷一三六，绍兴十年六月甲辰朔条。

人们称岳飞为"岳节使""岳宣抚";此后,多称他为"岳少保"了。

二、挺进中原

归还河南、陕西地时,金国就通知南宋不许废弃各地伪齐官吏,让他们"各守厥官"。为此宋高宗曾诏令诸大将"毋得过界",原地驻防。所以,金兵南下得以长驱直入,河南、陕西地很快又为金所占有。

宋金战争,断断续续,已经历了十余年,金国未能灭亡南宋;南宋虽未能大举北伐,收复故土,然而军事力量却在不断壮大,又有南部中国的财力、人力支持,事实上国力足以与金抗衡。纵然高宗、秦桧坚决压制诸大将主动出击,但对于自川陕沿长江、两淮的防线,还是一直注重加强的,因此,兀术统率的数路军马,一接近南宋原来的防线,立即遭到了猛烈的抵抗。

金西路军在川陕宣抚副使胡世将、吴璘、杨政、郭浩等将帅英勇抗击下,到处碰壁。撒里喝望见大虫岭上吴璘的驻兵时,感叹地说:"善战者,立于不败之地,此难与争!"不得不退兵凤翔。

金东路军重点进攻的区域是淮西,即张俊的防守区。而淮西宣抚帅司设在离前线较远的建康;在九个月之前,张俊还将原在庐州的八千人马调回建康驻屯;因此淮西防守力量十分薄弱。南宋政府虽然早已得到金准备败盟南侵的情报,却没有采取加强防御的措施。

纯粹是出于偶然,新任东京副留守刘锜带领一万八千名"八字军"(此时王彦已卒),从杭州搭乘九百艘船前往东京;行至淮河涡口,听到金人败盟南下的消息,刘锜与将佐舍舟陆行,急趋顺昌。这时又传来东京已陷落的消息,形势十分紧张。刘锜在顺昌守臣陈规的支持下,决心"破釜沉舟",在顺昌与金人决一死战。在刘锜号召下,全军上下凿沉船只,修筑工事,表示决不后退。刘锜还把柴火堆积在自家门前,说:"万一不利,就烧焚我的家眷,决不让他们落入敌手遭受污辱。"

刘锜部署将佐守城门,加强侦探,招募百姓作哨探,"男子备战守,妇女砺刀剑"。"八字军"健儿互相激励说:"我辈自此出阵,未曾立功,今才至此,便遇大敌,须是出力报答国家!"[①]

六天以后,金三路都统葛王乌禄以兵三万,与龙虎大王合兵,围攻顺昌。刘锜或用神臂强弩,或用步兵邀击,或遣骁将、募壮士雨夜袭击敌营。金兵大败,损失铁骑数千。都元帅兀术见败报后,自率十万大军驰往顺昌。兀术一到顺昌,发现城墙守御工事十分简陋,傲慢地说:"这样破败的城墙,我用靴尖一踢就倒!"责骂四员大将(三路都统、龙虎大王、韩常、翟将军)不中用。

兵临淮河,大军压境。高宗急忙一面任命刘锜为"沿淮制置使",要他守住淮河;一面下令岳飞速援淮西。岳飞当即派出张宪、姚政率军东进,牵制金军兵力,以解救顺昌之围。

刘锜在首战告捷的鼓舞下,面对十多万敌军毫不示弱。他抓住金军轻敌、远来疲乏、畏暑等弱点,已先在城外的水源、草丛处撒了毒药,致使渴不择饮的金军大批中毒,战斗力大为削弱。刘锜又派人下书与兀术约战,兀术大怒,遂于六月九日与宋军大战于顺昌城外。上午,天气较凉,刘锜按兵不动;等到中午,天气酷热,金军已力疲气索,刘锜突然命数百人冲出西门,数千人冲出南门,手持锐斧,不声不响地冲向兀术的中军。宋统制官赵樽、韩直身中数箭,战斗不已,战士们都拼死搏斗,刀劈斧砍,把金军打得大败。这一仗杀敌五千,金军横尸遍野。兀术的三千精锐"铁浮屠",和号称"长胜军"的"拐子马"铁骑队,在这次战役中丧失十之七八。兀术不得不于次日拔营退兵。顺昌解围。顺昌大捷给南侵的金军一记当头棒喝,对南宋抗金军民是极大的鼓舞。

当金军围攻顺昌时,半个月之中岳飞接连收到高宗六封诏书,可

[①] 《三朝北盟会编》卷二〇一,杨汝翼《顺昌战胜破贼录》。

见高宗忧虑焦急之状。其中有两封诏书这样写道：

> 金人过河，侵犯东京，复来占据已割旧疆。卿素蕴忠义，想深愤激。凡对境事宜，可以乘机取胜，结约招纳等事，可悉从便措置。若事体稍重，合禀议者，即具奏来。付卿亲札，想宜体悉。付岳飞。
>
> 御押

> 金贼背约，兀术见据东京。刘锜在顺昌，虽屡有捷奏，然孤军不易支吾。已委卿发骑兵策应，计已遣行。续报撒里喝犯同州，郭浩（宋永兴军经略使）会合诸路，扼其奔冲。卿之一军，与两处形势相接，况卿忠义谋略，志慕古人，若出锐师邀击其中，左可图复京师，右谋援关陕，外与河北相应，此乃中兴大计。卿必已有所处，唯是机会，不可不乘！付卿亲札，想宜体悉。付岳飞。
>
> 御押[①]

高宗授命岳飞"一援、二取、三收复"。"援"，东援淮西，西援关陕；"取"，图取开封；"收复"，收复失土，北渡黄河。并允许过界结约招纳，凡"可以乘机取胜"之事，"可悉从便措置"。

对岳飞来说，这两道允许深入北伐的"王命"，他已朝思暮想地等待了整整十五年！

高宗信中说"中兴大计""卿必已有所处"，从这点来说，高宗是猜对了。岳飞图谋之宏大、部署之周密，都是诸大将所不及的。

早在议和期间，岳飞预见到金必败盟，宋金必再战；因此，他从未中断北伐的筹划工作。

---

① 《鄂国金佗稡编校注》卷二《援顺昌六诏》。

绍兴九年（1139）和议达成后，岳飞就不顾高宗、秦桧的限制，派河北路统领忠义军马李宝过黄河，串联河北忠义民兵，在滑州境内活动。当金军败盟南侵后，李宝、孙彦便沿黄河东下进入兴仁府，这一支战斗力颇强的忠义军，正部署在开封的东面，牵扯了金人的部分兵力。

接着，又派统制官梁兴、边俊、李喜等渡黄河进入太行山区，联络河东忠义民兵，使河东、河北忠义豪杰"相与掎角"。

以上是黄河北岸的部署。

第二，派撞军统制军马吴琦到陕州，在中条山集合忠义民兵，接应大军"掩杀金贼，收复州县"。陕州为西入关陕的紧要门户。吴琦在中条山的活动，既能切断侵入河南的金军李成部同入侵关陕的撒里喝部的联系；又能与增援郭浩的武赳部相为掎角，起到互为应援的作用；此外，还构成了掩护岳飞主力挺进的一个侧翼。

第三，从全局着眼，派最得力的前军统制张宪、姚政东援刘锜，派武赳带一支军马西援郭浩。

第四，派中军统制王贵、牛皋、董先、杨再兴、孟邦杰、杨成、郝晸、张应等，分别经略洛阳、汝州、郑州、颍昌、陈州、光州、曹州、蔡州等河南地，并夺取东京。

第五，岳飞自率一军，长驱北伐，俯瞰中原，伺机渡河，收复河北失地。

第六，沿江布防，除留守襄阳防区外，还分兵长江中游驻留池州。[①]

岳飞的措置规划，虽行之于今日，但却是十五年来听取了中原义兵首领、中原父老的呼声，与将佐谋士日夜筹划的结果。从这苦心经营的过程，也可看出岳飞一心为国、一心拯民的心胸。

得到高宗的赞许后，岳飞立即率军奋起疾驰，向中原挺进。

---

① 〔宋〕叶梦得《石林奏议》卷一一《秦措画防江八事状》。

金人听到岳飞大军出动的谍报后，胆战心惊。不过，最害怕岳飞进军的却是卖国投降的秦桧。金人败盟毁约，对坚主和议的秦桧是当头一棒。秦桧怎能不担心皇帝怪罪而将他第二次罢相呢？

于是，他对投机钻营的给事中兼侍读冯楫说："金人背盟，我的去向未卜，不知皇上心思如何，请你探听一下圣意。"冯楫自然照办，一天，他对高宗说："金人长驱犯顺，势须兴师，如张浚者，且须以戎机付之！"高宗一听，板下脸孔厉声地说："宁至覆国，不用此人！"

秦桧听说高宗决不起用抗战派张浚后，高兴至极。他明白高宗妥协投降的政策没有改变。秦桧党羽御史中丞王次翁向高宗上奏："前日国是，初无主议。事有小变，则更用他相，后来者未必贤；而排斥异党，纷纷累月不能定，愿陛下以为至戒。"王次翁这段话完全是为了维护秦桧的相位说的，正合高宗的心意。于是"桧位复安"，甚至"据之凡十八年，公论不能撼摇矣"。

既然高宗不变妥协投降的国策，因此，当顺昌解围，东西战线都顶住了金军的进攻，局势又趋稳定时，他必然又要考虑收缩战线了。高宗决不允许岳飞按照原计划深入，深恐妨碍今后的继续议和，连忙派司农少卿李若虚赶到鄂州向岳飞传旨班师。

李若虚赶到鄂州，岳飞元帅府已开拔。六月下旬，李若虚赶到德安府，向岳飞传达了高宗"兵不可轻动，宜且班师"的诏命。岳飞听了，大不以为然。他简直不相信皇帝竟会如此轻率地变更方针，他拿出接到不久的高宗亲笔信给李若虚看，那信上分明写着：

今遣李若虚前去就卿商量。凡今日可以乘机御敌之事，卿可一一筹画措置先入，急递奏来。据事势，莫须重兵持守，轻兵择利。其施设之方，则委任卿，朕不可以遥度也！①

---

① 《鄂国金佗稡编校注》卷二《驿遣李若虚诣军前议事》（绍兴十年）。

李若虚感到左右为难：岳飞军已经按计划行动，像一面撒出去的大网，正罩向东京，发展下去，还有渡河挥师北向的希望，如果现在撤军，实在可惜；但君王命他传诏，如不尽职守，违反了皇帝的旨意，必将受到严惩。权衡了利害，李若虚不得不坚请岳飞退师。但岳飞决心北伐。他向李若虚讲了当初收复襄阳六郡，以及深入伊、虢，后来被召撤军的往事，表示那时已失去了进军的大好机会，如今东、西线我军都已取胜，形势有利，正是收复中原的时机。如果再错过这样的良机，上对不起列祖列宗，下对不起日夜盼望王师北来的中原父老，也辜负了皇帝的恩宠，因此决不能奉诏。何况自古以来"将在外，君命有所不受"！李若虚本是反对议和和投降的抗战派，鉴于民族大义，他毅然地说："事既尔，势不可还。矫诏之罪，若虚当任之。"①

李若虚还朝后虽没有遭到诛杀，却被秦桧罢了官。但他以个人的失官，支持了岳飞第二次的大举北伐。

三、北伐势如破竹

岳飞的威名，使敌人闻风丧胆。在岳飞大军挺进中原前一年，山东梁山泊附近，还曾出现过一支拥有十万之众的忠义民兵。他们打着"岳家军"的旗帜，攻打东平府（山东东平），开展抗金斗争。

岳飞的名字，无论在南宋境内还是在金人占领的中原地区，人民闻之欢欣鼓舞，甚至"儿童识其姓氏"。中原人民盼着岳家军早日打过来。

如今，岳家军真的来了。中原人民含着泪花，焚香顶礼，欢迎这支抗金铁军；忠义民兵更是群起响应，配合岳家军的北伐。

当兀术从祁州南下，于五月十一日逼临东京，东京留守孟庚投降、兴仁府知府李师雄也跟着投降的时候，岳飞派出的统领官李宝、孙

---

① 《建炎以来系年要录》卷一三六，绍兴十年六月乙丑条。

彦，此时正率忠义民兵从共城西山下来，并乘船沿黄河东下，至东京东北的兴仁府辖区向金人袭击，声势颇为浩大。兀术要率大军南下，必须解除后顾之忧，遂派前军四千户带领四千人马回师至宛亭县的荆冈，企图扑灭这支义军。李宝严阵以待，还击金军。当他得悉在荆冈东面二十里地渤海庙下寨的一支敌军守备松弛的情报后，立即分兵两路，乘夜偷袭。半夜两路兵汇合，闯入金营后挥舞刀斧砍杀金兵数百人；被惊醒的金兵来不及乘马，就落荒而逃，其中掉入河中的不知其数。这一仗杀死金将鹘旋郎君和千户头目三人，夺到写着"都元帅越国王前军四千户"字样的白色军旗一面，马一千匹。当时兀术屯驻东京，闻讯大惊。六月二日，他又派遣金牌郎君集结东京以北的女真军大队人马，攻打李宝。李宝统率忠义民兵机智灵活地击退了金军的进攻，追杀二十余里，杀伤、缴获很多。李宝宛亭之捷，揭开了岳家军这次北伐的序幕，显示了岳飞"连结河朔""收复中原"方针的威力。

六月十三日，统制官牛皋在北赴许昌途中，败金人于京西，传出了岳家军主力部队北伐的第一份捷报。

这时，张宪、姚政为策应刘锜，分散金军围攻顺昌的兵力，已经在光州、蔡州境内与敌军交战。

六月二十三日，统领孙显在蔡州与陈州之间大破金人裴满千户。

接着，岳飞亲率精锐从德安府出发攻打蔡州，大破金守军，收复了蔡州，又获得大胜①。六月二十八日，高宗亲笔嘉奖岳飞说："提兵已至蔡州，暑行劳勚（疲），益见忠诚许国……迟速进退，卿当审处所宜。"岳飞进军不久，即获大胜，高宗却提出"迟速进退，卿当审处"。这绝不是一般的嘱咐，而是警告岳飞，进退行动要慎重。其中多少也流露了对岳飞违诏的不满。

---

① 岳飞收复蔡州日子，据《宋史·高宗纪》和《鄂国金佗稡编校注》卷二《提兵至蔡州赐御札》，可定为六月二十八日前；又据岳飞在德安府会见李若虚时间在六月二十二日，可推定收复蔡州时间在二十五日左右。

闰六月十九日，岳飞军向金军退守的防线发起进攻。部将张宪、傅选受命攻打东京外围敌人三大据点之一的颍昌府。张宪、傅选在颍昌城南四十里外与金大将韩常大战，获胜。二十日，一举收复颍昌。

岳飞帅府遂从蔡州开拔，向郾城挺进。岳飞任命马羽为知蔡州。

岳飞第二个攻取的目标是陈州。陈州是东京南面的军事重镇，为古来兵家必争之地，兀术已派翟将军重兵把守。岳飞大军指向陈州后，兀术唯恐陈州有失，威胁东京，又从自己的大本营中抽调兵马火速增援陈州。岳飞则派出牛皋、徐庆两大将，与张宪、傅选会合，夹攻陈州。

二十四日，在陈州郊外十五里处，宋金两军激战。张宪率部突破金军防线，金三千余骑兵无法抵挡，拨转马头往城里逃窜。张宪遂分兵数路，浩浩荡荡向陈州并进。离城数里，金国翟将军已布好阵势，准备迎战。岳家军擂动战鼓，杀声四起，张宪、牛皋、徐庆、傅选率领部下，从四面八方冲进敌阵。翟将军顿时惊慌失措。金军失去了有效的统一指挥，乱了阵脚，狼狈而逃。这一仗，岳家军活捉了金将王太保，缴获了一批马匹。岳家军收复了陈州，拔除了东京外围金人的又一个重要据点。岳飞任命捷胜军统制官赵秉渊知淮宁（即陈州）府事。

二十五日，在颍昌前线，大股金骑前来袭击，企图夺回颍昌。岳飞部将中军统制王贵派董先、姚政等将领迎击。经过一个时辰的激战，在城北七里店，大败金镇国大王及韩常所统率的六千余骑兵，追杀三十余里。

在同一天，岳飞所属部将王贵之将杨成又击败金军头领万户漫独化五千人马，收复郑州。郑州离东京只一百二十里了。

二十九日，准备将刘政夜袭退守中牟县的金军漫独化营寨，杀死大量金军，夺获战马三百五十余匹、驴骡一百余头及大量衣物武器。中牟县在郑州东面，离东京只五十余里。

到闰六月底为止，岳家军所控制的地区，自东京东北面的曹州，至东京西面的郑州、西南的颍昌、南面的陈州，已经形成了一个对东京的包围圈。这时，韩世忠部将王胜收复了海州，张俊部将王德收复了亳州。亳州靠近东京东南的前卫据点归德府。

金军统帅兀术，深为东京日益吃紧的军事局势忧虑，而高宗却向岳飞下了这么一道诏书：

> 览卿奏，知已遣兵下郑州。自许、陈、蔡一带，形势皆为我有。大军去贼寨止百余里，想卿忠义许国之心，必期殄灭残虏，嘉叹无已。
>
> 然，贼计素挟狙诈，虽其奸谋不能出卿所料，更在明斥堠，谨间谍，乘机择利，必保万全。兵事难以逾度，迟速进退，朕专付之卿也。已差中使劳卿一军，未到间，卿有所欲，前期奏来。入觐无早晚，但军事可以委之僚属，即便就途。付岳飞。
>
> 御押[①]

正当岳飞军北伐节节胜利、日益逼近东京的时候，高宗又对岳飞发出用兵不要"逾度"的警告；而且，突然要岳飞委军事于僚属，"即便就途"赴临安觐见。这真使岳飞莫名其妙，百思不解。岳飞岂能在这战斗的紧要关头放弃统帅的职责？他没有理睬高宗的乱命。

这时，善于迎合高宗、秦桧的张俊，禀承朝廷的旨意，乖乖地班师，弃亳州，渡淮河退屯寿春[②]。

岳飞则专心致志、全力以赴地部署进兵东京的大会战。

他派郝晸、张应、韩清，于七月二日克复西京洛阳。金守将李成逃遁。岳飞任命中军统领苏坚知河南府事。同日，岳飞部将孟邦杰收

---

① 《鄂国金佗稡编校注》卷二《知已遣兵下郑州》（绍兴十年）。
② 《宋史》卷一《高宗纪》。

复永安军，后来又收复南城军。这之前，李兴、苏坚等已收复伊阳、福昌、永宁等八县及汝州。至此，南自唐、邓、襄阳六郡，北至陈州、蔡州、嵩州、许州、郑州、河南府等地，已全部为岳家军所收复。

岳飞围攻东京的第一步行动计划，已经实现。第二步，需要切断金军北面的联系。

二日，回黄河南岸受命的梁兴、董荣，分头率军重返北岸，汇合河北豪杰赵云、李进、牛显、张峪等，带领忠义民兵占夺州县，掩杀金军，在收复绛州垣曲县后，沿黄河北岸向东进军。济源金将高太尉集中了孟州、卫州、怀州守军一万余人马，与梁兴、董荣等所率忠义民兵激战于济源，从日中一直厮杀到天黑，金军大败，金军步兵损失八成以上。高太尉带领残余溃逃。梁兴猛追金军不放，在翼城又将高太尉打败，收复翼城。黄河北岸怀、卫、孟三州，全部为梁兴、董荣等将领所收复，并同河东李宝所据守的曹州连成了一片。

七月四日，来自河北赵州的信使，到达郾城岳飞军中，送来赵州收复的捷报。

敌人腹心地区赵州的收复，极大地鼓舞了敌后抗战军民的战斗激情。磁州、相州、泽州、潞州、开德府、德州、晋州、绛州、汾州、隰州等黄河北岸广大地区的忠义民兵，相互联络，约好以"岳"字旗为号，等待岳飞大军过河起兵。岳家军参议官高颖，为忠义民兵的巨大力量所鼓舞，自告奋勇地要求亲自过河去措置河北、河东、京东三路忠义军马，以"神赞岳飞十年连结河朔之谋"[①]。

至此，在东京至山东、河北的通道上也布下阻击力量。

在收复洛阳的前几天，岳飞派遣的先锋军副统制吴琦已率领中条山忠义民兵收复了陕州，和收复虢州的武赴、知商州的邵隆部队声气相通，卡住了金军自中原入关陕的咽喉。

---

① 《鄂国金佗续编校注》卷一〇《令措置河北河东京东三路忠义军马省札》。

"用事于金贼腹心之中,而收功于疆场千里之外。"有战略远见的岳飞,在这次大举北伐的战役中,充分地发动了敌后的广大忠义民兵,发挥了他们的特长和威力,解决了岳家军兵力不足与战场辽阔的矛盾,从而有力地配合和支援了主要战场上的战斗。

在湖北京西路宣抚使兼河南北诸路招讨使的职权范围之内,岳飞调动了他的全部力量,实现了从东北、北、西北、西、西南、南六个方向对东京的包围。当时东京外围只剩下东南的商丘以及东京的东面地区,按职责应由京东路、淮南东路宣抚处置使韩世忠进兵,岳飞自然不能越职行动,岳家军的力量也不允许再分兵东向,因此仍在金人手中。

这时韩世忠部队尚在海州,离商丘远达千里,根本谈不上配合作战;张俊部队虽曾一度攻克亳州,较韩世忠部离商丘为近,但张俊几天后就秉承秦桧意旨弃亳州南下至寿春屯驻。刘锜在顺昌,虽有进军北上壮志,但身不由主。

原来,就在这月,朝廷命杨沂中为淮北宣抚副使,刘锜当杨沂中副手,为宣抚判官。不久,又把杨沂中调离,把刘锜调往镇江。调刘锜的诏命是这样写的:

顺昌府旧属京西,合拨属本路,并要岳飞分拨兵将,严为守备。刘锜候岳飞差到兵马,将所部起发,前去镇江府,听候指挥使唤。[①]

刘锜调任的诏命传到岳飞军中,真叫岳飞哭笑不得。岳飞的有限兵力,部署围攻东京尚感不足,哪有余力可抽调至顺昌防守?相反,此时正亟需友邻部队驰援,赶往东京东面、东南面配合作战,以完成对东京的全面包围,乘机收复东京。让他恼火的是,如今不见友邻部

---

① 《鄂国金佗稡编校注》卷一二《乞刘锜依旧屯顺昌奏》。

队的一兵一卒，却要调刘锜部队撤向长江南岸。这不是釜底抽薪吗？

岳飞觉察到朝廷中有一股投降势力在牵扯自己的军事行动。他感到正面与敌人作战，力能胜任；侧身与投降派斗争，实在太难对付了。

岳飞为此一连写了三道《乞刘锜依旧屯顺昌奏》，第三道奏章说：

> 本司契勘所管军马，已分布调发前去陕、虢、西京、陈、蔡、颖昌、汝、郑州一带，并已有差往河东、河北措置事宜。已两次申奏，乞将刘锜一军且令于顺昌府屯驻，庶几缓急可以照应去讫。伏望圣慈特降睿旨，依臣已申奏事理施行。谨录奏闻，伏候敕旨。

然后，又上了《乞乘机进兵札子》，陈述了七月上旬东京前线的有利形势：

> 臣比得卫州忠义统制赵俊差人赍到申状，自闰六月二十七日起离本州，于今月初四日到臣军前报，比遣兵过河，会合忠义统制乔握坚等，已收复赵州了当。又遣本司统制梁兴、董荣两军过河，河北州县往往自乱，民心皆愿归朝廷，乞遣发大兵前来措置。臣契勘金贼近累败衄，其虏首四太子等皆令老小渡河。惟是贼众尚徘徊于京城南壁一带，近却发八千人过河北。此正陛下中兴之机，乃金贼必亡之日，若不乘势殄灭，恐贻后患。伏望速降指挥，令诸路之兵火急并进，庶几早见成功！取进止。①

对于朝廷中的投降派可能破坏北伐，岳飞早有所警惕；对于同僚中如张俊、杨沂中等人因嫉功观望，岳飞也有所预料。他曾经对李若

---

① 《鄂国金佗稡编校注》卷一二《乞乘机进兵札子》。

虚说过："敌人不日授首矣,而所忧者,他将不相为援。"① 岳飞的预言,不幸很快地变成了现实。这是高宗、秦桧一手造成的。

面对南宋朝廷中主和势力对北伐的屡次阻挠、高宗对北伐的暧昧态度,以及诸大将缺乏协同配合,个别的甚至以邻为壑的现实,岳飞预估到自己可能会成为北伐的一支孤军。因此,他一面向朝廷累请友军配合,一面已做了孤军作战的准备,把主力放在颍昌和郾城,加强对东京进攻的力量。其具体措施是:

一、"依旧为朝廷守湖北、京西两路。"凡在不属上述两地区内担任防务的兵力,全部抽回。这样,不但分布在河南府路的人马可以调出,而且原属河南府路的汝州、蔡州,以及原属淮南西路的蕲、黄、光三州的兵力也可以调出。

二、"号令归一。"② 要求将校不兼任跨越本宣抚司任命之外的职务。这样,如朝廷任命知河南府兼河南府路安抚使的李兴,要么做河南守臣,要么任宣抚司军职,听统帅部调遣,避免一身两用以致"照应不一",反而贻误军机;由川陕宣抚司任命知陕州的吴琦、知虢州的武赳的职务,也应予以卸免。吴琦仍专负本司赋予的"纠集忠义民兵、据险保聚、捍敌金贼"的使命,以卡住金军东西两路交通的咽喉。武赳的一军人马,则"发还本司,应副使唤"。这样就可抽出不少兵力和将校。

岳飞正忙于筹划,力图依靠本部的力量来攻取东京时,敌人却抢先行动了。

兀术于闰六月下旬,已窥察到南宋朝廷没有派韩、张、杨、刘诸大将出动与岳飞呼应的动向,但他畏惧岳飞,"且有河北忠义响应之援,其锋不可当",因此未敢轻动;他召集龙虎大王等在东京商议对策,"欲

---

① 《建炎以来系年要录》卷一四四,绍兴十二年正月戊申条。
② 《鄂国金佗稡编校注》卷一二《乞号令归一奏》。

诱致王师，相近汴都，并力一战"①。

可是，用兵如神的岳飞，除了派遣牛皋等在颍昌和开封之间袭击外，将重兵集结在颍昌、郾城一线待机。兀术诱歼岳家军的计谋未能得逞。

七月八日，兀术亲率一万五千骑兵，取小路奔袭岳飞统帅部所在地郾城。

当金军到达郾城外二十余里处，就遇到岳云带领的背嵬马军、姚政带领的游奕马军的迎击。岳云出阵之前，岳飞严肃地对儿子说："必胜而后还，如不用命，吾先斩汝矣！"

为了对付金军"铁浮图"和"拐子马"骑兵战术，岳飞命骑兵将士手持用麻绳捆扎好的长竿快刀、大刀、快斧上阵，并选定在申时（下午3时至5时）后与敌交战。

鏖战空前激烈。岳家军骑兵刀砍敌军马脚，斧劈鞍上的敌军将士，在马背上与敌人肉搏格斗。金军骑兵也拼命厮杀，失利后，他们重新集结编队，退而复进。岳家军则"或角其前，或掎其侧"②，即一会儿集军于正面，与金军较量角斗，一会儿又分兵猛击金军侧翼，牵制金军正面的进攻。由于岳家军的战术机动灵活，金军"铁浮图""拐子马"发挥不出威力。双方激烈交锋了数十次，金军仍然不退。骁将杨再兴单骑冲入敌阵，欲生擒兀术未获，被金军围困；他毫不畏惧，奋勇作战，结果手杀数百人，自己也负伤达数十处。在岳家军将士凌厉无比的攻击下，金军终于败退了。这一仗，杀得金军尸横遍野，缴获金军战马二百余匹。

七月十日傍晚，金军反扑。在郾城县北的五里店，金前锋一千骑飞奔而来，大部队在后面迤逦跟进。得到探报后，岳飞立即传令出发，

---

① 《鄂国金佗稡编校注》卷二《近据诸处探报及降虏面奏》（绍兴十年）。
② 〔宋〕张皋《紫微集》卷一二《梁吉等为与乌珠接战获捷各转一官制》。

他自己也披甲执锐，准备厮杀。都训练霍坚见主帅亲自上阵，立即拦住马头劝谏说："相公为国重臣，安危所系，奈何轻敌？"

岳飞不听劝阻，霍坚则拦住马头不放，奈何军情十万火急，岳飞不得已往霍坚手上抽了一鞭，乘霍坚松手的机会，策马冲向前去。这时敌骑已在五里店摆开了一字阵势。岳飞一眼瞥见敌阵中有个头戴盔甲身披紫袍的将领，当机立断，挥师向他猛冲过去。岳飞一马当先，部将及亲兵们紧紧相随。穿紫袍的金将不及招架，已被岳飞一刀劈为两半。岳家军将士乘机奋力杀敌。经过一番恶战，金军又被击溃。岳家军策马追击二十余里，获得大胜。事后打扫战场，从穿紫袍的尸体上搜到一枚红漆牌，写有"阿李朵孛堇"字样，才知是金军的重要将领。

郾城大捷不同于顺昌大捷。顺昌大捷是在守城战中打败金军精锐骑兵；而郾城大捷却是在平原旷野上与金军骑兵的大会战，也是双方骑兵战术的大较量。这两次大战表明无论攻或守，宋方都能战胜金军"铁浮图""拐子马"的战术，从而粉碎了"铁浮图""拐子马"不可战胜的神话。为此，连兀术也不得不悲叹说：

"自海上起兵，皆以此胜，今已矣！"①

郾城大战的捷报飞递到南宋朝廷，高宗览奏后很高兴，因为岳飞的胜利能够逼迫金人重新言和。高宗亲笔嘉奖岳飞：

> 览卿奏，八日之战，虏以精骑冲坚，自谓奇计。卿遣背嵬、游奕迎破贼锋，戕其酋领，实为隽功。然大敌在近，卿以一军，独与决战，忠义所备，神明助之，再三嘉叹，不忘于怀。
>
> 比已遣杨沂中全军自宿、泗前去，韩世忠亦出兵东向。卿料敌素无遗策，进退缓急之间，可随机审处，仍与刘锜相约同之。

---

① 《鄂国金佗稡编校注》卷八《行实编年》之五。

屡已喻卿，不从中御，军前凡有所须，一一奏来。七月廿二日。①

三省、枢密院还奉高宗旨意，赏赐钱二十万贯作为犒赏：

> 枢密院奏："勘会岳飞一军于郾城县，独与番寇全军接战，大获胜捷。"右三省、枢密院同奉圣旨，令户部支降现钱关子贰拾万贯，付岳飞等第犒赏。今札送湖北京西路宣抚使、兼河南北诸路招讨使岳少保照会施行。
>
> 绍兴十年七月廿三日　押押

兀术不甘心失败，不久又统兵十二万，在颍昌和郾城之间的临颍布阵，要与岳飞再作决战。

七月十三日，岳飞派遣张宪统率背嵬、游奕诸军人马，奔赴小商桥北至临颍一带迎击敌人。骁将杨再兴领三百轻骑作先锋，探听虚实。刚到小商桥，骤遇金军大股部队。杨再兴及三百骑兵陷于金兵重重包围之中。杨再兴毫不畏怯，率领战士浴血奋战，斩敌三千余人。杨再兴和三百壮士全部壮烈牺牲。后来找到杨再兴尸体火化时，发现他身上所中的箭镞竟达两升之多。

不久，张宪统率的大部队赶到，击退了金军。兀术连夜逃遁。张宪再克临颍县。第二天一早，巡逻兵在城南发现敌先头部队，张宪迅速派兵追击。金军遂分兵奔向尉氏县和颍昌府。

奔往颍昌府方向的金军由兀术率领，计有镇国大王、大将军韩常统率的三万骑兵。其目的是一鼓作气攻取颍昌。

岳飞运筹于帷幄之中，决胜于千里之外。他预料兀术必回师颍昌，早在十三日晚上，已命岳云带背嵬亲军火速驰援颍昌。

---

① 《鄂国金佗稡编校注》卷二《郾城屡胜，复赐御札褒谕》（绍兴十年）。

待到兀术军列阵于颍昌西门外时，岳飞援军已先于金军到达颍昌。七月十四日，颍昌守将王贵令董先、胡清守城，自领中军，姚政领游奕军，岳云领背嵬军出城迎战。金军在舞阳桥南列阵十余里，金鼓之声，摇撼城堞。岳云出战前，命令部下说："不要在战斗过程中去牵战马、抓俘虏，必须听从梆声行动。"

　　岳云说罢，领八百骑兵冲向敌阵，左、右两翼步军跟进。这一仗从早晨打到中午，鏖战两三个时辰。岳云与敌交锋数十回合，盔甲、战袍血迹斑斑，仍英勇战斗。岳云、姚政所率岳家军将士，无不抱着血战到底的决心，以一当十，"人为血人，马为血马"（独王贵见兀术军兵马壮盛，一度怯战，当场受到岳云的呵责，后来又受到岳飞的严厉处分），双方相持不下。幸亏守城的董先、胡清二将，见鏖战多时，胜负难分，主动率领部伍出城参战，扭转了战场形势。在岳家军奋力搏斗下，最后打败了兀术亲自指挥的三万骑兵。这一次恶仗，岳家军杀敌五千余人，杀死三品官金统军上将军夏金吾、千户五人。在敌人溃退时，俘虏军官七十八人，小卒二千余人，战马三千余匹，金印七枚。兀术狼狈逃窜。四品官副统军粘罕索孛堇身受重伤，被部下护送至东京后身死。

　　七月二十八日，张宪统率的大军，经临颍东北向东进军途中，又与金军五千骑兵遭遇。统制官徐庆、李山、寇成、傅选领骑兵大败金军，追杀十五里，并获战马一百匹、器甲无数。

　　郾城－颍昌大决战，自八日开始至十八日收尾，历时十一天。金军由其军事统帅兀术亲自指挥督战，可以调动各方人马，在兵力上超过岳家军二至三倍，战马、械甲也远胜岳家军，而且还有内线作战的有利条件；但岳飞指挥得当，料敌如神，将校用命，士气激奋，虽然无友军之配合，仍能每战必胜，击败金军十余万人马的轮番反扑，歼金军近二万之众。岳飞不愧为无敌的统帅，岳家军不愧是所向披靡的劲旅。

　　岳飞信心满怀，决心向朱仙镇进军。

朱仙镇位在东京西南的四十五里处。兀术得知岳飞向朱仙镇挺进，赶忙集结部队，准备与岳飞军对垒。

两军交锋时，岳飞命骁将率五百背嵬军先出阵，谁知刚打了第一个回合，金军大部队就惊慌溃逃，奔回东京。

经过几次较量，金军无不败北，实难抵挡岳家军的攻势了。他们惊呼："撼山易，撼岳家军难！"

雄心勃勃、一心想以武力并吞南宋的兀术，是金军将帅中最善用兵的统帅，也哀叹道："我起北方以来，未有如今日屡见挫衄！"

金帅乌陵思谋，向来以阴险狡猾著称，如今他生怕部队散走，或自投岳家军，不得不顺着军心欺骗说："毋轻动，俟岳家军来，当迎降！"

这时，金统制官王镇，统领崔庆，将官李觊、崔虎、华旺，甚至禁卫龙虎大王的部将高勇及张仔、杨进等，都从河北渡河，千里来投岳飞。大将韩常也暗自派人至岳飞帐中，表示愿率部归附岳飞，岳飞非常高兴，并派贾兴示复。

兀术见形势日蹙，准备弃东京北还。

收复东京，指日可待。岳飞十分兴奋，对部下激动地说：

直抵黄龙府，与诸君痛饮耳！ ①

四、十年之功废于一旦

在黄河北岸的大平原上，郾城－颍昌大捷、朱仙镇大捷的好消息不胫而走。

金占领区的父老百姓，他们牵牛挽车运送干粮、粟谷给敌后的义

---

① 邓广铭先生认为，岳飞所说的黄龙府，即指今日的北京，见《文史》第七辑《黄龙痛饮"考释"》一文。

军，还在大路边引颈盼望岳家军的到来。对这一切，金方官吏睁一只眼，闭一只眼，无可奈何。聚保山寨抗金的两河忠义民兵更是闻风响应。梁兴派人送信至岳飞军帐中，说："河北忠义四十余万，皆已'岳'字号旗帜，愿公早渡河！"①

军事上的胜利，民心的向往，使岳飞极受鼓舞；这时，兀术陷于窘境之中，日益感到东京难保。他已打算夜弃汴京北撤。这时，有个太学生求见兀术，谏阻道："太子毋走！京城可守也！岳少保且退矣！"兀术感到奇怪，忙问："岳少保以五百骑破吾精兵十万，京师中外日夜望其来，何谓可守？"太学生自信地说："不然，自古未有权臣在内，而大将能立功于外者！以愚观之，岳少保祸且不免，况欲成功乎？"②兀术听了他意味深长的话，顿时有所感悟，于是暂留不动。

诚如那个太学生所分析的，当时，尽管岳飞节节胜利，捷报屡奏朝廷，但高宗、秦桧反而加速逼迫岳飞班师。高宗与秦桧在屈膝求和的政治立场上是一致的，但各自动机却有所不同。

高宗对金人始终深怀恐惧，失败主义情绪一直支配着他，扬州的惊慌渡江，明州的下海逃窜，他记忆犹新，惊魂未定。他对现有的军事力量和各大将部属的作战能力也估计不足，所以即便在军事上每每胜利的情况下，高宗仍深恐"万一有跌"，重现扬州、明州的往事。为此屡诏岳飞不要逾界。高宗此次诏谕岳飞北伐，其目的本来也只是希望岳飞在陈、蔡以南打几场胜仗，以迫使金人重开和议；如今目的既已达到，岂能冒险深入？

其次，高宗对诸大将疑忌之心太重，唯恐大将们在北伐中增重威望，扩大权力，将来挟重兵以干朝政，甚至重蹈五代藩镇割据的故辙。因此，他千方百计地要压制他们，宁可置大片失地于不顾，宁可偏安

---

① 淳熙四年（1177）《忠愍谥议》，载《鄂国金佗续编校注》卷一四。
② 《鄂国金佗稡编校注》卷八《行实编年》卷五。

于江南一隅,也要限制大将们的权力。此次李若虚前去宣诏班师,高宗已感到岳飞不尊朝廷,心怀不满。如再不收兵,岳飞一旦打过了黄河,势必威信更高,实力更强,这是高宗决不允许的。

第三,高宗也预估到岳飞军有可能挥师渡河,直指燕云。但权衡得失,认为进一步的胜利必然增加钦宗回来的可能性,而钦宗回来对自己不利。

秦桧洞察了高宗复杂的内心世界,因此,即使在金人败盟之后,他仍敢力主和议。他靠主和而居相位,一旦失去和议的形势,他就可能失去一切,甚至身家性命也难保。如今宋军在军事上的捷报频传,对他的既得利益无疑是严重威胁。秦桧的心腹之患是岳飞,因为岳飞抗金最为坚决,反对和议最为激烈,在战场上,又是岳飞取胜最多,军功最著。如不制约,宋军将进一步取得优势;到那时,后果将难以设想。为此,秦桧想方设法要使诸大将失利,尤其要使锐不可当、金军闻之丧胆的岳飞军失利。

当时南宋战场的形势是:西线,吴璘取守势;东线,韩世忠在淮东,未能紧密配合岳飞军的中线突入,但能起到遥相呼应、牵扯金军兵力的作用;中线是主要战场,由三大将即岳飞、刘锜、张俊主持。

于是,高宗与秦桧便从韩世忠、张俊、刘锜三大将的布防上打主意了。他们命权吏部侍郎周纲[①]至韩世忠军传达稳住淮东的旨意,即不准韩部继续前进。

其次,将顺昌之捷中卓有贡献的守臣陈规调任知庐州,守淮西。"(刘)锜方欲进兵乘敌虚,而桧召锜还"[②],将刘锜调往江南的太平州。

接着,命张俊从亳州引兵还寿春,退至淮河以南。

以上的军事调动,必然造成岳飞军在东京西面、南面孤立突出的

---

① 《三朝北盟会编》卷二〇二,周纲写作"周矼"。
② 《建炎以来系年要录》卷一三六,绍兴十年闰六月己亥条。

态势；高宗认为这就能逼使岳飞奉诏退师。秦桧认为岳飞非但不得不退师，而且有可能陷入金军的包围，这样他就可以借金人之手，消灭岳飞军，雪自己心头之恨！金军自然很快注意到了南宋政府的军事调动，立即作出了反应。于是兀术集中全部十二万兵力，插进岳飞统帅部所在地的郾城和岳家军重兵集结地颍昌之间的临颍，企图把岳家军中间分割，分头消灭岳家军。

然而，岳家军"孤单一军，独与决战"，不但没有被打败，反而将金军打得大败。

打击岳飞的阴谋未能得逞，秦桧只好降格以求，想方设法迫使岳飞军退兵了。秦桧串通了张俊、杨沂中，并唆使谏官罗振向高宗上了一个奏本，奏中说：

> 兵微将少，民困国乏，岳某若深入，岂不危也！愿陛下降诏，且令班师！①

张俊擅观朝廷风向，杨沂中是高宗的心腹之将，可想而知，他们是附议罗振的主张的，而且高宗本意就是稍胜即退师，以迫使金人重归于和。因此这道奏章一上，高宗立即下诏命岳飞措置班师。岳飞收到班师诏，正是在郾城－颍昌战役以后，准备直捣东京的时候。岳飞禁不住怒火中烧，于七月十八日向高宗上了一道"言词激切"的《乞止班师诏奏略》：

> 契勘金虏重兵尽聚东京，屡经败衄，锐气沮丧，内外震骇。闻之谍者，虏欲弃其辎重，疾走渡河。况今豪杰响风，士卒用命，天时人事，强弱已见，功及垂成，时不再来，机难轻失！臣日夜

---

① 《三朝北盟会编》卷二〇七《岳侯传》。

料之熟矣，唯陛下图之。①

高宗收到岳飞这封强烈反对班师的奏章，十分恼怒。但考虑到岳飞远在数千里之外的前线，为防止意外必须克制一下，他给岳飞下了一道语气婉转的御札，说什么"卿且少驻近便得地利处"，同时严格限制岳飞单独进军。要进军除非满足三个条件：一、经过与杨沂中、刘锜"同共相度（共同商量）"；二、要"有机会可乘"；三、"约期并进"。设这三个条件，就是逼迫岳飞完全停止军事进攻。然而，这封信还没有到达郾城前线，岳飞已挥师向朱仙镇进军了。

几乎与岳飞进军朱仙镇同时，杭州凤凰山皇宫中接连发出十二道金牌②。红漆金字的木牌油亮炫目，"过如飞电"。行人望见骑着快马传送金牌的"急脚递"，闪避犹恐不及。这十二道金牌，皆由高宗皇帝亲自签发。从杭州至朱仙镇有二千一百多里路，这些金牌被以日行四百余里的最快速度，驰送岳飞幕府。金牌的内容是："飞孤军不可久留，令班师赴阙奏事。"

如此举措，无非表明皇帝的诏命决不许违背。这是向岳飞和岳家军施高压，只许立即执行，不容稽缓。

岳飞收到这十二道金牌，好像当头倾下一盆冷水，眼看大胜在望，又将功亏一篑；且不说自己十年的惨淡经营成幻影，更痛心的是，他如何向跟着自己出生入死的将校士卒交代？如何向中原父老交代？命令中"不可久留"四字，在岳飞看来，特别阴森可怕。岳家军这一支四五万人马的队伍③，主要靠朝廷漕运保证供给，如果抗诏，一旦高宗下令切断对岳家军的粮饷辎重供应，那不是置岳家军于危境吗？

---

① 《鄂国金佗稡编校注》卷一二《乞止班师诏奏略》。
② 〔宋〕李心传《建炎以来朝野杂记》乙集卷九《金字牌》中说："（金字牌）日行四百余里"，"近岁邮置之最速者"。
③ 徐规《朱仙镇之役与岳飞班师考辨》，《杭州大学学报》1978年第1期。

痛苦、愤怒到了极点的岳飞，时而仰首长叹，时而扼腕而泣。最后他只好朝着东方（那里是东京，住着日夜盼望岳家军前来收复的父老兄弟），揖手拜道："十年之功，废于一旦！"岳飞班师，中原百姓大失所望，遮道拦住岳飞的马头恸哭，诉告："我们头顶着烟火缭绕的香盆，亲手赶牛车运粮运草，以迎接官军，我们的一举一动，金人统统知道。岳统帅一去，我们必遭屠戮，难以存活了！"

岳飞勒住马头，泣不成声，叫僚属取出皇帝诏书给大家看，沉痛地说："朝廷下诏书，我不能擅留在这里。"

回师之旅，行至蔡州，各界百姓组成的数百名代表出来挽留。岳飞把朝廷诏书摆在桌子上，大家相视而哭，心酸肠绞。蔡州人民备遭金军往来烧杀掳掠的痛苦，不愿做亡国奴，一定要跟岳家军走。岳飞的思想激烈地斗争着：大军不能留下不走，人民的苦难又不能漠视不顾。他决定把愿意南下的老百姓安置在襄汉六郡。这消息一宣布，蔡州父老百姓欢欣鼓舞，南下的人群络绎不绝，挤满道路。岳飞为了保护群众往襄汉搬迁，在蔡州停留了五天。与此同时，又派李山、史贵分别接应在河北的梁兴、守陈州的赵秉渊归来。

这些工作料理完毕，岳飞遣王贵、张宪率大军屯驻襄、鄂，自领二千亲兵经顺昌渡淮河，赴杭州去了。

岳飞班师后，业已收复的京西大片土地，重新陷入敌人之手。当时，被扣在金的宋使洪皓写信给母亲说："乃顺昌之败，岳帅之来，此间震恐。未几而岳帅军回，吴璘兵大败，河南、关西故地，一朝复（为金）尽得。"[1]

这是看得到的直接损失。

而高宗、秦桧一手造成的严重后果，则是无法挽回的。一年后，当岳飞向高宗奏对和议不便时，还抑制不住内心的愤懑，他说：

---

[1] 〔宋〕洪皓《鄱阳集·拾遗》。

> 臣提兵深入虏境,颍昌之战,我兵大捷,虏众奔溃,潜入汴京,当时若得勠力齐心,上下相副,并兵一举,大事可成。①

据历史记载,岳飞的声威在他被害后二十年,还使金人不寒而栗:"逆亮(指金海陵王完颜亮)南寇,胡人自谓:'岳飞不死,大金灭矣!'"②

五、尾声:再援淮西

岳飞被迫班师南下后,金军又趾高气扬起来,夺地攻城,咄咄逼人,把宋淮北宣抚副使杨沂中五千骑兵打得落花流水,杨沂中只身从宿州逃回淮河边的泗州。收复中原的大好形势被彻底葬送了。

事到如今,岳飞总算看透了高宗、秦桧,只要他们当朝,休想伸展收还故疆的平生大志。

岳飞越想越气,于途中上章要求解除兵权,并不等皇帝批复,折往九江,又到庐山母亲墓地守丧去了。

高宗不准岳飞辞职,仍然命他赶赴行在。九月上旬,岳飞怏怏不乐地到了杭州。

高宗对岳飞这次擅自离职上庐山,更加疑忌;岳飞对高宗言行不一、姑息纵敌的行径,也非常气愤。

这一次朝见,气氛十分冷淡。高宗一而再地向岳飞垂询国事,耿直的岳飞则一而再地拜谢不答。高宗料定岳飞是对郾城班师心怀不满,因此对岳飞大加训斥道:

> 凡为大将者,当以天下安危自任,不当较功赏。彼以功赏存

---

① 《三朝北盟会编》卷二〇七引《岳侯传》。
② 〔宋〕薛季宣《浪语集》卷二二《与汪参政明远论岳侯恩数》。

心者，乃士卒所为。至于朝廷待大将，亦自有礼，如前日边报之初，除诸将便加师、保，岂必待有功乎？①

真是颠倒黑白，岂有此理！到底是谁不"以天下安危自任"？高宗不反躬自问，反而把志逐金人、收复故疆的岳飞污蔑为贪图个人功名的利禄之徒，这是投降主义的逻辑。

岳飞知道辩也无用，只能克制自己，始终不答、不辩，"第（但）再拜谢"而已。这次朝见后，高宗对岳飞更为不满，岳飞重返鄂州。

绍兴十一年（1141）正月，兀术从燕京又回到东京。岳飞的谍报工作做得好，很快就得到兀术准备渡淮进攻寿春的消息。眼看敌人又要南侵，岳飞义无反顾，迅速拟出了抗击金军的方略，向高宗上了《乞会诸帅兵破敌奏》。结果这封奏章被秦桧扣压。

正月十五元宵节，金军果然侵犯寿春，张俊部下雷仲弃城逃跑，寿春陷落。

高宗急忙派淮北宣抚判官刘锜领兵二万，自太平州渡江以援淮西；急命淮西宣抚使张俊从杭州赶赴建康拒敌；又派殿前都指挥使、淮北宣抚副使杨沂中带领禁卫师三万人，从杭州飞奔淮西前线。

兀术军渡过淮河，一路南下，攻陷合肥、含山、历阳，前锋临近长江。

军情紧急，高宗又想到只有岳飞才能救应。于是，左一令，右一诏，催岳飞驰援淮西，进兵九江。高宗一心指望的是"挡"，把金人挡在长江以北；岳飞想的是"灭"，把南侵金军消灭，收复故疆，以解国家根本之危。因此，岳飞的方略，远不是"头痛医头，脚痛医脚"的消极防御。他对高宗指出，东向进援九江，必为敌人所料，而出奇制胜的方案有二：一是长驱京、洛，捣虚端巢，使敌疲于奔命，稳操胜券；

---

① 《建炎以来系年要录》卷一三七，绍兴十年九月己酉条。

二是自蕲、黄深入，绕敌于背后，与淮西军南北合击，把兀术军围歼于江、淮之间。

第一个方案，高宗自然不会采纳；第二个方案，差强人意，高宗采纳了。二月九日，岳飞得到高宗手诏，同意他自蕲、黄出兵。岳飞下达了准备出发的命令，部队花了两三天时间，做了紧张的准备，十一日，他不顾身患寒嗽病（重感冒之类），挥师出征，进援淮西战场。为此，高宗特发信嘉奖：

> 得卿九日奏，已择定十一日起发，往蕲、黄、舒州界。闻卿见苦寒嗽，乃能勉为朕行，国尔忘身，谁如卿者？①

自武昌至舒州，一千余里。在岳飞赶临之前，刘锜的"八字军"和杨沂中、王德所率部队共八万人马已会合，在合肥东南、巢县北面的柘皋镇，打败了十万金军，收复合肥。

张俊是个善于奉承拍马、妒贤忌能、利禄熏心之徒。一方面，他和高宗的爱将殿前都指挥使杨沂中结为心腹，想借杨沂中之力进一步得宠于高宗。另一方面，他忌妒后起之秀刘锜，在这次柘皋大战中，不给刘锜报功，把战功全归于他自己和杨沂中两人。而且，害怕武将权大的高宗，明令三大将互不受节制，张俊却摆资格，竟召集杨沂中、刘锜商议军事。张俊叫刘锜率"八字军"回太平州，自己和杨沂中一同到濠州"耀兵淮上"，即去耀武扬威一番。谁知刚出发不久，谍报说金军围攻濠州，张俊一听，立即吓得"茫然失色"，慌忙又把刘锜叫回来壮胆，合军去解濠州之围。三军进至离濠州六十里的黄连埠，濠州已经陷落。不久，逻卒报告说："金兵已全部退出濠州。"张俊不辨真假，忙派人通知刘锜，"已不须太尉（指刘锜）入去"，叫刘锜先回

---

① 《鄂国金佗稡编校注》卷三《得卿九日奏》（绍兴十一年）。

当涂（太平州）。他和杨沂中继续前往濠州耀武扬威。杨沂中和张俊的部将王德在四更时离开黄连埠，中午赶到了濠州城西，立阵未定，濠州城楼上突然升起乌黑的烽烟；霎时间，尘土飞扬，喊声震天，金军埋伏的一万骑兵，分两翼包抄过来。杨沂中失去镇静，慌慌张张地挥动令旗，刚开口说："那回……"部将一听到"回"字以为是命令撤回，掉转马头就奔，几万人马像决堤的洪水，一溃不可收拾，被金军骑兵杀得尸横遍野。杨沂中从杭州带来的三万禁卫军，几乎全部成了淮河边上的白骨。杨沂中又一次仅以身免，逃跑回来。

这时，岳家军已开入淮西战场。岳飞一接到濠州告急的军情，立即从定远起程。金军得知岳家军浩浩荡荡地向濠州挺进的消息，赶紧从濠州逃遁。

岳飞这一次进援淮西，结束的时间是绍兴十一年（1141）暮春三月，这是岳飞最后一次抗金斗争。从此，在战场上再也看不到他统率千军万马冲锋陷阵的身影了！

等待着岳飞的是高宗、秦桧策划的阴谋陷害。

第九章 千古奇冤"莫须有"

一、明升暗降解除兵权

金军这次渡淮南侵,毫无战果可言。按胜负来说,柘皋之战宋胜,濠州之战金胜,互有胜负。但柘皋之战,南宋的主力韩、岳部队都未参战,却把金军打得大败,这显示了宋军事力量已大为增强,也显示出金战斗力的下降。金军虽然在濠州打败了杨沂中、王德,并用计却退韩世忠,一度重占黄连埠,但当岳家军进军淮西后,兀术估量形势,还是从涡口渡淮北归。

"锐意败盟,举兵南征"的兀术,先败于顺昌,再败于郾城,三败于柘皋,一挫再挫,终于意识到金国不能以武力亡宋的现实,于是改变策略,"乃始讲和,而南北无事矣"[①]……

高宗对金的"乃始讲和",自然是求之不得,不过,此时此刻就倡和议,他认为条件尚未具备。他想起绍兴八年(1138)那股汹汹的反对议和的潮流,特别是武将韩世忠、岳飞坚决主战反和的劲头,还历历在目;后来金人败盟,诸大将抗敌打了胜仗,抗金的呼声更高了,反和情绪更激烈。如今要议和,倘不事先设法慑服武将,必将遭到他们的反对。为此,高宗处心积虑地谋划起来,洞悉高宗心事的秦桧及其党羽则紧密配合。

---

① 《大金国志》卷二七《开国功臣传》。

因秦桧推荐当上了殿中侍御史的郑刚中,向高宗进言说:"讲和之事,初,则士大夫以为忧;中,则民庶以为忧;今,则将帅以为忧。士大夫见朝廷审处适中,未有失策……初以为忧,而今少定。民庶则视士大夫为舒卷者也,见士大夫之情绪安于前,故其忧亦缓和未迫。闻之道路,独将帅之忧,汹汹如风涛尔!"左宣议郎王之道也说:"倘从金盟,而不与诸将议,犹恐自疑而至于溃败。"其实,高宗、秦桧何需提醒?他们已在行动了。

首先,他们又一次掀起宣传和议的浪潮,把议和的目的,竟说成是为了"休兵息民",即替戍卒着想,替百姓着想。既然和议是为了休兵息民,主张抗战岂不就是不识时务,不恤百姓、不顾士卒、不顾国家的根本了吗?那些力主抗战的武将,因而被高宗指责为"拥兵自重""希功邀宠"。岳飞这次抗章班师,高宗就指责他是"(计)较功赏"。秦桧一方面把自己卖国投降的丑恶行为,美化为一心为公,"了天下事";另一方面,攻击抗战派将领反对和议是为了沽名钓誉,说什么"诸公争大名以去"。

这种颠倒是非的说法,必然激起爱国朝臣的反驳,如张九成、喻樗、陈刚中、凌景夏、樊光远、毛叔度等人都坚决反对和议,结果都被高宗赶出朝廷,远贬州县。但是,也有一些文官受蒙蔽,认为武将反对议和,确是害怕"高鸟尽,良弓藏",担心议和成功后,朝廷会把他们渐渐忘记。因此有人提出应当选择大臣筹划方案,以安定诸将之心。还有些文臣,对南宋建国以来武将权力不断增大,一变宋太祖以来重文轻武、防止藩镇作乱的政策,本来就心怀疑忌,如张浚、赵鼎等人,在他们执政时,也曾设法限制武将的权势扩大。高宗、秦桧这次旨在抑止武将反对和议的论调,与他们的政治见解、政治利益有某些一致之处,所以客观上,他们也站在高宗、秦桧的一边了。如监察御史张戒虽不赞同屈辱求和,却早在绍兴八年(1138)四月,就对高宗说过"诸将权太重",要高宗稍加节制。

高宗说:"若言跋扈则无迹。兵虽多,然聚则强,分则弱,虽欲分,未可也!"

张戒说:"然,要须有术。"

高宗得意地说:"朕今有术,惟抚循偏裨耳!"

张戒说:"陛下得之矣,得偏裨心,则大将之势分矣!"

高宗胸有成竹地说:"一二年间自可了!"①

一两年前,高宗要实行分散军权的计划还需要时间,更何况金人后来败盟,需合兵以御敌,步子不得不放慢一点。现在金人主动提出议和,高宗感到议和时机真正成熟了。必须立即收回韩、岳、张、刘等人的兵权,这样,既可扫除议和的障碍,又可预防将来武将们功高震主,还可向金人表明决不北取中原的心迹。

第二步,便是走"抚循偏裨"这一着棋。巧妙地解除诸大将的兵权的具体措施,是在绍兴十一年(1141)初夏,由秦桧与其心腹范同密谋商量出来的。他们向高宗密奏:"召三大将赴行在,论功行赏。"高宗自然同意。

四月中旬,在水光潋滟的西子湖上,出现了几只雕花漆木、鎏金涂彩的大舟船,宽敞明亮的船舱里,张灯结彩,大摆筵席。原来,朝廷命宰相秦桧在此主持柘皋大捷的论功行赏会,被邀到会的有韩世忠、张俊、岳飞三大将。张俊、韩世忠因路近先到,从鄂州到杭州路远,岳飞迟了六七天,于四月二十二日才到。三大将随叫随到,没有表现出对这次"论功行赏会"有任何猜疑的迹象,秦桧这才放了心。岳飞到达杭州的当天,朝廷立即将随岳飞前来的参谋官朱芾调任为知镇江府,司农卿李若虚调任知宣州。

二十三日,高宗特召范同入殿,授命范同与林待聘二人连夜起草三道制书。

---

① 《皇宋两朝圣政》卷二三《抚循偏裨以分大将权》。

二十四日，西子湖上举行的庆功宴上，红妆粉黛翩翩起舞，丝歌管弦悠扬婉转，金蕉酒器频频斟满，歌功颂捷鼓吹三将。宴会高潮中，秦桧突然起立，鼓乐之声戛然而止。他宣读了高宗三道制书：提升韩世忠、张俊为枢密使，岳飞为枢密副使，并宣布从任命之日起"赴本院治事"，即韩世忠、张俊、岳飞从今调入枢密府办公，不再返回各自的宣抚司领兵。三大将当场拜受诏命。

多么简单！一道命令就把三员大将来个"名升实降"，解除了兵权。

三大将自然明白朝廷的用意。韩世忠任枢密使后，特地做了一条"一字巾"，上枢密院办公时，把它裹在头上，显出悠闲的样子，但出外却随身带亲兵卫护。汉朝的韩信临死时说："狡兔死，良狗烹；高鸟尽，良弓藏。"韩世忠记起了历史的教训，预感到前途凶险。

岳飞呢？他敞开衣襟出入，显得十分豪放，仿佛向高宗、秦桧说："我岳飞赤心为国，问心无愧！"

只有张俊，早"与桧意合，故力赞议和"。因此，他马上上章表示愿交出所带全部人马。高宗嘉奖他有唐朝名将郭子仪"闻命就道"的忠诚，抚谕他一定能保住功勋显赫的地位。韩、岳的一举一动，亦早有人报给高宗了。高宗在给张俊的奖诏中，别有用心地把贪恋职位因而受到弹劾的李光弼与郭子仪作了对比，目的是暗示韩、岳：有功之臣于去留之际应该明智，否则难免自取祸患。

二十七日，正式宣布罢除宣抚司，把三大将原统帅部全部解散，名义上说"遇出师临时取旨"，实际上切断了三大将与原属将士的联系，把指挥权分散到偏裨诸将手中。朝命中还说，各宣抚司统制官等都加"御前军"的衔头，直接听命于朝廷指挥，命令有关部门铸新印付统制官。不久，又提拔胡纺、吴彦章、曾慥为总领官，宣抚司取消后，由他们三人分别在楚州、建康、鄂州重新置司。

压制抗金大将的第一步——解除韩、岳军权已经实现。剥夺韩世忠、岳飞兵权的主谋是高宗，出谋划策的是秦桧。

然而，当时的史家却这样记载："时秦桧力主和议，恐诸将难制，欲尽收其兵权。"①《宋史》也这样写道："时和议既决，桧患飞异己，乃密奏诏三大将论功行赏。"② 这是"为尊者讳"的传统在作祟，他们明知罪魁是高宗，却不敢如实地反映历史事实，把罪责一股脑儿都加在遗臭万年的秦桧头上。

二、挺身而出，保护韩世忠

高宗、秦桧深知，韩、岳的兵权虽被解除了，但远未达到控制韩、岳部队和压制抗战派的目的。因为韩、岳均升为枢密使、枢密副使（位在参知政事之上），名义上还是最高的军事长官呢！尤其是他们与自己部下的将士共患难了十多年，有着生死与共的亲密关系，韩、岳的威信又很高，他们的言谈举止对部队会产生深刻的影响。比如这次韩世忠拜枢密使，他部下各营中统制官奉命到朝中来，就有一些人不服朝廷这样的措置，甚至激烈反对。显然，岳飞的部下对岳飞也必然怀有同样的感情。高宗要使韩、岳部队完全听命于自己，为议和政策效力，那就必须寻找韩世忠、岳飞治军不善的由头，然后将罪状宣布，进一步罢除他们枢密使、枢密副使的职务。这样既可彻底割断韩、岳与部队的联系，又可沉重地打击抗战派。

于是，五月十日，高宗诏命张俊、岳飞前往楚州"按阅御前军马"（楚州军队原系韩世忠统率）。张、岳临行前，由秦桧传达了高宗旨意，明确地表示此次使命是"捃摭世忠军事……备反侧"。所谓"捃摭世忠军事"，就是搜集韩世忠的错误，所谓"备反侧"，就是要张、岳激起韩世忠部队闹事。张俊领会了高宗的用意，而且也执行了。岳飞却当

---

① 《宋史纪事本末》卷七二《秦桧主和》。
② 《宋史》卷三六五《岳飞传》。

面就说："世忠有幸,沐皇恩高升为枢府大臣,既如此,楚州之军便是朝廷之军。"

岳飞的语气虽然委婉,但意思很明确:即使以后楚州军队出事,韩世忠也没有责任,因为楚州军队已属朝廷直接指挥了。

阴险毒辣的秦桧听了岳飞的回答,恨得暗暗咬牙。

楚州"按军"是高宗下达的诏命,韩世忠作为枢密大臣不仅知道,也能猜测到朝廷的真正用意。诏命张俊、岳飞前往,还能起到离间韩、岳的作用。这个分化瓦解抗战派的计策,可谓毒矣。为了掩盖二枢使楚州之行的真实意图,高宗亲自对众大臣宣谕意旨,说:

士大夫言恢复者,皆虚辞,非实用也。用兵自有次第。朕比遣二枢使按阅军马,措置战守,盖按阅于先,则兵皆可战。兵既可战,则能守矣。待彼有衅,然后可进讨以图恢复。此用兵之序也。[①]

岳飞、韩世忠等抗战派对高宗这篇"务实"的用兵"高"论,仅付之一笑,而没有看出这番话的别有用心。他们怎能想到就是这个高宗,日后居然会拿破坏抗金、惧敌退保的罪名向他们开刀?!

张俊和岳飞一道出发了。

岳飞在诸大将中,是年纪最轻的一个,他比张俊小十七岁,比韩世忠小十四岁。岳飞从卒伍、小校中被提拔起来,屡立大功,只十几年工夫,位至将相,与张、韩平起平坐。张、韩为此心中不平。但岳飞并不因功自大,恣意骄横,反而非常谦虚,尊重长辈和以往的上司。他经常写信向韩、张问候,并向他们赠楼船,表示敬意。韩世忠对岳飞的抗金立场、治军之能本来就是钦佩的,在岳飞主动搞好关系的努力下,嫌隙很快就消除了。韩、岳从此互相敬慕,互相尊重,在危急

[①] 《建炎以来系年要录》卷一四〇,绍兴十一年五月壬子条。

的时候也能不同程度地相互支援,结下了深厚情谊。可是,器量狭小、妒功忌贤的张俊,对岳飞团结抗金的举动,不但不加理睬,反而益加猜忌。高宗对韩、张、岳三人的关系不可能不知道,他对此加以利用,以达到各个击破的目的。

运河的水流,把张、岳乘坐的楼船送到镇江。他俩在镇江府大教场上检阅了韩家军的一部分人马。韩家军阵容整齐、操练有方,岳飞看了,颇为赞赏。张俊找不出岔子,默默无言。待到检阅完毕,张俊却对岳飞说了一句与检阅毫无关系的话,他说:"上留世忠,而使吾曹分其军,朝廷意可知也?"[1] 岳飞听了大吃一惊,沉默了好一会,下定了宁可得罪张俊、不可破坏抗金阵线的决心,直截了当地回答说:"不可!今国家惟自家三四辈以图恢复。万一官家复使之典军,吾曹将何颜以见之?"[2]

张俊认为朝廷要他俩分掌韩世忠的军队,现在却遭到了岳飞大义凛然的驳斥,不禁恼羞成怒。

他俩离开镇江,到达淮河边的楚州城。楚州依傍大运河,襟带淮河,既是北伐的前哨基地,也是边防的战略要塞。楚州城是金人望而生畏的英雄城池。赵立曾率领全城一万军民固守,使金军不能越过楚州一步。韩世忠在这里设宣抚司治所后,把破败的城墙重新修葺,更使楚州巍然屹立。

岳飞与张俊上城楼环视城防,检查了军粮、武器辎重等储备情况。使岳飞惊叹的是,韩世忠在这个不大的城中,竟积蓄军储钱百万贯,米九十万石。岳飞还看了韩世忠部队编制簿籍,士兵不过三万,却能攻能守,从而更加敬佩韩世忠。

张俊视察后,表现出很不满的样子,对岳飞说:"当修城守!"

---

[1] 《鄂国金佗稡编校注》卷八《行实编年》卷五(绍兴十一年)。
[2] 《鄂国金佗稡编校注》卷二三《山阳辨》。

岳飞知道张俊此话是"项庄舞剑，意在沛公"。他沉默不语。张俊等了好久，不见岳飞回答，又接连问了几遍。这时，岳飞忍无可忍，昂头说道："吾曹蒙国家厚恩，当相与勠力复中原，若今为退保计，何以激励将士？"[1]

岳飞的话，一针见血地戳破了张俊背后整人的诡计，击中了张俊畏敌赞和的要害。张俊顿时怒形于色，但又无从发泄。于是转向城楼上的两个哨兵寻事，要把他们斩杀。岳飞恳救四次，张俊越发大怒，竟挥剑削掉了两个士兵的脑袋。

张俊看到岳飞不但不赞同陷害韩世忠，而且处处维护韩世忠，对岳飞更加恼火，决定自己单独去整韩世忠，并盘算如何打击岳飞。

几天以后，新任淮东军总领官胡纺向朝廷呈送了一份密告，内容是：韩世忠部下耿著，曾说"二枢密来楚州，必分世忠之军；本来无事，却是生事"。秦桧接到密告后，立即将耿著捆缚送大理寺下狱，目的不言而喻，是要陷害韩世忠。

岳飞得知后，叹息道："吾与世忠同王事，而使之以不辜被罪，吾为负世忠！"于是，岳飞不顾自身安危，急忙派人给韩世忠送信。韩世忠览信后，十分惊恐，立即上朝求见高宗，伏地剖明心迹。在苗、刘兵变时，韩世忠曾保过高宗的驾，高宗对韩世忠是有一定旧情的，加之岳飞拯救及时，"耿著案件"总算没有滋蔓牵连。高宗、秦桧仅将耿著以"妄言"定罪，流放了事。

企图陷害韩世忠的阴谋，一而再地被丹丹忠心、铮铮铁骨的岳飞破坏，韩世忠从而得以保全；可是，岳飞却成了高宗、秦桧、张俊的眼中钉。

张俊恨透了岳飞，他一回到杭州，竟无中生有诬蔑"岳飞倡议放弃山阳（楚州），企图退兵保守长江"。

---

[1] 《鄂国金佗稡编校注》卷二三《山阳辨》。

一伙串连好的丑类，立即响应，掀起了残害忠良的逆风恶浪。秦桧一边对所谓岳飞"放弃山阳""退保长江"的言论表示愤慨，一边指使党羽右谏议大夫万俟卨弹劾岳飞。

万俟卨在宋徽宗时，当过枢密院编修官。南渡后，由鼎州知府程昌寓推荐，曾任沅州代理州事，后来又任湖北转运判官，当时，岳飞在两湖任职，他与岳飞接触颇多。但岳飞知道万俟卨为人奸邪，对他颇为冷淡，万俟卨因此怀恨在心。由于他善于钻营，阿谀奉承秦桧，入朝当上了监察御史，又升为御史台长——御史中丞。现在，秦桧指使他弹劾岳飞，正好给了他报复岳飞的机会。

七月十六日，万俟卨首先发难，他竭尽诬蔑之能事，说岳飞"志满意得""日以颓惰"，还按照张俊的口径，给岳飞捏造了援淮西"稽违诏旨，不以时发"，以及此次楚州之行宣称"山阳不可守"，有意"沮丧士气"，这两条大罪状。要求朝廷罢岳飞枢密副使的职务。

谁能相信一贯坚决要求北伐中原的岳飞会有这些言谈和举动呢？即使是主和派中稍有一点头脑的人，也不会相信。至于高宗，他是一向把岳飞当作和议的阻力、退保的障碍看待的，当然更不会真的相信。但是，就在万俟卨弹劾的奏章送上的第二天，高宗竟急不可待地抢先说话了：

> 山阳要地，屏蔽淮东，无山阳则通、泰不能固，贼来径趋苏、常，岂不摇动？其事甚明。比遣张俊、岳飞往彼措置战守，二人登城行视。飞于众中倡言："楚不可守，城安用修。"盖将士戍山阳厌久，欲弃而之他。飞意在附下以要誉，故其言如此。朕何赖矣？①

---

① 《建炎以来系年要录》卷一四一，绍兴十一年七月癸丑条。

岳飞援淮西主动积极，并提出战略方案，本来有案可查，高宗故意避而不谈，任凭万俟卨恣意诬蔑；至于高宗所说楚州之重要，虽系事实，但张俊在巡视楚州之后，将驻守楚州的韩世忠军队撤回镇江，退保长江，高宗为何不加斥责，而对岳飞的所谓"弃守山阳"的话却看得如此严重？更何况，岳飞到底有没有讲过这番话，本当召岳飞与张俊对质，或者向楚州将领作调查，为什么未经核实，就咬定岳飞讲了这番话呢？这只能说明高宗欲加岳飞罪名，已到了"何患无辞"的地步了。他抢先讲话的目的就是不准朝臣为岳飞分辩。但是，以至尊之威可以压住一时的公论，却遮不住铁的事实。南宋后期的著名史家李心传就曾指出："飞自楚（州）归，（高宗）乃令万俟卨论其罪，始有杀飞意矣。"[①]

三、横遭罢官

高宗亲自出场肆意诬蔑岳飞的第二天，刘锜也被剥夺了兵权，调任知荆南府。

刘锜这个曾在顺昌大破金军的抗金名将，已使金人丧胆。以后凡望见刘锜部队的旗帜，金兵就惊呼："此顺昌旗帜也！"赶快退走。这样一位抗金名将，却成了张俊、杨沂中的眼中钉。张俊甚至在前线派出军士纵火打劫刘锜军，阴谋未遂，反被刘锜捉到了十六人枭首示众。秦桧在顺昌之战中就想葬送刘锜军，其仇视刘锜的程度可想而知。如今，刘锜终于被投降派罢去军职了。岳飞感到国事日危，为了抗金前途，他顾不得身家安危，挺身而出，上疏"请留锜掌兵"，但高宗"不许"。

谤议蜂起，良将被黜，忠贞不用，奸佞横行。岳飞悲愤交加，上

---

① 《建炎以来系年要录》卷一四一，绍兴十一年七月癸丑。

表请求免去枢密副使的职务。这正合高宗、秦桧的心意。八月九日，高宗罢了岳飞枢密副使的官职。岳飞怅怅地离开杭州，到庐山闲居去了。

至此，南宋四大名将中，三大抗金将领韩世忠、岳飞、刘锜，都已被解除兵权，只有张俊因投靠秦桧，仍执掌兵权。抗战派遭到了极大的打击。

在打击抗战派的同时，投降派势力迅速扩张。秦桧独相，掌握最高行政权；范同被升为参知政事（副相），与王次翁并列。范、王都是秦桧党徒。宰相府成了投降派的"窝"。

在掌管军事的枢密院中，张俊任职枢密使，遂掌握了军事大权。"俊力赞和议，与秦桧意合，言无不从。……帝于诸将中眷俊特厚，然警敕之者不绝口。"[1]张俊从少师升太傅，封广国公。

杨沂中虽在濠州被金军打得全军覆没，因是高宗心腹，不妨碍他步步高升，败军之将反而被授予少保、开府仪同三司的正一品官衔。高宗意图十分明显，借此"以慢军势"，即向爱国的抗战将士泼冷水。

南宋朝廷中，军政大权均已为投降派所垄断。南宋朝廷的人事变动，显然包含着向金人展示议和诚意的目的，同时也是为了在国内扫除和议的障碍。

此时，掌握着金国实权的都元帅兀术，始感"以和议佐攻战"策略的得当。但另一方面，他又不能不顾虑此次败盟给南宋带来的影响，因此在一段时间内，他在静观南宋政权对和议的反应。如今，看到高宗、秦桧把抗金将领一个个打下去，投降派的势力充斥南宋朝廷，兀术不由得心花怒放。他明白了高宗、秦桧向金求和的国策一如既往，并没有因金败盟而改弦易辙。兀术为了加快压宋和议的步伐，又采取了书面恫吓和武力威胁双管齐下的手法。

八月中旬，兀术放归扣押在金的宋使者莫将、韩恕，并叫他们带

---

[1] 《宋史》卷三六九《张俊传》。

回一封恐吓信：

> 今兹荐将天威，问罪江表，已会诸道大军，水陆并进。师行之期，近在朝夕，义当先事以告，因遣莫将等回，惟阁下熟虑而善图之。①

如果金国真要进攻，岂会事先透露机密，又将使者放回？高宗、秦桧自然明白金人此信的用意，不过是叫他们赶快派人去请和。

兀术一面发信，一面果然动兵。南宋的泗州很快被金军攻陷了，"淮南大震"。然而，消息飞递朝廷，高宗并没有命张俊派兵增援；张俊只在镇江坐镇，也不派兵渡江，惟恐妨碍和议的进行。因为高宗心中明白，兀术演的是一场"武戏"，只需赶紧"遣使者，以修事大礼"，必定无事。

果然，使者去后只半个月，就带回兀术的回信，要南宋速派职位高的臣僚去谈和，高宗当然照办。于是，宋金重开和谈，自此以后，宋金双方使者往还不绝。

在内外两股恶势力的夹击下，抗金名将岳飞只能一步步地被置于死地。

四、捏造"谋反"罪名，父子下狱

就在高宗接到兀术那封威胁南宋议和的书信以后的第三天，即绍兴十一年（1141）二月十三日，杨沂中受秦桧指使，将岳飞从庐山骗到杭州。一到杭州，岳飞立即被投入临安大理寺监狱（今杭州湖滨小车桥附近）。先于岳飞入狱的还有张宪、岳云。岳飞入狱之后，岳飞的次子，年仅十五岁的岳雷也被逮捕入狱。

---

① 《三朝北盟会编》卷二〇六，绍兴十一年八月八日甲戌条。

早在岳飞入狱前，秦桧党羽万俟卨、罗汝楫等人，已翻来覆去控告岳飞"罪大恶极"。归纳起来，不外乎三条"罪状"：一、意志衰退，"日以颓惰"；二、援淮西"逗留不进"；三、主张"弃守楚州"。而且，高宗根据这三条纯系捏造的"罪状"，已经给岳飞重加处分，罢了岳飞的官。如今为何复将在庐山隐居的岳飞逮捕入狱？

原来金人对南宋朝廷解除抗金大将的兵权，并不满足。他们害怕韩、岳等人有朝一日复用，尤其忌惮岳飞，必欲杀之而后快。高宗、秦桧也明白，只有杀一儆百，才能最终镇住抗战派，钳住他们的口，彻底扫除和议道路上的障碍。

但是诛杀一个大臣，必须有一个与刑戮相当的罪名。在封建社会里，"谋反"是最大的罪名，"杀无赦"。于是，一场罗织岳飞"谋反"罪状的阴谋活动开始了。

南宋史家王明清在光宗绍熙四年（1193）看过岳飞狱案的全部案卷；后来，李心传也看过刑部大理寺奏尚书省状。据他的记载，刑部大理寺的相关档案中有这样一则材料：

> 张俊奏：张宪供通，为收岳飞处文字后谋反。行府已有供到文状，奏圣旨，就大理寺置司根勘，闻奏。[1]

从这段文字可以看出：一、岳飞的罪名是与张宪通书谋反；二、上奏岳飞谋反的是张俊；三、逮捕岳飞下狱是执行高宗的圣旨；四、高宗的态度是彻底追究。

仅凭张俊一纸奏书，没有岳飞谋反的实证，高宗就迫不及待地下旨逮捕岳飞，并下令大理寺设立审查岳飞的专案机构，而且立即表示了彻底追究的态度。这充分表明，高宗是这次预谋迫害岳飞的罪魁。

---

[1]《建炎以来朝野遗记》乙集卷二《岳少保诬证断案》。

可是，南宋的史家在当时封建专制势力的压抑下，只能归罪于秦桧，说："秦桧欲诛岳飞……乃送岳飞父子于大理狱。"

应当说，秦桧是高宗最得力的帮凶，他恨岳飞深入骨髓。张俊是个妒贤嫉能、善于趋炎附势阿谀奉迎的利禄小人。在陷害韩世忠事件上，岳飞不肯苟同，还与张俊进行了针锋相对的斗争，张俊对岳飞早已怀恨在心。秦、张必欲置岳飞于死地而后快，高宗当然是知道的。高宗利用秦、张诛杀岳飞，秦、张又依仗高宗，剪灭政敌，其手段之卑鄙，罪恶之深重，令人切齿。

既是有预谋地迫害岳飞，那么，高宗、秦桧、张俊一伙又是如何策划这一政治陷害的呢？

第一步，他们设法在岳家军内部寻找攻讦岳飞的对象。这一年的秋天，秦桧党羽秘密出动了。他们先派人用"优赏"的手段，"密诱"岳飞部下告发岳飞。结果无人应命。

接着，又派人物色曾受过岳飞处分或者对岳飞有所不满的人，让他们来发难。结果找到了两个人，一个是都统制官王贵，另一个是张宪手下的前军副统制王俊。

王贵本是岳飞爱将，但他曾两次被岳飞责罚。一次，在颍昌大战中，因怯战受到岳云面责，岳飞更是大怒，在战事结束后要斩王贵以维护军纪，在诸将恳救下王贵才获免。又一次，驻地民家失火，王贵部下一个士兵乘机偷了老百姓芦筏，用来遮掩自己的家门，岳飞得知后，当场斩了这个士兵，并责打王贵一百记军棍。秦桧、张俊推想，王贵必定对岳飞、岳云记恨在心，遂叫人诱王贵告发岳飞。当时王贵居心尚正，说："大将宁免以赏罚用人，苟以为怨，将不胜其怨矣！"

秦桧、张俊不甘心罢休，继续搜集王贵家中的一些隐私，准备作为把柄，胁制王贵就范。

王俊，小名喜儿，原在范琼部下当过刽子手。后来，在东平府时，因出卖了同伙作过的士兵呼千等人，被提升为副都头，从此专以告发他人营利。军中背地里都叫他"王雕儿"。"雕儿者,击搏无义之称也。"王俊入岳家军后,因"从战无功,岁久不迁"而怨恨岳飞,加上行为不正,屡被张宪指责,又对张宪积下了怨嫌。秦桧、张俊派人以利诱,唆使王俊诬告,王俊自然乐从。于是他们把一份拟好了的"首告状"交给了王俊,指使王俊在适当时机告发岳飞。

八月的一天,王贵奉命赴镇江枢密行府汇报公事。在镇江期间,突然有人抛出王贵家中一些不可告人的私事,张俊又趁机威胁王贵,要他诬告岳飞。在张俊的威逼下,王贵害怕了,他可耻地出卖了灵魂,屈从了。

王贵于九月八日回到鄂州,而在九月一日,张宪、岳云已往镇江府枢密行府办公事去了。王俊趁张宪外出的机会,急忙向王贵面告"张宪与岳飞通书,谋据襄阳为变"。王贵听了,心中有数,命他马上写成书面状纸送来。第二天,王贵便将王俊状纸派轻骑急送镇江枢密行府张俊处。

张俊收到王俊的状告不久,张宪与岳云乘船到达镇江枢密行府,正好投入了罗网。张俊扣押了张宪、岳云,立即命令行府官吏审问。枢密院史王应求不同意,他说:"枢密院史无推勘法,恐坏乱祖宗之制!"

枢密院是军事指挥机构,原无审理案件的职权。张俊驳不过王应求,竟私设公堂,亲自提审张宪、岳云。

王俊的"首告状",是被作为审讯岳飞、张宪谋反案的依据的。可是这一份"首告状",由于纯系捏造,前后矛盾,情理相乖,漏洞百出。兹摘录于下:

八月二十二日夜二更以来,张太尉(指张宪)使奴厮儿、庆童来请俊去说话。……俊入宅,在莲花池东面一亭子上,张太尉先与一和尚泽一,点着烛对面坐地说话。俊到时,泽一更不与俊相揖,便起向灯影黑处潜去。俊于张太尉面前唱喏。坐间,张太尉不作声。良久，问道："你早睡也，那你睡得着？"

俊道："太尉有甚事睡不着？"

张太尉道："你不知自家相公得出也。……更说与你，我相公处有人来交（叫）我救他。"

俊道："太尉不得动人马，若太尉动人马，朝廷必疑岳相公，越被罪也！"

张太尉道："你理会不得，若朝廷使岳相公来时，便是我救他也。若朝廷不肯交岳相公来时，我将人马分布，自据襄阳府。"

俊道："且看国家患难之际，且更消停！"

张太尉道："我待做，你安排着，待我交（叫）你下手做时，你便听我言语。"

俊道："恐军不服者多。"

张太尉道："谁敢不服？"

俊道："若番人探得知，必来夹攻太尉。南面有张相公（张俊）人马，北面有番人。太尉如何处置？"

张太尉冷笑："……待我这里兵才动，先使人将文字去与番人，万一支吾不前，交（叫）番人发人马助我。"

……

九月初一日，张太尉起发赴枢密院行府。俊去辞，张太尉道："我去后，将来必共这瞒一处。你收拾，等我叫你。"[①]

看了这一大段状词，谁能相信赤胆忠心的岳飞会因罢官而造反？罢官不等于坐牢，又何至于叫人救他？而且谁能相信，一心想恢复中原，与金人势不两立的岳飞和岳家军会与金人勾结？其次，即使如王俊所说，张宪为了救岳飞，以兵变要挟朝廷，可是像谋反这样严重的

---

① 〔宋〕王明清《挥麈录·余话》卷二，并参照《系年要录》卷一四三改动了一些文字。

事情,张宪岂能不事先物色与己志同道合的人?而王俊既曾屡遭张宪指责,张宪又岂能贸然与他密商而无所顾忌?再则,又如王俊所供,张宪事先无一言试探,就和盘托出自己的谋反计划,这能是身统大军、善于用谋的将领的举止?而且王俊一再表示反对谋反,张宪却毫无顾忌,一股劲地非要拉王俊参加谋反不可,简直像个疯子,但如此"疯子",竟图密谋造反,又岂能令人相信?

这份首告状出自他人之手,王俊毕竟有几分心虚,而且他也不知朝廷的意图,怕万一搞不倒岳飞,或将来对质时露馅,于己不利,于是在"首告状"后面贴了一张小条子,打算为自己留一条退路。小条子是这样写的:

张太尉说岳相公处人来,教救他。俊却不见有人来,亦未曾见张太尉使人去相公处。张太尉发此言,故要激怒众人背叛朝廷。

首告状是"揭发"岳飞与张宪通谋造反的,但这张小条子却自供并没有看见岳、张互派人员来往联系,这样,王俊就自己否定了首告状,否定了首供者作为人证的资格。退一万步说,就算张宪发过牢骚,故意"要激怒大家",那也是张宪的事儿,与岳飞并无瓜葛。

张俊万万想不到王俊会画蛇添足——添张小条子,造成自己被动,但张俊既有高宗、秦桧撑腰,就无所顾忌,不顾一切了,横下心要把张宪屈打成招,还装腔作势地命王俊对证。本无事实,张宪岂能招认?岂能诬害岳飞?因此,任凭吏卒打得他体无完肤,浑身是血,张宪始终昂首不屈。当时行府审讯记录是:"勒宪与王俊对证,得张宪不曾有上项语言,已供状了当。"

三木之下未能使张宪自诬,张俊只好再一次捏造张宪口供:"为收岳飞处文字后谋反。"这样,既造成了张宪、岳云谋反之罪案,更为下一步陷害岳飞做了准备。

张俊一纸之奏方上，高宗迫不及待地下令将岳飞逮捕归案。捏造岳飞的罪名，已由张俊完成，下一步，得由秦桧之流负责对岳飞审讯和定"罪"了。

岳飞闲归庐山。秦桧在考虑，派什么人才能骗岳飞到朝廷呢？

当时西湖北面（今杭州市少年宫广场后面）有一座颇为富丽的宅邸，四周围环绕着清澈的流水。这就是被人称为"髯阉"的杨沂中的府第。一天，秦桧派人到杨府，要杨沂中去见他，说有要事密商。杨沂中应命赶到凤凰山下的尚书省。秦桧竟不出见，只叫一个值班官员交给杨沂中一道召岳飞到朝廷来的堂牒，并传达了秦桧的意图说："要活底岳飞来！"①

作为皇帝亲信殿前都指挥使的杨沂中，对正在进行的大阴谋自然是一清二楚的，秦桧派杨沂中前去，也表明杨沂中是他们信任的人。杨沂中果然不负所托，冒着严冬的寒风上了庐山。

岳飞赋闲在家。十月的一天，忽听杨殿帅来了，脑海中顿时产生一串疑问。他想，杨沂中是管皇宫禁卫的，平时和张俊打得火热，今日千里迢迢来访，不知为何事？

杨沂中在门口叫了几声"哥哥"，岳飞大声应着走了出来，见了杨沂中，劈头就问："十哥！汝来何为？"

南宋初，诸大将结拜兄弟，杨沂中排行第十，因此岳飞喊他为"十哥"。

杨沂中心中有鬼，不敢直说，敷衍地说："无事叫哥哥！"岳飞严肃地说："我看汝今日来，意思不好！"

说罢，岳飞抽身入内，把个杨殿帅孤零零地留在外面。

杨沂中只好把传岳飞入朝的堂牒递了进去。

过了好一会，小丫鬟捧出托盘，向杨沂中献上一杯酒。杨沂中想：

---

① 《鄂国金佗续编校注》卷二八《鄂武穆王岳公真赞》。

主人拂袖入室,丫鬟又突然献酒,这是什么意思呢?这杯酒,喝还是不喝?杨沂中心情紧张,狐疑难决。他忖度:岳飞可能想在内室自寻短见了,要我跟他同死?可是,他又想,以堂牒传大臣回朝,也是常例,岳飞岂能一眼识破他的来意?况且岳飞尚未向他问明朝廷相召的缘由,又何至如此鲁莽?于是杨沂中装作坦然的样子,举杯一饮而尽。

小丫鬟一进去,岳飞笑吟吟地出来了,说:"此酒无药,我今日方见汝是真兄弟!我为汝往。"①

岳飞跟随杨沂中到了杭州。一进北关,秦桧已派人传话来了:"请相公略到朝廷,别听圣旨!"

岳飞的乘轿被人领着继续往前抬,杨沂中则趋向洪福桥杨府去了。

岳飞一下轿,发现进了大理寺,大吃一惊,他大叫一声:"吾何到此!"无一人回答。厅内,但见四面挂着帘幕,阴沉沉,显得可怖。

五、罗织"莫须有"罪状

岳飞在大理寺外厅待了一会,忽然闯进来几个狱吏,对岳飞说:"这里不是相公坐的地方,到后厅去,御史中丞等着你对证几件事。"

鬼鬼祟祟,这样就算将岳飞逮捕入狱了。按当时规定,"收禁罪人",先须"捕获人签押入案",并须由指定的牢差、狱卒当面验明身份、点清人数,还得叫医生检查全身"有无疮病痕伤",然后由押狱节级(狱官)立案状文字②。高宗逮捕岳飞,从杨沂中骗岳飞下庐山,至下临安大理狱,要的全是阴谋诡计,根本无视当时的法制。

岳飞怒不可遏,气愤地责问:"我与国家宣力,今日到此何也?"

狱吏避而不答,催逼岳飞进去。岳飞被带至一处厅堂,停了下来,

---

① 《鄂国金佗续编校注》卷二八《鄂武穆王岳公真赞》。
② 〔元〕李元弼《作邑自箴》卷三。

忽见张宪、岳云，他俩手脚锁着镣铐，颈脖上戴着重枷，露头赤脚，浑身是血，满脸怒容地被押进堂来。岳飞先是震惊，转而心痛、悲愤，噎的一声，只觉得一阵头晕，天旋地转，站立不稳……

旁边站立的一个狱吏，用杖子击地，叱责岳飞："叉手正立！"

岳飞又是猛地一震，他这时才意识到，身陷罗网，已无法摆脱。曾几何时，岳飞还是亲率千军万马冲锋陷阵，使敌人闻风丧胆，深受人民、将士尊重爱戴的统帅；今日无辜被捕，对证出堂，竟遭狱卒欺凌，世态炎凉如此！岳飞禁不住满腔怒火，忿然道："我尝统十万军，今日才乃知狱吏之贵也！"①

审理岳飞案件的有御史中丞何铸、大理寺卿周三畏、右谏议大夫万俟卨、侍御史罗汝楫等人。万俟卨、罗汝楫手持王贵、王俊的诬告状厉声责问："国家有何亏负汝三人，却要反背！"

岳飞很快地克制住自己的感情，冷静了下来。他知道自己面临着一场生死攸关的诬陷。他蔑视、仇恨这伙丑类，正气凛凛地驳斥道："对天盟誓，吾无负于国家！汝等既掌正法，且不可损陷忠臣，吾到冥府，与汝等面对不休！"

万俟卨奸笑说："岳相公既不承认造反，那么，你可曾记得当年游灵隐天竺寺，在寺壁上题的那一句'寒门何载富贵'的诗句吗？"其他审官同声喝道："既出此题，岂不是要反也！"

这样的驴唇不对马嘴的审问，使岳飞立即明白，他们根本不是为了查清案件，而是蓄意要给自己栽上谋反的罪名，既然如此，自己已无需与这伙秦桧党羽辩白，于是仰天长叹一声说："吾方知，既落秦桧国贼之手，使吾为国忠心，一旦都休！"②岳飞眼睛一闭，由他们拷打去了。

---

① 《三朝北盟会编》卷二〇六，绍兴十一年十月十三日戊寅条。
② 《三朝北盟会编》卷二〇七《岳侯传》。

主审官何铸，是秦桧门徒之一，也曾弹劾过岳飞。他再三鞫问岳飞有无与张宪通书谋反。岳飞一怒之下，解开衣服，赤露背脊给他们看，但见背上刺有"尽忠报国"四个大字，深入肤理[①]。何铸一见，心中肃然起敬。在审案过程中，何铸产生了疑问：张俊根据王俊的首供奏称岳飞与张宪通书谋反，可是经对证，张宪一直不伏；王贵称他收到岳飞要他谋反的信，但审讯岳飞、岳云时，他们的辩词确实十分有理，因此王贵的告发站不住脚；再则张俊也拿不出所谓"岳、张通书"的物证；而王俊"首告状"中，王俊自己承认没有看见岳飞、张宪互派人员来往联系。看起来，枢密行府奏呈的"岳飞与张宪通书谋造反"的狱案令人怀疑。经审讯，何铸认为缺乏足以定罪的证据，从而得出结论：岳飞无罪，这是一桩冤案。当他把审讯的结果详细地告诉秦桧时，大出他的意料，秦桧竟沉下脸说了一句："此上意也！"

　　秦桧视何铸为同党，讲话不用戒备，他泄漏"天机"，意在胁制何铸定要把岳飞审出个"谋反罪"来。可是何铸坚持原则，即使是皇上意旨，也不愿奉命。他对秦桧说："铸岂区区为一岳飞者，强敌未灭，无故戮一大将，失士卒心，非社稷之长计！"秦桧气得瞪目竖须，讲不出话来。但他是宰相，大权在手，何铸既不可用，马上改命万俟卨主审"岳飞狱案"。何铸后来被高宗派到金国做划分国界的使者去了；后来又被秦桧一伙指控"党恶"岳飞，流放外地，丢掉了官职[②]。

　　万俟卨擢升为御史中丞，完全奉行高宗、秦桧陷害岳飞的意旨。他主审后，严刑拷打岳飞父子与张宪，逼他们供认。但万俟卨的残酷折磨也未能使岳飞三人招供，万俟卨重演张俊的故伎，再次捏造材料，说岳飞曾叫于鹏、孙革写信给张宪、王贵，令他们假造金军入侵的军

[①] 《宋史》卷三八〇《何铸传》。
[②] 《建炎以来系年要录》卷一四六，绍兴十二年八月丙寅条。

情上报；说岳云写信给张宪、王贵，要他俩筹划审处。岳飞三人当堂要万俟卨拿出物证来，万俟卨拿不出，竟胡说是"张宪、王贵当时焚烧了当"。这真是咄咄怪事，王贵是告发者，既存心告发岳飞，能将如此重要的"罪证"付之一炬吗？

万俟卨急欲将岳飞父子及张宪铸成"谋反罪"，虽然用尽了心机，施尽了刑罚，但从十月十三日把岳飞投进监狱起，到十一月十七日，仍然搞不出一条足以成立的谋反罪证。万俟卨一伙惊慌起来了，他们愁于没有定罪的材料可以了结案件。

岳飞下狱的这一个月，正是宋金两国派遣使者频繁接触，谈判和约最忙碌的日子。十一月七日，兀术放还扣押多年、已变节降金的南宋使臣魏良臣等人，并批准了南宋主动提出的和议条款：

一、宋金疆界，东以淮水中流，西以大散关为界。宋割唐、邓二州及商、秦二州之半归金；

二、宋向金称臣，每年向金纳贡银子二十五万两，丝织品二十五万匹。

金使者萧毅随同魏良臣至宋，和约顺利签订。十一月下旬，高宗正式宣布"大金国已遣使通和"。从此官方文件统称"大金"，不得斥骂"虏寇""夷狄""仇敌"等等。

南宋爱国军民满怀悲愤，他们对皇帝、宰相的投降决策，敢怒而不敢言；对岳飞的冤狱暗中忿忿不平。当时有一个住在南剑州的布衣范澄之，在《上高宗书》中大义凛然地斥骂高宗、秦桧"媚虏急和"：

> 昨睹榜示，遽以枢密行府见勘张宪，其谋有累于岳飞，遂逮系诏狱，连及妻、子。天下之人不知岳飞之罪，又畏扇摇之诛，莫不顾盼相视，彷徨不能去。如病瘖之人，终日茹苦而不敢吐。何者？事出于疑似之间，而圣人难知者也。……（陛下）况方当迅雷震霆之怒，势不及于掩耳，而天下之民……不敢为陛下言；

> 百官有司各有攸职，不肯为陛下言；宰辅之臣媚虏急和，又决不为陛下言。是陛下卒不得而临照之……①

这个与岳飞素不相识的读书人的看法，正反映了当时南宋军民的普遍心理。他们根本不相信岳飞有罪，认为这是冤狱，是宰相和一些大臣一手操纵的诬陷，甚至认识到这场冤狱的兴起与媚虏求和有密切的因果关系，亦即与这个决策的裁夺者——皇帝有干系。范澄之说，老百姓心事重重，彷徨不安，人民不敢讲出心里话，只好沉默，因为对位列将相的岳飞都可任意地投入监狱，那平民百姓又怎能不恐惧"扇摇"之诛呢？

范澄之的话不幸而言中，只因他上书揭露了事实，后来果然获罪"窜死"！刚遭耿著事件打击的韩世忠，心里明白岳飞冤狱只是耿著事件的翻版，他万分气愤，但又无可奈何，只好期待着事态向对岳飞有利的方向发展。如今眼看朝廷又派魏良臣带着投降条件出使金国，实在不忍坐视，就上章指斥"秦桧误国"。结果，他立即遭到秦桧党羽弹劾。韩世忠上书请求辞职，高宗、秦桧也就顺水推舟地同意他辞职。岳飞被囚、韩世忠去职，两员反对议和最激烈的大将都被打下去了，朝中文官武将，谁还敢站出来反对议和？

韩世忠虽然没有被打进监牢，但他从此以后"杜门谢客""绝口不言兵"，骑驴携酒，日游西湖，以游山玩水消愁解闷。然而，浊酒一杯，浇不灭韩世忠心头的怒火；他忧心如焚地关注着岳飞冤狱，度日如年。韩世忠担忧国家的前途，担忧忠良将葬送在昏君奸臣手里！

到了十二月中旬，岳飞仍被囚禁在狱中，韩世忠无法克制自己了，挺身而出，不顾后果地去找秦桧，当面质询，岳飞的"谋反罪"到底确也不确。秦桧蛮横而又含糊其词地回了一句："飞子云与张宪书虽

---

① 《鄂国金佗续编校注》卷三〇《南剑州布衣上皇帝书》。

不明，其事体'莫须有'。"韩世忠气愤地说："'莫须有'三字何以服天下？"①

六、高宗是杀害岳飞的元凶

和议达成，高宗从登位以来孜孜以求的宋金并存局面，总算实现了，虽然为此付出了称臣、割地、纳贡的高昂代价。他特别感到满意的是：大兴"岳飞诏狱"，施展杀一儆百的权术，终于镇服了抗战派，排除了和议的干扰，遂使议和进程比预期快得多。现在剩下的问题是要迅速了结岳飞案。

岳飞案既因和议而兴，那么在和议业已告成之时，高宗将采取什么方式了结此案呢？

平民范澄之上书，希望高宗释放岳飞，范澄之的想法是善良的，但也是幼稚的，因他不懂抗金派与投降派之间斗争的尖锐和残酷。

高宗当然不可能将岳飞释放。第一，他怕和议受到影响，没法坚持下去。第二，释放岳飞意味着承认冤狱，这样，在臣民面前，他将处于不利的地位；如果抗战派势力东山再起，追查责任，问题岂不更大？第三，他怕岳飞怀恨在心，留下后患。事实上，高宗在下诏逮捕岳飞入狱时，就已下了狠心，一定要给岳飞扣上"谋反"之罪加以杀害。

作为帮凶的秦桧等人，洞悉高宗的心理；他们出于利害关系，也必置岳飞于死地而后快。万俟卨对岳飞等三人施用了种种酷刑，逼供了两个多月，但岳飞父子坚强不屈，万俟卨仍一无所得。这时，不仅街头巷尾人们窃窃私议，而且像韩世忠这样的退职大臣竟也当面指责秦桧："'莫须有'三字何以服天下？"秦桧等人搞不到定案的供词，着急万分。

---

① 《宋史》卷三六五《岳飞传》。

秦桧的妻子王氏看到秦桧焦急无策的模样，阴险地提醒秦桧说："老汉为何这般迟疑不决？捉虎易，放虎难也！"

这话提醒了秦桧。于是，十二月十八日，秦桧亲自下令重以"淮西逗留"罪名审问岳飞。因为"临军征讨，误期三日，律当斩"，这条罪状如能坐实，那就足以置岳飞于死地了。但这项罪名纯系张俊的诬告，因此万俟卨受命后，就立即派人抄了岳飞的家，抄去高宗给岳飞的全部诏书，毁掉岳飞可以自辩的物证；接着又勒派大理寺评事元龟年，将岳家军淮西行军日期有意错乱地加以编排。这一条"罪状"就这样"附会"（硬凑）成了。

王俊又被拉来告发岳飞讲过"反话"，他诬告道："飞自郾城回军也，在一寺中，与王贵、张宪、董先、王俊夜坐，移时不语。忽作声曰：'天下事竟如何？'众皆不敢应。宪徐言曰：'在相公处置耳！'"

这番话，被解释为意图谋反。亏得王俊藏了这么久，等到秦桧山穷水尽时，才抛出这样一条材料来。证人呢？王俊是告发者，不能作为证人，王贵又被拉来作证了，但还得要有一个人作证。关键的人物就是董先了。秦桧急召董先从武昌赶到杭州。秦桧亲自交代董先："止有一句言语，要你为证了。只今日便可出。"

慑于秦桧的气焰，董先提供了假口供。"岳飞犹不伏"。然而这条"罪状"，就算定了案。

又有人告发岳飞"自言与太祖俱以三十岁为节度使"。但是，据董先部下证明，岳飞的原话是这样的："我三十二岁建节，自古少有！"

岳飞如果讲过这样的话，顶多属于自鸣得意而已。可是经告发人篡改，恶意拿来比附太祖，这话便构成了"指斥乘舆"、怀有"僭越"异志的谋反罪了。在酷刑之下，张宪被折磨得神志不清，被迫按诬告承认了下来。这样，岳飞又增加了一条"大逆不道"罪。

经过秦桧等人的罗织罪名，岳飞冤狱要定案了。大理寺丞李若朴、何彦猷提出判刑意见：岳飞判两年徒刑。大理寺卿周三畏当即批准。

他们心中明白岳飞冤枉,如果按照秦桧等人罗织的罪名判决,那么其中任何一条都能判处岳飞死罪。周三畏把定案送报岳飞案狱的主持者御史中丞万俟卨。万俟卨十分恼火。周三畏昂然地说:"当依法!三畏岂惜大理卿!"

万俟卨竟撇开周三畏、李若朴等人,自行修改判决书后,又退回大理寺,令其重报。

绍兴十一年十二月二十九日(1142年1月28日),农历除夕,大理寺将定案报送到尚书省秦桧那里。在被告人不服、物证缺乏的情况下,竟以所谓"众证"(旁证)判定岳飞两大罪状:

一、据众证,"尝自言与太祖俱以三十岁封节度使",犯"指斥乘舆"罪。依法:"指斥乘舆情理相切害者,斩。"

二、敌侵淮西,亲受御札十三道,"不即策应",犯"拥兵逗留"罪。"《律》有临军征讨,稽期三日者,斩。其岳飞合依斩刑。"

张宪犯"谋叛"罪,"《律》谋叛,绞。其张宪合于绞刑"。

岳云犯"致(唆使)张宪谋叛"罪,"徒三年,追一官,罚铜二十斤"。

未成年的岳雷,通过审查"别无干涉罪犯"。

大理寺乞"取旨裁断"。高宗收到大理寺"岳飞断案"后,当天批复:"岳飞特赐死,张宪、岳云并依军法施行,令杨沂中监斩。仍多差将兵防护。"[①]

高宗将二十三岁的岳云,由原判三年徒刑改判死刑。可见高宗对坚决抗金的岳飞父子的恐惧和仇恨。

岳飞从入狱第一天起,就同高宗、秦桧投降集团展开了坚决斗争。"飞久不伏,因不食求死。"岳飞胸怀浩然正气,他一生抗金,以身许国,早已置生死于度外;他的绝食是针对高宗、秦桧这伙民族败类的,

---

① 〔宋〕李心传《朝野杂记》乙集卷一二《岳少保诬证断案》,个别字参照《系年要录》卷一四三改。

表明他的无比愤慨和宁死不屈的意志。

岳飞绝食，吓坏了奸党。他们赶紧把十六岁的岳雷同岳飞关在一起。岳雷看见父亲不吃饭，他也吃不下饭，伤心地哭个不停。为了儿子，岳飞终究没有绝食到底。

临刑前，岳飞在狱案上挥笔写下了八个大字："天日昭昭！天日昭昭！"①

这八个字是岳飞投向昏君奸相的一把利剑！

这八个字表明了岳飞深信冤狱有朝一日必得昭雪！

绍兴十一年农历岁除之日（1142年1月28日），我国历史上伟大的民族英雄——岳飞，被杀害于监狱之中。时年三十九岁。

高宗杀害岳飞，有充分的历史材料可资证明。

元代官修的《宋史·岳飞传》末的论赞中，明确地指出："高宗忍自弃其中原，故忍杀飞。"

明代文徵明在《满江红·题宋高宗赐岳武穆手诏石刻》中深刻指出："笑区区、一桧亦何能，逢其欲。"

七、朝野万马齐喑

岳飞投身于抗金斗争十多年，没有壮烈牺牲在战场上，却死在投降派的屠刀之下，这是岳飞的悲剧，也是南宋爱国军民的悲剧。

在岳飞被杀以后、高宗继续当政的二十年中，南宋朝廷里再没有人敢提北伐中原、恢复失土，再没有人敢对和议有微词，抗战派被钳住了口。这时，抗战派大将韩世忠去职，吴玠已死，刘锜调任，正是罢的罢、杀的杀、死的死、调的调，最有影响的抗战将领被一扫而光。但高宗、秦桧并不就此罢手，在杀害岳飞后，他们还在朝廷中进行彻

---

① 〔元〕陶宗仪《说郛》卷一九，曾三异《因话录》。

底的清洗。已经被斥罢的抗战派大臣张浚、王庶一贬再贬；反对绍兴和议的将领解潜、辛永宗贬窜至死；沿江安抚大使刘子羽因对宋金和议表示不满而被罢职；知商州邵隆因反对将商州割属金国，并派兵袭击金军，后被秦桧遣人毒死。甚至连前宰相赵鼎，因说了句"和不可成"而遭一罢再罢，受迫害至死。到了绍兴十二年（1142）冬，离岳飞遇害不到一年，所有反对过和议的文武官员，几乎都遭清算。但是，秦桧党羽罗汝楫还叫嚷："论异议之人，尚有偶逃宪纲者，张戒是也。"

于是，张戒逃不脱投降派布下的天罗地网，也被罢了官。

与此同时，投降派纷纷获得升擢，晋爵加官，充塞朝廷。秦桧已经独相，官职不能再升，高宗给秦桧加太师衔，封他为魏国公。高宗极力赞许张俊，说他"有和敌功，与世忠相去万万"，为此，封张俊为益国公；死后还特封他为"循王"，这是南宋破例进封的第一个异姓王。对杨沂中，高宗加封他为少保，并赐名"存中"。杨沂中死后，也追封为"和王"，备受宠荣。对万俟卨，高宗提升他为参知政事（副相）。凶恶的爪牙罗汝楫被升为侍读、御史中丞。从此，以高宗、秦桧为核心的投降派，牢牢地控制了南宋政府。

岳飞一手培养起来的抗金长城——英勇的岳家军，自然难以逃脱投降派的摧残和破坏。岳家军被张俊的女婿田师中掌控。猛将牛皋后来被田师中毒死。除王贵、王俊已卖身投靠投降派，未遭惩办外，大多数岳飞麾下的将领，罢官的罢官，编管的编管，走的走，散的散。岳家军士兵们对此表示了强烈不满，高宗竟亲自下谕，向岳家军士兵施加压力。南宋的其他几支抗金劲旅，如韩世忠军和刘锜一度统领的"八字军"，也受到排挤和打击。岳飞被杀，举国万马齐喑，部队士气急剧下降。

岳飞之死，是南宋政治、军事的巨大转折点。从此以后，南北分裂的政治局面形成，不可逆转，给统一的多民族国家的发展带来了十分不利的影响。二十年后的隆兴元年（1163），孝宗赵昚怀有北伐的雄心，曾起用抗金老臣张浚，派兵十三万北伐。但是由于当时的军队素质已经变了，军无良将，兵多弱卒，遂酿成"符离之败"，就是明证。

长期分裂的局面，给南北经济发展带来了严重的影响。特别是作为全国经济发展重心的中原和关陕之地，在受到严重的战争破坏后，又处于金人的统治之下，生产萎缩，土地大片荒芜。13世纪初，由于金人"刷地"（疯狂地掠夺汉人土地），原有耕地一百九十万顷的河南，实际耕种的田地下降到九十六万余顷，一半以上都变成了荆榛之地。一面是肥沃土地任其荒芜，一面是世代耕种的农民无地可种，到处流亡，这样尖锐的矛盾，造成了对社会生产力的极大破坏，严重地阻碍了社会经济的正常发展。

民族英雄岳飞被杀害，也是民族的悲剧。

从此，南宋爱国的人民，只能在梦中、在诗中，寄托恢复中原、统一祖国的心愿。正如爱国大诗人陆游绝笔诗中所写的：

死去原知万事空，但悲不见九州同。
王师北定中原日，家祭无忘告乃翁！

而北方沦陷区的人民，只能在泪中、在信中，倾吐民族压迫下的痛苦和悲愤：

三万里河东入海，五千仞岳上摩天。
遗民泪尽胡尘里，南望王师又一年！[1]

---

[1] 〔宋〕陆游《剑南诗稿》卷二五《秋夜将晓出篱门迎凉有感》。

第十章　高风亮节　旷世贤将

民族英雄岳飞不但以抗金和反投降斗争的丰功著称于史，而且以高尚品格与贤将之风激励和鼓舞着后人。

一、节俭廉洁　谦虚敬贤

岳飞起自寒微之家、行伍之中，不到十年，"位至将相"。他虽身居显位，但并没有忘记民间的疾苦，而是保持了节俭淡泊、刻苦励志的美德。

当时诸大将中除岳飞外，刘光世、张俊、韩世忠、吴玠、杨沂中都以经营田产致"金钱巨亿"，"置歌儿舞女"，竞相侈靡。高宗也鼓励他们这样做。例如：韩世忠于新淦县购买田产，高宗闻知后，十分高兴，认为韩世忠"为子孙"计，没有其他野心，特别表彰他的"忠"；因此，赐名韩世忠新得的田庄为"旌忠庄"。再如杨沂中在西湖边大造私宅，擅自引西湖水环绕杨宅四周，受到了朝官的控告；高宗则亲自为他辩解说："若以平盗之功言之，虽尽以西湖赐之曾不为过！"[1]

张俊派士兵搞海外贸易，一次垫付本钱五十万贯，"获利数十倍"；

---

[1]〔宋〕周密《齐东野语》卷四《杨府水渠》。

他贪占良田遍天下，罢兵权居家后，每年收租米达六十万担。

而岳飞，除了高宗赏赐之外，不经商，不置田产，不营造豪华的宅邸。平时饮食不超过两个荤菜。一次，留部将郝晸进餐，碰巧一个荤菜也没有。郝晸进送酸馅，岳飞尝后，把剩下的当作"晚食"。又一次，岳飞发现饭桌上添了一道红烧鸡，他马上查问，厨师回答说，是州里送来的。岳飞传命下属，此后不许为他进送佳肴。岳飞在家穿的是布衣素服，不置姬妾，家中更无歌伎舞女。蜀帅吴玠的一个属官，到鄂州来与岳飞商议军事，岳飞设宴招待他。使这个属官非常奇怪的是，宴会结束了，也没有出现一个女人来陪酒。他回四川后，即向吴玠谈起此事。姬妾成群的吴大帅，为结好岳飞，立即花了二千贯钱买了一个出身于士族家庭的姑娘，连同陪嫁的金珠宝玉一起送到岳飞府上。岳飞盛情难却，但以他的志向和情操是断然不会纳妾的。如何婉言辞谢呢？岳飞自有办法。见面时，岳飞叫她立在屏风后面，对她说："我家的人，都穿布衣，吃的是粗茶淡饭。姑娘倘能同甘苦，就请留下。否则，我不敢留！"

姑娘只是吃吃地发笑。她原是为了坐享富贵而来，听了岳飞的话，不免感到好笑，这当然是不满意的表示。岳飞于是对姑娘说："既然如此，则不可留也！"把姑娘连同嫁奁都退了回去。当时部将都劝岳飞把她留下，以结好吴玠。岳飞说："如今国耻未雪，难道是大将安逸取乐的时候吗？"吴玠听说后不但不生气，反而愈加敬重岳飞。

岳飞自己过着淡泊清廉的生活，对他人则慷慨解囊。他得到朝廷厚赏，都用来奖励战士。军中缺粮，宁可出家财、私藏以资助。他将母亲、兄弟从北方接来后，在九江安家，聚族而居，但家产"仅有田数顷"。

岳飞被害抄家，"家无余财"。秦桧不相信，穷凶极恶地审问岳飞家的吏仆，结果还是找不出更多财物。二十年后，岳飞得到平反昭雪，朝廷偿还岳家充公的财产，计钱三千八百二十二贯，水田七百多亩，地一千一百多亩①。经办的官员，"恻然叹其贫"。而大将刘光世，不算他在浙江青田霸占的大片土地，光在淮东，就夺取民间膏腴水田三万亩。当时诸大将在杭州都建有规模宏大的宅邸，唯独岳飞没有。高宗打算在杭州给岳飞建造华丽的府邸，岳飞慨然辞谢，他说："北虏未灭，臣何以家为！"

淡泊存高志，宁静以致远。岳飞确是当之无愧的。

岳飞入伍时喜饮酒，数斗不醉，后来因醉酒打过人。高宗面诫他，等到收复中原，方可饮酒，岳飞从此戒酒。当时，盛行室内焚香，特别是仕宦之家，爱焚进口的高级香料，作为一种高级的享受。一天，岳飞以沉香分给属官，一人一块，黄机密分得的最小。岳飞感到分得不均匀，取出一袋重新分配，轮到黄机密，剩下的又是最小。岳飞不知如何是好。黄机密说："某以一身从军，虽沉香，无所用之。"岳飞听了很高兴地说："某旧日亦爱烧香，在瓦炉中烧柏香耳，后来亦摒之。大丈夫欲立功业，岂可有所嗜好耶？"

岳飞办事果断，但绝不刚愎自用。他能够广采众智、虚心纳谏。每当出征，士人争陈方略，岳飞则考较其优劣，有选择地采纳，并各赠送一份礼物。部将郝晸的门客侯邦，太学生出身，一次向岳飞献计，为岳飞所采纳。岳飞觉得这是一个人才，便留于帐前使用。郝晸害怕侯邦在岳飞面前揭发其短，要设法除掉他。岳飞知道后，大怒说："郝晸何人，敢杀士人！"侯邦遂得到了岳飞的保护。平时，岳飞常对周围的属官说，倘自己有不是之处，应当及时提醒他。对重大的事，岳飞总是先找人共同商量，慎重处理。

南宋诸大将中如张俊、刘光世、杨沂中等都是贪功忌才的人。一次，刘光世在高宗面前大言不惭地夸口："他日史官记中兴各将帅，书臣功，功第一！"

---

① 《鄂国金佗续编校注》卷一三《户部复田宅符》；〔清〕徐松辑《宋会要辑稿·方域》四之二五《第宅》。

对这样一个尸位素餐的懦将,连高宗也不得不申斥他"徒为空言"。而岳飞,功盖天下,却从不居功。每临功赏,总是以"无功"辞谢。高宗也不得不承认岳飞"推功名而不居""每拜官必力恳避"。岳飞不以功自居,却推功及人,让功于同列与部属,南宋诸将中唯有他一人这样做。如收复襄阳六郡时,朝廷曾命刘光世派兵出援。结果,在岳飞收复襄阳六郡的第三天,刘光世部郦琼的五千军马才姗姗而来。可是,岳飞上报战功时,却请求"先推刘光世军掎角之功"。他说:"虽其至不及期,然臣之军士知有后援,所以能成薄效。"① 而对部属,更是"尺寸之功,丝毫必录"。他总是说:"皆将士竭力,在臣何功!"

岳飞位居显要,职权很大。但他从不以私事去"干请朝廷"。幕僚刘康年受命赴杭州呈报收复襄阳之功时,利用职权,在空名印纸(空白公函)上填写了封岳飞母亲为"魏国夫人",岳雷授"文资"官阶的请求。朝报公布了此项任命后,岳飞不胜惊骇,立即上书力请收回成命,表示决不敢以"私门"希求恩宠。为此,岳飞还惩办了刘康年,并要求朝廷对他治罪。对比之下,张俊请求政府"独免"他家族产业的科赋,刘光世请以淮西田换淮东膏腴田,何其天壤之别!岳飞不以"私事干请于朝",当时朝野"翕然称美",都说岳飞"有古贤将之风"!②

岳飞为人刚直不阿,正气浩然,而且重情谊,讲恩信。当高宗、秦桧设计陷害韩世忠时,张俊明知韩世忠无辜,但他为了保住自己的地位,不惜依附秦桧,陷害韩世忠。而岳飞得知高宗和秦桧、张俊要陷害韩世忠时,竟奋不顾身地保护韩世忠。岳飞坚持正义,从不以炎凉荣辱改变对人的看法,他痛恨忘恩负义之辈。张所是岳飞崇敬的前辈,也是岳飞的恩人,在岳飞处于困厄之时,他提拔了岳飞。可是不

---

① 《鄂国金佗稡编校注》卷一一《乞先推刘光世军掎角赏奏》。
② 《建炎以来系年要录》卷八四,绍兴五年正月癸酉条。

久后张所的境遇一落千丈,为投降派所斥罢,死于岭南。当时有些士大夫,对在朝的投降派唯恐攀附不上,哪里肯替张所讲句公道话?岳飞却在张所落难之后,寻访到张所的幼子张宗本,把宗本当作自己的儿子,亲自教导抚养。宗本到了弱冠之年,岳飞又把朝廷推恩例赐给自己儿子的官职,让宗本去顶。张所死后多年,岳飞还在给高宗上书中称赞张所力主收复两河的抗金决心,痛斥"误国败事"的奸臣。

二、教子从严　奉母至孝

岳母在岳飞背上刺"精忠报国"四字,激励岳飞从军抗金、献身报国,为岳飞教子树立了榜样。

岳飞有五子一女:儿子为岳云、岳雷、岳霖、岳震、岳霆,女儿为安娘。

岳飞对子女教育极为严格,首先从生活上培养他们艰苦朴素、热爱劳动的美德。当时,从农村到都市,酒铺林立。岳飞却对儿子们规定:除了喜庆节筵外,平日里一律不准饮酒。岳飞对子女平日的功课抓得很紧,学业完成之后,还要他们拿着畚箕,扛着铁锹,到菜园里劳动。他常对子女们说:"稼穑艰难,不可不知也!"

宋朝的官员到了一定的品级,其子孙享有当官的权利,官品越高,可封官数目越多,这个制度叫"任子恩例"。岳飞一生只"享受"过一次特权,他不是替儿子补官,而是让给了恩人张所的儿子张宗本。他没有让自己的儿子享受这种特权,宁可让儿子们闯出一条"自立勋劳"[①]的道路。

身材瘦小的岳云,十二岁那年,即被岳飞送到张宪部下当一名士兵。当时,岳飞部队中都称岳云为"赢官人"。岳云入伍后,岳飞视岳

---

① 《鄂国金佗续编校注》卷三《辞男特转三官授武略大夫所请宜允诏》。

云为普通士兵。生活起居,训习武艺,行军作战,都不许有特殊照顾。

在严格的训练下,岳云武艺提高得很快。绍兴四年(1134)岳家军收复襄阳六郡,岳云年方十六岁,他身先士卒首先登上随州城,立下了头功。

岳飞对部队将士的战功"丝毫必录"。可是对岳云所立的大功,却"隐匿"不报。事过一年,朝廷负责考核、选拔官吏的部门知道了此事,才按常例提升岳云为武翼郎。岳飞这样做,连张浚也不满,他说:"岳侯避宠荣一至此,廉则廉矣,然未得为公也!"

岳飞听了说:"君之驭臣,固不吝于厚赏;父之教子,岂可责以近功?"严于教子,在岳飞心中,还有一个很重要的目的,那就是自己身为统帅,不仅在冲锋陷阵时要身先士卒,在论功行赏上也要表现出谦让精神。他曾经说过:"正己而后可以正物,自治而后可以治人,若使臣男受无功之赏,则是臣已不能正己而自治,何以率人乎?"[①]

为此,他对自己亲属的论功行赏,虽无另文规定,但要求比他人为严。有一次战斗结束,上报战功,张浚向朝廷推荐了岳云所立的"奇功",朝廷下"特旨",将岳云连升三级,授予武略大夫(正七品)的官阶。对这样特殊的恩赐,岳飞竟连续上了两道奏章恳辞,他说:"前次战斗,士卒冒着炮石箭雨,有的斩将破阵建立了奇功,我上报其事迹后,才蒙升擢一级的恩赐。我儿子岳云怎么敢接受跃进三级的奖擢?"又说:"此次恩数,似出于无名。……望速收回成命。"

在一而再的恳请之下,高宗同意了岳飞的请求。

在岳飞的教育下,岳云逐渐成长起来。在二十二岁那年,岳云就能挑起统率一军的重担。颍昌大战中,他亲率背嵬军投入血战。在王贵一度怯战、形势不利的情况下,岳云沉着地指挥战斗,稳定了战局,最后取得了大捷。这表明岳云已经成为岳家军中卓有声望的一位

---

① 《鄂国金佗稡编校注》卷九《遗事》。

将领了。

岳飞自己先天下之忧而忧，后天下之乐而乐，对家里人也如此要求。他一回家，脱下官服，就穿上布衣，因此家里人平时都穿布衣。有一次，他偶见妻子穿了绸衣，就对她说："我听说皇后娘娘、王妃、贵嫔在北方过着艰苦穷困的生活，你既跟我同忧乐、共甘苦，那就不适宜穿这么好的衣服了。"李氏夫人听了，连忙换穿布衣。

岳飞是孝子，对老母侍奉唯恐不周。不出军时，虽戎务缠身，每天傍晚必抽空去母亲房内探望。母亲卧病以后，他亲尝汤药，跪送病榻，并经常关照家人要注意母亲的饮食寒暖和衣被的替换。在母亲寝室，他话不多说一句，走路避免出声，唯恐影响母亲的休息。一旦出师，又谆谆嘱咐家人，务必好好奉侍卧病在床的老人。

岳飞妻子李氏夫人，在岳飞、岳云遇害后，便和儿子岳雷等被流放到岭南。她坚贞不屈，继承夫志，在流离颠沛的困苦生活中，每天仍然督促儿孙们完成当天的学业，从不稍懈。

岳飞的家教是卓有成效的。在儿辈中，培养了岳云这样名垂青史的青年将领；在孙辈中，出了岳珂这样著名的学者。

三、身先士卒　执法严明

岳飞的治军为当时诸将帅所钦佩，也为朝野所共赞。张俊早年就曾经向岳飞讨教过治军的经验，高宗也称赞过岳飞"治军之有法，虽观古以无惭"[1]。这个评价对岳飞来说，绝没有言过其实。岳飞治军经验十分丰富，其中有一些经验，直到今天，仍然具有借鉴的意义。

岳飞时刻不忘洗刷国耻，还我河山，他以民族和国家的大义激励士气。出征杀敌之前，岳飞常常亲至队列前，慷慨陈词，每讲到国恨时，

---

[1]《鄂国金佗续编校注》卷三《自池州移军潭州将谕诏》。

又往往情不自禁，仰天长叹，泪水奔涌。将士们无不感动而泣。如建康之战，因统帅杜充降敌，形势十分险恶，岳飞刺血激励将士："建康，江左形胜地，使敌人占据，何以立国？今日之事，有死无二！"士卒一致表示："愿听命，奋不顾身！"平时与将校谈话，也必以抗金爱国的意气互相激励。由于岳家军将士明确为保卫国家而战，因此，即使在敌强我弱或形势不利时，也能浴血奋战，以一当十。

岳飞关心士卒的生活，与他们同甘共苦。在供给困难的情况下，岳飞"与士卒最下者同食"。行军宿营时，如果士卒露宿野外，岳飞也决不进房。有时地方送来酒肉犒劳，必平均地分配给将士。有时酒的数量较少不够分配，便在酒中掺些水进去，哪怕"人受一啜"也好。朝廷有犒赐，岳飞"一钱不私藏"，如数分给将士。有一次，一个负责分配犒赐的部将，不按岳飞定好的标准发放，并将余下来的金钱贪为己有。岳飞发现后大怒，立即将这个部将处死了。士卒有病，岳飞亲自抚问、调药。部队出征后，岳飞吩咐留守人员要关心将士家属的生活，还叫自己妻子去慰问将士家属。有困难的士兵家庭，嘱咐留守部门赠送银子、绢帛，以解除前方将士们的后顾之忧；家属受到照顾和关怀，纷纷勉励丈夫、儿子在前线杀敌立功。

岳飞治军纪律严明，秋毫无犯。他规定凡是损坏庄稼，妨碍农作，强买强卖的，要处死刑。有一个士兵，私取老百姓的一缕苎麻用来捆马草，岳飞查实后，当场斩首。部队行军宁愿露宿村头，也不去惊动村民；即使村民请他们进屋去住，如果没有上级的命令，依然不敢进去。住在老百姓家里，起床后第一件事，就是把铺草捆好，接着洒扫门庭，帮助房东家洗涤盆碗。这些工作做好后，队伍才离开[①]。

援淮西时，岳飞军屯驻合肥。岳飞曾派遣一骑兵过长江送公文，不巧碰上长江风急浪高，渡口禁渡。骑兵不顾渡口管理人员的劝告，

[①]《齐东野语》卷二〇《岳武穆御军》。

坚持非渡不可。他说：宁愿溺死在江中，我也不敢耽误岳相公的命令。

一个姓项的樵夫，从来没有遇到过像岳家军这样好的军队，因此，对前来买柴的岳家军士兵特别热情，主动减价，每担少收两个钱。可是，岳家军士兵严格遵守军纪，坚持照市价付钱。樵夫一再推让，买柴的士兵非常感谢樵夫的好意，最后却不得不说："我能够为两个小钱换一颗脑袋吗？"

岳飞要求将士遵守纪律，做到秋毫无犯，自己也身体力行。一次行军经过某地，部队第二天就要开走。地方官听说岳飞来了，天一亮就在城外路口搭起帐篷，准备了盛筵饯别岳将军。可是，眼看队伍快走完了，也未见到岳飞，这些地方官发急地问："大将军何在？"

殿后军回答说："已夹在普通将佐中走了！"

为了不打扰地方，岳飞不摆大官架子，严于律己，为将士们作出了榜样。

在南宋初期，除岳飞军外，其他官军没有不抢掠的。张俊部队从宁波行军至温州，所过之处，"鸡犬为之一空，居民闻其来，逃奔山谷，数百里间，寂无人烟"①。王𤫊军从江西上饶入福建，所过州县，敲诈勒索，一开口就要上千两银子。连韩世忠军这样纪律较好的抗金军队，在粮食匮乏的情况下，也免不了抢掠。有一次，他的部队经过浙西，"浙西为之骚然"。而岳家军却做到了"冻死不拆屋、饿杀不打掳"，因此才赢得"行师有律，几不犯于秋毫"的评价。各地百姓听说岳家军经过，人民相呼共观，"举手加额，感慕至泣"。

岳飞执法严明，赏罚公平，"待千万人如待一人"。赏者不嫌疏，罚者不避亲。在攻莫邪关时，张宪的部下郭进先登，岳飞当场解下金束带，连同自己所用的银器加以赏赐，并把他从士兵升为军官。凡是立有战功的，无论是将领还是士卒，岳飞决不遗漏一人。谁如果违犯

---

① 《三朝北盟会编》卷一三六《汪藻上疏》。

纪律，也不问是亲还是疏，是官还是兵，决不放过。

岳飞主张重选拔，谨训习，兵贵精不贵多。高宗下诏将韩京、吴锡二军拨给岳飞后，岳飞将其中老弱和不习于战斗的兵卒遣送回家，留下的竟不满千人，由此可见岳飞选拔之严。留下的这些士兵在岳家军中专门训练了几个月，才算合格。岳飞军中有一支精选的劲旅，称作背嵬军（也是他的亲随军），比其他将帅的亲随军战斗力更强，勇健无比。"凡有坚敌，遣背嵬军，无有不破者。"[①] 平时，岳飞十分重视军事训练。训练时，训练项目、训练要求，均根据实战需要出发。有时老百姓围观，惊叹岳家军将士武艺的高超，"望之以为神"。

岳飞在战斗中总是身先士卒，带头冲锋陷阵。古代战争，全靠旗头的旗帜来指挥，旗进则众进，旗退则众退。因此，旗头成了敌人的"众矢之的"，是十分危险的。岳飞从列校到部将，直至统帅，凡是他亲自参加的战斗，总是身先士卒冲锋陷阵，"自为旗头"。主管机宜文字黄纵是一个文官，北伐时随军到中原。他看到大平原上数万数十万人的大战，心惊肉跳，看也不敢看。岳飞为了培养他的胆略，选择了一次规模较小的战斗，亲自带他上战场，让他观战。黄机密上战场后，担心的倒不是自己，而是"旗头"。当战斗结束后，他对岳飞说："敌人狡猾，你亲自当旗头指挥，如果敌人认出了你岳宣抚，聚集起强弓硬弩射你，那可怎么办？"黄机密的话很有道理，但岳飞并没有改变自己的作战习惯。他认为在必要时统帅必须身先士卒，才能在战场上灵活指挥，才能鼓舞将士的斗志，夺取战争的胜利。

一支严格执行命令、视死如归、武艺高强并得到人民拥护的军队，必然是所向无敌、百战百胜的军队。

---

① 〔宋〕赵彦卫《云麓漫抄》卷七。

第十一章　论岳飞忠孝观

民族英雄岳飞的故事，八百多年来，一直为中国人民所传颂。他英勇抗金的事迹，世世代代受到人们的敬仰；他的爱国献身精神和高尚情操，熏陶着一代又一代后人。在中国历史上，岳飞是一位民族英雄，一位杰出的军事家。当我们回眸历史，回眸岳飞一生的丰功伟绩与过失，不能不深入地探究岳飞思想的内涵与核心——忠孝观，探究其孝敬父母与热爱祖国两者间的关系，从而使我们对这位伟人有更为深入的认识和更为客观的评价。

一、克尽事亲之道
——岳飞之孝道

在古代中国，衡量一个人思想、行为好坏的首要标准，就是能否守孝道、尽孝行。唐太宗说："百行之本，要道惟孝。"[1] 那么，何谓孝？"善事父母为孝，而敢非之，是无亲也。"[2] 孝是儒家思想的重要内容。孝道产生于西周。西周时代的孝，不仅仅是对父母的"孝养"，还包含

---

[1] 《唐太宗集·赐孝义高年粟帛诏》。
[2] 〔唐〕唐明皇御注、〔宋〕邢昺疏《孝经注疏》卷六《五刑章第十一疏》。

对先祖的"追思""追孝""孝祀"。至春秋时代，孔子将"孝道"的内容给予更丰富的诠释，也可以说，推向了极致。孔子主张的"孝"，既要在物质上赡养父母，又要在精神上善待父母。《论语》谓："今之孝者，是谓能养。至于犬马，皆能有养；不敬，何以别乎？"① 即是说，孔子所倡导的"孝"，包括"孝养"父母与"孝敬"父母，将物质上的奉养与精神上的慰藉两者相结合。孔子所提倡的孝道，作为儒家思想的基石，对后世产生了极深刻的影响。就岳飞来说，他出身于贫苦农民之家，虽没有机会上学，但从小自学不辍。"岳飞天资敏悟，幼读书强记。家贫，拾薪为烛，达旦不眠。"② 他"涉猎经史"，从小受传统思想熏陶，逐步形成了自己的忠孝观。虽然，岳飞未能留下有关"孝道"的专门论著。然而，从岳飞的言行，我们可以窥见岳飞关于"孝"的观念，以及"孝道"在他的思想中的地位。

岳珂追述祖父岳飞时说："先臣天性至孝。"③ 这是赞美岳飞极为孝顺，宛若出自天性。这也是事实。岳飞束发从军，背井离乡，"不得已，乃留妻养母"。河北被金军占领，岳飞与故乡相州汤阴，"音问绝隔"。他身在抗金战场上冲锋陷阵，心中忧念在敌军铁蹄下过着悲惨生活的亲人。"日夕求访，数年不获。"后来，有乡人捎来岳飞母亲姚氏给岳飞的口信："为我语五郎（岳飞小名），勉事圣天子，无以老媪为念也。"④ 得到深明大义的老母亲的口信，岳飞既高兴又焦急，马上派人潜入金占领区寻访。由于金军与伪齐军盘查极紧，困难重重，前后"凡遣人一十八次"，方接回"惊悸致疾"的老母，终于使她"得脱虏祸"，安顿在驻地。

岳飞曾说："若内不克尽事亲之道，外岂复有爱主之忠？"⑤ 岳飞对

---

① 《论语·为政篇》。
② 《岳忠武王文集》卷末《忠武王遗事》。
③ 《鄂国金佗稡编校注》卷九《经进鄂王行实编年》卷六《遗事》。
④ 《鄂国金佗稡编校注》卷九《经进鄂王行实编年》卷六《遗事》。
⑤ 《鄂国金佗稡编校注》卷一四《乞终制札子》。

母亲极孝敬。他的思想很明确：尽孝道是为人臣之第一步，尽忠报国是第二步。一个对父母都不孝的人，如何能忠君报国？他把事亲之孝与忠君爱国紧密地联系在一起。

接来母亲后，岳飞侍奉母亲无微不至。身为湖北路宣抚使，肩负守卫长江中游防线重责，岳飞"军旅应酬无虚刻"。尽管如此，只要不离大本营，每天黄昏，他总要抽出时间，亲至母亲住所，"尝药进饵"，侍奉汤药。四季衣被器用，视节令更换，尽量使母亲身心愉悦。进入母亲的起居室，这位在战场上呐喊如雷霆、驰骋如迅雷的统帅，像完全变了个人，走路压低声响，说话压住嗓子，唯恐影响老母亲的休养。每逢率军出师，不忘戒饬家人尽心侍候。回营后，一旦发现有照顾不周之处，自妻子以下，免不了受他训斥、处罚。

绍兴六年（1136）三月二十六日，岳飞母亲去世[①]。岳飞痛不欲生。三天不进饮食，恸哭不已，以至憔悴损容。岳飞一面上奏辞职为亡母料理丧事并守制三年；一面不等朝廷批准，即先自离营扶母亲灵柩，从鄂州出发，至江州南康军归葬。送葬路上，不管路途泥泞难行，也不管烈日熏蒸，岳飞都赤足扶灵榇。将佐争先恐后要代岳飞扶灵柩，都遭到岳飞拒绝。所过之处，路人无不为岳飞孝行感动。姚氏被安葬于庐山。姚氏墓旁，临时搭建了草庐，岳飞日夜寓庐守丧，"朝夕号恸"。为了寄托对母亲无限的哀思，他又雕刻母亲木像，晨昏行问安之礼[②]。

可是，朝廷鉴于长江防线不可缺统帅，不同意岳飞提出的守制三年要求，命令他立即"起复"[③]，回营任职。枢密院所降札子比较严厉：

[①] 《鄂国金佗续编校注》卷二九《百氏昭忠录》卷一三《赵忠简公鼎奏札一卷·乞起复》。
[②] 《鄂国金佗稡编校注》卷九《经进鄂王行实编年》卷六《遗事》。
[③] "起复"：凡丁忧守丧、致仕或责罚去职官员，因某种需要，朝廷特召复职者，称"起复"。凡起复官，须将"起复"二字，系于官衔之前。如绍兴七年七月"起复太尉、湖北京西宣抚使岳飞遣属官王敏求来奏事"（见《建炎以来系年要录》卷一一二），并参〔宋〕赵升《朝野类要》卷三《起复》。

> 勘会岳飞丁母忧，已择日降制起复。缘目今人马无人主管，及见措置进兵渡江，不可等待。奉圣旨："先次行下，岳飞特起复，仍日下主管军马，措置边事，不得辞免。"①

朝廷与皇帝赵构都要岳飞"起复"，回营主管湖北、京西路宣抚司兵马，这就给岳飞提出了一个如何处理"忠"与"孝"两者关系的问题。自古忠、孝难以两全。然而，就岳飞思想来说，忠与孝两者是一致的。他在所上《乞终制札子》中说：

> 然臣重念为人之子，生不能致菽水之欢，死不能终衰绖之制，面颜有靦，天地弗容。且以孝移忠，事有本末，若内不克事亲之道，外岂复有爱主之忠？臣已般（搬）挈扶护前来，欲于江州或南康军界营葬。②

岳飞感到，作为人子，于父母能尽孝道，于国家才能移孝尽忠，忠于君、忠于社稷、忠于天下。他既没有不近人情，撇下母亲丧事；又顾全大局，在料理好母亲丧事之后，遵朝廷之命，"奉诏归屯"③，返回鄂州，起复莅职，不再坚持守三年之丧。

二、尽忠报国
——岳飞之忠

忠是孝的比附和延伸。从本义上说，忠与孝是一致的，忠孝一体。忠与孝不同之处，仅在于所事对象不同。孝是事父（包括事母），忠是

---

① 《鄂国金佗稡编校注》卷一四《乞终制札子》。
② 《鄂国金佗稡编校注》卷一四《乞终制札子》。
③ 《建炎以来系年要录》卷一〇〇，绍兴六年四月乙巳条。

事君。君又被视为"天下苍生父母"①，故"以孝事君则忠"②。君代表国家，因此，忠又不仅仅是忠于皇帝，同时必须忠于国家。忠君与忠于社稷（国家），有时一致，有时不一致。道理很简单，人君是个体，其德性、行为有好有坏，不分是非善恶，对皇帝唯命是从，未必是忠。而国家是有一定版图、拥有同源历史文化和管理机构的实体，既是社会群体共同利益的维护者，又是世世代代生于斯、长于斯者共同生存与发展的环境。"国破家亡"，国与家是不可分割的。在家，讲孝道；在国，讲忠义。这正是岳飞"以孝移忠"的忠孝观：视事君如事父，尽忠为报国。在我国广为流传、几乎家喻户晓的"岳母刺字"故事，就是歌颂了岳飞"精忠报国"的思想。

我们且不论岳母姚氏是否曾亲自为岳飞刺字，但，岳飞背上刻有"尽忠报国"四个大字，史籍确有明文记载：

> 先是，秦桧力主和议，大将岳飞有战功，金人所深忌。桧恶其异己，欲除之，胁飞故将王贵上变，逮飞系大理狱。先命铸鞫之。铸引飞至庭，诘其反状。飞袒而示背，背有旧涅"尽忠报国"四大字，深入肤理。既而阅实，俱无验。铸察其冤。③

显然，"尽忠报国"是岳飞早年立定的志向，岳飞之"忠"，其核心内容是忠于国家，而不是忠君。其实，在北宋民族矛盾、阶级矛盾日益加剧的客观形势刺激下，君与国家并非完全一体的思想，已逐步形成一种新思潮，岳飞则深刻地受到了这种新思潮的影响。社会改革家王安石就宣称：

---

① 《孝经注疏》卷七《广至德章第十三疏》。
② 《孝经注疏》卷二《士章第五》。
③ 《宋史》卷三八〇《何铸传》。

> 夫君之可爱而臣不可犯上，盖夫莫大之义而万世不可易者也。然桀、纣为不善，而汤、武放弑之，而天下不以为不义。[1]

此言一出，无异于昭告天下：君王无道，臣民没有必要对他效忠，甚至可以将他驱逐或杀掉。宋人这么说了，也就这么做了。靖康初，国难当头，金军南侵，钦宗畏敌如虎，准备逃跑，为李纲所阻止。正当宰相李纲、枢密使种师道有效地组织抗金斗争时，钦宗为了向兵临城下的金军摇尾乞怜，退让求和，干脆罢了李纲、种师道职务，置国家和民族的利益于不顾，这不是卖国之君、亡国之君吗？对这样的皇帝，还值得去尽忠吗？于是京师爆发了以太学生陈东为首的数十万军民包围皇宫的大示威，"围之百匝，以至父老泣涕，恳切言曰：'争銮舆不出，乘城固守以活我国人，使金人不敢剽掠者，种枢密也。'"示威军民把罢李右丞（纲）、种枢密（师道）视为"危社稷，弃国人，以资寇"[2]，矛头直指钦宗。示威群众个个义愤填膺、怒火中烧，杀投降派官僚、杀内侍，并随时准备冲入宫中。钦宗慌忙遣开封府尹王时雍以军法弹压，并警告太学生："胁天子可乎？"诸生异口同声高呼道："以忠义胁天子，不愈于奸佞胁之乎？"示威群众随即上前准备痛揍王时雍，王时雍被吓得慌不择路而逃。管勾殿前司公事（禁军首领）王宗楚眼看情势危急，不得不用强硬的语气对钦宗说："事已尔，无可奈何，当黾勉从之。不然且生变！"[3]至此，钦宗不得不派姚南仲向示威军民传旨：复李纲、种师道之职，并下诏："士庶伏阙上书，愿用李纲、种师道。朕已亲览，深谅尔等忠义，令纲、师道传宣抚谕。"[4]可以说，这是宋人第一次公开突破以"忠君"为忠的核心内容的思想藩篱，

---

[1] 《王文公文集》卷二八《非礼之礼》。
[2] 《三朝北盟会编》卷三四，靖康元年二月五日辛丑条引《靖康录》。
[3] 《三朝北盟会编》卷三四，靖康元年二月五日辛丑条引《宣和录》。
[4] 《三朝北盟会编》卷三四，靖康元年二月五日辛丑条引《宣和录》。

将忠君与忠社稷（国家）、忠天下有条件地区分开来。靖康元年（1126），岳飞时值二十四岁，在河北兵马大元帅府前军统制刘浩部下当小军官，京师这一重大历史事件，对身处抗金斗争前线的岳飞，无疑产生了深刻的影响。

纵观岳飞近二十年金戈铁马生涯，他的忠的观念，诚如前述，既忠君，又忠于社稷（国家）、忠于黎民百姓。然而，一旦忠君与忠国产生矛盾时，岳飞毫不犹豫地以尽忠报国为重。建炎元年（1127）五月，赵构在应天府登基称帝，岳飞大为兴奋，指望新皇帝能承担起抗金救国、收复中原故土的重任。当时，军民关注的一个焦点是，高宗是不是仍以东京开封府为京师。抗战派都迫切希望高宗从南京应天府返回汴京，以安定人心，系天下之望。然而，这希望很快变成了失望。岳飞根本没有想到新即位的皇帝，是一个极端自私的投降派，不但听不进宗泽一而再、再而三的恳劝，不愿亲率六军返回汴京，担起号令抗金的重任；反而下手诏："京师未可往，当巡幸东南，为避敌之计。"这不能不激起岳飞的愤慨。他不顾从八品（秉义郎）小官位卑言轻，激于义愤，亲笔写下了《南京上皇帝书略》，越级、越职（岳飞系武臣，非言事官）向皇帝表示了抗议：

奉车驾日益南……有苟安之渐，无远大之略，恐不足以系中原之望。

为今之计，莫若请车驾还京，罢三州巡幸之诏，乘二圣蒙尘未久，虏穴未固之际，亲帅六军，迤逦北渡。则天威所临，将帅一心，士卒作气，中原之地指期可复。①

这封奏议，在高宗及其同伙黄潜善、汪伯彦看来，简直是"犯上"，

---

① 《鄂国金佗稡编校注》卷一〇《奏议》上《南京上皇帝书略》。

矛头直指皇帝。为此,岳飞受到了"小臣越职,非所宜言,夺官归田里"的处分。岳飞之忠,首先是忠于国家,此种观念,几乎无刻不体现在岳飞的言行中。建炎三年(1129)秋,金军突破长江防线,建康失守,皇帝逃到海上,官兵逃溃,有的溃将还串连岳飞,劝说他一块儿跑回北方故乡去。岳飞面对将帅叛逃、士卒溃散的混乱局面,始终坚持拯救国家于危亡之中的信念,毫不动摇。他为激励自己的部下,慷慨陈词:

> 我辈……当以忠义报国,立功名,书竹帛,死且不朽。若降而为虏,溃而为盗,偷生苟活,身死名灭,岂计之得矣?建康,江左形胜之地,使胡虏盗据,何以立国?[1]

"忠义报国",这是岳飞的誓言,也是岳飞的耿耿忠心。

岳飞的"忠义报国",其具体的内涵是"殄丑虏,复三关,迎二圣,使宋朝再振,中国安强"[2]。

总之,岳飞之忠,核心是忠于国家、忠于民族。当然,岳飞也忠君,他奉命扫荡游寇曹成、李成,镇压钟相、杨么农民起义军,镇守长江中游防线抵御金军、屏障南宋小朝廷等等。然,岳飞之忠君,并非绝对之忠君;岳飞的言行,并非奉皇帝的意志为圭臬。史学界在评价岳飞之忠时,不乏批评岳飞"绝对忠君",并指斥为"愚忠"[3],甚至说岳飞"明明可以取得更大胜利,却不敢违背宋高宗主和的宗旨,以致失去机会,铸成大错,遗恨千古"[4]。这是不公正的。

---

[1] 《鄂国金佗稡编校注》卷四《行实编年》卷一。
[2] 《鄂国金佗稡编校注》卷一九《广德军金沙寺壁题记》。
[3] 王继烈《评岳飞的忠君思想》(刊《青海社会科学》1980年2期),黄君萍《岳飞愚忠思想的危害》(刊《晋阳学刊》1985年2期)。
[4] 徐梁伯、闻小波主编《中国近代爱国主义精神通览》,东南大学出版社1999年12月版,第60页。

三、驳岳飞"愚忠"论

批评民族英雄岳飞"愚忠"的观点，以王继烈《评岳飞的忠君思想》一文最为典型。他说岳飞的忠君，是"绝对忠君"，对皇帝"无限忠诚"。又说："绝对忠君"的岳飞，"却被自己无限忠诚的皇帝惨杀了"，"岳飞的悲剧就在这里"。

有"忠君思想"，与"绝对忠君"显然有区别；奉行命令，也不能与"无限忠诚"画等号。岳飞有忠君思想，曾忠实地奉命镇压农民起义，这无须为英雄讳。然而，说岳飞"绝对忠君"，对宋高宗"无限忠诚"，这却有必要实事求是地加以讨论。

王继烈为了证明自己的观点，"纵观岳飞抗金的全过程"，列举了下面几件事：

第一，1139年宋金和议时，岳飞接受了宋高宗的封赏，向高宗呈递了《谢讲和赦表》，文中"也有昧爱国之心取悦赵构之言"。

第二，1140年岳飞北伐，取得郾城大捷，却奉命班师。"当时岳飞完全有条件拒绝君命"，做到"将在外，君命有所不受"，"但是岳飞在忠君思想驱使下，终于向赵构屈服了"。"岳飞奉命班师，与其说是因为'孤军无援'，不如说是迫于君命不敢违抗"。

以上评论，符合历史实际吗？下面分题加以论述。

（一）关于岳飞对待宋金议和以及高宗妥协投降政策的态度。绍兴九年（1139）宋金和议成，岳飞确实上了《谢讲和赦表》。王文说该表"有昧爱国之心取悦赵构之言"，这与胡铨"不顾身家性命，仗义执言，大声疾呼'臣备员枢属，义不与桧等共戴天日'""两相对照，岳飞的言论难道不显得失色吗"？这里，作者把胡铨上书时间搞错了。胡铨《戊午上高宗封事》[①]，写明是戊午之年，即绍兴八年（1138），

---

① 〔宋〕胡铨《胡澹庵先生文集》卷七《戊午上高宗封事》。

在绍兴和议达成之前；而岳飞上《谢讲和赦表》的时间，则在己未年（绍兴九年，1139）三月①，在绍兴和议达成之后。怎么能把和议达成之前的胡铨言论，作为和议达成后"朝议藉藉"的反议和条约的言论加以引用呢？事实上，胡铨早在和约订立之前，已经被南宋政府送昭州编管。即使在和约订立之前，岳飞反对议和的态度，比之胡铨，也毫无失色之处。绍兴七年（1137）十二月，南宋使者王伦被金释放，带回了金国许议和的消息。高宗立即加紧了议和活动的部署。然而，遭到岳飞的抵制。高宗三令五申不得越出"界分"，以免"引惹"金人。岳飞则依然积极地进行着北伐准备。他派出一批批人员，携带蜡书、旗子潜入中原，去联络义兵，相约以"岳"字旗为号，一旦北伐，举旗响应。枢密副使王庶视师江淮，岳飞写信给他说："今岁若不举兵，当纳节请闲。"② 绍兴八年（1138）夏天，高宗为了说服岳飞赞同议和，宣诏岳飞入朝。岳飞猜测到高宗的意图，于是上书高宗"乞归田野，以养残躯"。高宗遂以"疾速前来行在""不许再有陈请"的严厉诏旨，迫使岳飞来到临安。接见时，宰相秦桧也在场。高宗向岳飞声明出于孝悌的苦衷，主张议和。岳飞毫不隐讳地表示反对，他指出："金人不可信，和好不可恃，相臣谋国不臧，恐贻后世讥议！"岳飞的反对，必然引起高宗、秦桧的忌恨。据记载，高宗"默然"，"桧衔之"。

赵构、秦桧搞投降议和活动，最害怕的不是主战派文臣的反对，而是抗战派将领，尤其是岳飞和韩世忠不配合。权吏部侍郎魏矼就说："今陛下询于缙绅，民情大可见矣。惟三军之心，未知所向。……欲望圣慈，速召大将，各带所部近上统制官数人同来，以屈己事目广加访问，以塞他日意外之忧。彼或以为不可，亦能鼓作其气，益坚守御

---

① 《宋史》卷三六五《岳飞传》；《鄂国金佗稡编校注》卷七《行实编年》卷四。
② 《宋史》卷三六五《岳飞传》。

备。"① 又说："时诸将韩世忠、岳飞皆以议和为非计。"② 魏矼的想法说明朝廷上下，都知道抗战派将领岳飞、韩世忠是坚决反对议和的。临近签订和约之前，高宗心腹、禁卫将领杨沂中也曾提出："今三大将在外，他日见责……不知何词以对！"③ 在签订和约的前一天，高宗对要不要召韩世忠、岳飞等三大将至朝廷谕意一事，仍拿不定主意，忧心忡忡。最后召台谏官御史中丞勾龙如渊和右谏议大夫李谊（此二人皆秦桧提拔的心腹）商议。李谊对高宗说："此事莫须召三大将来与之商议，取具稳当乃可。"④ 高宗遂决定背着岳飞、韩世忠，顾自签订和议。次日，由秦桧代高宗行屈己礼、受国书，宋金和议乃成。和议达成后，高宗隐瞒了屈辱称臣、赔款的真相，给岳飞写了一封信。信中说："已得大金国书，朕在谅阴中，难行吉礼，止是宰执代受。书中无一须索，止是割还河南诸路州城。此皆卿等扶危持颠之效，功有所归，朕其可忘！"

高宗因议和成功，大赦天下。大臣们照例都要向皇帝呈献谢赦的公文。岳飞借此机会，重申"议和不便"，特地授意幕僚张节夫起草了著名的《谢讲和赦表》，其中写道："念此艰难之久，姑以和好之宜……图暂安而解倒垂，犹之可也；顾长虑而尊家国，岂其然乎？……臣幸遇昌时，获观盛事。身居将阃，功无补于涓埃；口诵诏书，而有惭于军旅。尚作聪明而过虑，徒怀犹豫而致疑：为无事而请和者，谋；恐卑辞而益币者，进。"⑤ 这封《谢讲和赦表》，表达了岳飞反对议和的态度。又说："臣愿定谋于全胜，期收地于两河。唾手燕云，终欲复仇

---

① 《建炎以来系年要录》卷一二三，绍兴八年十一月壬寅条。
② 《建炎以来系年要录》卷一二三，绍兴八年十一月壬寅条。
③ 《建炎以来系年要录》卷一二四，绍兴八年十二月庚午条。
④ 《建炎以来系年要录》卷一二四，绍兴八年十二月戊寅条。
⑤ 《鄂国金佗稡编校注》卷一〇，其中"遇昌时"的"昌"字本为"明"，据《三朝北盟会编》卷一九二改。

而报国；誓心天地，当令稽颡以称藩！"这些话使秦桧"切齿"[1]"大怒"[2]，同时也不可能取悦赵构。诚如邓广铭先生所指出的："这些话语所表述的一个中心思想，是对赵构、秦桧与金国的统治者所订立的所谓和约，非但根本不予承认，而且还要依照岳飞的夙愿，率师北进，去收复河北、河东和燕云诸州。……只可说，这是对于由赵构、秦桧合力造成的一股屈膝降敌的恶浪逆潮，正在用力挽狂澜的伟大魄力加以救正，是强烈抗议的，哪里是'奉表称贺'！对于赵构的投降行径给予这样的鄙视蔑视，怎能说岳飞一贯顺从赵构的意旨呢？"[3]当然，在《谢讲和赦表》开头也有一些"仰圣哲之宏观，善胜不争，实帝王之妙算……舆情胥悦，臣飞诚欢诚抃，顿首顿首"云云的客套话，但不能由此得出岳飞"也有昧爱国之心取悦赵构之言"的结论来。如果这些客套话能当真的话，那么胡铨在他的《戊午上高宗封事》奏章中，也讲过"陛下有尧舜之资"，那不是"也有昧爱国之心取悦赵构之言"吗？即如此，说岳飞在对待议和问题上比胡铨"失色"，是没有道理的；说岳飞"昧爱国之心""取悦赵构"，更是站不住脚的。

（二）如何看待岳飞奉命班师的问题。说岳飞在取得郾城大捷、北伐胜利在望的时候奉命班师，是他不敢违抗高宗旨意，不敢援用"将在外，君命有所不受"的古训，就是"愚忠"。事实上，在绍兴十年（1140）北伐中，岳飞接到高宗两次班师诏，他对这两份班师诏，根据不同形势作出了不同的决定，一是拒绝，一是接受。体现了岳飞作为杰出军事家的明智。而持岳飞"愚忠"论者，昧于史实，只知其一，不知其二。就凭一次奉命班师，不分青红皂白，认定岳飞"不敢违旨"，是站不住脚的。[4]

---

[1] 《三朝北盟会编》卷一九二《河北京西宣抚使岳飞上表谢赦》，绍兴九年正月条。
[2] 《建炎以来系年要录》卷一二五，绍兴九年春正月丙戌条。
[3] 《岳飞传》，人民出版社1983年版，第406页。
[4] 龚延明《岳飞与二次班师诏》，刊《光明日报·史学周刊》2000年8月25日。

岳飞在抗金北伐全局形势大好的时候，拒绝了高宗第一次班师诏。当金军败盟，兀术率十万大军南移，以重兵围困顺昌时，高宗急得像热锅上的蚂蚁，在半个月时间内，连续给岳飞发了六封诏书，急着要岳飞自鄂州发兵援顺昌。其中一封诏书说："金贼背约，兀术见据东京。刘锜在顺昌，虽屡有捷奏，然孤军不易支吾。已委卿发骑兵策应，计已遣行。续报撒里喝犯同州，郭浩会合诸路，扼其奔冲。卿之一军，与两处形势相接……若出锐师邀击其中，左可图复京师，右谋援关陕，外与河北相应，此乃中兴大计。卿必已有所处，唯是机会，不可不乘！"[①] 高宗授命岳飞东援淮西，西援关陕，北取东京，收复两河失地。但究其本意，不过是想叫岳飞在中线出击，牵制东西两路南下金军的进攻，不让金军闯过淮河，威胁南宋朝廷的生存。所谓"此乃中兴大计"，不过是狡诈的高宗顺岳飞之意向，说说罢了。

但对岳飞来说，这道允许深入北伐的诏命，他已朝思暮想地等待了十五年。如绍兴九年（1139）和议达成后，岳飞就已冲破高宗、秦桧的限制，派河北路统领忠义军马李宝过黄河，串联河北忠义民兵在滑州境内活动。当金军败盟后，李宝、孙彦便率忠义民兵，按岳飞的指挥，沿黄河东下进入兴仁府，正部署在金军占领的东京东北面。岳飞得到高宗并非出于真心的允许大举北伐的诏命后，挥师挺进中原。岳飞北伐的部署是：

第一，黄河北岸，除李宝部分兵马已在东京的东北外，又派统制官梁兴、边俊、来喜等渡河进入太行山区，联络河东、河北忠义豪杰，作为"掎角"。

第二，派撞军统制军马吴琦到陕州，在中条山集合忠义民兵，切断侵入河南的金军同入侵关陕的金军的联系，构成掩护岳家军主力挺进中原的一个侧翼。

---

① 《鄂国金佗粹编校注》卷二《援顺昌六诏》。

第三，从抗金战争全局着眼，派最得力的前军统制张宪、姚政东援顺昌刘锜，派武赳带一支军马西援关陕的郭浩。

第四，派中军统制王贵、牛皋、董先、杨再兴、孟邦杰、杨成、郝晸、张应等，分别经略洛阳、汝州、郑州、颍昌、陈州、光州、曹州、蔡州等河南地，并夺取东京。

第五，岳飞"自以其军长驱，以瞰中原"[1]，伺机渡河，收复河北失地。

第六，沿江布防，除留守襄阳防区外，还分兵长江中游驻留池州[2]。

但是，正当岳飞举兵北伐时，顺昌之围已解，东西战线都已顶住了金军进攻的势头，局势有所缓和，高宗又连忙派司农少卿李若虚赶到鄂州向岳飞传旨班师。李若虚赶到鄂州，岳飞元帅府已开拔。六月下旬，李若虚赶到德安府，向岳飞传达了高宗"兵不可轻动，宜班师"的诏命[3]。岳飞认为这是乱命，"不从"[4]。

从当时战争形势分析，岳飞拒绝班师是正确的。因为从东线到西线，南宋各路军队都形势大好。西线，吴璘等已击退金军的进攻。与岳飞差不多同时北进的京东、淮东宣抚处置使韩世忠所遣背嵬军已渡过淮河，正在攻取楚州西北的淮阳；三京招抚处置使刘光世已前进到和州；淮西宣抚使张俊亦已离建康，所派都统制王德正向宿州、亳州进军。更重要的是，身寄湖北京西宣抚使兼河南北诸路招讨使重任的岳飞所率大军，正像一面撒出去的大网，罩向东京。面对收复中原的大好形势，却要突然收兵班师，岂不是丧失良机吗？李若虚的责任是传达"面得帝旨"，他再三坚请岳飞班师。岳飞拒不受命。李若虚深为岳飞不计个人利害的爱国衷肠所感动，便毅然地说："事既尔，势

---

[1] 《宋史纪事本末》卷七〇《岳飞规复中原》。
[2] 《石林奏议》卷一一《奏措画防江八事状》。
[3] 《续资治通鉴》卷一二三，绍兴十年六月甲子条。
[4] 《三朝北盟会编》卷二〇二，绍兴十年六月乙丑条。

不可还。矫诏之罪，若虚当任之。"后来，李若虚果然被高宗、秦桧罢了官。

由于岳飞拒绝班师，岳家军终于收复了陈州、蔡州、洛阳、颍昌等全部京西地，前锋直抵离东京仅四十余里的中牟、朱仙镇，完成了对兀术统帅据守的东京六个方向（东北、北、西北、西、西南、南）的包围。剩下东京东面、东南面两个方向仍为金军所控制，等张俊从亳州往京东南方向、韩世忠从海州往京东方向进军，最后合拢对东京的包围圈，困住十万金军。

可是，在岳飞大举北伐取得节节胜利之后，高宗、秦桧集团第二次勒令岳飞班师。岳飞在军事形势发生新变化的情况下，虽不胜悲愤，最后不得不作出班师的抉择。

据此，王继烈同志评论说："岳飞在忠君思想驱使下，终于向赵构屈服了，忍痛放弃了大好战机。""我们认为，当时岳飞完全有理由、有条件拒绝君命，做到'将在外，君命有所不受'。""岳飞奉命班师，与其说是因为'孤军无援'，不如说是迫于君命不敢违抗。""岳飞曾说：'以身许国，何事不为？'事实上，他并没有'以身许国'，也没有'何事不为'。相反，他倒是以身许君，唯命是从，把自己的抗金活动紧紧限制在赵构投降政策所许可的范围之内。"如果王继烈注意到岳飞第一回拒绝班师的事实，那么，也不至于如此非议岳飞。具体情况要具体分析。岳飞最后一回未能拒绝班师诏，是因为南宋军队在东面主要战场上兵力部署的变化，已使岳家军失去邻军配合，孤军突出，和北伐初期左右诸军互相配合、齐头并进的局面形成了鲜明的对照。这个局面，是由赵构、秦桧集团一手策划造成的。

为了逼使岳飞停止北伐，立即班师，高宗、秦桧使用了釜底抽薪的毒辣手段。他们从调动韩世忠、张俊、刘锜三大将帅的战略行动上入手，命权吏部侍郎周纲至韩世忠幕府传达不许深入、稳住淮东的旨意。其次，将在顺昌大捷中献计献策卓有贡献的知府陈规调任知庐州，去守淮西。"(刘)锜方欲进兵乘敌虚，而桧召锜还"①，又将刘锜调往江南。善于揣摩圣意的张俊，与朝廷遣差官周聿"计议军事"后，从亳州引兵还寿春屯驻，退至淮河以南。这样，就造成了岳家军孤军突出的不利形势。高宗又命岳飞分拨兵将去接收刘锜防区。岳飞为此一连写了三道《乞刘锜依旧屯顺昌奏》。其中第三道奏章说："(本司)所管军马，已分布调发前去陕、虢、西京、陈、蔡、颍昌、汝、郑州一带，并已有差往河东、河北措置事宜。已两次申奏，乞将刘锜一军且令于顺昌府屯驻，庶几缓急，可以照应去讫。"②然后，又上了《乞乘机进兵札子》："伏望速降指挥，令诸路之兵火急并进，庶几早见成功！"③岳飞其时尚不明真相，仍切望朝廷能"速降指挥"，催促邻军火急并进，驰援东京包围战。

岳飞的火急请求得不到反馈，他一面还寄希望于朝廷能督促左右翼领军配合，一面已作了孤军奋战的准备，把主力放在颍昌和郾城一带，加强对东京进攻的力量，同时将防线作了必要的收缩。岳飞所采取的具体措施是：

一、"依旧为朝廷守湖北、京西两路。"即，凡不在上述两地区担任防务的兵力，全部撤回。

二、"号令归一。"要本军将校不兼任跨越本宣抚司任命之外的职务。④

岳飞正力图依靠本军的力量攻取东京时，兀术敏锐地注意到南宋军队部署的变化和岳飞军孤立的态势，迅速地作出了反应。"兀术与其龙虎大王等会于东京，议以为诸帅皆易与，独先臣（岳飞）孤军深

---

① 《建炎以来系年要录》卷一三六，绍兴十年闰六月己亥条。
② 《鄂国金佗稡编校注》卷一二《乞刘锜依旧屯顺昌奏》。
③ 《鄂国金佗稡编校注》卷一二《乞乘机进兵札子》。
④ 《鄂国金佗稡编校注》卷一二《乞号令归一奏》。

入……欲诱致其师，并力一战。"① 兀术集中了二十万兵力，插进岳飞军统帅部所在地郾城和岳家军集结地颍昌之间，企图切割岳飞军，以分头消灭。对于这一新情况，秦桧打算使处于孤境的岳飞军为金军所困，借金军之手，消灭岳飞军——南宋抗金军的重要支柱，以破坏南宋的抗金力量。高宗原想造成岳飞一军孤立，以逼岳飞就范，停止北伐；不期立即为金军"乘隙"，万一岳飞军有失，不但失去议和资本，金军反扑过来，后果不堪设想，遂"急赐御札"："近据诸处探报及降虏面奏，皆云：兀术与龙虎议定，欲诱致王师，相近汴都，并力一战。卿切须占稳自固……勿贪小利，堕其诡计……以保万全。"② 并诏令杨沂中、刘锜发兵驰援，遣韩世忠、张俊同时出兵，"择利并进"，以牵制金军。

然而，"（岳飞）一军，独与决战"③，取得了郾城－颍昌战役大捷，不但没有被围歼，反而大败金军，这又大出高宗的意料。高宗害怕战功显赫的岳飞一旦渡河北上，更难以驾驭。而秦桧则串通杨沂中、张俊，并唆使台谏官罗振向高宗上了一个奏本："兵微将少，民困国乏，若岳某深入，岂不危也！愿陛下降诏，且令班师！"④ 高宗自然同意，立即明令岳飞措置班师。岳飞正准备直捣东京，突然接到班师诏，怒不可遏，马上向高宗上了一道"言辞激切"的《乞止班师诏奏略》：

> 契勘金虏重兵尽聚东京，屡经败衄，锐气沮丧，内外震骇。闻之谍者，虏欲弃其辎重，疾走渡河。况今豪杰响风，士卒用命，天时人事，强弱已见。功及垂成，时不再来，机难轻失！臣日夜料之熟矣，唯陛下图之。

---

① 《鄂国金佗稡编校注》卷二闰六月二十七日诏，岳珂按语。
② 《鄂国金佗稡编校注》卷二闰六月二十七日诏。
③ 《鄂国金佗稡编校注》卷二七月廿二日诏。
④ 《三朝北盟会编》卷二〇七《岳侯传》。

高宗收到岳飞奏章后，以委婉的语言下了一道御札："得卿十八日奏，言措置班师，机会诚为可惜。卿忠义许国，言辞激切，朕心不忘。卿且少驻近便得地利处。"① 同时又严格规定岳飞的军事行动，须报与杨沂中、刘锜"同共相度"，这就意味着岳飞军已不能单独行动了。秦桧"知飞锐不可回，及先请张俊、杨沂中等归"②，遂亟请班师。高宗乃接连下达十二道金字牌给岳飞，金字牌所传御诏的内容是："飞孤军不可久留，令班师赴阙奏事。"这是高宗给岳飞的第二道班师诏。岳飞这支近十万人马的队伍，主要靠朝廷保证钱粮、辎重的供给，如果再抗诏，赵构、秦桧可能会切断对岳飞军的供给，其后果是十分严重的。前有敌军重兵，后有杨沂中、张俊挟制，韩世忠也未肯积极相援③，在这种情况下，岳飞不得不奉命班师了。

上述的历史事实充分说明，在1140年岳飞北伐过程中，岳飞与高宗的矛盾伴随始终。矛盾的焦点，恰恰是赵构要把岳飞的抗金活动"紧紧地限制在赵构投降政策所许可的范围内"，而岳飞则自始至终要冲破这个"范围"，大举北伐，收复中原。矛盾愈演愈烈。最后，高宗不得不用十二道金字牌传诏班师的极端手段逼迫岳飞班师，结束了这场矛盾冲突，从而葬送了北伐胜利的大好形势。"岳飞北伐，功败垂成"，责任全在赵构、秦桧。王继烈却说"忠君有志的岳飞也有一定的责任"，这才真是"良莠不分"。面对金人南侵，岳飞忠心报国，尽了他力所能及的最大努力，在诸大将中是最杰出的。这样一位伟大的民族英雄，难道还要负"葬送抗金事业"的"责任"？在绍兴十年（1140）北伐中，我们在岳飞的抗金活动中看不出他对高宗"无限忠诚"的影子，王继烈却说"岳飞的忠君思想""葬送了抗金事业"，如此苛评，是不公道的。

---

① 《鄂国金佗稡编校注》卷三《班师诏》。
② 《宋史》卷一二四《岳飞传》。
③ 《建炎以来系年要录》卷一四四，岳飞曾对李若虚说过："敌人不日授首矣，而所忧者，他将不相援。"

综上所述，岳飞的一生，有功有过；在和宋高宗的关系上，有统一也有矛盾，不存在对高宗"无限忠诚""绝对忠君"的问题。"当然，在岳飞的一生中，'剿贼'与抗金相比是居第二位的。"王继烈这句话说得对。正因为在南宋初期的社会矛盾中，民族矛盾上升为社会的主要矛盾，阶级矛盾是次要矛盾，而岳飞一生的主要活动是献身于抗金斗争和反对赵构、秦桧妥协投降的政策，这就决定了岳飞的抗金业绩是主要的方面。而其镇压农民起义的活动，应予以否定，但这毕竟是次要的方面。瑕不掩瑜，功大于过。这就是说，我们在评论岳飞的思想时，应当强调的是他那坚持抗金、反对妥协投降的爱国主义思想，而不是他在镇压农民起义过程中表现出来的忠君思想。岳飞之死，正是因为他坚持抗金斗争，不与赵构、秦桧集团妥协。岳飞为爱国抗金而死，绝不是"死于忠君"。如果他事事处处能像在镇压农民起义中那样地"忠君"，会遭高宗杀害吗？

20世纪60年代初，曾掀起过一场关于岳飞的讨论。有的同志在讨论中正确地指出："历代统治阶级总是减弱他（岳飞）的抗金声望，只强调忠君。"[①] 这话，在今天仍然值得深思。历代统治阶级强调岳飞的"忠君"，显然是为了歪曲历史上的岳飞的真实形象，利用岳飞在人民中的崇高威望，宣扬"忠君"思想，为巩固封建统治服务。我们只有坚持历史唯物主义，尊重历史事实，实事求是地对岳飞的忠君思想加以分析，才能得出比较符合历史实际的结论。

---

① 曲六艺：《岳飞三题》，见《光明日报》1961年1月6日。

第十二章 论岳飞的军事思想

岳飞没有留下专门的军事著作,但是,他是"岳家军"的统帅,有卓越的军事指挥才能,有极其成熟的军事训练方法,精于战略,工于战术,有非常辉煌的战绩,充分证明了他具有值得人们深入系统研究的军事思想。

岳飞经历了抗辽、抗金战争,亲自参与或指挥了一百二十余战,"类皆以少击众,未尝一败"[1]。其军职,自二十岁束发从戎,至三十二岁提拔为清远军节度使、神武后军统制、湖北路荆襄潭州制置使;三十六岁升为太尉、武胜定国军节度使、湖北京西路宣抚使;三十九岁仕至少保、枢密院枢密副使[2]。岳飞从军十九年,从实战中逐步形成了自己的一套军事思想,迅速成长为在战场上叱咤风云、指挥若定的"杰出战略家和军事家"[3],这在中国军史上也是不多见的。

岳飞的军事思想,指导岳家军在宋金战争中以少胜多、以谋伐强,百战百胜,放射出耀眼的光芒。时人给予很高的评价。赵九龄识岳飞于行伍之中,称岳飞是"天下奇才",力荐于丞相,终致大用[4]。抗金老将

---

[1] 《鄂国金佗续编校注》卷二二《襄阳石刻事迹之一》。
[2] 《鄂国金佗续编校注》卷二《丝纶传信录·枢密副使加食邑制》(绍兴十一年)。
[3] 邓广铭《岳飞传》,第107页。
[4] 〔宋〕陈亮著、邓广铭点校《陈亮集》(增订本)卷二二《中兴遗传序》,中华书局1987年版。

宗泽盛赞岳飞："尔勇智才艺，古良将不能过。"① 对岳飞掌军一直心存猜忌的宋高宗，也不得不赞扬"卿一时人杰，董我戎旅，百战百胜"②，"治军之法，虽观古以无惭"③。岳飞的军事思想对后世有很大影响。

总结岳飞治军经验和治军思想，是全面评价岳飞的重要组成部分。

一、两种战争观

综观岳飞一生戎马生涯，他面临两种战争，一种是危及国家存亡的异族入侵，一种是影响社会安定的国内农民暴动。他在这两种战争中都立下不朽的功勋，受到朝廷的赞许和嘉奖。战争，并不意味简单的厮杀。岳飞对这两种战争有不同的认识，从而采用了不同的战略、战术。

据《宋史》本传记载：绍兴五年（1135），岳飞奉命去湖南镇压钟相、杨么起义。岳飞在调查研究的基础上，了解钟相、杨么队伍的特点，采取了分化瓦解的办法，先将已经归顺的杨钦"复遣归湖中"。"两日，钦说余端、刘诜等降，飞诡骂钦曰：'贼不尽降，何来也？'杖之，复令入湖。是夜，掩贼营，降其众数万。（杨）么负固不服，方浮舟湖中，以轮激水，其行如飞，旁置撞竿，官舟迎之辄碎。飞伐君山木为巨筏，塞诸港汊，又以腐木乱草浮上流而下，择水浅处，遣善骂者挑之，且行且骂。贼怒来追，则草木壅积，舟轮碍不得行。飞亟遣兵击之。贼奔港中，为筏所拒。官军乘筏，张牛革以蔽矢石，举巨木撞其舟，尽坏。么投水，牛皋擒斩之。飞入贼垒，余酋惊曰：'何神也！'俱降。飞亲行诸寨慰抚之，纵老弱归田籍，少壮为军。"④ 从这则史料可以看出岳

---

① 《宋史》卷三六五《岳飞传》。
② 《鄂国金佗续编校注》卷三《丝纶传信录·再辞免起复太尉仍加食邑不允诏》（绍兴七年）。
③ 《鄂国金佗续编校注》卷二二《襄阳石刻事迹之一》。
④ 《宋史》卷三六五《岳飞传》。

飞对国内战争采取的是剿抚并用的方针,通过"老弱归田籍,少壮为军"的办法,达到安定社会的目的,特别是战斗结束后"亲行诸寨慰抚之",这充分表现了岳飞对这种战争的态度。

对于金兵的入侵,岳飞则表现出另外一种态度。因为金国贵族发动大规模侵宋战争,其目的完全是为了掠夺土地、人口和财富,所到之处,烧杀抢掠,使黄河中下游地区受到严重破坏。史载,靖康间金军攻陷汴京城,即向宋索要黄金五百万两,银五千万两,绸缎一百万匹,绢一百万匹,马、牛、骡各一万匹,骆驼一千头[1]。金灭北宋后北撤,"(京城)士民至是悉驱而北,舍屋焚烧殆尽,东至柳子,西至西京,南至汉上,北至河朔,皆被其毒,坟无大小,启掘略遍,郡县为之一空"[2]。金军南侵,显然是非正义战争,理所当然地激起被侵略、被奴役的宋朝人民的反抗斗争。岳飞对入侵的金军恨之入骨。他誓要"壮志饥餐胡虏肉,笑谈渴饮匈奴血",消灭敌人的有生力量,"终须复仇而报国",把侵略者赶出去,"待从头、收拾旧山河,朝天阙"。

两种战争性质不同,战略战术必然不同。

二、治军思想的特点

(一)对古代军事思想的继承

据宋人记载,岳飞自父辈、祖辈而上世世代代以耕田为业。至岳飞,"乃昼夜读书,书传无不览,尤好《左氏春秋》及孙吴兵法。年二十,去从戎"。南宋理宗宝庆元年(1225)追谥岳飞"武穆"的告词中说:"故太师、追封鄂王、谥武穆岳飞威名震于夷狄,智略根乎《诗》《书》。结发从戎,前无坚敌,枕戈励志,誓清中原,谓恢复之义为必伸,

---

[1] 《大金吊伐录》卷一。
[2] 《三朝北盟会编》卷八七,靖康二年三月二十八日戊午条引《宣和录》。

议忠愤之气为难遏。"① 又，程泌所拟《改岳飞谥忠穆制》中谓："（岳飞）赋河朔之雄姿，熟《左氏》之兵法。"② 依此，岳飞在青少年时代，已接触过《左传》《孙子》《吴子》，旁及《诗经》《尚书》，并从中汲取有关治军的理论和智略。

然而，有的史学家对此存有怀疑。因为既然岳飞出身于世代务农的贫苦佃户之家，未尝入学，能靠自学熟读《左氏春秋》、孙吴兵法吗？邓广铭就指出，"说岳飞少年时'尤好《左氏春秋》、孙吴兵法'等等，把岳飞描绘成像书香人家的子弟一样"，这是岳珂"企图专凭其孝子慈孙的用心，专凭其想象能力"虚构的故事③。

但我们并不能排除岳飞在不同年龄段自学过重要的军事著作的可能性，也不能排除他通过自学继承了自先秦以来至本朝的军事思想的可能性。否则，岳飞在和同时代人谈话中的有关军事指挥的言论，以及他统率十万大军百战百胜辉煌战绩中反映出来的杰出军事思想，不就成了无源之水、无本之木了吗？岳飞的实战经验，固然是他的军事思想的重要来源，但他的一些军事言论和指挥方略、治军规范，和古代军事思想相契合，这亦表明了岳飞曾从各种渠道（主要是通过阅读军事著作）汲取古代军事思想。比如，大将张俊曾问岳飞"用兵之术"，岳飞口答道："仁、信、智、勇、严。"④ 这与孙子所论"将者，智、信、仁、勇、严也"⑤ 内容完全一致，只是五要素次序排列不同。孙子所提出的"智、信、仁、勇、严"五项，是我国古代军事家对将帅统兵之术的高度概括，岳飞把自己的用兵之要亦概括为这五个字，这难道不可以看出，岳飞的军事思想深受我国古代军事思想影响吗？

---

① 《鄂国金佗续编校注》卷一六《赐谥吏部牒》。
② 〔宋〕程泌《洺水集》卷一《改岳飞谥忠穆制》，文渊阁四库全书本。
③ 邓广铭《岳飞传》，第441页。
④ 《三朝北盟会编》卷二〇七《岳侯传》。
⑤ 《孙子兵法·计篇》。

又，岳飞之名言"运用之妙，存乎一心"，与宋人许洞"用兵之术，知变为大"①，也是一脉相通。

（二）治军思想内容

岳飞的军事思想中，比较突出的，有以德为先、以智取胜、治军以严、临战以勇、用人以信五个方面。

第一，以德为先。"飞用兵，虽伐叛，亦以广上德为先。"②德，就宋人说，就是讲节义，在国难当头的特定历史时期，就是要讲民族大义，奋不顾身，通过军事手段去实现政治目标——抗敌救国，收复故土，洗雪国耻，迎还被俘的徽、钦二帝，使中国安强。立志尽忠报国的岳飞，在抗金战场上，始终以收复两河之地、燕云十六州为念，誓心天地，"怀恢复必伸之义"③，"复仇而报国"④，这是岳飞心目中至高无上的"义"。绍兴四年（1134），收复襄阳六郡之役，宰相朱胜非许诺授岳飞节度使，以激励岳飞取胜。岳飞对此十分惊讶，立即表示拒绝："飞可以义责，不可以利驱。"⑤岳飞治军以德为先，深受司马光"德胜才谓之君子，才胜德谓之小人"观点影响，他在《御书屯田三事跋》中对此发挥说："论人者能审于才德之分，则无失人矣。"⑥作为统帅，他首先从自己做起，然后推及训导军士："与将校语，必勉之以忠孝，教之以节义。""临戎誓众，言及国家之祸，仰天横泗，气塞莫能语，士卒感怆皆歌嘘而听命。"⑦岳飞以德为先的军事思想，就是要使官兵懂得为义而战，即

---

① 〔宋〕许洞《虎钤经》，丛书集成初编本。
② 《鄂国金佗续编校注》卷二一《章尚书颖经进鄂王传》之五。
③ 《鄂国金佗续编校注》卷一六《碑阴记》。
④ 《鄂国金佗稡编校注》卷一〇《谢讲和赦表》。
⑤ 《鄂国金佗续编校注》卷二一《章尚书颖经进鄂王传》之五。
⑥ 《鄂国金佗续编校注》卷一〇《御书屯田三事跋》。
⑦ 《鄂国金佗稡编校注》卷九《行实编年》卷六《遗事》。

为收复失地、为中国安强而战，而不是为"升官发财"之利而战。这与宋代军事著作《何博士备论》"兵以义举"的思想是一脉相承的。由于岳飞统军，能首先从树立全体官兵明确为国而战的信念入手，激励他们"当以忠义报国，立功名"，岳家军的整体素质，明显高于友邻诸军。张宗元曾奉命监军，归朝向高宗上奏时说："(岳家军) 将帅辑和，军旅精锐，人怀忠孝，众和而勇，皆飞训养所致。"① 这是客观公正的评语。

第二，以智取胜。"智"，指的是在战争中用计善谋。岳飞被公认为足智多谋的军事指挥家。"人言岳承宣智勇为天下第一。"② 宋高宗也承认："卿为一时智谋之将，非他人比。"宰相张浚曾对岳飞善以谋略取胜叹为观止："岳侯殆神算也！"③ 至于"制词"中盛称岳飞"用兵以智"的评语，则不胜枚举，如："(岳飞) 临敌而意气自若，决策则机智若神。"(《开府仪同三司加食邑制》)"机权果达，谋成而动，则有功。"(《除清远军节度使湖北路荆襄潭州制置使制》)"岳飞策虑靖深，器资沉毅，有冠三军之勇，而计然后战。"(《四年明堂加食邑制》)"飞智合韬钤，灵钟河岳。"(《少保兼河南府陕西河东北路招讨使加食邑制》)"岳飞果毅而明、深沉以武。奇谋秘计，早推韬略之高。"(《枢密副使加食邑制》)

岳飞以智取胜，在南宋诸大将中，"非他人比"，这完全源自岳飞自觉的军事思想。岳飞曾说："为将无谋，不足以搏匹夫。"④ 张所曾问岳飞："汝能敌几何？"岳飞回答："勇不足恃，用兵在先定谋，栾枝曳柴以败荆，莫敖采樵以致绞，皆谋定也。"东京留守宗泽授岳飞以阵图，岳飞观后，发表自己的意见说："兵家之要，在于出奇，

---

① 《鄂国金佗续编校注》卷一九《章尚书颖经进鄂王传》之三。
② 《鄂国金佗稡编校注》卷五《行实编年》卷二（绍兴三年四月）。
③ 《鄂国金佗稡编校注》卷六《行实编年》卷三（绍兴五年五月）。
④ 《鄂国金佗续编校注》卷二三《襄阳石刻事迹》之二《智谋》。

始能取胜。若平原旷野,猝与虏遇,何暇整阵哉!"宗泽驳之:"如尔所言,阵图不足用耶?"岳飞根据自己作战实践经验,辩证地回答道:"阵而后战,兵之常法耳。然变而不可拘者,运用之妙,存乎一心也。"宗泽因此对岳飞刮目相看,认定岳飞是个奇才。宗泽是进士出身的文官,他的军事谋略都是得之于书本,他对仁宗朝编写的《武经总要》所载"大宋八阵法"和"古阵法"十分重视,并奉为圭臬。我国古代著名军事家孙武也是主张用阵法作战的:"纷纷纭纭,斗乱而不可乱;混混沌沌,形圆而不可破。"① 岳飞借鉴古代作战方法,却不盲从,"运用之妙,存乎一心",这可以说是用兵的最高智慧。典型的战例,就是绍兴四年(1134)收复襄阳之役中战伪齐大将李成。岳家军直捣襄阳,李成引军出城四十里,左临襄江列队迎战。岳飞察看了李成的布阵,笑着对部将说:"此贼屡败吾手,吾意其更事多,必差练习,今其疏暗如故。夫步卒之利在阻险,骑兵之利在平旷。成乃左列骑兵于江岸,右列步卒于平地,虽言有众十万何能为?"举鞭指着王贵下令:"尔以长枪步卒,由成之右,击骑兵!"指着牛皋下令:"尔以骑兵,由成之左,击步卒!"② 牛皋、王贵一左一右,率步骑兵合攻。李成骑兵在江边不能展开,被王贵所率步兵用长枪刺翻,纷纷掉入江中;步兵布于平地,则被牛皋骑兵冲得七零八落。李成军大败而逃。绍兴十年(1140)七月郾城大战,岳家军一而再打败兀术统率的金军。岳飞没有沉醉于胜利之中,而是考虑到兀术屡屡失利,不会甘休,"必回锋以攻颍昌",为此,立即命令岳云:"汝宜速以背嵬援王贵。"果不出岳飞所料,兀术从郾城败退后不久,即"以兵十万、骑三万众"攻颍昌。由于守颍昌的王贵已有准备,加上岳云亲率战斗力最强的背嵬军前来支援,又大败兀术于颍昌,"虏大败,

---

① 〔宋〕曾公亮《武经总要·前集》卷八,明弘治十七年刻本,浙江图书馆藏。
② 《鄂国金佗稡编校注》卷六《行实编年》卷三(绍兴四年)。

死者五千余人"①。

从以上战例可以看出,岳飞用兵以智,绝不拘泥于古代兵法,而是根据战场形势变化,"运用之妙,存乎一心",已到了炉火纯青的地步。宋孝宗对他评价极高:"岳飞拔自偏裨,骤当方面,智略不专于古法,沉雄殆得于天资。"②

值得注意的是,岳飞经常向将士们征求作战方案,集众人之谋,定必胜之计。"岳飞用兵,有胜而无败。闻其欲有所举也,必尽召诸统制官,环坐饮食之,而与之谋。先谋夫敌之所以败我者,至于六七,备谋、详虑、竭智,共攻而终于无败也,乃行。故飞每战无败。"③

第三,治军以严。岳飞"恃军至严"④,有口皆碑,带出了"冻杀不拆屋,饿杀不打掳"、纪律极为严明的岳家军,名垂史册。岳飞治军突出一个"严"字,具体体现在"重搜选""谨训习""公赏罚""严纪律""明号令""严己律"等六个方面。

重搜选:岳飞对兵员的补充、人才的选用,把关极严,讲求兵不贵多而贵精。朝廷曾将韩京、吴锡二杂牌军拨归岳家军⑤,人数虽有数千,但这两支军队"皆不习战斗,且多老弱"。岳飞通过严格筛选,"择其可用者千人",余众皆遣散;留营者,加以认真的教习训练,"遂为精兵",融入了岳家军⑥。高宗闻此,奖谕道:"可见措置有方,忠诚体国。"⑦岳飞使府幕僚,一一经过严格挑选,多重名节、明大义之士,又擅长文翰。如幕僚张节夫,曾起草脍炙人口、讥刺主和派的《谢讲和赦表》,其忧国忧民之志跃然纸上。又如进士出身的朱梦说,"有为国

---

① 《鄂国金佗稡编校注》卷八《行实编年》卷五(绍兴十年)。
② 《鄂国金佗续编校注》卷一三《追复少保两镇保》。
③ 〔宋〕杨简《慈湖先生遗书》卷一六《论兵》,四明丛书本。
④ 《鄂国金佗续编校注》卷一四《忠愍谥议》。
⑤ 《鄂国金佗续编校注》卷一七《分拣吴锡韩京两军讫申省状》。
⑥ 《鄂国金佗续编校注》卷二一《经进鄂王传》之五。
⑦ 《鄂国金佗稡编校注》卷九《行实编年》卷六《遗事》。

忧民之心"，徽宗朝就以布衣上时务策，揭露"宫中奢侈、内侍乱政、小人满朝"，使"徽宗不悦"。进士及第后，累迁至泰州军事推官。岳飞"闻其贤"，辟为宣抚司干办公事，并带他赴临安入朝。朱梦说见南宋朝廷"尚禽色之乐"，不顾个人安危，上书谏言，致高宗"不悦，谕飞罢之"①。通过严格选用人才，岳飞在周围集结了一批忧国忧民、富有才华的慷慨志士，为抗金事业出谋划策。

谨训习：重教战，是宋初以来治军的传统，岳飞继承了这一传统，十分重视军队训练，不断提高将士指挥、作战技能。"止兵休舍，辄课其艺，暇日尤详，至过门不入，视无事时如有事时。"②训练过程中，按照实战严格要求，毫不留情。如练骑马下坡、跳壕，必披重铠，全副武装。岳云在一次"注坡"（下坡）训练中，坐骑绊倒，岳飞"以其不素习"严厉训斥："前驱大敌,亦如此耶？"杖以一百。正因为严格训练，处处从实战要求，不讲情面，岳家军将士技艺"精熟安习，人望之以为神"③，能适应各种地理环境，能熟练运用各种武器，不论遇到何种敌人，都能从容应战，取得胜利。如在江南丘陵地带及深山涧谷扫灭游寇，攻打山洞、夺关占隘，无坚不摧；在江北收复襄阳六郡，冒矢雨，攻城池，叠人登高，无往不胜；在平原旷野，与金军精骑交锋，长枪、短刀、弓弩般般兵器，运用得心应手，冲锋陷阵，攻无不克。战争的胜利虽有多方面因素，但官兵训练有素、技艺娴熟，无疑是其中最重要的一项。

公赏罚：岳飞视公赏罚为严格治军的关键。他在回答张俊用兵之道的提问时说："仁、信、智、勇、严，五者不可阙一。"张俊又问："何谓严？"岳飞说："有功者重赏，无功者峻罚。"④张宪部卒郭进，本为

---

① 《三朝北盟会编》卷一五九，绍兴四年五月引《中兴姓氏录》。
② 《鄂国金佗稡编校注》卷九《行实编年》卷六《遗事》。
③ 《鄂国金佗稡编校注》卷九《行实编年》卷六《遗事》。
④ 《鄂国金佗稡编校注》卷九《行实编年》卷六《遗事》。

无名之辈,但他在攻占莫邪关时勇立头功,岳飞即解下金束带及所用银器重赏之,并补为军官——秉义郎。中军统制、提举一行事务王贵,原是岳飞器重的宿将,但在颍昌之战中,王贵一度"怯战"动摇。事后,岳飞怒不可遏,决定将王贵处斩。由于诸将恳求,王贵才获免死。又遇"民居火,(王)贵帐下卒,盗取民芦筏,以蔽其家",岳飞将该卒斩首示众,并杖责王贵一百。事过一年后,岳飞冤狱起,秦桧党徒以为王贵心中必怨恨岳飞父子,就利用这些事,诱致王贵诬告岳飞。对此,王贵良心尚未泯灭,予以坚决拒绝,他说:"(岳)相公为大将,宁免以赏罚用人,苟以为怨,将不胜其怨矣!"此亦可见岳飞赏罚分明、公正无偏,即使受过严厉处分的人,也口服心服,毫无怨言。重赏与严罚相辅相成,恩威兼济,使全军将士人人争立功、戒犯法。正因为如此,尽管岳家军来源成分复杂,却能做到万众一心,即使"四方亡命、乐纵、嗜杀之徒,皆奉命承教,无敢违戾"。

严纪律:治军强调纪律严明,这是自古以来杰出将领的共同特征。孙子杀掉在军训中不守纪律的吴王阖闾爱妃,田穰苴为整顿军纪杀掉齐景公宠臣庄贾,西汉周亚夫治军细柳营怠慢汉文帝,皆以军队纪律为重,都训练出了令行禁止、纪律严明、战斗力极强的军队。岳飞治军继承了这个优良传统,而且有所发展,从而造就了纪律森严、秋毫无犯的岳家军。在南宋初期,由于战乱频仍,不少官军因得不到正常的粮食给养,劫掠居民,"官兵盗贼,劫掠一同;城市乡村,搜索殆遍"[1]。张俊部队从宁波行军至温州,所过之处,"鸡犬为之一空,居民闻其来,逃奔山谷,数百里间,寂无人烟"。王瓒军从江西上饶入福建,所过州县,敲诈勒索,一开口就要上千两银子。抗金名将韩世忠所统率的韩家军,在粮食极端匮乏的情况下,也免不了抢掠。一次,他的部队经过浙西,"浙西为之骚然"。独有岳家军,执行铁的

---

[1] 《建炎以来系年要录》卷四,绍兴元年正月癸亥条。

纪律，驻守广德，"粮食罄匮，将士常有饥色，独畏王（鄂王岳飞）纪律，不敢扰民，市井鬻贩如常时"①。建炎四年（1130），行军江西讨伐游寇，"征赣之固石洞，军行之地，秋毫无扰，至今父老语其名，辄感泣焉。盖其每驻军，必自从十数骑周遭巡历，唯恐有一不如纪律者"②。岳家军行军途中，为不惊动村中百姓，往往露宿门外，民户发现，主动开门邀入室内住宿。一早离去，士兵们为房东洒扫庭院，把房间收拾得整整齐齐，碗碟洗得干干净净，"草苇无乱"，才离去③。在江西洪州屯驻期间，有岳家军士兵向湖口项氏家采购柴薪，项氏感激岳家军不扰民，主动减价二钱，那士兵连忙推辞道："吾可以二钱易吾头耶？"仍按照原价付钱，一文不少。即使军中给养一时不济，岳家军士卒人人自觉，"虽甚饥寒，不变节，每相与自诧曰：'冻杀不拆屋，饿杀不打虏，是我军中人也'"④。岳家军纪律严明，出自岳飞严格的要求。不论谁违法乱纪，他决不手软，坚决惩处。行军作战，岳飞规定"有践民稼，伤农功，市物售直不如民欲之类，必死不贷"⑤。有一士兵强取百姓麻一缕，用以捆马吃的干草，岳飞知道后，立即处斩。岳家军铁的纪律，感动百姓，受到朝野一致称颂。高宗曾对执政大臣说起："岳飞移军潭州，经过无毫发骚扰，村民私遗士卒酒食，即时还价，所至欢悦。"岳家军的遗风余烈，数十年后仍保存在岳家军屯驻过的湖北、京西地区行伍之中。当时百姓绘岳飞像置于家中焚香奉祀。宋孝宗曾降诏："去冬出戍，鄂渚之众师行不扰，动有纪律，道路之人归功于飞。"⑥

明号令：治军严，还严在令行禁止，号令如山，保证部队统一指挥、

---

① 《鄂国金佗续编校注》卷二三《襄阳石刻事迹》之二。
② 〔宋〕曾敏行著、朱杰人校《独醒杂志》卷七，上海古籍出版社1985年版。
③ 〔宋〕周密著、张茂鹏校《齐东野语》卷二〇《岳武穆御军》，中华书局1983年版。
④ 《鄂国金佗续编校注》卷二三《襄阳石刻事迹》之二。
⑤ 《鄂国金佗续编校注》卷二三《襄阳石刻事迹》之二。
⑥ 《鄂国金佗粹编校注》卷九《行实编年》卷六《昭雪庙谥》。

统一步伐，势不可挡、勇往直前。岳飞为了培养将士令行禁止的好作风，对无视军纪、玩忽军令者，不论官高还是职卑，不论功大还是功小，一律严惩不贷，决不姑息。客户出身的傅庆，从军后勇敢善战，屡立战功，得到岳飞赏识，提拔为前军统制官。而傅庆却居功骄傲，"视岳飞为平交"，无上下之分，不听岳飞约束。在一次军内射箭比武会上，傅庆射箭最远，而得不到赏赐战袍、金带，因此愤愤，十分不满，公开顶撞岳飞。岳飞大怒："不斩傅庆，何以示众！"遂令斩之[①]。又，统制官任士安，原归隶王𤫊。他不听指挥，怠慢王𤫊军令，拒不出战。朝廷将其拨归岳飞。为严肃军纪，岳飞先处以鞭打一百下，并下令："三日不平贼，斩之！"整得任士安服服帖帖，一变疲沓作风，雷厉风行地投入战斗，配合牛皋，终于破贼，立功补过，还升官一级。岳家军驻军庐州时，派使者到临安奏事。使者骑马至江边，骤风暴，江上禁渡。然而信使为在限期内将奏书送到，对监津者说："宁为水溺死，不敢违（岳）相公令。"于是，自驾小舟，横江而渡。岸观者无不赞叹岳家军视军令重于生命的过硬作风，赞叹岳宣抚治军之严。

律己严：岳飞治军能取得巨大成功，重要原因之一，是他能从自身做起，严于律己。如他要求部队所过之处秋毫无犯、不扰百姓，自己以身则则，首先做到。在生活上，岳飞不搞特殊化，与士卒同甘苦，"常与士卒最下者同食"[②]。身教重于言教，正因为岳飞的以身作则，将士都能同舟共济，克服困难，有力地防范了劫掠百姓财物等违纪行为的发生。邵缉特别提到了这一点："（岳飞）身与下卒同食，而持军严甚，民间无秋毫之扰。"[③]

在物质生活方面，岳飞持身尤严，不娶姬妾，不经营家产，先天下之忧而忧。四川宣抚使吴玠姬妾成群，听说岳飞身边不置侍妾，为

[①]《三朝北盟会编》卷一四三，建炎四年十月十日己卯条。
[②]《鄂国金佗稡编校注》卷九《行实编年》卷六《遗事》。
[③]《鄂国金佗续编校注》卷二八《百氏昭忠录》卷一二孙迨文中引邵缉献书。

了结好岳飞，花了两千贯钱，买了一个出身士族家庭的姑娘，带上贵重的陪嫁，送给岳飞，却遭到岳飞的婉辞。岳飞说："如今国耻未雪，难道是大将安逸取乐的时候吗？"岳飞过着淡泊清廉的生活，并把得到的朝廷赏赐，都用来奖励将士。军中缺粮，他倾家资以助，从不经营田宅资产。与张俊"占田遍天下，而家积巨万"形成强烈对照，这也是张俊忌恨岳飞的一个因素。高宗知岳飞家无余财，打算在临安府为岳飞建造府邸，岳飞坚辞："北房未灭，臣何以家为！"

岳飞对家属子女要求极严。对儿子岳云的战功，"常匿之"。襄阳之役，岳云立下头功，岳飞不报，吏部举察，岳云方得授武翼郎。平杨幺，岳云亦立大功，岳飞又不报，宰相张浚发觉后，十分感叹："岳侯避宠荣一至此，廉则廉矣，然未得为公也。"为此，亲自上奏："湖湘之役，岳云实为奇功，以云乃飞子，不曾保明，乞与特推异数。"[1] 岳云曾以皇帝特旨迁三资，岳飞推辞说："正己而后可以正物，自治而后可以治人。若使臣男受无功之赏，则是臣已不能正己而自治，何以率人乎？"

岳飞严以治军的经验，对后世影响至深。明代以抗倭闻名的戚家军，就以岳家军为榜样，特别强调学习岳家军两个突出特点：一是部伍严整，坚强难犯，上下一致，万众一心；二是秋毫无犯，纪律严明。

第四，用人以信。岳飞治军思想中的"信"，主要是在军队内部用人以信。他用人不疑，纵使是被俘的或投诚的人，也大胆起用，坚决信任。如杨幺部将黄佐，他慑于岳飞威望，并感于岳飞诚以待人，主动劝部属向岳飞投诚："吾闻岳节使号令如山，不可玩也。若与之敌，我曹万无生全理，不若速往就降。岳节使，诚人也，必善遇我。"[2]

---

[1] 《鄂国金佗稡编校注》卷九《行实编年》卷六《遗事》。
[2] 《鄂国金佗稡编校注》卷六《行实编年》卷三（绍兴五年）。

于是率部众往潭州向岳飞投诚。岳飞知黄佐有才干，问他："子能卒任吾事否？"黄佐拜谢："唯节使命！"其后，黄佐返回洞庭湖，大破周伦寨，又招降了杨钦，在平定杨么起义中出了大力。岳飞遂将其事上奏朝廷，招黄佐为武经大夫、阁门宣赞舍人。又如骁将杨再兴，本是游寇曹成部将，作战英勇，武艺高超。在与岳家军交战过程中，是他杀死了岳飞胞弟岳翻和岳飞部将韩顺夫。岳飞击败曹成，活捉杨再兴，揆之常情，完全可以严惩杨再兴。但他看到杨再兴是一员难得的干将，为此不计私仇，亲自释缚，希望他能"忠义报国"。这使杨再兴十分感动。他放下了思想包袱，表示愿意投身到岳家军中。岳飞遂予以重用。后来，杨再兴在抗金战斗中，屡建奇功，并以骁勇驰名。在郾城大战中，他竟敢单枪匹马闯入敌阵，寻找金军都元帅兀术，意在擒拿。他使枪如转飞轮，挡掉敌人密集如雨的飞矢，左冲右突，虽未能抓到兀术，却也亲手杀伤金军百余人，自己身上被创多处。最后，在临颖小商桥与金军浴血奋战，壮烈牺牲。岳飞以信用人，大大增强了将士的凝聚力，并充分调动了他们作战的积极性。

岳飞的军事思想，在抗金战争实践中，被证明是正确的、行之有效的，闪耀着智慧的光芒。它能够转化为强大的战斗力，使岳家军成为一支令敌人闻风丧胆的威武之师。绍兴十年（1140），面对北伐节节胜利、气势所向披靡的岳家军，金军惊呼："撼山易，撼岳家军难！"这一呼声，穿越历史，震撼着人们的心灵。

三、战例简析

为了进一步说明岳飞的军事思想，这里就一个战例进行简要的分析。《宋史》本传有绍兴十年（1140）郾城战役的记载：

大军在颍昌，诸将分道出战，飞自以轻骑驻郾城，兵势甚锐。

兀术大惧，会龙虎大王议，以为诸帅易与，独飞不可当，欲诱致其师，并力一战。中外闻之，大惧，诏飞审处自固。飞曰："金人伎穷矣。"乃日出挑战，且骂之。兀术怒，合龙虎大王、盖天大王与韩常之兵逼郾城。飞遣子云领骑兵直贯其阵，戒之曰："不胜，先斩汝！"鏖战数十合，贼尸布野。

初，兀术有劲军，皆重铠，贯以韦索，三人为联，号"拐子马"，官军不能当。是役也，以万五千骑来，飞戒步卒以麻札刀入阵，勿仰视，第斫马足。拐子马相连，一马仆，二马不能行，官军奋击，遂大败之。兀术大恸曰："自海上起兵，皆以此胜，今已矣！"兀术益兵来，部将王刚以五十骑觇敌，遇之，奋斩其将。飞时出视战地，望见黄尘蔽天，自以四十骑突战，败之。

方郾城再捷，飞谓云曰："贼屡败，必还攻颍昌，汝宜速援王贵。"既而兀术果至，贵将游奕、云将背嵬战于城西。云以骑兵八百挺前决战，步军张左右翼继之，杀兀术婿夏金吾、副统军粘罕索孛堇，兀术遁去。

梁兴会太行忠义及两河豪杰等，累战皆捷，中原大震。飞奏："兴等过河，人心愿归朝廷。金兵累败，兀术等皆令老少北去，正中兴之机。"飞进军朱仙镇，距汴京四十五里，与兀术对垒而阵，遣骁将以背嵬骑五百奋击，大破之，兀术遁还汴京。[①]

郾城战役由四场战斗组成，即颍昌之战、郾城之战、再战颍昌、朱仙镇之战。通过这些战斗，我们可以得到如下认识：

（一）岳家军的士气非常高亢。士气的高低关系到部队战斗力的强弱。前面我们已经说过岳飞"与将校语，必勉之以忠孝，教之以节义"，"临戎誓众，言及国家之祸，涕流气塞，士卒皆唏嘘听命"，岳家

---

① 《宋史》卷三六五《岳飞传》。

军正是因为有较高的思想觉悟，故士气高亢，特别能战斗，攻无不克，战无不胜。

（二）岳飞料事如神，判断非常准确，军事部署很缜密。郾城大捷以后，岳飞敏锐地指出："贼屡败，必还攻颍昌。"他调遣岳云火速支援颍昌。果然不出岳飞所料，三天后兀术率兵来攻颍昌。岳家军有准备，又一次狠狠打击了兀术，"杀兀术婿夏金吾、副统军粘罕索孛堇，兀术遁去"。

（三）岳飞临战以勇。勇敢是对敌取胜必须具备的精神。岳飞治军强调"智"，这主要是对统兵将领而言；强调"智"并不是不重视"勇"。郾城战役中巧破"拐子马"就是"智勇结合"的表现。岳飞自己就是一员智勇双全的将领，在南宋初年，他已博得"勇冠三军"的名声。郾城大战，兀术亲率大队骑兵至郾城北面五里店。此时岳飞正好在城外勘察地形，但见黄尘蔽天，随从骑兵心怯，想后撤避锋，岳飞果断地下令："不可！汝等封侯取赏之机，正在此举！"接着，亲率四十骑迎敌。都训练官霍坚担心岳飞有闪失，拦住马头苦谏："相公为国重臣，安危所系，奈何轻敌！"岳飞不听，用马鞭击开霍坚的手，以不可阻挡之势勇猛地冲向金军阵营，左右开弓，飞箭到处，敌骑纷纷倒下，岳家军士气倍增，一鼓作气，将敌阵击垮。岳飞身先士卒，勇敢战斗，带出了一大批如张宪、牛皋、岳云、杨再兴等勇敢善战的将领。

绍兴十年（1140）七月十日，岳家军取得郾城大捷后，兀术不甘心失败，过了三日，在临颍布阵，准备与岳家军再作决战。岳飞为了侦察敌情，先派骁将杨再兴领三百轻骑作先头部队。刚到小商桥，猝不及防，遇到金军主力部队，杨再兴及三百骑兵立即遭到四面包围，陷入敌阵之中，已无退路可言。杨再兴决心血战到底，率领战士奋勇搏杀，斩敌三千余，其中有万户一人。杨再兴和他的三百勇士，在以一当十浴血奋战后，全部壮烈牺牲。后来找到杨再兴尸体，火化后，身上所留箭镞竟达两升之多。从杨再兴和他的战友身上，我们可以看到岳家军勇于战斗的过硬作风。

岳飞的军事思想影响深远。林则徐在道光二十三年（1843）四月致友人刘建韶的信中说："剿夷有八字要言：器良、技熟、胆壮、心齐而已。第一要大炮得用，今此物置之不讲，真令岳（飞）韩（世忠）束手，奈何奈何！"[①] 林则徐在鸦片战争中想到了岳飞，可见岳飞军事思想深远的历史影响。

---

① 杨国桢辑《林则徐书简》（增订本），福建人民出版社1985年版，第193页。

第十三章 《满江红》及其文学影响

岳飞留传的著作不多，文学作品更少。《四库全书总目》对《岳忠武王文集》(亦名《岳武穆遗文》)是这样介绍的：

> 宋岳飞撰。飞事迹具《宋史》本传。
> 陈振孙《书录解题》载《岳武穆集》十卷，今已不传。
> 此遗文一卷，乃明徐阶所编。凡上书一篇、札十六篇、奏二篇、状二篇、表一篇、檄一篇、跋一篇、盟文一篇、题识三篇、诗四篇、词二篇。
> ……飞之零章断句，后人乃掇拾于蠹蚀灰烬之余。是非之公，千古不泯，固不以篇什之多少论矣。
> 阶所编本，附录《岳庙集》后，前冠以后人诗文四卷，已为倒置。其中明人恶札，如提学佥事蔡兖诗曰："千古人来笑会之，会之却恐笑今时。若教似我当钧轴，未必相知岳少师。"尤为顶上之秽。今并芟除，而独以飞遗文著录集部，用示圣朝表章之义焉。[1]

---

[1] 《四库全书总目》卷一五八《集部》十一，中华书局影印本。会之，秦桧字。修四库全书的阁臣认为蔡兖的诗"尤为顶上之秽"，从而芟除了"后人诗文四卷"，保证了岳飞遗文的纯洁性。

今存岳飞著作除《岳武穆遗文》一卷本（四库全书本）以外，还有明嘉靖刻《岳武穆集》五卷本和天启刻六卷本。

岳飞的文学作品不多，但质量极高，充满着爱国主义激情，其代表作《满江红》已成为千古传唱的不朽之作，然而对《满江红》的真伪之争一直没有中断过，这里不得不作一些介绍。

一、《满江红》真伪争论的由来

最先提出《满江红》真伪质疑的是余嘉锡，他在《四库提要辨证》卷二三"岳武穆遗文"条下首先提出"来历不明，深为可疑"[1]。接着，夏承焘发表《岳飞〈满江红〉词考辨》[2]，更引起了海内外学术界的热烈讨论。

认为《满江红》为伪托之作，其论点主要有：

（一）岳飞之孙岳珂长期搜集岳飞遗作编成《鄂王家集》，集中没有《满江红》；

（二）宋、元载籍及各种词集皆未称引此词；

（三）词中"贺兰山"乃西夏地名，与金人黄龙府方向不合；

（四）此词与岳飞《小重山》词风格迥异；

（五）词中多用岳飞本身典故；

（六）战国以后已无战车，直到明代才复用战车，所以此词中不当有"驾长车"之语。

至于伪托之人，或说是南宋刘克庄，或说是元代南儒，余嘉锡认为疑为明人，夏承焘认为疑为明人王越或其幕府文士。

邓广铭、唐圭璋认为岳飞《满江红》不是伪作。其主要论点为：

---

[1] 余嘉锡《四库提要辨证》，科学出版社1958年版。
[2]《岳飞〈满江红〉词考辨》，见《浙江日报》1962年9月16日；又见《月轮山词论集》，中华书局1979年版，第171—179页。

（一）不见于宋元载籍、《鄂王家集》未收入，不足以证明《满江红》是伪作。唐圭璋指出：

> 近人谓岳飞"怒发冲冠"为伪作，其理由有二：一、宋元人载籍不录此词。二、岳飞孙岳珂所编《金佗稡编》及宋陈郁《话腴》不录此词。余以为此二说，皆不足以证明此词是伪作。宋词不见于宋元载籍而见于明清载籍者甚多，如明陈霆《渚山堂词话》即载有宋邵公序赠岳飞之《满庭芳》词。又如宋赵闻礼所编《阳春白雪》词集八卷、外集一卷，久已失传，清朱彝尊编辑《词综》，集合多人搜集，"计览观宋元词集一百七十家，传记、小说、地志共三百余家，历岁八年，然后成书"。但当时《阳春白雪》词集尚未发现，集中之词即无从录入。直至清道光时，《阳春白雪》始重现人间，陶梁因据以编《词综补遗》。……《直斋书录解题》卷十八《岳武穆集》十卷，久佚不传。因此，岳珂、陈郁书不载岳飞此词，不等于岳飞即不可能作此词。岳飞作此词，最初究为何人、何时、何地传出，由于文献不足，不能确定，但谓为伪作，却诚有如学初所云："难免有流于武断之嫌，似以审慎为宜。"（见1962年《文史》第一辑）且岳飞另有一首《满江红》（遥望中原）词，亦不见于岳珂、陈郁二书，但其墨迹，经过宋魏了翁、元谢升孙、宋克，明文徵明等人收藏，流传至今。可见岳飞词翰犹有遗翰，亦不能谓之为伪作。至"怒发冲冠"词中所谓"胡虏""匈奴""贺兰山"皆借古喻今，并非实指，尤不足证其为伪作。[①]

---

① 唐圭璋《读词续·记岳飞"怒发冲冠"词不能断定是伪作》，《文学遗产》1981年第2期；又见唐圭璋《词学论丛》，上海古籍出版社1986年版，第673—674页。

邓广铭也举例说，南宋人赵与时编《宾退录》中收有岳飞《题青泥市壁》诗，而此诗《金佗稡编》未收，说明《鄂王家集》未收之作未必就是伪作。①

有的学者分析说，岳珂是在他父亲岳霖搜集材料的基础上编《鄂王家集》的。岳霖在搜集材料时，距岳飞逝世二十年，其时秦桧余党尚分据要路，搜求困难，故"掇拾未备"（岳霖《家集》自序）；到岳珂重新搜访，为时既短（1198—1203），且未尽其力，而上距乃祖之死又近六十年，所以遗漏在所难免。何况高宗赵构并不打算迎徽、钦二帝还朝，又承祖宗家法深忌岳飞当日之地位名望，而此词内容多触其忌，岳珂等见到此词不敢收入《家集》之中亦属极可能之事②。

总之，伪托说的第一、二两条理由是站不住脚的。

（二）词中"贺兰山"并非实指今宁夏西北的贺兰山。

许多学者认为，贺兰山在今宁夏西北，当时在西夏境内，词中贺兰山乃泛写、比喻，是文学艺术的语言，并非实指。

又，在我国境内，以"贺兰"名山者，还有江西赣州之贺兰山（旧名文壁山，《赣县志》）和河北磁县之贺兰山（《磁县县志》）。建炎初，岳飞曾驻兵于磁县之贺兰山，县距岳飞家乡仅四五十公里，因此可进而北上直捣黄龙府，词中"贺兰山"当指此③。

（三）《满江红》与《小重山》风格迥异，亦不能说明前者为伪作。

许多学者认为，作家在不同的时、地和心境下创作不同题材的作品，风格有不同程度的差异乃是常见之事。不同的风格恰恰构成了岳飞艺术个性的完整性。试比较两首词中的词句，就会发现风格有异而

---

① 邓广铭《岳飞的〈满江红〉不是伪作》，《文史知识》1981年第3期；《再论岳飞〈满江红〉词不是伪作》，《文史哲》1982年第1期。
② 孙望、常国武主编《宋代文学史》下册，人民文学出版社1996年版，第23—24页。
③ 王克、孙本祥、李文辉《从"贺兰山"看〈满江红〉词的真伪》，《文学遗产》1985年第3期。

蕴意相同——风格不同，并不等于伪作。

（四）词中多用岳飞本身典故并不意味着伪托。

许多学者认为，抒发一己胸怀，自述己身的生平事迹，是文学创作中常见的做法。

如果依夏承焘的推测，作伪者为王越，有学者指出："《满江红》词前半阕中的'三十功名尘与土，八千里路云和月'两句，与岳飞的生平事功十分吻合。若把此词作者定为王越，而且定为贺兰山捷后作，那就必须把'三十功名'改为'七十功名'才行。因为，当取得贺兰山之捷时，王越已经七十余岁了。而且'八千里路'之句也与王越行踪不符。若谓此词乃幕府文士之作，则这两句更全无着落了。"[①]

（五）关于战车问题。

战国以后，战争中使用战车之事不乏其例，据《宋史·兵志》十一记载，宋朝也不是全然不用战车。

总之，认为《满江红》是伪作的理由很难成立。

要不要把《满江红》真伪问题的争论继续下去呢？笔者认为没有必要。

鉴于《满江红》词已与岳飞的精神融为一体，并成为激励民族浩然正气的有力武器，作为多灾多难的中华民族的特定历史产物，没有必要人为地将岳飞与《满江红》词分割开来，如同对待一般文学作品那样，在"真伪"问题上争论不休。抗日战争时期，当人们高唱着《满江红》《义勇军进行曲》走向抗敌战场的时候，要是有一位学者前去劝阻，说《满江红》词作者真伪问题尚未解决，最好暂时不要唱，那不是天大的笑话吗？

关于《满江红》的争论，除真伪之争外，还有对于创作时间的不同意见，大致有四种说法：李汉魂认为岳飞三十岁（绍兴二年，1132）

---

① 邓广铭《再论岳飞的〈满江红〉词不是伪作》，《文史哲》1982年第1期。

时创作此词[1]，笔者认为岳飞三十一岁（绍兴三年，1133）时创作[2]，王曾瑜认为岳飞三十二岁（绍兴四年，1134）时创作[3]，邓广铭认为此词作于绍兴六年（1136）[4]。由于《满江红》一词的写作时间、地点都已失载，不同传记的作者只能依据自己的理解推定。这里顺便述及，以供读者参考。

二、岳飞诗词的文学影响

岳飞的诗词不多，但它的文学影响却不容忽视。"报国精忠，三字狱冤千古白；仰天长啸，一曲词唱《满江红》。"[5] 岳飞诗词在文学方面的深远影响，表现在以下三个方面：

首先，几乎所有的文学史在阐述南宋文学发展状况的时候都要谈到岳飞。孙望、常国武主编的《宋代文学史》特别在《南宋前期词人（上）》中设了一节，阐述"岳飞和'四名臣'词"，指出"岳飞的词作虽少，但情辞俱有可观，在词坛上所产生的影响也是巨大而深远的"[6]。

其次，几乎所有宋代诗选、词选，不论其规模大小，都要遴选岳飞的作品。如1933年开明书店影印出版的端木子畴《宋词十九首》（即《宋词赏心录》），就选了岳飞《小重山》（昨日寒蛩不住鸣）一首。又如1986年上海古籍出版社出版的《全宋词简编》，该书收宋代词人312人，选词1672首，岳飞的三首词全部入选。1987年上海辞书出版社出版的《宋诗鉴赏辞典》，该书收宋代诗人253人，选诗1040题1253首，岳飞的《池州翠微亭》《题青泥市壁》两诗入选。1991年河

---

[1] 李汉魂《岳武穆年谱》，商务印书馆1947年版。
[2] 龚延明《岳飞》，浙江人民出版社1980年版。
[3] 王曾瑜《岳飞新传》，上海人民出版社1983年版。
[4] 邓广铭《岳飞传》增订本，人民出版社1983年版。
[5] 荣翼《宦鸟书鱼——清代奇儒纪昀》，云南人民出版社1996年版，第130页。
[6] 孙望、常国武主编《宋代文学史》，人民文学出版社1996年版，下册第9页。

海大学出版社出版的《全宋词精华分类鉴赏集成》,该书收449位宋代词人的词篇2333首,岳飞《小重山》、《满江红》(怒发冲冠)、《满江红》(遥望中原)三首悉数入选。这说明岳飞作品虽少,但影响却很深远。

第三,以"满江红"为题之和作不断,跨越时代、空间的界限,成为我国词坛唱和创作中的一个特殊的值得深入研究的案例。《满江红》的和作,反映了不同时代、不同作者对当时的社会现实的体验,其中不乏脍炙人口的佳作精品,笔者将在下一章就其典型词作进行评述,这里就不多说了。

确实,岳飞的《满江红》是一首气壮山河、传诵千古的名篇。

> 怒发冲冠,凭栏处、潇潇雨歇。抬望眼,仰天长啸,壮怀激烈。三十功名尘与土,八千里路云和月。莫等闲、白了少年头,空悲切。
> 靖康耻,犹未雪。臣子恨,何时灭。驾长车,踏破贺兰山缺。壮志饥餐胡虏肉,笑谈渴饮匈奴血。待从头、收拾旧山河,朝天阙。

此词作于绍兴三年(1133)。当时由于大江南北广大军民自卫反击,金兵连连受挫,战争的进程发生了有利于南宋而不利于金人的变化。驱逐敌寇、收复中原失地的可能性正在出现。如果南宋政府坚持抗战,那么,这种可能性就有机会变成现实。词中所表达的对敌人的无比愤怒和仇恨,对还我河山、中兴宋室充满信心的壮志豪情和必胜信念,反映了当时的时代精神,体现了大无畏的英雄气概,洋溢着强烈的爱国主义激情。

词的上阕抒写作者渴望为国杀敌立功的情怀和抱负。开篇五句,起势突兀,破空而来,胸中的怒火好似火山爆发一样,喷薄而出,不可阻遏。一阵疾风骤雨刚刚停止,词人独自登楼眺望,一声长叹,组成了"怒发冲冠""仰天长啸""壮怀激烈"的特写定格镜头,显现了作者汹涌澎湃的心潮，展现了一位忧愤国事、痛恨敌人的民族英雄的光辉形象。接下来，作者回忆自己"三十功名尘与土"，意思是说自己对国家的贡献还很小，功名事业犹如尘土，微不足道。这是作者自谦之词。岳飞自从军以来，在抗金战争中英勇无敌，威名远扬，但他从不居功自傲，曾经多次上表辞谢朝廷的封赏嘉奖，他再三申言："将士效力，飞何功之有？"[1]表现了虚怀若谷、严于律己的美德。"八千里路云和月"，是瞻望前程，前方还有漫长征途，需要自己披星戴月，日夜兼程，才能"北逾沙漠，喋血虏廷"，"迎二圣归京阙，取故土上版图"[2]。歇拍两句"莫等闲、白了少年头，空悲切"，堪称千古至理名言。这既是作者的自勉，也是对坚持抗金救国的广大军民的鞭策和鼓励。

词的下阕表达作者雪耻复仇、重整乾坤、中兴宋室的豪情壮志。换头四句，艺术地概括了建炎以来的国家大事和社会心理。靖康是宋钦宗赵桓年号。靖康二年（1127），徽宗赵佶、钦宗赵桓被入侵的金兵掳走，作为人质关押起来，这对于宋朝军民来说是奇耻大辱。"靖康耻，犹未雪。臣子恨，何时灭？"怎样雪耻呢？这自然引出岳飞的誓言："驾长车，踏破贺兰山缺。"前面说过，这是一句有争论的句子。笔者以为，"贺兰山"是泛指，而非实写，和爱国诗人陆游的"壮图万里战皋兰"、汪元量的"厉鬼终须灭贺兰"一样，是抒发作者的抗敌决心[3]。"壮志饥餐胡虏肉，笑谈渴饮匈奴血"，有学者认为，此化用《汉书·王莽传》"饥餐房肉，渴饮其血"的典故，显示消灭强敌的决心，声可裂石[4]。煞拍两句是说等到失地收复、江山重归一统之后，再收兵凯旋回朝，拜见皇帝。这与岳飞奏请"以精兵二十万，直捣中原，恢复故疆"

---

[1]《宋史》卷三六五《岳飞传》。
[2]《五岳祠盟题记》。
[3]《爱国诗词鉴赏辞典》，南京大学出版社1992年版，第350页。
[4] 孙望、常国武《宋代文学史》下册，第9页。

的政治理想是完全一致的。

总之,这首词情辞慷慨,悲壮激昂,既是战斗誓言,又像进军号角,动人心魄,催人奋进,充分体现了作者的英雄性格和雪耻复仇的坚定信心,具有极大的鼓舞作用,对后世的影响十分深远。

清人刘体仁《七颂堂词绎》曰:

> 词有与古诗同义者,"潇潇雨歇",易水之歌也。[①]

清人沈雄《古今词话》曰:

> 《话腴》曰:武穆收复河南罢兵表云:"莫守金石之约,难充溪壑之求。暂图安而解倒悬,犹之可也。欲远虑而尊中国,岂其然乎。"故作《小重山》云:"欲将心事付瑶琴。知音少,弦断有谁听?"指主和议者。又作《满江红》,忠愤可见,其不欲等闲白了少年头,可以明其心事。[②]

清人沈际飞在《草堂诗余正集》中评论说:

> 胆量、意见、文章悉无今古。

又说:

> 有此愿力,是大圣贤、大菩萨。[③]

---

① 唐圭璋编《词话丛编》第一册,中华书局1987年版,第617页。
② 《词话丛编》第一册,第762页。
③ 转自唐圭璋《宋词三百首笺注》,上海古籍出版社1979年版,第138页。

清人陈廷焯在《云韶集》中评论《满江红》说：

> 何等气概！何等志向！千载下读之，凛凛有生气焉。"莫等闲"二语，当为千古箴铭。

今人唐圭璋评论说：

> 此首直抒胸臆，忠义奋发，读之足以起顽振懦。起言登高有恨，并略点眼前景色。次言望远伤神，故不禁仰天长啸。"三十"两句，自痛功名未立、神州未复，感慨亦深。"莫等闲"两句，大声疾呼，唤醒普天下之血性男儿，为国雪耻。下片承上，明言国耻未雪，余憾无穷。"驾长车"三句，表明灭敌之决心，气欲凌云，声可裂石。着末，预期结果，亦见孤忠耿耿，大义凛然。[①]

上述这些前贤的评论，对于我们深入了解《满江红》的历史影响是有参考价值的。

前人曾以词作艺术风格的豪放与婉约，来分类宋代词人。那么，岳飞属于哪一派呢？我们以为不能如此简单地评价词人，应当具体作品具体分析，更要看到豪放与婉约之间的联系与交错关系，不必囿于前人的固定模式，而从时代与文学的关系加以考察，才可以更深刻地认识岳飞《满江红》词的历史意义。岳飞生活的时代，用词话的语言说，"南渡以后，国势日非"，"感慨时事，发为诗歌"。所以，南宋词作多缠绵沉郁，而像岳飞"怒发冲冠"者并不多见。从时代对文学的反应看，"待从头、收拾旧山河，朝天阙"是时代的最强音，是社会发展的必然要求，因而它产生了巨大的精神力量，教育一代又一代的

---

① 唐圭璋《唐宋词简释》，上海古籍出版社1981年版，第158页。

炎黄子孙为民族、为国家而奋斗不息,这就是岳飞《满江红》历史影响的本质所在。

三、"有诸葛孔明之风"

在讨论岳飞作品的文学影响时,我们认为要重视《宋史》本传的这段传论:

> 论曰:西汉而下,若韩、彭、绛、灌之为将,代不乏人,求其文武全器、仁智并施如宋岳飞者,一代岂多见哉?史称关云长通《春秋左氏》学,然未尝见其文章。飞北伐,军至汴梁之朱仙镇,有诏班师,飞自为表答诏,忠义之言,流出肺腑,真有诸葛孔明之风,而卒死于秦桧之手……①

"有诸葛孔明之风",正是岳飞政论文章的特点,值得我们认真加以研究。

中国古代对公文类文体的写作要求比较严格。诏是皇帝发布文告的一种文体,"诏者,告也"。章、奏、表、议是臣子向皇帝报告、请示、议事的文体。书是平行机构官员之间通讯文体,使用极为广泛。这些文体的写作总则,正如刘勰《文心雕龙·定势》所云:"莫不因情立体,即体成势也。势者,乘利而为制也。如机发矢直,涧曲湍回,自然之势也。"② 而要达到这些要求,特别是要跨越"等因奉此"的樊篱,在社会上产生比较大的影响,那就是一件很不容易的事了。三国时期诸葛亮的《出师表》是古代应用文中的杰出之作。清代学者吴楚材、吴调

---

① 《宋史》卷三六五《岳飞传》。
② 刘勰著、周振甫注《文心雕龙注释》,人民文学出版社 1981 年版,第 339 页。

侯编选的《古文观止》，就选有诸葛亮的两篇《出师表》，在《后出师表》篇末总评中，我们可以看到这样的评语：

> 时曹休为吴所败，魏兵东下，关中虚弱，孔明欲出兵击魏，群臣多以为疑，乃上此疏。伸讨贼之义，尽托孤之责，以教万世之为人臣者。鞠躬尽力，死而后已之言，凛然与日月争光。前表开导昏庸，后表审量形势，非抱忠贞者不欲言，非怀经济者不能言也。①

了解前辈学者对诸葛亮《出师表》的评价以后，再看《宋史》编撰者对岳飞的评论："军至汴梁之朱仙镇，有诏班师，飞自为表答诏，忠义之言，流出肺腑，真有诸葛孔明之风……"就可明白其继承与发展关系了。为了让读者明白岳飞"忠义之言，流出肺腑，真有诸葛孔明之风"，今从《宋史》本传中摘录一些文字：

> 康王即位，飞上书数千言，大略谓："陛下已登大宝，社稷有主，已足伐敌之谋，而勤王师日集，彼方谓吾素弱，宜乘其怠击之。黄潜善、汪伯彦辈不能承圣意恢复，奉车驾日益南，恐不足系中原之望。臣愿陛下乘敌穴未固，亲率六军北渡，则将士作气，中原可复。"书闻，以越职夺官归。

> （绍兴四年）飞奏："金贼所爱惟子女金帛，志已骄惰；刘豫僭伪，人心终不忘宋。如以精兵二十万，直捣中原，恢复故疆，诚易为力。襄阳、随、郢地皆膏腴，苟出营田，其利为厚。臣候粮足，即过江北剿戮敌兵。"

---

① 《古文观止》上册，中华书局1963年版，第282页。

（绍兴七年）飞奏："比者寝阁之命，咸谓圣断已坚，何至今尚未决？臣愿提兵进讨，顺天道，因人心，以曲直为老壮，以逆顺为强弱，万全之效可必。"又奏："钱塘僻在海隅，非用武地。愿陛下建都上游，用汉光武故事，亲率六军，往来督战。庶将士知圣意所向，人人用命。"

（绍兴九年）以复河南，大赦。飞表谢，寓和议不便之意，有"唾手燕云，复仇报国"之语。授开府仪同三司，飞力辞，谓："今日之事，可危而不可安；可忧而不可贺；可训兵饬士，谨备不虞，而不可论功行赏，取笑敌人。"三诏不受，帝温言奖谕，乃受。会遣士儶谒诸陵，飞请以轻骑从洒扫，实欲观衅以伐谋。又奏："金人无事请和，此必有肘腋之虞，名以地归我，实寄之也。"桧白帝止其行。

通过上述摘录的岳飞表奏文字，我们可以看到他坚定的爱国主义立场、敏锐的政治和军事预见，确实是"非抱忠贞者不欲言，非怀经济者不能言"，其"复仇报国"之言，凛然与日月争光。

岳飞的口头表达能力，特别是辩论和说明能力如何，史书上颇少记载，但是我们从《宋史》本传中看到这样一节文字，不能不加以说明。绍兴七年（1137），皇帝召见岳飞，皇帝问岳飞有没有良马，岳飞回答说：

臣有二马，日啖刍豆数斗，饮泉一斛，然非精洁则不受。介胄而驰，初不甚疾，比行百里始奋迅，自午至酉，犹可二百里。褫鞍甲而不息不汗，若无事然。此其受大而不苟取，力裕而不求逞，致远之材也。不幸相继以死。今所乘者，日不过数升，而秣不择粟，饮不择泉，揽辔未安，踊踊疾驱，甫百里，力竭汗喘，殆欲毙然。

此其寡取易盈，好逞易穷，驽钝之材也。①

这一段话像先秦诸子中的寓言故事，说明"致远之材"与"驽钝之材"的区别。聪明的皇帝似乎听出他的言外之意，立即作出反应："帝称善，曰：'卿今议论极进。'"清代乾隆年间，学者林西仲给这段文字加以"良马对"之题，作为青少年学生学习古文的范例，并且评论说："得良马与未得，一言可尽。武穆乃将马之所以为良，所以为不良处，细细分别出来，全为国家用人说法。妙在含蓄不露，若添一语相士，便索然无味。玩'不幸相继以死''今所乘者'两句，骂尽举朝无人，皆属驽钝，尤感慨之极也。高宗称善，而不悟其意，国事可知。其行文竟可作一篇《国策》读。"②这个例子足以说明岳飞思辨能力和表达能力是很强的，也大有诸葛孔明之遗风。

明朝屠隆曾经撰写过一篇《拟岳武穆从军中遗秦相国书》，此文收入《文致》一书中。《文致》，明人刘士鏻编，韩国姜铨燮教授家中藏有一部难得的手抄本。1996年蔡镇楚教授访问韩国时发现了这部手抄本，抄录一过，交岳麓书社出版发行。屠隆这篇《拟岳武穆从军中遗秦相国书》得睹者可能不多，兹特移录如下：

> 岳飞顿首顿首！致书相国足下：飞自领王师渡河，赖陛下之灵、相国之智，所当摧锋陷阵，大河以北无坚城。飞令诸军北叱，且大醉黄龙府。诸军听飞鼓音，无不踊跃。起介而驰者，虏人无当也。飞于时，谓遂定中原，挈两宫而还之陛下，直唾手取之矣！然后角巾投老西湖之上，飞之愿也。乃今者，一日奉陛下金牌十二，诏飞班师。天王有命，臣惧殒越于下，飞奈何敢不班师

---

① 《宋史》卷三六五《岳飞传》。
② 胡怀琛编《言文对照古文笔法百篇》，湖南人民出版社1984年版，第87页。

哉！然从东南来者，皆言非陛下意，谓谋出相国。相国实阴持之。飞窃意相国为陛下辅弼之臣，陛下遇相国厚矣。语有之：瓶之罄矣，维罍之耻。相国为天子大臣，如何令虏人猖獗，尽弃大河以北赤县神州？二帝越在草莽，而坐拥江南尺寸之土以偷老，其间则为置相矣。相国如天下何？内折中原之气，而外长仇雠，相国必不然。故敢以书奏。飞日者渡河来，顾瞻帝京，徘徊宫阙，咏宋箕子《麦秀》之歌，吟周大夫《黍离》之篇，扼腕而起，仰天而长号，盖不知其泪之浑浑下也。二帝远在沙漠之乡，望救于相国，一夕百年耳，惟相国念之。且相国尝从胡中回，烟沙之地，不惨于中原乎？毡裘之人，不陋于冠裳乎？虏人之遇相国诚厚，孰与大国之相乎？奈何令二帝久辱胡中也？君父陷在危亡，此臣子枕戈泣血之时，誓不俱生之日，申包胥何如人哉？飞一日班师赴阙下，相国且握手劳飞，赐飞卮酒，飞宁能下咽邪？相国即不念二帝，如陛下何？今取中原于掌上，二帝旋于日前，功业垂成而弃之，令飞十年经营废于一旦，能不痛心？诏书到军前，父老拥飞马首哭者万数，相国不闻也。相国何亲于虏、陛下何负于相国哉？是役也，即出陛下意，相国何不强谏？陛下必听相国。相国之言行，则功在社稷，名流天壤，此万世一时也。愿相国图之。飞为陛下取中原、还二帝，非以己也。陛下今召臣，臣已业还师，即归死司寇，身首异处，臣请受而甘心焉，于飞何有哉？第弃垂成之图，而失万世之利，俯首丧气为天下笑，飞甚惜之！相国一旦不戒，行且获戾，万代无已时。飞为相国谋忠，相国其熟计之。无忽。①

这是一篇奇特的文章。此文中称秦相国可制约高宗，此论未必确

---

① 〔明〕刘士鏻选编、蔡镇楚校点《文致》，岳麓书社1998年版，第158—160页。

当，但不研读岳飞著作、不熟悉岳飞生平事迹、不了解宋金战争形势、不了解秦桧的人，是绝不会写出这样充满爱国激情、大义凛然的文章的。这也从另一个侧面说明了岳飞的思想和散文艺术的影响。

这里，我们且将《文致》中对《拟岳武穆从军中遗秦相国书》的评语作为本节的结语：

> 丘丹林曰：……桧一主和议，一忌少保功高，而不知二帝青衣行酒，高宗容置之罔闻耶？且为相者，洴沤立朝，阴怀忌嫉，何计天下万世耶？噫！可以诏班师，即可以诏赐死。武穆岂不料及？如叩马书生云：自古未有权臣在内，而大将能立功于外者，岳少保且不免。第少保终孝，出于天性，有奉君命，惟谨而已。所恨者，以少保内平剧盗，外抗强胡，至虏人畏服，不敢称名；而桧谋下之大理狱。少保曰："皇天后土，可表此心！"桧竟以"莫须有"三字，强加之罪。千载而下，每睹此不白之冤，直欲吁天而无从也。此书虽工，其如桧之不见何？
>
> 汤霍林曰：胡澹庵上封事，可与日月争光，为中兴奏疏第一。此书堪与颉颃并传。[①]

岳飞"真有诸葛孔明之风"的政论艺术值得进一步研究。

四、力斫余地的书法艺术

岳飞的书法作品世间流传很少。他的孙子岳珂编纂《宝真斋法书赞》二十八卷卷末附岳飞手迹《鄂国传家帖》。现杭州岳庙碑廊存有两组相传为岳飞手书的诸葛亮前、后《出师表》碑和李华《吊古战场文》

---

① 〔明〕刘士鏻编《文致》第160页，韩国姜铨燮家藏手抄本。

碑。这些极为珍贵的岳飞书法作品，一直受到书法界的重视。

清代嘉庆年间，林则徐任职杭州时，有机会观赏岳飞的书法作品，他在《跋岳忠武王墨迹》中这样评论说：

> 观其潇洒生动，翰逸神超，想见王之英灵昭铄寰宇，七百年来犹凛凛有生气，不第于点画分布间求之也。忆徐官武林时，修王祠墓，因得观思陵手敕，不独书法超妙，而敕中练兵恢复、尽孝于忠数语，岂非大哉王言？……而王之手书独使千百世下起敬起慕。乌乎！君臣之不可同日语也。①

林则徐把书品与人品相结合，高度评价岳飞书法作品中透露的凛然正气。

康有为在《广艺舟双楫》中将岳飞书法和朱元璋等人的书法相比较，指出：

> 岳忠武书力斫余地，明太祖书雄强无敌，宋仁宗书骨血峻秀，深似《龙藏》。然则豪伟丈夫，胸次绝人，点画自异，然其功夫亦正不浅也。②

康有为对岳飞的书风也作了肯定，并指出其书艺"功夫亦正不浅也"。今人祝嘉在《书学史》中，论述南宋58位书家时，把岳飞列入其中。

参加过辛亥革命的同盟会会员、后为国民革命军副司令的胡景翼（字笠僧）非常喜欢岳飞的书法，长年临习岳武穆长卷。张群（字

---

① 林则徐《云左山房文钞》卷四。
② 康有为《广艺舟双楫》。

岳军）早年留学日本，参加过辛亥革命，后为国民党元老之一。他也酷爱岳飞的书法艺术。于右任特地为此写诗，诗题曰《为张岳军题胡笠僧为岳西峰临岳武穆书长卷》，共四首，其三云：

> 武穆遗书何处寻？重观跋尾一沉吟。
> 伤心二十余年事，白首题诗泪满襟。[1]

于右任先生1951年时已七十二岁，他在垂暮之年想起一道参加民主革命的老友，以胡笠僧临习岳飞长卷为中心，怀人抒情，"武穆精灵呼欲出"，"几番雷雨更招魂"。这是当代书法界一件趣事，也说明岳飞书法艺术深入人心，影响广泛。

总之，岳飞的书法作品和他的《满江红》一样，影响是不可低估的。

---

[1] 《于右任诗词集》，湖南人民出版社1984年版，第267页。

第十四章　碧血丹心　心昭天日

岳飞被诬"意欲谋叛",为高宗、秦桧杀害后,朝廷迅速将岳飞的死刑判决书刻板印成榜文,在全国各地公布。

岳飞遇害当天,临安人民痛哭流涕。南宋爱国大诗人陆游说:"张德远(张浚)诛范琼于建康狱中,都人皆鼓舞;秦会之(秦桧)杀岳飞于临安狱中,都人皆涕泣。是非之公如此!"[①]

尽管秦桧的党徒密布都城,当时就有不畏风险的义士隗顺,偷偷地将岳飞遗体从大理寺狱中背出,翻过城墙,埋于九曲丛祠附近,称"贾宜人墓"。

从此以后,每逢除夕下雨,江浙一带的民间就有这样的传说:忠臣岳飞在除夕被秦桧害死,连老天爷也为岳飞的冤死痛哭落泪呢!

一、沉痛悼念与平反昭雪

(一)沉痛的悼念

岳飞死后,爱国军民举行各种各样的悼念活动。驻临安府西溪寨

---

① 〔宋〕陆游《老学庵笔记》卷一,中华书局1979年版,第4页。

的官兵子弟，借迎请"紫姑神显灵"，竟模仿岳飞的笔迹，以岳飞的口吻写了一首绝句，来寄托他们的哀思："经略中原二十秋，功多过少未全酬。丹心似石凭谁诉？空有游魂遍九州！"[1]这件事传出后，秦桧"闻而恶之，擒治其徒，流窜数人，至有死者"。

但是全国到处都有人纪念岳飞，痛斥秦桧。如建康人民，也通过"请仙"的方法，写诗歌颂岳飞，贬斥秦桧："强金扰扰我提兵，血战中原恨未平。大厦已斜支一木，岂期长脚（指秦桧）误苍生！"

人民爱憎分明。针对官方对悼念岳飞的压制，人们就借托"请仙"来表达他们对岳飞的缅怀和对投降派的痛恨。用宗教的神秘外衣掩盖起来的悼念活动，引起了当时人们更加强烈的反响。

韩世忠在岳飞被害后三个月，在灵隐飞来峰山腰，建立起一座以岳飞诗命名的"翠微亭"，作为对岳飞的纪念，表达对当权者陷害忠良的抗议。韩世忠所建的翠微亭，经历代修葺，至今犹存。

人们看到翠微亭，就会想起岳飞那首饱含爱国主义情感的《登池州翠微亭诗》：

> 经年尘土满征衣，特特寻芳上翠微。
> 好水好山看不足，马蹄催趁明月归。[2]

即使在南宋王朝的高压政策下，鄂州人民十家之中有九家把岳飞的绘像挂在家中，晨昏奉祀。

---

[1] 〔宋〕郭彖《睽车志》。
[2] 〔宋〕岳飞撰、龚延明整理《池州翠微亭》，收入北京大学古文献研究所编《全宋词》卷1935《岳飞》，北京大学出版社1991版，第34册，第21594页。

（二）艰难的平反昭雪

人们恨不能杀死秦桧，殿前司军校施全，在杭州望仙桥等候秦桧乘轿上朝经过，手持斩马刀猛扑上前，可惜未能击中，只斩断了一根轿柱，当场被抓走，壮烈牺牲。

绍兴二十五年（1155），秦桧病死，人们纷纷上书要求为岳飞昭雪，可是高宗毫不悔悟，反而任命与秦桧一丘之貉的万俟卨为宰相。万俟卨凭借宰相的大权，坚决阻止为岳飞昭雪，他对高宗说："虏方愿和，一旦录故将，疑天下心，不可。"[1]

绍兴三十一年（1161）夏天，御史中丞汪澈到鄂州岳飞旧部巡视，校官们向汪澈申诉岳飞之冤。汪澈当场表示，愿奏闻。这话一出，官兵"哭声如雷"，有的边哭边说："为岳公争气！"

"中原望断因公死，北客犹能说旧愁。"岳飞的被害，对期望王师收复中原的父老，是一个严重打击。他们非常怀念岳飞。朱仙镇人民追念岳飞的功绩，暗中串联建庙，秘密祭祀。孝宗时，南宋朝廷给岳飞正式平反，南宋的臣民可以公开祭奠岳飞了，而朱仙镇人民在金人统治下，仍然不能公开祭祀。历经金、元二代，这座民间私建的岳祠虽因年久而湮没荒圮，但民众在春、秋两季社会（集会）时，依然设岳飞灵位以祭。到了明成化二十二年（1486），当地政府出面修建了岳武穆王庙。

历代纪念岳飞的庙宇，在全国好多地方都有，如杭州、汤阴、宜兴、九江、武汉等，规模较大的为杭州西湖岳庙墓和河南汤阴岳飞庙。

岳飞死后二十一年，绍兴三十二年（1162）六月，赵昚继位，史称孝宗。孝宗主张抗金，接受太学生程宏图"昭雪岳飞之罪"的上书要求，即位当年七月就为岳飞平反昭雪，追复岳飞原官，下诏悬赏寻

---

[1] 《鄂国金佗稡编校注》卷九《昭雪庙谥》。

觅岳飞的遗体，以便"以礼改葬"；下令访寻岳飞子孙后代，给以官职。隗顺的儿子看到寻找岳飞遗体的诏书，便将"隐姓埋名"多年的岳飞初瘗地告诉了朝廷。南宋朝廷遂将岳飞的遗骸用隆重的仪式迁葬于西湖边的栖霞岭下，即今日的岳墓所在地。隆兴二年（1164），宋孝宗赐额智果院，为"褒忠衍福禅寺"，就是今日的岳庙前身。

明代景泰年间，同知马伟修葺岳飞庙墓，"以所植桧，析干为二，号为分尸桧"。正德八年（1513），都指挥马隆又"范铜为桧、桧妻王氏及万俟卨之像，反接而跪墓前"。人民群众对奸佞恨之入骨，这三个铜像不久被游人击碎。万历二十二年（1594），按察副使范涞又重铸，并增加了张俊的跪像，墓阙后面还刻有一副对联："青山有幸埋忠骨，白铁无辜铸佞臣。"表达了人民对民族英雄岳飞的爱和对秦桧一伙奸臣的恨。

岁月匆匆，从岳飞1141年无辜被害，到朝廷为他平反昭雪、追赠鄂王，经过八十四个春秋，兹列表如下：

岳飞殁后二十一年	绍兴三十二年（1162）	宋朝廷为岳飞昭雪，诏复原官，以礼改葬
岳飞殁后二十九年	乾道六年（1170）	宋以州人所请，下诏于鄂州建岳飞庙，赐庙为"忠烈"
岳飞殁后三十七年	淳熙五年（1178）	宋孝宗赐岳飞谥武穆
岳飞殁后八十四年	宝庆元年（1225）	宋理宗诏故太师、鄂王岳飞谥忠武

"生前不幸，死后哀荣"，封建专制主义者企图用这些谥号来掩盖他们迫害岳飞的罪恶。但是人民的眼睛是雪亮的，他们敬崇岳飞，痛恨迫害岳飞的秦桧一伙，因此，在岳飞逝世三百二十年以后，"分尸桧"出现了；在岳飞逝世四百五十年以后，秦桧四人的铸像跪在岳飞墓前。这真是忠奸分明，人心大快！至此，岳飞才算真正彻底平反昭雪了！

（三）《金佗稡编》的出版

岳飞平反昭雪后，岳飞的孙子岳珂编撰的《金佗稡编》是研究岳飞的重要文献。它的编撰本身就是岳飞平反昭雪的重要体现，所以，对《金佗稡编》不能不作一些简单介绍。

岳珂是岳飞第三个儿子岳霖之子，淳熙十年（1183）即岳飞殁后四十二年出生，也就是说他没有亲眼看见过他的祖父岳飞的英姿。

岳珂编撰《金佗稡编》是在乃父岳霖搜集的材料的基础上进行的。岳霖搜集材料时，距岳飞死后已近二十年，其时秦桧余党尚分据要路，搜求困难，所以"掇拾未备"；岳珂重新搜集资料时，距岳飞死后已近六十年，所以困难更多。但是，经过岳珂的努力，《金佗稡编》终于在岳飞殁后七十七年即嘉定十一年（1218）完成，再隔十年，即岳飞殁后八十七年的绍定元年（1228），他又完成《金佗续编》。

《四库全书总目》卷五七是这样介绍《金佗稡编》的：

> 《金佗稡编》二十八卷、《续编》三十卷。
> 宋岳珂撰。珂有《九经三传沿革例》，已著录。
> 是编为辨其祖岳飞之冤而作。珂别业在嘉兴金佗坊，故以名书。《稡编》成于嘉定戊寅，《续编》成于绍定戊子。
> 《稡编》凡《高宗宸翰》三卷，《鄂王行实编年录》六卷，《鄂王家集》十卷，《吁天辨诬》五卷，《天定录》三卷。《吁天辨诬》者，记秦桧等之锻炼诬陷，每事引当时记载之文，如熊克《中兴小历》、王明清《挥麈录》之类，而珂各系辨证。《天定录》者，则飞经昭雪之后，朝廷复爵褒封谥议诸事也。
> 《续编》凡《宋高宗宸翰摭遗》一卷，《丝纶传信录》十一卷，《天定别录》四卷，《百氏昭忠录》十四卷。《丝纶传信录》者，飞受官制札及三省文移札付。《天定别录》者，岳云、岳雷、岳霖、

岳甫、岳琛等辨诬复官告制札,及给还田宅诸制。《百氏昭忠录》者,飞历阵战功,及历官政绩,经纶于国史,及宋人刘光祖等所作碑刻行实,黄元振等所编事迹,以次汇叙者也。其《宸翰拾遗》中《舞剑赋》,乃唐乔潭之作,因高宗御书以赐,故亦载焉。

编首自序,称"况当规恢大有为之秋,鱼复之图、谷城之略,岂无一二可俎豆于斯世?检其所当行,稽其所可验,而勿视之刍狗之已陈"云云。殆开禧败衄之后,端平合击以前,时局又渐主战,故珂云尔也。

其书岁久散佚。元至正二十三年(1363)重刻于浙江省,陈基为之序。又有戴洙后序,称"旧本佚阙,遍求四方,得其残编断简,参互考订,复为成书"。故书中脱简阙文,时时而有。明嘉靖中刻本,并仍其旧。今无从考补,亦姑仍嘉靖旧刻录之焉。

开禧为宋宁宗赵扩的年号,端平为宋理宗赵昀的年号。开禧二年(1206),宋将毕再遇攻下泗州,宋朝廷下令伐金。但由于缺乏准备,战事失利,朝廷遂于开禧三年(1207)议和。端平三年(1236),蒙古军破宋随、郢、荆门等地,理宗以开衅蒙古,下诏罪己。一时朝廷又开始了一场新的和战之争。在这样的历史背景下,岳珂从史鉴的角度,"检其所当行,稽其所可验",加以编纂,意在唤起人民"待从头、收拾旧山河"的爱国意识,目的是十分明确的。可见,平反昭雪的进展与当时的政治局势有很大的关系。

二、昭忠绵绵无尽期

被人们缅怀的历史人物,往往有三个特征:一是历史人物建立的功勋,并不因为岁月的流逝而消失,相反,时光的尘埃永远掩不住它的万丈霞光;二是历史人物崇高的人格力量,产生超越时空、震撼人心的作用；三是历史人物的言行对人们还有借鉴参考作用，扼要地说，就是"高山仰止，景行行止"。

（一）千百年来，昭示岳飞忠魂的诗词构成了一曲永恒的爱国主义交响乐

人们为了缅怀岳飞，留下了大量的吊念岳飞的诗词。如果把几百年来缅怀岳飞的诗词比喻为一首交响乐的话，那么这组交响乐除序曲和尾声以外，大致可分四个乐章。"怒发冲冠"是这首交响乐的主旋律，其格调悲怆、壮烈、坚毅。序曲是"忆故将军，泪如倾"；第一乐章是"北客犹能说旧愁"；第二乐章是"每忆上方谁请剑"；第三乐章是"纤手都来折桧枝"；第四乐章是"祠庙犹严草木风"；尾声是"感怀时事喷心血"。

岳飞的同时代人、南宋著名爱国士人胡铨，字邦衡，号澹庵，他的《吊岳飞诗》写道："匹马吴江谁着鞭，惟公攘臂独争先。张皇貔貅三千士，揩拭乾坤十六年。堪悯临淄功未就，不知钟室事何缘。石头城下听舆论，万姓颦眉亦可怜！"这首诗，是对岳飞努力恢复中原的追忆，对岳飞浴血奋战保住了南宋半壁河山的热烈赞颂；揭露了致使岳飞功败垂成的南宋妥协投降政策，指出了南宋政府的高压政策钳制不住舆论，人们站在岳飞一边，对岳飞的冤案寄予了最大的同情。

南宋刘过在《六州歌头·题岳鄂王庙》中表达了他对岳飞的缅怀和对奸贼的讨伐。全词是这样的：

> 中兴诸将，谁是万人英。身草莽，人虽死，气填膺。尚如生。年少起河朔，弓两石，剑三尺，定襄阳，开虢洛，洗洞庭。北望帝京。狡兔依然在，良犬先烹。过旧时营垒，荆鄂有遗民。忆故

将军,泪如倾。

　　说当年事,知恨苦,不奉诏,伪耶真。臣有罪,陛下圣,可鉴临。一片心。万古分茅土,终不到,旧奸臣。人世夜,白日照,忽开明。衮佩冕圭百拜,九泉下,荣感君恩。看年年三月,满地野花春。卤簿迎神。①

　　刘过在词中热烈颂扬了岳飞一生的功绩,对岳飞的屈死沉冤表达了深沉的悼惜之情,寄托了反对权奸、向往北伐的爱国情怀。

　　南宋词人戴复古在《水调歌头·题李季允侍郎鄂州吞云楼》中写道:"岳王祠畔,杨柳烟锁古今愁。整顿乾坤手段,指授英雄方略,雅志若为酬?"是啊,抗金救亡、收复失地的志愿什么时候可以实现呢?这不能不使人们想到"旧愁"。南宋诗人王英孙《岳武穆王墓》诗云:

　　埋骨西湖土一丘,残阳荒草几经秋。
　　中原望断因公死,北客犹能说旧愁。

　　社稷不安,人民愁上加愁。人们在凭吊岳飞的时候会思考这样一个问题:是谁害死了岳飞?万里山河为什么会分崩离析?元朝高明的《岳祠》诗云:

　　莫向中州叹黍离,英雄生死系安危。
　　内庭忽下班师诏,绝漠全收大将旗。
　　父子一门甘伏节,山河万里竟分支。
　　孤臣尚有埋身地,二帝游魂更可悲!

---

① 《全宋词简编》,上海古籍出版社1986年版,第565页。

这首诗指出了南宋政府杀害岳飞父子的严重后果,即破坏抗金事业,造成南北分裂的局面。

明朝的民族英雄于谦《岳忠武王祠》诗云:

> 匹马南来渡浙河,汴城宫阙远嵯峨。
> 中兴诸将谁降虏?负国奸臣主议和。
> 黄叶古祠寒雨积,青山荒冢白云多。
> 如何一别朱仙镇,不见将军奏凯歌!

"如何一别朱仙镇,不见将军奏凯歌!"多么悲愤、沉痛的诗句!"负国奸臣主议和",不由唤起人们对高宗、秦桧一伙误国君臣的痛恨。

明代文徵明在《满江红·题宋高宗赐岳武穆手诏石刻》中写得最明白:一个秦桧能有多大的能耐?迫害岳飞的人是宋高宗。文徵明具有高超史识和满腔爱国情怀,他的《满江红》不能不读:

> 拂拭残碑,敕飞字、依稀堪读。慨当初,倚飞何重,后来何酷。果是功成身合死,可怜事去言难赎。最无辜、堪恨更堪悲,风波狱。
> 岂不念,疆圻蹙?岂不惜,徽钦辱?但徽钦既返,此身何属?千载休谈南渡错,当时自怕中原复。笑区区、一桧亦何能,逢其欲。

明代诗人高启在《吊岳王墓》诗中有"每忆上方谁请剑,空嗟高庙自藏弓"之句,对宋高宗的指斥比较隐晦,文徵明却一针见血,指出宋高宗不愿迎回徽、钦二宗,担心自己做不成皇帝,所以"千载休谈南渡错,当时自怕中原复"。这实在是历史的悲剧。

岳飞死了,历史的教训却不能忘,人们纷纷凭吊忠烈,讨伐权奸。你看,连杭州城里的纤纤女子在寒食扫墓时,也会攀折桧枝,发泄对秦桧的痛恨之情。清代袁枚《谒岳王墓》(其二)是这样写的:

> 华表凌霄落照迟，一朝孤愤万年知。
> 梨花寒食烧香女，纤手都来折桧枝。

当然，人们更多的还是化悲愤为力量，正像近代诗人黄节在《岳坟》诗中所说的那样，"独有匹夫凭吊去，从来忠愤使人伤"。

明末民族英雄张煌言被捕后写了《忆西湖》诗：

> 梦里相逢西子湖，谁知梦醒却模糊。
> 高坟武穆连忠肃，添得新坟一座无？

西子湖畔有岳坟和于谦墓，张煌言作此诗后不久即殉难，也葬在西湖附近。这说明历史的悲剧还在继续。

民族英雄林则徐在嘉庆二十四年（1819）写过一首《谒岳飞祠》：

> 不为君王忌两宫，权臣敢挠将臣功。
> 黄龙未饮心徒赤，白马难遮血已红。
> 尺土临安高枕计，大军河朔撼山空。
> 灵旗故土归来后，祠庙犹严草木风。

（自注：在杭州两度任职，曾修葺岳墓。）

通过阅读林则徐的诗，我们可以感受到民族英雄之间心是相通的。林则徐对岳飞非常崇敬，他在杭州任职期间，两次修葺岳墓。

岳飞的爱国主义精神和英雄气节，哺育了一代又一代的民族英雄。于谦、张煌言、林则徐在面对国家危难的时候，正是以岳飞为榜样，挺身而出，肩负起救国的重任；在生死存亡的关头，更以岳飞"尽忠报国""宁死不屈"的精神激励自己，视死如归。

悼念岳飞的诗词还有很多，比如清代词人王鹏运写过《满江红·朱仙镇谒岳鄂王祠敬赋》等，限于篇幅，这里就不一一详述了。

作为昭忠交响曲，其尾声，可以清人徐自华《满江红·感怀》为代表，全词是这样的：

> 岁月如流，秋又去、壮心未歇。难收拾这般危局，风潮猛烈。把酒痛谈身后事，举杯试问当头月。奈吴侬，身世太悲凉，伤心切。
>
> 亡国恨，终当雪。奴隶性，行看灭。叹江山已是，金瓯碎缺。蒿目苍生挥热泪，感怀时事喷心血。愿吾侪、炼石效娲皇，补天阙。

徐自华，女，字寄尘，号忏慧，浙江石门（今桐乡市）人。她是秋瑾烈士的盟姊，后出资出力助秋瑾革命，秋瑾遇难，她收其骨葬于西湖岳王墓侧。读她的词，"蒿目苍生挥热泪，感怀时事喷心血"，真叫人感愤不已！

（二）艺术展现岳飞的英姿神态

岁月流逝，但流不走人们对民族英雄的景仰之情；风雨无情，但冲刷不掉人们对民族英雄的崇敬之心。后世的人们通过小说和戏剧塑造一代英烈的艺术形象。这从一个侧面说明，岳飞活在亿万人民的心里。这里有必要介绍一下《说岳全传》和以岳飞故事为主题的杂剧。

南宋中兴名将岳飞冤屈而死，官兵和平民百姓深感悲痛。孝宗即位，岳飞平反昭雪。岳飞故事广为流传。当时民间即把岳飞抗金故事纳入"说话"中，谓之"说新话"，即讲说新近故事。这就是《醉翁谈录》所说的"新话说张、韩、刘、岳"。南宋咸淳年间，有一个著名的说书艺人王六大夫，擅长讲张、韩、刘、岳故事，"听者纷纷"（吴自牧《梦粱录》）。至元、明、清，出现了一系列以岳飞故事为题材的杂剧、传奇、小说。

钱彩、金丰的《说岳全传》是在历代岳飞故事的基础上，加工创作而成。金丰在《序》中说："创说者不宜尽出于虚，而亦不必尽由于实，苟事事皆虚则过于诞妄，而无以服考古之心；事事皆实，则失于平衡，而无以动一时之听。"这就是说，《说岳全传》中的岳飞是艺术形象，与历史人物岳飞是有所不同的。《说岳全传》凡八十回。全名为《精忠演义说本岳王全传》，钱彩编次，金丰增订。书成于清康熙二十三年（1684）。最早刻本为清康熙间金氏余庆堂刻本。另有清大文堂刻本、清嘉庆三年刻本、清同治九年刻本。由于《说岳全传》流传广泛，影响很大，致使清廷闻之惊心，乾隆年间一度下令查禁。[①]

　　杂剧主要有两种：

　　《东窗事发》，全名为"地藏王证东窗事发"，作者孔文卿。四折一楔。描绘南宋名将岳飞被权奸秦桧谋害事。岳飞统军在朱仙镇与金国四公子兀术作战，大捷，立下收复东京的誓言。不料高宗听信谗言，连下十二道金牌，催岳飞回朝。岳飞班师后，秦桧将他下大理寺问罪，诬他谋反。岳飞父子被害死在囚牢中，做了"负屈衔冤忠孝鬼"。岳飞的魂灵向高宗托梦，控诉了秦桧罪行，请求"将秦桧市曹中诛"，对"屈死冤魂奠盏酒"。秦桧心怀鬼胎，到灵隐寺求神保佑。地藏神化身为呆行者，疯言疯语，揭露秦桧夫妻在东窗下密谋害岳飞的隐私。秦桧派虞候何宗立勾捉呆行者。何宗立来到阴间，在卜卦先生和牧童指引下，看到秦桧"东窗事犯"，披枷带锁，受到惩处的情形，还阳后向新君叙述因果报应的经过，秦桧在阴司受到审判，岳飞、岳云、张宪三人灵魂却已升天。此剧写岳飞壮志难酬，负屈难终，斥奸骂谗，苍凉悲壮，表现了作者在忠奸斗争上的鲜明态度。

　　金仁杰作《东窗事犯》，全名为"秦太师东窗事犯"。原本已失传。流传下来的本子题目略有不同。有注为"旦本"，意为秦桧之妻王氏为

[①]《中国通俗小说鉴赏辞典》，南京大学出版社1993年版，第514—520页。

最主要的人物，但此剧剧情有关秦、岳之争，比王氏故事更为激烈，显然与"旦本"相悖；又有说此剧即孔文卿之《东窗事发》。①

不论怎样，通过小说和戏剧，岳飞的英雄形象再次展现在人们的面前。通过这些作品，我们可以看出，岳飞一直活在人们的心中！

（三）"怒发冲冠"，大刀向鬼子头上砍去！

斗转星移，中国进入了20世纪。在20世纪30年代，神州大地上又掀起一股高唱"怒发冲冠"的浪潮。面对日本帝国主义侵略，炎黄子孙想到了伟大的岳飞。

1931年，日本帝国主义者在我国东北制造了"九一八"事变，开始大举侵略中国。国民党政府实行"不抵抗主义"，致使东北三省惨遭日寇蹂躏。广大军民无不义愤填膺。同盟会元老、国民党军队高级将领续范亭于1935年到南京中山陵哭陵，然后剖腹明志，企图以自己的鲜血和生命唤醒国人。续范亭剖腹事件，震动全国。他获救后，逐步接受中国共产党关于抗日民族统一战线的主张。在结束杭州疗养以后，他又回到山西领导抗日救亡工作。在杭州期间，他凭吊岳墓，极其悲怆地写下了《岳王庙前》诗：

> 堂堂庙貌接忠坟，民族英雄盖世勋。
> 东海狂潮响霹雳，而今谁是岳家军？②

"而今谁是岳家军？"这是历史的呼唤，也是当时人民渴望抗日的呼声。

---

① 《元曲百科大辞典》，学苑出版社1991年版，第517—525页。
② 《续范亭诗文集》，上海人民出版社1958年版，第18页。

1937年发生卢沟桥事变，日本帝国主义公然大举侵犯华北，国民党政府于1937年12月13日放弃首都南京。著名词人易大厂以极其悲愤的心情写下《满江红》词：

> 一叶舆图，惨换了、几分颜色。谁忍问，二陵风雨，六朝城阙？雨粟哭从仓颉后，散花妙近维摩侧。咽不成、鬲指念奴娇，声声歇。
> 尘根断，无生灭。山河在，离言说。剩仓皇辞庙，报君以血。蜀道鹃魂环佩雨，胡沙马背琵琶月。莽乾坤、今日竟如何？同倾缺。①

这首词描写南京沦陷，舆图变色，诗人的悲愤溢于言表，读之不胜凄然。

抗日战争期间，许多抗日志士以岳飞为榜样，写过不少动人的《满江红》词，限于篇幅，这里只得从略了，仅介绍诗人柳亚子的一首《满江红·题〈延平王海师大举规复留都图〉，用岳忠武韵，四月一日作》：

> 三百年来，溯遗恨、到今未歇。真国士，延平赐姓，鏖兵战烈。组练晨翻南澳水，艨艟夜酹秦淮月。奈棋差一子，局全输，攻心切。
> 甘辉耻，未湔雪。苍水计，成灰灭。愤丑夷狡狯，长围溃缺。龙驭难归滇缅辔，鲸波还喋台澎血。看白虹贯日，画图中，排云阙。②

这首词作于1941年。延平王即郑成功。留都即南京。郑成功从荷兰侵略者手中夺回台湾，后来清政府无能，在甲午之战后又割给了日本。"攻心切"，表达了诗人的强烈爱国之情。1945年抗日战争胜利，

---

① 转引自梁羽生《笔不花》，中国友谊出版公司1990年版，第72页。
② 《柳亚子诗选》，广东人民出版社1981年版，第314页。

台湾归还中国。

抗日战争期间，关于岳飞的戏剧也长演不衰，楚剧队在大后方演出新编历史剧《岳飞》，场场爆满，十分感人。

著名剧作家、诗人田汉在抗战期间也创作了历史剧《岳飞》。此剧三十六场。首写胡铨闻王伦与金使同回临安，签订亡国条约，悲愤异常，奏请斩奸臣秦桧、王伦、孙近三人以谢天下。宋高宗虽不杀胡铨，但误信金寇诚意，批准和约，大赦天下；又命周三畏赴鄂劳军。周与岳飞谈及和议已成，飞坚谓"夷狄不可信，和议不可恃"。未几，金帅挞懒获罪被诛，兀术为帅，果破和议，率军南犯。高宗命飞为河南北诸路招讨使，领军北伐。飞乃分派诸将，自率岳云长驱北进以图中原。次写兀术发十万骑侵郾城，飞命岳云领背嵬军御敌，兀术以拐子马猛攻，期以必胜；飞又以麻札刀步兵法大破之。兀术大怒，又率十二万人驻临颍，将再攻郾城；飞命杨再兴以三百骑兵拒之，于临颍之小商桥，毙金兵二千人；再兴陷小商河，被敌纵射而死。又次写岳云协助王贵守颍昌城，兀术又率十万骑来攻，云率八百骑挺前决战，大破金兵，斩兀术婿夏金吾、副统军粘罕索孛堇及官兵五千余人，兀术又惨败而归。最后写朱仙镇之役，岳家军乘胜北追，向朱仙镇急进，两河豪杰闻风而起，飞乃与部下立"直捣黄龙与诸君痛饮"誓约。兀术调驻汴京十万金兵到朱仙镇以图最后挣扎，两军对垒，又惨败而退。全剧在岳家军获全胜时终场，使人相信最后胜利定属岳家军！[①]

著名科学家、戏剧家顾毓琇也创作过话剧《岳飞》。此剧于1940年4月由国立戏剧学院在重庆公演。4月5日早场由国民外交协会招待英、法、苏大使及其他外交使节，并各赠以"还我河山"纪念旗帜。[②]

岳飞的光辉形象和他的爱国主义精神，在抗日战争中，鼓励了多

[①] 曹聚仁《文坛五十年》，东方出版中心1997年版，第357页。
[②] 顾毓琇《百龄自述》，江苏文艺出版社2000年版，第350页。

少热血男儿奔赴疆场!

唱罢"怒发冲冠",再唱"大刀向鬼子头上砍去",通过抗日战争的洗礼,炎黄子孙更深刻地认识了岳飞,更加敬仰他的崇高品格!

岳飞以他的爱国主义精神和宁死不屈的高尚情操光耀祖国的史册,给予后人巨大的精神力量。

三、新程万里驾长车

"一唱雄鸡天下白",伟大的中华人民共和国成立了。

中华人民共和国成立后,岳飞墓庙收归国有,政府拨款修葺一新。1961年3月,杭州岳飞墓被国务院列为首批全国重点文物保护单位之一。

在忠烈祠正殿,悬挂着由叶剑英元帅重新书写的"心昭天日"金字大匾。

许多名人的对联也重新制作,悬挂在各殿:

> 民族主义,历元清鼎革,始达完全,如神有知,稍解生前遗恨;
> 圣湖风景,得祠墓点缀,差不寂寞,兹地之胜,允宜庙貌重新。
>
> 蔡元培撰　沙孟海书
>
> 奈何铁马金戈,仅争得偏安局面;
> 至今山光水色,犹照见一片丹心。
>
> 王蘧常书
>
> 爱国尽忠,武穆英灵长在;
> 旧容新貌,西湖美景增辉。
>
> 舒同撰书
>
> 遗烈镇栖霞,酹酒重瞻新庙貌;
> 大旗悬落日,撼山愿学古军容。
>
> 启功重书

> 天下太平，文官不爱钱，武官不惜死；
> 乾坤正气，在下为河岳，在上为日星。
>
> 沈鹏书

看到修缮一新的岳飞墓、庙，看到油漆一新的昭忠楹联，武汉大学教授胡国瑞在《西湖瞻谒岳坟感赋》中写道：

> 人间正气喜重申，得见鄂王茔庙新。
> 骇目神州腾劫火，伤心昆岳碎璠珍。
> 孱王自欲长城坏，苍昊宁甘浩气泯。
> 俯仰古今同一慨，低回庭宇独沾巾。①

八百多年来，岳飞墓庙一直是历代人民纪念和瞻仰民族英雄岳飞的场所，今天，更成为一个爱国主义教育的大课堂。1993年，岳飞墓庙被定为杭州市爱国主义教育基地，1995年被定为浙江省爱国主义教育基地，1996年被国家文物局、教委、文化部等六部门列为百家"全国中小学爱国主义教育基地"之一，2021年被杭州市文化广电旅游局公布为杭州市"十大代表性历史文化建筑"之一。2003年，岳飞研究会主持召开了"纪念岳飞诞辰900周年暨宋学国际学术研讨会"。2023年3月26日，纪念岳飞诞辰920周年祭祀大典在岳飞墓庙举行。

在新的历史时期，我们怎样学习岳飞呢？让我们一齐阅读和思考赵朴初的这副对联吧：

> 观瞻气象耀民魂，喜今朝祠宇重开，老柏千寻抬望眼；
> 收拾山河酬壮志，看此日神州奋起，新程万里驾长车。

---

① 《五四以来诗词选》，河南大学出版社1987年版，第75页。

附　录

一、岳飞生平大事年表

1103年　崇宁二年　1岁
3月24日（农历二月十五日），岳飞诞生于相州汤阴县永和乡孝悌里。

1113年　政和三年　11岁
从刀枪手陈广学武艺。

1117年　政和七年　15岁
居家务农与自学。

1118年　重和元年　16岁
娶妻刘氏。

1120年　宣和二年　18岁
长子岳云出生。

1121年　宣和三年　19岁
从周同学射箭。

1122年　宣和四年　20岁
应募为"敢战士"，从军征辽。父卒，还乡守丧。

1124年　宣和六年　22岁
第二次从军，投河东路平定军。

1126 年　靖康元年　24 岁

提升为偏校，授予"进义副尉"官阶。后因丢失"告身"回乡。冬十二月，第三次从军相州大元帅府。

1127 年　建炎元年　25 岁

夏七月，上书反对京师南迁，被革职归田里。回乡中途，第四次从军，投河北招抚司，被招抚使张所破格提拔为统制官。九月，随都统制王彦渡黄河抗金。

1128 年　建炎二年　26 岁

因擅自离开王彦部，触犯军纪，为宗泽开释，任以"踏白使"立功赎罪。汜水关一仗获胜，被提拔为统制官。

1129 年　建炎三年　27 岁

在汴京南薰门大破叛军王善，转武经大夫。随杜充至建康。建康失守后，退兵于广德、溧阳等地，克复溧阳。

1130 年　建炎四年　28 岁

屯兵宜兴。是年，从相州接回的母亲姚氏已在宜兴军营中。原妻刘氏已失散，在江南续娶李氏为妻，亦在宜兴军营中。李氏即岳夫人。收复建康，升通泰镇抚使。

1131 年　绍兴元年　29 岁

讨流寇李成、张用。升为神武副军都统制。屯驻洪州。

1132 年　绍兴二年　30 岁

平游寇曹成，移屯江州，授中卫大夫、武安军承宣使，仍任神武副军都统制军职。

1133 年　绍兴三年　31 岁

七月，平息江西吉、虔二州农民起义。九月，应召赴行在。高宗赐"精忠岳飞"锦旗。为江南西路舒蕲州制置使，置司江州。神武副军改为神武后军，飞任神武后军统制。

作《满江红》词。

1134年　绍兴四年　32岁

第一次北伐，收复襄阳六郡。除清远军节度使、湖北路荆襄潭州制置使，封武昌县开国子。屯驻鄂州。

1135年　绍兴五年　33岁

第二次赴行在入觐。夏，奉高宗命镇压湖南钟相、杨么起义。为神武后军都统制，进封开国公。还军鄂州。

1136年　绍兴六年　34岁

第二次北伐，长驱伊、洛。任湖北京西路宣抚副使兼宣抚河东、节制河北路。

母姚氏卒，葬庐山。以目疾乞解军务。

1137年　绍兴七年　35岁

赴平江、建康行在所，扈从高宗。拜太尉，升湖北京西路宣抚使，兼营田大使。为淮西并兵事与高宗公开冲突，弃军怒上庐山。

1138年　绍兴八年　36岁

反对高宗、秦桧对金妥协议和。枢密副使王庶视师江、淮，岳飞遗书王庶："今岁若不举兵，当纳节请闲。"秋，应召赴临安行在入觐。岳飞面斥秦桧："金人不可信，和好不可恃，相臣谋国不臧，恐贻后世讥议。"

1139年　绍兴九年　37岁

上《谢讲和赦表》，强烈反对《绍兴和议》。四次上章力辞"开府仪同三司"（从一品官），高宗不许。

1140年　绍兴十年　38岁

金毁盟南侵。第三次大举北伐中原，取得郾城－颍昌大捷，收复蔡、陈、郑州，以及西京等大片失地，进军朱仙镇，直指金军大本营——汴京。

七月底，被高宗、秦桧以十二道金牌强令班师。

1141年　绍兴十一年　39岁

改为枢密副使，解除湖北、京西路宣抚使之职，赴临安枢密院任事。

冬十月，被张俊、秦桧等诬告"谋反"，投入大理寺狱。

1142年1月28日　绍兴十一年十二月二十九日　39岁

农历除夕前一夜，为高宗赐死于大理寺。岳云、张宪同遇难。

1162年　绍兴三十二年　死后二十一年

夏七月十三日，孝宗颁布《追复指挥》，下令为岳飞"追复元官，以礼改葬，访求其后，特与录用"。岳飞冤案得到昭雪。

二、岳飞平反昭雪后的官衔

绍兴三十二年（1162）　岳飞死后二十一年

七月十三日，南宋孝宗皇帝赵昚即位不久，即为岳飞平反昭雪，降旨"与追复元官，以礼改葬，访求其后，特与录用"。（《金佗续编》卷一三《追复指挥》）

十月十六日，追复少保、武胜定国军节度使、武昌郡开国公、食邑六千一百户、食实封二千六百户。

淳熙五年（1178）　岳飞死后三十七年

十二月十二日，赐谥武穆。

嘉泰四年（1204）　岳飞死后六十三年

五月二十一日，赠太师，追封鄂王。

宝庆元年（1225）　岳飞死后八十四年

二月三日，改谥忠武。

〔考异〕（一）岳飞昭雪后，追赠太师，追封鄂王。谥号有二：武穆、忠武。别无其他追封。隆兴元年《赐谥谢表》岳霖称："臣霖等言：正月二十一日准告，伏蒙圣恩，赐臣等先父赠少傅、武胜定国军节度使臣飞谥武穆者。"（《金佗续编》卷一四）此"少傅"疑"少保"之误；"赠"当为"追复"或"故"。

（二）《宋史·岳飞传》曰："淳熙六年，谥武穆。""六年"为"五年"之误。岳飞定谥之事，始于淳熙五年（1178）六月五日。宋孝宗令太常寺拟定谥号，初拟"忠愍"，孝宗以为未当，令太常寺重拟。后拟定"武穆"，九月八日，"三省同奉圣旨：依"。（见《金佗续编》卷一四《赐谥指挥》）后下吏部考功司复议，再将考功司复议意见上奏高宗。最后于淳熙五年十二月十二日正式通过，由尚书省降谥告付岳飞本家。淳熙六年（1179）正月二十一日，岳飞子岳霖收到谥告。其经过如此，均有明确记载。故孝宗赐岳飞"武穆"之确切时间，应在复议通过之日，即当以淳熙五年十二月十二日为准。《宋史·孝宗纪》系于淳熙五年九月八日："戊寅，赐岳飞谥曰武穆。"（见《孝宗纪》三）淳熙五年，是。

（三）追封岳飞为"鄂王"，是宁宗嘉泰四年（1204）五月二十一日（癸未）的事，而《宋史·岳飞传》作"嘉定四年"。修《宋史》者粗疏，将"嘉泰"误作"嘉定"。幸存有《追封鄂王告（中书舍人李大异行）》："故追复少保、武胜定国军节度使、武昌郡开国公、食邑六千一百户、食实封二千六百户、赠太师、谥武穆岳飞……可特追封鄂王，余如故。嘉泰四年六月二十日。"（见《金佗稡编》卷二七）又《宋史·宁宗纪》二："嘉泰四年五月癸未，追封岳飞为鄂王。"嘉泰四年五月二十日《封王信札》（见《金佗稡编》卷二七），更载明嘉泰四年五月初九日，三省、枢密院同奉圣旨，岳飞"可特与追封王爵"。（按：正式封告时间在六月二十日）

三、岳飞仕履编年与考释

宣和四年（1122）　岳飞二十岁

真定府路安抚司敢战士小队长。

在北宋抗辽战争中，岳飞首次应募从军，为"敢战士"，被河北、河东路宣抚司参谋官刘韐任命为小队长。河北、河东路安抚使童贯统率的宋军两次攻燕战役失败之后，刘韐被调任知真定府兼安抚使。岳飞随刘韐归隶安抚司幕下，受命带领二百名步骑兵，前往真定府所辖相州镇压陶俊、贾进和兵匪之乱，凯旋以归。知相州王靖上奏岳飞之功，保荐补承信郎。命未下，岳飞接到父亲岳和逝世噩耗，随即奔回相州汤阴故里守丧。不久，"敢战士"为朝廷所裁撤，岳飞补承信郎之命，终未能下。第一次从军随之结束。

〔考异〕关于岳飞首次从军之官司及官衔，有三种异说：

（一）属真定府路安抚司还是真定府路宣抚司？

岳珂《金佗稡编》卷四《行实编年》卷一："真定府路安抚使刘韐募敢战士备胡，先臣首应募。"李安附和真定府路宣抚司之说："二十岁（宣和四年）真定府路宣抚司小队长。"（《岳飞生平任官职称与其身后之殊荣》，见《宋史研究集》第十集；《岳武穆历任官职一览表》，载《岳飞史迹考》）

南宋章颖所撰《经进鄂王传》则谓："宣和四年，飞年二十，真定府路安抚使刘韐募敢战士备胡，飞首应募。韐一见，奇之，使为小队长。"

清人钱汝雯所编《宋鄂王年谱》卷一却说："韐两守真定，未尝有安抚之名，今姑从传。"态度模棱两可。

按：以刘韐在知真定府任上兼安抚使之职为是。据《靖康要录》《宋史·刘韐传》及《宋史·职官志七》所载，刘韐在徽宗朝未尝任安抚使或安抚副使，直到钦宗靖康元年（1126），刘韐才以资政殿学士视执政身份为安抚副使统兵救太原。

宋佚名《靖康要录》卷七："靖康元年七月六日，资政殿学士刘韐除宣抚副使。"

《宋史·刘韐传》："刘韐字仲偃……拜述古殿直学士，召为河北、河东宣抚参谋官。时……童贯、蔡攸方出师，而种师道之军溃。……韐即驰白贯、攸，请班师。……还次莫州，会郭药师以涿州降，戎车再驾，以韐议异，徙知真定府。……钦宗善之，拜资政殿学士。……是时，诸将救太原，种师中、姚古败。以韐为宣抚副使。至辽州，招集纠募，得兵四万人……"吴廷燮《北宋经抚年表》卷二《真定府路安抚使、知真定府》："政和六年（1116）洪中孚：《北盟会编》：'真定安抚洪中孚以为不可，积奏罢之。'""宣和四年（1122）刘韐：本传：'韐白贯、攸班师，戎车再驾，徙知真定府。'""靖康元年（1126）刘韐：《北盟会编》：'六月辛丑，真定府路安抚使刘韐为宣抚副使。'"李焘《续资治通鉴长编》（以下简称《长编》）卷一六四："庆历八年四月辛卯，置河北四路安抚使，命知大名、真定府瀛、定州者领之。"

（二）岳飞初任十队长还是小队长？

清人钱汝雯《宋岳鄂王年谱》卷一："王二十岁，从军为十队长。"钱氏此说本南宋章颖《经进鄂王传》："飞首应募，韐一见奇之，使为十队长。"

岳珂《行实编年》卷一："先臣首应募，韐一见大奇之，使为小队长。"

按：南宋史官章颖《经进鄂王传》，据邓广铭先生考证，盖源自岳珂《行实编年》："岳珂于嘉泰三年（1203）把《鄂王行实编年》全部写成，呈进于南宋王朝。三年之后，史官章颖以其'言出私家，后世或疑于取信'，遂把《行实编年》的文字稍加简括，并未参稽任何一书，就改写为一篇《岳飞传》，和他所写的刘锜、魏胜、李显忠三人的传记合并为《南渡四将传》一书，上之朝廷，列置史馆。"（邓广铭《岳飞传》页445）即是说，章颖"十队长"之谈，本自岳珂"小队长"，何以"小"字变成"十"字？疑"十"与"小"字形近似，为坊间传刻之误。然据南宋军队编制，自统制、统领、正将至队将、队官共为八级，队官为最低一级军官，并不分大队长、中队长、小队长，故尔，又疑"十队长"之"十"系编队号数，岳飞初任为"队长"，似亦无误，两者孰是孰非，难以确定。

（三）岳飞二十岁第一次从军，有没有获得"承信郎"告身？

《金佗稡编》卷四《行实编年》卷一："宣和四年壬寅岁，年二十。

知相州王靖奏其功，补承信郎。命未下，得先臣和讣，跣奔还汤阴，执丧尽礼，毁瘠若不胜。会朝廷罢敢战士，前命竟不下。"

《宋岳鄂王年谱》卷一："壬寅四年，王二十岁，补承信郎。《行实编年》：知相州王靖奏其功，补承信郎……会朝廷罢敢战士，前命竟不下。"

李安《岳飞史迹考》页185《历任官职爵位与现代文武官制比较》："真定府路宣抚司（宣抚为刘韐）小队长、承信郎。"

按：岳飞虽因讨平陶俊、贾进有战功，获相州知州王靖荐举补承信郎，然正式任命书——告身并未颁行，岳珂《行实编年》所叙前后因由极为清晰，钱氏《年谱》谓岳飞"补承信郎"，其依据即《行实编年》，系断章取义，未足凭信。李安《岳飞史迹考》沿袭钱氏之说，非是。李汉魂《岳武穆年谱》并谓"擒相州贼陶俊、贾进，补承信郎"，亦当作如是观。诚如王曾瑜《岳飞新传》页8所说："接替韩肖胄的知州王靖向上级申报，保举岳飞为从九品的承信郎。不料岳和经过长期劳累和贫困的折磨，突然一病不起。死耗传来，岳飞哀痛至极，连忙赶回汤阴。朝廷由于财政拮据，也把不属于正式编制的敢战士裁撤，王靖的保举状就成了一张废纸。"

〔释〕 小队长，系南宋军事编制中最底层的军官，即属队官一级。

《宋会要·食货》五六之七一："庆元二年，监察御史姚愈言：'昨来吴挺选练严整，不容虚滥，其本军统制一军官员编制：统制十员，缺三员；统领二十，缺九；正将四十七，缺十一；副将四十七，缺十七；准备将四十七，缺十一；部将九十四，缺四十三；队将一百四十，缺二十九；队官一千三百六十一，缺七百五十一。所缺正官不过差人兼权，不复更破正俸。是时公家未尝乏事，而岁有总领所钱粮几五十万缗。"

宣和六年（1124） 岳飞二十二岁

平定军屯驻禁军广锐军效用士。

宣和六年（1124）冬，岳飞守丧期满，第二次从军，投入屯驻在河东路平定军的禁卫骑兵广锐军，当效用士。

〔考异〕 岳珂《行实编年》卷一："宣和六年，甲辰岁，年二十二。杀张超。从平定军。……是岁，投平定军，为效用士，稍擢为偏校。"

邓广铭《岳飞传》页22："据岳珂在《行实编年》中说，岳飞在宣和六年（1124）'投平定军，为效用士，稍擢为偏校'。并且说，到靖康元年（1126）的六月，他被一个姓季的团练派往寿阳、榆次二县去作硬探……我以为，这些事实全都是岳珂编造出来的。首先，平定军乃是北宋的一个地方行政区划，并不是一个部队番号，岳珂一则说他'从平定军'，再则说他'投平定军'，这是把它认作部队的番号了，显然是错误的。其次，平定军即今山西省阳泉市东南的平定县，北宋政府在其地既不屯重兵，也不设团练。"

王曾瑜《岳飞新传》页9："宣和六年，河北等路发生水灾……岳飞在这个灾荒年景前往应募，再次沦为'行伍贱隶'。他不肯在脸部蒙受耻辱，凭借武艺，争取投充'效用士'（高级军士），但仍不免在手背上刺字。岳飞被分拨到河东路平定军（治平定，今山西平定县）。平定军屯驻的禁军（正规军）编制有五指挥，每指挥名义上应有四五百人。神锐军两指挥和宣毅军两指挥，属侍卫步军司系统；广锐军一指挥，属侍卫马军司系统。岳飞大概是在广锐军当兵，不久升为偏校。"

按：邓广铭以"从平定军"用语之不妥，似可商榷。其一，平定军诚然是"州、军"的地方行政区划，但不等于该地不驻扎正规军，此点王曾瑜《岳飞新传》已有考证，事实上，平定军屯驻有五指挥禁军。平定军靠近太原、真定府，属近边地区，驻屯禁军是符合情理的。此外，还有地方军编制。至于"从平定军""投平定军"等说法，可能出于行文省便，虽未能谓准确，但关键是要看实质，即该地有无军队可投。其二，平定军属一般州、军建制，按常规，无团练使。但邓广铭所提及的平定军"团练"，乃指靖康元年（1126）太原前线吃紧时之军事，情况不大一样。靖康元年，太原已被粘罕所统帅的金军围困了数月，宋钦宗派遣陕西老将种师中，由真定府井陉出兵到平定军，和刚收复威胜军（山西沁县）的老将姚古，构成掎角之势，企图解太原之围。在这样的战争形势下，岳飞于是年夏六月，受"路分季团练"之命，"以百余骑檄往寿阳、榆次县觇贼，谓之'硬探'"。（见《行实编年》卷一）可见，其时平定军已成为靠近太原前线的重要战区，带有团练使阶官的高级军事指挥官在平定军出现，不足为奇。种师中之地位比团练使更高，为河北制置使，"与古掎角，进次平定军，乘胜复寿阳、榆次，留屯真定"。（《宋史·种师中传》）其三，值得注意的是，季团练虽失其名，但他带有"路分官衔"，"路分"乃路分钤辖或路分都监之省称，总名"路分官"。北宋庆历二年（1042）之前，河北、河东、陕西三路（沿边三路，在北宋常合称为"三路"）知州、知军兼路分钤辖或都监，"庆历二年五月，罢河北、河东、陕西三路知州、军兼路分钤辖、都监，其正任团练使以上只为本州总管，诸司使以上为本州钤辖，余管司本州驻泊兵马公事"。（《宋会要·职官》四八之一〇九）其后或以"武臣为路分钤辖"，或以"长吏（知州）并兼本路兵马钤辖"（同上书卷）。据载，元祐六年（1091），太原府路兵马钤辖由刺史訾虎专充（见《宋会要·职官》四八之一一一），这可能是特例，因刺史地位略低于团练使。通常路分钤辖当由正任团练使以上充任，如："元符三年三月十八日，诏……以潍州团练使、熙河兰会路都监兼本路钤辖王瞻为陇右都护、知湟州。"（同上书，四八之一一二）据上所引，季团练可能是真定府路兵马钤辖，因执行军事任务随种师中驻扎平定军，未能说捕风捉影。问题是，岳飞既为平定军驻屯禁军，为何由路分将官差遣？地方军与中央禁军是何关系？关于后一个问题，北宋哲宗朝也有人提过，说明至少在元符三年（1100）之前，尚未有定制。"元符三年五月七日，详定一司敕令所言：臣僚奏：路分兵官驻扎处，不系将禁军不因本司牒差，许与不许巡觑教阅及点检军中差遣？所有不系将禁军指挥小分，亦未审路分兵官合与不合管辖等事。检会枢密院札子节文：诸路分钤辖、都监，自置将后来所管职事、训练军马、系书衔位，皆未有定制，逐路事理不一。除三路、三广系边帅统属，旧成伦绪……并合依旧外……"（《宋会要·职官》四八之一一三）即是说，属于"三路"的河东路，路分兵官与驻屯禁军，统由边帅管辖。两者发生联系应是可能的。不过，岳飞究系归隶路分兵员还是驻屯不系将禁军，尚难定论。

〔释〕 效用士：不刺面、待遇高于正军的高级军士。《建炎以来朝野杂记》（以下简称《朝野杂记》）甲集卷一八《诸军效用》："效用者，诸军皆有之，不涅其面，廪赐厚于正军。……月给钱五千（贯），米斛有五斗，又先给例物三缣（细绢三匹）……上以其多费，欲勿招。张魏公为上言：'艰难之时，非优与请给，不可招募，与国初事体不同。汤进之乃请招七分军兵，三分效用。'上从之，自是招军皆以三七分为准。"

宣和七年（1125） 岳飞二十三岁

平定军屯驻禁军广锐军偏校。

岳飞在平定军屯驻禁军充当骑兵效用士，不久被提拔为偏校。

〔考异〕 根据《行实编年》记载，岳飞于宣和六年（1124）"投平定军，为效用士。稍擢为偏校"。后人写传产生了两种不同说法：一种认为岳飞于当年即被提拔为偏校；一种认为岳飞不可能在宣和六年冬入伍，当年就迅速被提拔为偏校，提出岳飞提拔宜系于宣和七年（1125）的主张。

《宋岳鄂王年谱》卷一："乙巳七年，王二十三岁。是年，王为平定军偏校。《行实编年》：投平定军，为效用士。稍擢为偏校。"

李汉魂《岳武穆年谱》上："宣和六年甲辰（1124），武穆二十二岁，从平定军为偏校。《行实编年》：'是岁投平定军为效用士，稍擢为偏校。'"

李安《岳飞史迹考·附录·年表》："宣和六年（1124），二十二岁。保韩琦家墅，赴平定军任偏校。"

按：通常"将校"与"兵级"划分二大类（见《宋史·兵志》八），诸如"官赐钱宴犒将校""诸军法，兵级年六十，将校年六十五……内有战功亦止半给。廪禄之制……诸军将校，自三十千至三百，凡二十三等……凡军士，边外率分口券，或折月粮，或从别给"等等，即是说，校官与士兵有别，当属下级军官。不过，"校官"系总名，其中差别颇大。《长编》卷五一五曾提及"本辖将校、节级"（元符二年九月乙巳），据王曾瑜分析，"是指禁兵原有指挥、都等编制的统兵官"（见《宋朝兵制初探》页109），此是地位较高的校官。亦有地位较低的"小校"，仅在"队长"之上。《玉海》卷一四五《景德崇政殿观神勇军习战》："景德二年七月戊午，上御崇政殿观神勇军习战……复简武艺超绝者，引强弓劲弩、斗槊砍刀、角力，策赐羊酒、缗钱，迁小校、队长者十有余人。"不论怎样，既是校官，至少已非军士（包括效用士），地位高于队长。而岳飞于宣和六年（1124）冬投平定军，先为效用士，据《行实编年》谓"稍擢为偏校"，显然，岳珂的用词比较含糊，并非确指是年擢偏校；"稍"，是渐渐（逐步）之意，而非破格提拔。若依此理解，岳飞升为偏校（相当于小校），须经过队长一阶，揆之以常例，岳飞在两三个月内即由效用士升为偏校，似乎不大可能。故尔将岳飞迁为偏校系于宣和七年（1125），似较符合《行实编年》的本意，亦合乎情理。

靖康元年（1126） 岳飞二十四岁

广锐军偏校、进义副尉。

河北兵马大元帅府前军下属承信郎、寄理保义郎、秉义郎（刘浩部下）。

这一年夏天六月，路兵马钤辖、团练使季某命岳飞率百余骑往庆阳、榆次执行"硬探"（武装侦察）任务。飞因功补进义副尉。不慎，一次夜间渡河丢失进义副尉告身。太原失陷、平定军失陷后，岳飞第二次离开军队回归故园——相州。冬天，枢密院官员、武翼大夫刘浩在相州招募勤王兵。岳飞第三次从军，投奔于刘浩部下。飞因招降吉倩成功，升为承信郎。但他提升为何种军职，史传失载。十二月一日，康王赵构受钦宗之命，在相州开设河北兵马大元帅府。刘浩为前军统制，岳飞成为前军所属。因战功，迁成忠郎，避曾祖父岳成之讳，寄理保义郎，后转秉义郎。

〔考异〕（一）邓广铭《岳飞传》认为自靖康元年（1126）闰十一月和十二月之间岳飞应募之日起，至靖康二年（1127）四月下旬随同大元帅府到达归德府止，"在这期间，岳飞没有任何事功表现"。理由是："赵构是在靖康元年（1126）腊月初一日正式成立大元帅府的，到腊月十四日，他便率领人马从相州向大名府进发。在这短短的十三天内，又是'招吉倩'，又是'往李固渡'去打击金军，又是大败敌军于滑州，从当时的交通条件来说，这是断断乎做不到的。至于说岳飞以所领部队隶留守宗泽，也是错误的。第一，当时宗泽并无留守名义。第二，赵构交与副元帅宗泽的军队，为首的只是刘浩等五人……"（页24）王曾瑜《岳飞新传》认为岳飞在第三次从军投奔刘浩、转归河北兵马大元帅府后，招吉倩、往李固渡、参与滑州之战，因功先后迁承信郎、秉义郎等等，是可信的。但他认为：在赵构开大元帅府之前，刘浩先已在相州城里招募义士，收编溃兵；岳飞也先于赵构来到相州之前，已应募在刘浩军中。

按：王曾瑜认为刘浩、岳飞先于赵构开大元帅府前已在相州，是可信的。《系年要录》卷一："（靖康元年）闰月（闰十一月）己酉，遣阁门祗候秦仔等八人，持亲笔蜡书，缒城诣相州，拜河北兵马大帅。十有二月壬戌朔，有兵万人，盖枢密院官刘浩即相州所募义士及信德府勤王兵。"当康王赵构于十二月一日开大元帅府时，刘浩所招募的勤王兵已成为大元帅府的主力。招募军队非五日、十日所能完成,这是不会有疑问的。事实上,赵构之从磁州到相州,即系刘浩带两千兵士护卫迎来。这意味着岳飞自投奔刘浩以后,建立战功的机会是很多的,似未能以"十三天"论之。邓广铭的怀疑,也有道理。岂能在短短"十三天内",既招抚吉倩,又往李固渡,再去滑州?这就关系到岳珂《行实编年》行文叙述的逻辑性问题。其实,侍御林之战与滑州之战,都是在往李固渡(在黄河南岸)侦察路上发生的遭遇战,只是岳珂渲染其事,在"往李固渡"的前提下,中间插入了"未几,以檄从刘浩解东京围,与虏相持于滑州南"云云,这就把去滑州与往李固渡给分割开来了,在时间上造成了混乱,使人难以置信。如果这样分析站得住的话,岳飞在"十三天内",实际上只执行了两项任务:其一,招抚吉倩,从"受命出,日薄暮,顿所部宿食。自领四骑径入贼营"看来,此事在一日之内即已奏功;其二,侍御林、滑州,都是处在由相州往李固渡去的路线上,岳飞是前去侦察敌情的,侍御林之战、滑州之战,都是速战速决的遭遇战,实在谈不上"相持"。依此而论,在"十三天内"干完这两件事,并非不可能。毛病出在岳珂将高宗与宗泽在大名府分道扬镳后的事,即刘浩随宗泽南下解救开封之围的事扣到岳飞执行侦察任务的头上,从而制造了一团迷雾。如果我们对照《行实编年》所载标题:

靖康元年 丙午岁 年二十四 榆次舰虏 干大元帅府 招吉倩 补承信郎 战侍御林 转寄理保义郎 战滑州河上 转秉义郎 隶宗泽

这脉络是清晰的,岳飞上述几件战功皆在高宗与宗泽在大名府分道扬镳前完成,侍御林、滑州河上之战原是前后相连的。至于邓先生所说其时宗泽尚无"留守"之名,而谓岳珂虚编故事,此说亦可商榷,因南宋史家或文人,对死者习用追称,如"拜帝为河北兵马大元帅"

之类，"帝"即属追称，其实，赵构拜大元帅时止为亲王。岳飞在大名府归隶副元帅宗泽一事，我们可以从岳飞隶前军统制刘浩，而刘浩隶副元帅宗泽这个意义上理解。

（二）康王赵构在相州开设的是天下兵马大元帅府，还是河北兵马大元帅府？

《行实编年》卷一："（靖康元年）冬，高宗皇帝以天下兵马大元帅开府河朔，至相州。"

《宋史·高宗纪》一："（靖康元年）闰月……钦宗遣阁门祗候秦仔持蜡诏至相，拜帝为河北兵马大元帅。"

《系年要录》卷一："（靖康元年）闰月己酉，遣阁门祗候秦仔等八人持亲笔蜡书，缒城诣相州、拜河北兵马大元帅。"

《续资治通鉴》卷九七："钦宗靖康元年闰月己酉，命康王赵构为河北兵马大元帅。"

按：以《系年要录》所载"拜河北兵马大元帅"为是。缘钦宗降诏于围城中，尚在帝位，"天下兵马"之类的军事头衔权柄似未可轻授于人。康王身处一隅，称"河北兵马大元帅"较为贴切。

（三）岳飞由承信郎改寄理保义郎，还是改保义郎？

《行实编年》卷一："靖康元年、丙午岁，年二十四。……招吉倩。补承信郎。战侍御林。转寄理保义郎。"

李汉魂《岳武穆年谱》页20："败金兵于侍御林，转成忠郎，改保义郎。"

李安《历任官职爵位与现代文武官制比较》："天下兵马大元帅府（大元帅为康王赵构即高宗）先锋、承信郎、保义郎……"

按：岳飞侍御林之战后，由承信郎转成忠郎，因避曾祖父岳成之讳，按故事许寄理易官,遂降一级寄理保义郎。显然"寄理"之名不可不系。

〔释〕 ①进义副尉：宋代未入品之小武官，月俸料钱一贯。政和改武选阶以后，不入品武阶分为六阶，自下而上次序为：下班祗应、守阙进义副尉、进义副尉、进武副尉、进义校尉、进武校尉。(见《宋大诏令集》卷一六三《改武选官名诏》)其中守阙进义副尉至进武副尉，旧制皆总名军大将，守阙进义副尉旧制称守阙军将，进义副尉旧制称军将，进武副尉旧制称大将。下班祗应旧制称殿侍。

②承信郎：政和二年（1112）武阶易以新名、政和六年（1116）增置武阶之后，宋代武阶共五十二阶（不包括未入品之六阶），而承信郎即为最低一阶（第五十二阶），从九品；旧制为三班借职，属小使臣，月俸料钱四贯，带职钱二贯。（参《宋史·职官志》九《武阶》）

③寄理保义郎：保义郎为武阶第五十阶，正九品；寄理保义郎实际地位应与第四十九阶成忠郎同，但由于避讳之故，暂时屈降，待下次迁官，仍自成忠郎阶算起。赵昇《朝野类要》卷三《寄理》："当转官而官序之名犯家讳者权止，且带'寄理'二字，他年并转。保义郎，旧制称右班殿直，属小使臣。"

④秉义郎：武阶官第四十六阶，从八品。旧制称西头供奉官，属小使臣，月俸料钱十贯，带职钱十二贯。

建炎元年（1127） 岳飞二十五岁

河北兵马大元帅府前军下属修武郎、武翼郎。

五月，因上书言事而罢官。

八月，为河北西路招抚司效用士、中军统领、借补修武郎、阁门宣赞舍人；后升中军统制、转借武经郎。

冬，归隶东京留守司，因违反军纪听候发落。

十二月，东京留守司踏白使、统领、统制官。

〔考异〕（一）靖康二年（1127）春，岳飞随刘浩、宗泽南下澶渊，向开封挺进，沿途战开德、曹州，因功转修武郎、武翼郎；或谓绝无此事，纯属岳珂虚构。

《行实编年》卷一："靖康二年（是年改元建炎），丁未岁，年二十五。战开德。转修武郎。战曹州。转武翼郎。"

邓广铭《岳飞传》页24："《行实编年》还说，在靖康二年（1127）正月，岳飞因在开德打败了金兵而转官为修武郎；二月，又因在曹州打败了金兵而转官为武翼郎。……这里所记岳飞在正、二月内所立战功，既不见于《宗忠简公遗事》，也不见于其他任何记载，乃是依照《遗事》所载宗泽率领所部与金军交战的时间地点而虚构出来的。岳飞在建炎元年（1127）六七月间受到张所的赏识之后，才得以'白身借补修武郎'，正说明他在此以前，决不曾因战功而得到过修武郎和武翼郎的军衔。"

按：由于秦桧、秦熺父子对有关岳飞史料的蓄意毁抹，又由于岳飞被诬以"谋反"罪名，致使士大夫唯恐连累，无人敢为岳飞立传、刻碑，因此有关岳飞早期从军活动的史事，留传稀少。故尔，邓广铭说："尽管岳珂做了这样一些搜辑工作，而且经过了五年之久，'而仅成一书'，但我们今天稍加检核，便可发现，在这部《行实编年》当中，所存在的有意无意造成的错误，实在是很多很多的。"（邓广铭《岳飞传》页441）在今天，的确难以一一辨明《行实编年》中哪句话、哪件事有据可依、有证可傍，确凿无误，反过来，亦不能断定岳珂所叙述的岳飞一生活动，哪段是虚构，哪句是捏造，而加以否定。因为虚构与捏造，作为史笔是不可原谅的。至于有失实、不当之处，这是难免的。对于一些有争议的问题，我们所能做的工作，只能是根据有关史料，加以分析和推论，断然否定与断然肯定，似乎都不太相宜。比如邓先生所提出的"在这期间，岳飞并没有任何事功表现，因而，他虽因'已先负敢死名'而被刘浩收编在大元帅的部队当中，然而他却不但不会为赵构所知悉，副元帅宗泽也应是无缘与之相识的"（邓广铭《岳飞传》页23），以此断定岳珂在《行实编年》中所谓"由是受知于大元帅"，属虚构之语了。可是，检阅宋孝宗淳熙四年（1177）太常寺所拟《忠愍谥议》，其中就有"盖尝迹公际遇之始，自我太上皇凤翔于河朔，公已先负敢死名，受知大元帅府，此殆天授也"（载《金佗续编》卷一四

《忠愍谥议》),即是说,先于宋宁宗嘉泰三年(1203)岳珂完成《鄂王行实编年》之前,岳飞"受知于大元帅府"一事,已被礼官采入谥议之中,岂能谓岳珂虚构?

此外,岳珂所叙岳飞在大元帅府期间的仕历,未可断定虚构的理由还在:①《行实编年》的编撰,严格地说,是岳霖、岳珂父子两人的合作。资料的搜集远远超过五年时间。岳珂对此曾有记述:"臣……自幼侍先臣霖膝下,闻有谈其事(指岳飞事)之一二者,辄强记本末,退而识之。故臣霖亦怜其有志,每为臣尽言,不厌谆复。在潭州时,今国子博士臣顾杞等尝为臣霖搜剔遗载,订考旧闻,茸为成书。会臣霖得疾,不克上。将死,执臣之手曰:'先公之忠未显,冤未白,事实之在人耳目者,日就湮没。幼罹大祸,漂泊缧囚。及仕,而考于闻见,访于遗卒,掇拾参合,必求其当。姑俟搜撼,而未及上。苟能卒父志,死可以瞑目矣!'臣亲承治命,号恸踊绝,自年十二三,甫终丧制,即理旧编。"(《金佗稡编》卷九)应该说,岳珂在为其祖父岳飞撰写传记之前,已有一定的资料基础,不但岳霖"订考旧闻""必求其当",态度是严肃的,岳珂之上访宰相家中所藏遗轶之文,下及野老所传、故吏所录,"博取而精核","因其已成,益其未备",接续岳霖的未竟事业,态度也是认真的。因此不能说成"到岳珂编写《行实编年》时,事则相隔百年,地则沦陷已久,既无野老故吏可供访问,也无任何文字记载可供查阅,即岳飞参军从戎初期的情况……岳珂却企图专凭其孝子慈孙的用心,专凭其想象能力,而把这一段空白填补起来,于是虚构了许多不甚符合情理的故事"(邓广铭《岳飞传》页441)。②根据岳飞智勇双全、御军有方的杰出军事指挥才能,他在战斗中崭露头角、为上司所赏识,也是十分自然的。且看绍兴三十二年(1162)七月十三日孝宗所降圣旨——"故岳飞起自行伍,不逾数年,位至将相"(《金佗续编》卷一三《追复指挥》),没有杰出的才能与突出战功,能够"不逾数年",自行伍擢升,"位至将相"吗?尽管《宗忠简公遗事》

中，未言及此段时间的岳飞战功，但是，我们看看《遗事》中所记的军事活动日记："（靖康）二年春正月，辛卯，公至开德府，时遣精锐与敌挑战，前后十三战，兵出辄捷。敌自是不犯开德。"（《宗忠简公集》卷七）这里不仅未提及地位很低的岳飞，统制官刘浩及其他人均不曾提及。谁能因此断然将岳飞排除在所遣"精锐"之外呢？谁又能下断语：岳飞在十三次战斗中毫无战功呢？如果有人觉得岳飞自秉义郎（从八品）迁至修武郎（正八品），由修武郎迁至武翼郎（从七品），升得快了一点，因而有些怀疑，那么，这里拈引同在宗泽部下的孔彦威（即孔彦舟）的升迁例子：他就是在跟随宗泽南下过程中，因战功自承信郎（第五十二阶）超级提拔至武翼大夫（第三十四阶，正七品），一下子跳越了十八级（见《遗事》）。与之相比，岳飞只是平调而已。然而，岳飞与孔彦威是参加过同一场战斗的："金人寇开德，与孔彦威、权邦彦共败之，转修武郎。"（见《宋岳鄂王年谱》卷一）总而言之，关于岳飞在大元帅府从军期间的履历，存疑可以，但轻易地归之于岳珂虚构，则似过之。

（二）岳飞所投张所主持的军事机构，是河北西路招抚司，还是河北招讨司？

《宋史·张所传》："后李纲入相，欲荐所经略两河……潜善许诺，乃借所直龙图阁，充河北招抚使。……所方招来豪杰，以王彦为都统制，岳飞为准备将。"

《三朝北盟会编》卷二〇七引《岳侯传》："靖康末，闻张所为河北招讨。"

《宋史·岳飞传》："诣河北招讨使张所，所待以国士，借补修武郎。"

《系年要录》卷六："建炎元年六月己未朔，新除尚书右仆射李纲至行在。甲子，纲言：'……宜于河北置招抚司，河东置经制司，择有才者为使。'丁亥，责授凤州团练副使张所借通直郎，直龙图阁、充河北西路招抚使。"

按：以河北西路招抚司为是。无名氏《岳侯传》与《宋史·岳飞传》谓"河北招讨司（使）"，误。

（三）关于岳飞投奔河北西路招抚司后的任职与官阶、阁职，有几种说法：①先为效用士，留在"帐前使唤"，后转至王彦部下充使臣，转前军准备将；②张所待以国士，借补修武郎、中军统领；③待以国士，借补修武郎、阁门祗候，差充中军统领；④自白身借补修武郎、阁门宣赞舍人，充中军统领，升统制。归纳起来，后三种说法相似；第一种自为一类，泛泛而言，未能点明具体官衔。

《三朝北盟会编》卷二○七引《岳侯传》："……靖康末，闻张所为河北招讨，侯遂投军，往三次，方得见张所。所观侯才武，特刺效用，令帐前使唤。至建炎初，王彦为张所前军统制，用侯为使臣。王彦行军往太行山，遇金贼接战，侯获胜，夺马数十匹，并擒拓跋耶乌，差侯充前军准备将。"

《宋史·张所传》："所方招来豪杰，以王彦为都统制，岳飞为准备将。"

《宋史·岳飞传》："诣河北招讨使张所，所待以国士，借补修武郎，充中军统领。"

《行实编年》卷一："秋八月，诣河北招抚使张所，所一见，待以国士，借补修武郎、阁门祗候，差充中军统领。"

岳飞《乞以明堂恩奏张所男宗本奏》："臣昨于建炎初，因上书论事，罪废……于是孤子一身，狼狈羁旅。因诣招抚使张所，所一见，与臣言两河、燕云利害，适偶契合。臣自白身借补修武郎、阁门宣赞舍人，充中军统领，寻又升统制。"

邓广铭《岳飞传》页27："张所在这次对话之后，就把岳飞安排在军营中作效用，继又用作统领，不久又升为统制，在都统制王彦的率领之下。"

王曾瑜《岳飞新传》页32、33："岳飞在八月间投奔张所的招抚司……张所命他暂充效用兵，留在'帐前使唤'。招抚司有一位幕僚名叫赵九龄，很快地就赏识了岳飞。认为他是'天下奇才'。张所初步了解岳飞的经历和志向后……认定岳飞是可贵的将才，予以破格提拔。岳飞从白身的效用借补修武郎，充任中军统领；很快又借补从七品的武经郎，升任统制，比他原来的阶官武翼郎还高两级。"

按：无名氏《岳侯传》记载中有明显错误，如将建炎元年（1127）八月说成是"靖康末"，将张所为河北西路招抚使说成是"河北招讨〔使〕"，将王彦为"都统制"说成是"前军统制"。以此而论，《岳侯传》中一些记载，似出于传闻异辞，故尔，它所记载的岳飞在往太行山后仅为"准备将"未足为信。事实上，据《系年要录》所载，九月二十一日，随王彦渡河的十一名将领中，就列有岳飞大名。至于初投招抚司为效用士、为使臣，这完全可能。待张所了解了岳飞的才能后，方由效用士破格提拔为借补修武郎、充中军统领并带阁门宣赞舍人。总之，仍当以岳飞绍兴七年（1137）的追述为准，《岳飞传》与《岳飞新传》的处理较为允妥，只是当补入阁门宣赞舍人一职。

〔释〕 ①踏白使：军职。武装侦察队长（此据王曾瑜说。见《岳飞新传》页43）。《资治通鉴》卷二六四胡三省注："凡军行前，军之前有踏白队，所以踏伏，候望敌之远近众寡。"邓广铭释为"突击队长"（见《岳飞传》页30）。

②中军统领、统制：军职，将佐官。宋一军常分为前军、右军、中军、左军、后军。每军自高而下，设统制军马（统制）、统领军马（统领）、正将、副将、准备将、部将、队将、队官等。五军之上设都统制官（参见《宋会要·食货》五六之七一）。其时，王彦被张所任命为都统制官，岳飞受王彦指挥。

③修武郎：武官阶，属第四十四阶，正八品，月俸料钱十七贯。

④武翼郎：武官阶，属第四十二阶，从七品，月俸料钱二十贯。

⑤借补修武郎：主帅便宜辟置僚属，未经朝廷审批者，谓"借补"。

但其品秩与真命官同，即与修武郎同。

⑥借补武经郎：非真命武阶官。武经郎属第四十阶，从七品，月俸料钱二十贯。

张所开河北招抚司，高宗赐内库钱一百万缗，给空名告（空白任命书）千余道，"将佐官属，许自辟置"。故张所擢迁岳飞于白身之中，属权限之内事。唯其如此，张所命官，只能谓"借"或"借补"。汪藻《浮溪集》卷一《行在越州条具时政》："有借补官资而请者，今时借补犹须申禀朝廷，谓之真命。今则一军之出，四方游手者，无不窜名于军中，既得主帅借补，便悉支行禄廪，与命官一同，无有限极。访闻岳飞军中，如此类者，几数百人。"

又，自修武郎至武经郎，均称"大使臣"。修武郎，旧制为内殿崇班。武翼郎，旧制为供备库副使。武经郎，旧制为西京左藏库副使。

⑦阁门宣赞舍人：阁门，属武官之清选，比文臣之馆职，许武官带出，称"阁职"。谢维新《古今合璧事类备要·后集》（以下简称《合璧后集》）卷五五《阁舍门》："国朝旧以阁门通事舍人（按：政和六年改为宣赞舍人）、阁门祗候二等，谓之阁职。盖武臣之清选也。"

建炎二年（1128） 岳飞二十六岁

东京留守司统制、武功郎。

七月十二日，东京留守宗泽卒，以资政殿大学士宇文虚中摄留守事。

七月二十二日，以杜充为东京留守，岳飞归隶杜充。

八月初三日，岳飞以汜水关、竹芦渡之捷，转武功郎。

〔考异〕（一）关于东京留守司换帅时间，即何时宗泽卒而杜充代之，记载有异同。岳珂在《宝真斋法书赞》中谓，泽卒于建炎二年（1128）七月初一；而在《行实编年》中，又将宗泽死挂在建炎元年（1127）内正文叙述之末尾，其文曰："先臣自知为意所疑，乃自为一军，归宗泽。泽命为留守司统制。未几，泽死，杜充代之。"李心传《系年要录》谓宗泽卒于建炎二年七月一日。而《宗忠简公集》即系于七月十二日。《宋岳鄂王年谱》从七月十二日之说；《续资治通鉴》、邓广铭《岳飞传》从七月一日说。

《宝真斋法书赞》卷二二《宗忠简留守司二札家书》："右建炎观文殿学士、东京留守宗忠简公泽（字汝霖）家书。……建炎二年，公自度无与成功，忧愤疽发背，七月癸未朔薨。"

《系年要录》卷一六："（建炎二月）秋七月癸未朔，资政殿学士、东京留守、开封尹宗泽薨。泽为黄潜善等所沮，忧愤成疾，疽作于背。……资政殿大学士、充大金祈请使宇文虚中至东京，而泽已病，虚中摄留守事。甲辰……杜充复枢密直学士、充开封尹、东京留守。"

《宗忠简公集》卷之七《遗事》："公薨，实（建炎二年）七月十二日也。是日，风雨晦冥，公临启手足，连呼过河者三，无一语及家事。"

《宋岳鄂王年谱》卷一："戊申建炎二年，王二十六岁。七月十二日甲午，东京留守宗泽卒。〔二〕十二日甲辰，诏以杜充代之，王隶充，居故职。"

邓广铭《岳飞传》页41："建炎二年七月初一日，宗泽终止了他的战斗的晚年。"

按：岳珂于《行实编年》中将宗泽之死系于建炎元年，其语气较泛，所谓"未几，泽死"，可能是约数，非确指卒于建炎元年也。而他在《宝真斋法书赞》中所叙宗泽之死时间为"七月癸未朔"系确指，当以此为准。至于七月一日和七月十二日之别，较难定论。或说《宗忠简公集》系家人、门生整理，应为可信，此亦言之成理。而《宋史》却异军突起，系于七月四日，"丙戌，宗泽薨"（《高宗纪》一），则不可能。

（二）李安独以岳飞在建炎二年（1128）由武功郎迁武经大夫、武略大夫借英州刺史、武德大夫、英州刺史，由三十五阶升至十九阶。其他史传多以建炎二年岳飞转武功郎。

《行实编年》卷一："建炎二年，戊申岁，年二十六。战氾水关。战竹芦渡。转武功郎。"

《经进鄂王传》之一："(建炎二年)八月三日，与金人大战汜水关。……竹芦渡……大破之。以奇功转武功郎。(建炎)三年正月，贼王善、曹成、张用、董彦政、孔彦舟率众五十万，薄南薰门外，鼓声震地。充谓飞曰：'京师存亡，在此举也。'飞兵才八百人……皆死战，自午及申，贼众大败。转武经大夫。杜叔五、孙海围东明县，飞战，擒之。转武略大夫，借英州刺史。二月，王善围陈州，纵兵出掠。充檄飞从都统制陈淬合击之。……二十一日，战于清河，大败之……转武德大夫，授真刺史。"

李安《岳武穆历任官职一览表》(根据岳珂撰《武穆行实编年》及《宋史·岳飞传》考订)："建炎二年(1128)，二十六岁。官名：武功郎、武经大夫、武略大夫、步德大夫。职称：东京留守司统制、英州刺史。"

按：此条"步德大夫"系"武德大夫"之书误。武功郎至武德大夫为武阶，未能称"官名"；东京留守司统制乃军职，或称职事官，但未能谓"职称"。"职"，在宋代官制中，系馆职、贴职、阁职之省称，或称"职名"；刺史系迁转之阶，武臣之显衔，然不列入武阶，又非正式职务，是宋代官制中的一个"畸形儿"(包括节度使、防御使、团练使)。

李安《岳飞生平任职官称与其身后之殊荣》(刊《宋史研究集》第十集)："廿六岁(建炎二年)，任东京留守司(东京留守初为宗泽，泽死杜充继任)统制，先后补武功郎、武经大夫、武略大夫借英州刺史、武德大夫英州刺史。"

李安《岳飞史迹考·年表》："建炎二年(1128)二十六岁，在巩县守护陵寝，战汜水关，战竹芦渡，转武功郎。……建炎三年(1129)二十七岁，大破叛将王善等于京师南薰门，转武经大夫。擒杜叔正、孙海，转武略大夫，借英州刺史。解陈州围，转武德大夫，授英州刺史。"

《宋史·高宗纪》二："(建炎三年春正月)乙未，杜充遣岳飞、桑仲讨其叛将张用于城南，其徒王善救之，官军败绩。庚子，张用、王善寇淮宁府。"

《系年要录》卷一九:"建炎三年春正月乙未,京城留守杜充袭其统制官张用于城南,不克。……又有别将岳飞、桑仲、李宝皆屯于城之西……"

邓广铭《岳飞传》页43:"建炎三年正月中旬的一天,杜充下决心……对张用的部队去进行袭击,要把它消灭掉。却不料张用事前听到了消息,已在那里摆好了阵势,进行抗拒。这时王善的部队也从城东赶来,与张用的部队联合作战,把城西的几支部队,除岳飞的那一支而外,都打得大败。……岳飞所率领的、开赴南薰门的士兵,共仅两千人,和他对阵的人数却有几万。……却还是立了一次奇功。这在岳飞本人,不论在当时的感觉或事后追忆的时候,都觉得像是得了神助一般。"(作者注明采自《三朝北盟会编》卷一二〇建炎三年正月十六日记事、《金佗续编》卷二七黄元振编写的《岳武穆遗事》)

按:无论是官史、私史,岳飞战张用、王善于开封南薰门,都系于建炎三年春正月。《行实编年》《宋史》不例外,唯独李安将此事系于建炎二年,然又注明采自《行实编年》《宋史》,真是莫名其妙。《年表》中,又将岳飞因战张用、王善之功转武经大夫等事划入建炎三年。如此草率,令人惊讶。

〔释〕 武功郎:武阶官,第三十五阶。政和改制前为皇城副使阶,属大使臣。月俸料钱二十贯。

建炎三年(1129) 岳飞二十七岁

东京留守司统制官。

正月,武阶自武功郎转武经大夫,由武经大夫转武略大夫,并授借英州刺史;二月,转武德大夫,授英州刺史。闰八月十五日,归隶江淮宣抚使司,仍任右军统制官。

〔考异〕 李安《年表》谓岳飞在建康失陷后充御营使司统制、都统制;《宋史·杜充传》谓岳飞充杜充部下之裨校;《系年要录》则载岳飞随杜充之易军职而为江淮宣抚司右军统制官,至十一月建康失陷、杜充投敌后，其系衔仍为宣抚司右军统制。

《岳飞史迹考·年表》："建炎三年（1129），二十七岁。……从杜充往建康……金人入建康，败金人于广德，俘其将王权，充御营使司统制，复溧阳县，充御使下都统制。"

《宋史·杜充传》："充亟命统制官陈淬尽领岳飞诸裨校合二万人邀击于马家渡。"

《系年要录》卷二七："（建炎三年闰八月）辛卯，命尚书右仆射杜充兼江淮宣抚使，领行营之众十余万守建康，留中书印付充。"

《系年要录》卷二九："（建炎三年十有一月）壬戌，金人自马家渡济江。……充急遣都统制陈淬督统制官岳飞、刘纲等十七人，将兵三万人与战。又命御前军前军统制王瓊以所部万三千人往援。……丙寅，是日，杜充闻军溃，欲乘舟出奔……时陈淬已战死，岳飞等皆引去。"

《系年要录》卷三〇："（建炎三年十有二月）初，杜充之众既溃，其统制官岳飞、刘经自芳山引众入广德军，后军扈成驻于金坛县。"

《系年要录》卷三一："（建炎四年春正月）丙辰，江淮宣抚司右军统制岳飞自广德军移屯宜兴县。"

《宋史·高宗纪》二："（建炎三年）十一月甲子，杜充遣都统制陈淬、岳飞等及金人战于马家渡。"《高宗纪》三："（建炎四年）五月壬子，金人焚建康府，执李梲、陈邦光而去；淮南宣抚司统制岳飞邀击于静安镇，败之。"

按：《宋史·杜充传》谓岳飞是统制官陈淬所管领的裨校，可以确定记载讹误，其时陈淬也不是统制官，而是都统制官。问题在于，岳飞当时究竟是江淮宣抚司的右军统制官还是御营使司统制官？据《系年要录》及《宋史·高宗纪》，岳飞直到建炎四年（1130）五月，仍系衔江淮宣抚司（《高宗纪》略写为淮南宣抚司）。然而，岳飞在建炎四年所上《广德捷奏》中，却署衔为"武德大夫、英州刺史、御营使司统制军马臣岳飞"（见《金佗稡编》卷一六《广德捷奏》）。这就是李安所制《年表》的依据。对岳飞《捷奏》似无可怀疑余地，但对他何以署"御营司"衔，却可探讨。因《广德捷奏》所涉及的非止建炎三年（1129）军事，还包括建炎四年三月（《行实编年》谓"四月"，误）常州之战。故而，岳飞所署衔，当以建炎四年三月以后为准。而据史载，江淮宣抚使杜充从建康渡江北遁后，名义上守卫真州，尚未正式投敌，宋廷对他还抱着一线希望。因此，直到建炎四年二月二十二日离开真州"遂降敌"（见《系年要录》卷三一）以前，宋廷一直给他保留着右相兼江淮宣抚使的职衔，未当叛臣处理。以此而论，江淮宣抚司的编制，在此以前并未撤消，是不会有疑问的。至少可以认为，岳飞在建炎三年闰八月十五日至建炎四年二月二十二日（乙未）这一期间，其军事职务应为江淮宣抚使司右军统制兵马。

〔释〕①江淮宣抚司右军统制兵马：军职。江淮宣抚司建于建炎三年（1129）闰八月十六日，杜充为宣抚使，领行营之众十余万兵马，守卫建康府；都统制官为陈淬，统制官有岳飞、刘纲、王进、王冠、王民、颜孝恭、孟涓、刘经、鲁珏等人。御前前军王燮为援军，受宣抚司节制。十一月二十二日，建康失守，宣抚司溃散。建炎四年二月二十二日，宣抚司撤消。

②武经大夫：武阶官，第三十二阶，正七品。旧称西京左藏库使，为正使，属大使臣。

③武略大夫：武阶官，第三十一阶，正七品。旧为内园使、洛苑使、如京使、崇仪使一阶。

④武德大夫：武阶官，第二十八阶，正七品。旧为宫苑使、左右骐骥使、内藏库使，为正使，属大使臣。

⑤借英州刺史：加衔，类似于借补官，非正式授命，但享有刺史待遇。刺史有遥郡与正任之分。因岳飞此时仍带武阶官武略大夫，未属正任刺史，仍属遥郡刺史，故借英州刺史，应视为借遥郡英州刺史。英州系挂名，实不赴英州。遥郡、正任刺史均无职掌。其待遇优厚，

月俸五十贯。

⑥英州刺史：加衔，岳飞以武德大夫授英州刺史，仍为遥郡刺史，月俸五十贯。或谓岳飞由借英州刺史迁英州刺史（真刺史），则是从遥郡刺史迁正任刺史，误。去掉"借"字，表明系朝廷正式除授。

建炎四年（1130） 岳飞二十八岁

武德大夫、英州刺史、江淮宣抚司右军统制军马。

二月二十二日后，武德大夫、英州刺史、御营使司统制兵马。

六月四日罢御营使司。七日，归隶浙西江东制置使司节制。七月十七日罢江东制置使司。

七月二十一日升为武功大夫、昌州防御使、通泰镇抚使兼知泰州。

〔考异〕 李安《岳武穆历任官职一览表》及《岳飞生平任官职称与其身后之殊荣》自创一说，谓岳飞建炎三年（1129）、四年（1130）任御营使司统制兵马、都统制。

《系年要录》卷三一："建炎四年二月乙未，尚书右仆射、同中书门下平章事兼江淮宣抚使杜充罢为观文殿大学士、提举江州太平观。"

岳飞《广德捷奏》："武德大夫、英州刺史、御营使司统制军马臣岳飞状奏：……金人回犯常州，分遣兵马等截邀击掩杀四次……"（按：常州之战在建炎四年三月）

《宋史·高宗纪》三："（建炎四年）六月甲戌，罢御营司。"

《系年要录》卷三四："建炎四年六月丁丑，是日，戚方犯湖州安吉县。统制官巨师古与战亡，其卒千余人。诏浙西江东制置使张俊往捕之，仍命统制官岳飞听俊节制。"

《系年要录》卷三五："建炎四年七月丁巳，诏浙西制置使韩世忠、浙西江东制置使张俊并罢。……庚申，武功大夫、昌州团练使岳飞为通泰镇抚使兼知泰州，用张俊荐也。"

《系年要录》卷三〇："建炎三年十有二月辛巳，金人陷广德军。……庚寅……扈从泛海者，宰执外……御营都统制辛企宗兄弟而已。"

李安《岳飞生平任官职称与其身后之殊荣》："廿七至廿八岁（建炎三年至建炎四年）：任御营使司（从此直隶于朝）统制军马、御使下都统制，补武功大夫，任昌州防御使、通泰镇抚使兼知泰州。"（《岳武穆历任官职一览表》同）

按：上文已曾述及，岳飞在建炎四年（1130）二月二十二日之前，从不曾隶属御营使司；二十二日之后，江淮宣抚使杜充罢职，江淮宣抚使不再改命，使司业已撤消，岳飞之归属，当以他自己在《广德捷奏》署衔"御营使司统制军马"为准。（《系年要录》仍系衔江淮宣抚司右军统制，不确。）至于谓广德之捷后，岳飞曾任御营使司都统制，更是乱语，其时御营使司都统制辛企宗正"扈从"高宗逃命海域，到浙江温州去了。又，李安说岳飞"任昌州防御使"，未妥。缘遥郡防御使为带衔，非实际职务，不能用"任"字。

〔释〕①武功大夫：武阶第二十七阶，正七品，武臣磨勘迁转至此阶为止。旧为皇城使，正使，属大使臣。月俸料钱二十五贯。

②昌州防御使：昌州系挂名州郡，岳飞因以武功大夫带衔昌州防御使，实为遥郡防御使，月俸一百五十贯。

③通泰镇抚使：扬州以东，通州、泰州地区最高军政长官。镇抚使始置于高宗建炎四年（1130）五月二十三日。朝廷为羁縻割据淮甸的众多散兵游寇，划区建镇，授以镇抚使之名，除茶盐之利归朝廷外，其余军、政概由镇抚使掌管，包括管内知州、知县、通判等官，也由镇抚使辟置，所谓"得专制于境中"，权力颇大。从已任命的诸镇抚使看，李成、孔彦舟等为土匪头目，翟兴、刘位等原为土豪，李彦先、郭仲威为溃将。正规军将领及文臣而除镇抚使者，唯陈规、解潜、岳飞、范之才。绍兴五年（1135），镇抚使罢而不复置。

④知泰州：即泰州知州，为泰州地方长官。全称为知泰州军州事，军谓军事，州谓民政，一州兵民之政通掌。泰州，治所为今江苏泰州市。

按：岳飞任通泰镇抚使，是他的仕途经历上一次重大提升，开始

⑤御营使司：始置于高宗建炎元年（1127）六月六日，原总理高宗行幸途中军事，后扩展为擅一国军权，侵夺枢密院之权，至建炎四年（1130）六月四日罢。御营司置使一二员，由宰相兼；副使一员，由执政官兼；设参赞军事（参议官）若干，以从官兼；提举一行事务，以大将兼。其余有：都统制一员，以下分五军，每军一万人，置统制官一员。如刘光世为御营使司左军统制、韩世忠为御营使司前军统制。每军统制官之下，又有统领、正将、副将、准备将等。孝宗隆兴间，曾复置御营使司，为时短暂。

绍兴元年（1131） 岳飞二十九岁

武功大夫、昌州防御使、通泰镇抚使兼知泰州。

七月六日，武功大夫、昌州防御使、充神武右副军统制。

十月，亲卫大夫、神武右副军统制、建州观察使。

十一月十四日，亲卫大夫、建州观察使、神武副军都统制。

〔考异〕 岳飞于绍兴元年（1131）自通泰镇抚使迁为神武右副军统制，而《行实编年》《宋史·岳飞传》作神武副军统制、神武右军副统制。

《行实编年》卷一："绍兴元年，辛亥岁，年二十九。充神武副军统制。转亲卫大夫、建州观察使。升神武副军都统制。"

《宋史·岳飞传》："江、淮平，俊奏飞功第一，加神武右军副统制，留洪州，弹压盗贼，授亲卫大夫、建州观察使。"

《系年要录》卷四六："绍兴元年秋七月庚子，诏通泰镇抚使岳飞一军权留洪州，弹压盗贼。以江淮招讨使张俊将班师也。遂以飞为神武右副军统制。"

《金佗续编》卷五《丝纶传信录》卷之四《除神武右副军统制省札》："枢密院奏：勘会神武右副军统制颜孝恭见管军马不多，兼已拨付吕颐浩军前使唤。右三省同奉圣旨：颜孝恭改差充江南东路安抚大使司统制军马，岳飞罢通泰州镇抚使，差充神武右副军统制。今札付神武右副军统制、武功大夫岳防御。准此。绍兴元年七月六日，押押押。"

《丝纶传信录》卷五《乞科拨钱粮照会从申省札》："武功大夫、昌州防御使、充神武右副军统制岳飞申：契勘飞于绍兴元年八月十三日……"

按：建炎四年（1130）六月八日，诏改御前五军为神武军，御营司五军改为神武副军。神武军与神武副军系两种军事编制，神武军仍分前、后、中、左、右五军，神武副军也分神武右副军、神武左副军等五军。稍不经意，神武右副军易混为神武军右军。《宋史·岳飞传》之误，则未辨神武军与神武副军番号之不同。《行实编年》之误，则在于把神武副军之总司与其属下之子司（左、右、中、前、后副军）相混。

《宋史·高宗纪》三："（建炎四年六月）戊寅，更御前五军为神武军，御营五军为神武副军。"

《系年要录》卷三四："（建炎四年六月）戊寅，诏御前五军改为神武军，御营五军改为神武副军，其将佐并属枢密院。"卷七七："（绍兴四年六月）戊戌，诏神武军、神武副军统制、统领官并隶枢密院。"卷三六："（建炎四年八月）丁丑，起复检校少保、武胜定国军节度使、神武左军都统制韩世忠迁检校少师，易镇武成、感德……神武右军都统制张俊为检校少保、宁武昭庆军节度使。"卷三九："（建炎四年十有一月）丙寅，诏神武前军统制王𤩰以本部万人，速往吕颐浩军策应。"卷四九："绍兴元年十有一月丁酉，神武中军统制辛永宗……"卷七三："绍兴四年二月丙午，诏张浚随行军马尽付神武中军统制杨沂中。"卷七五："绍兴四年四月戊子，神武左副军统制李横……"卷五〇："绍兴元年十有二月乙亥，淮康军承宣使、神武副军都统制、福建制置使辛企宗追三官。"

〔释〕①亲卫大夫：系政和六年（1116）增置之武阶，属第十一阶，从五品，月俸二十七贯。有"止法"，即非由磨勘依成资满任升迁，而按军功以特旨迁。

②神武右副军：建炎元年（1127）五月，以河北兵马大元帅府军改为御营司左、右、中、前、后五军；四年（1130）六月由御营司军改为神武副军，仍相应分神武前副军、后副军、中副军、左副军、右副军。

③建州观察使：为武臣加衔，宋制，"以阶官领刺史至承宣使为遥郡"（《玉海》卷一三九《隆兴复环卫》）。岳飞以亲卫大夫领建州观察使衔，此即为遥郡观察使，月俸二百贯。

④都统制：原为御营司将领官。建炎元年（1127）五月置御营使司，擢王渊为御营司都统制，都统制官名始于此。其在御营司五军中，则是居于五军统制官之上的将领官（御营使、副使、参赞军事、提举一行事务、都统制、五军统制、统领）。建炎四年（1130）六月罢御营司，易为神武副军后，仍置神武副军都统制，以辛企宗为之，岳飞则于绍兴元年（1131）十二月十四日代其任。神武军也设都统制官。至绍兴十一年（1141）解韩世忠、张俊、岳飞三宣抚使军职，擢拔三宣抚司偏裨（统制官）为驻扎某地御前诸军都统制。官卑者则称副都统制，迄南宋不废。（参《朝野杂记》甲集卷一一《诸军都统制》及《玉海》卷一三九《建炎御营五军》）

绍兴二年（1132） 岳飞三十岁

亲卫大夫、建州观察使、神武副军都统制。

正月二十九日，亲卫大夫、建州观察使、神武右副军都统制、权知潭州、权荆湖东路安抚使、马步军都总管。

六月十一日，中卫大夫、武安军承宣使、神武副军都统制（按：命虽下，然李纲至七月十二日尚未到达潭州置司，见《系年要录》卷五六，而岳飞仍以"权湖南帅"署衔，见岳飞绍兴二年七月初七日《永州祁阳县大营驿题记》）。

〔考异〕李安《岳武穆历任官职一览表》等文，视"权荆湖东路安抚都总管"为一官,而邓广铭、王曾瑜、龚延明三传作"安抚使"与"马步军都总管"二官。

李安《岳飞史迹考》页503《岳武穆历任职官一览表》:"绍兴元年至绍兴三年(1131—1133),二十九至三十一岁。官名:亲卫大夫、中卫大夫。职称:神武右副军统制、昌州防御使、建州观察使、神武副军都统制、权知潭州兼权荆湖东路安抚都总管、武安军承宣使、镇南军承宣使、江南西路沿江制置司。"

李汉魂《岳武穆年谱》页74:"绍兴二年壬子(1132),武穆三十岁。春正月……诏以本职权知潭州,兼权荆湖东路安抚都总管。"

《金佗续编》卷五《权知潭州并权荆湖东路安抚、都总管省札》:"绍兴二年正月二十九日,枢密院关奉圣旨:令岳飞除差出捉杀石陂群贼军兵三千人外,限指挥到日,下将带见统全军兵马,起发前去,权知潭州,并权荆湖东路安抚、都总管。候宣抚司到日,取朝廷指挥。"

邓广铭《岳飞传》页96:"直到绍兴二年的正月,南宋王朝在闻悉曹成已率游寇流窜到道、贺(今广西贺州市)两州境内时,赵构、秦桧、吕颐浩……才又委已经废弃在福州许久的李纲,去做荆湖、广南路宣抚使、兼知潭州,叫韩世忠拨部将任士安率三千人随同李纲经由汀州、道州去上任;另外又委派岳飞在李纲到任之前做代理湖南安抚使和潭州知州……"

王曾瑜《岳飞新传》页103:"绍兴二年(1132)正月末,枢密院下札通知岳飞,命他统率军马,前往潭州(治长沙、善化,今湖南长沙市),担任知州兼荆湖东路安抚使、都总管。"

龚延明《岳飞》页74:"绍兴二年(1132)正月……南宋政府决定征讨上述游寇,因为倚重于屡立战功的岳飞,任命他为权知潭州兼权荆湖东路安抚使,前往道州、贺州征讨。"

按:"安抚都总管"非一官,《省札》系用省称,其全称为"权荆湖东路安抚使、马步军都总管"。故"安抚"与"都总管"之间必须加一顿号隔开，不能连续。李安与李汉魂二年谱，均误读为一官，故未加标点，非是。证以实例。

《宋会要·职官》四一之九七《安抚使》："建炎元年六月二十八日宰臣李纲言：'沿河、沿淮、沿江诸路置帅府……要郡，为安抚使带马步军都总管……'"

《系年要录》卷五一："（绍兴二年二月）庚午，资政殿大学士、提举临安府洞霄宫李纲为观文殿学士、荆湖广南路宣抚使兼知潭州。……仍令福建等路宣抚副使韩世忠以所部统制官任士安一军三千人授纲，由汀、道州之任，又命权湖东安抚使岳飞率湖东副总管马友及诸将李宏、韩京、吴锡等攻击之。"

又：李安将岳飞官衔分解为"官名"与"职称"两类，将武阶、本官（军职）、加衔相混淆，未当。如将亲卫大夫、中卫大夫武阶划为"官名"（应为阶名）；而把神武右副军统制官、神武副军都统制、权知潭州、权荆湖东路安抚使、马步军都总管、江南西路沿江制置使划为"职称"（应为官称或军职），几与"职名"相混；更有甚者，不加区别地将遥郡防御使、承宣使等加衔也划为"职称"，失之更远。

〔释〕①中卫大夫：武阶第九级，从五品，旧制为引进使，正使，属横行官。月俸二十七贯。

②权荆湖东路安抚使：权，代理，非正官。安抚使号称帅臣，属职事官。始置于宋真宗咸平三年（1000），以翰林学士王钦若为西川安抚使。北宋间不常置。凡诸路置安抚使，则由知州等守臣兼，职掌总护路分诸将、统制军旅、察治奸宄，以安定一道，"兵、民之政统管"。安抚事毕则罢。至南宋初，采李纲之言，沿边诸要郡知州都带安抚使、马步军都总管。唯广东、广西二路仍为"经略安抚使"。称"安抚大使"者，为二品以上官任安抚使之谓。至孝宗朝以后，安抚使仅存虚名而已，兵事皆属都统制，民政皆属监司（转运使、提举常平、提点刑狱公事）。

荆湖东路，包括鄂州、岳州、潭州、衡州、永州、道州和桂阳军，为岳飞任权安抚使、马步军都总管管辖区。

③武安军承宣使：中唐以后，节度使往往自辟将吏，号为"留后"。宋初沿唐制，方镇有节度观察留后。宗室、国戚、内侍都知官可叙迁至留后或观察，但为遥郡。政和七年（1117）改节度观察留后为承宣使。承宣使而领他官者为遥郡，不带阶官（落阶官）即为正任承宣使。是年，岳飞以中卫大夫领承宣使，属遥郡，月俸二百贯。武安军非赴任之地，系挂名军额。

④都总管：马步军都总管之省称。北宋初为大帅之职。避英宗赵曙讳，改都部署为都总管。陕西、河北、河东三路安抚使均兼都总管，管路内军事，事权甚重。以武臣为副都总管，出征、打仗由副都总管挂帅。入南宋，江、浙、湖、广、荆湖、利路安抚使都带都总管名，仍以武臣为副都总管。而岳飞以武臣为安抚使带都总管，非属常例，故限以"权"字，非正官也。

绍兴三年（1133） 岳飞三十一岁

中卫大夫、武安军承宣使、神武副军都统制。

九月十五日，镇南军承宣使、神武副军都统制、充江南西路沿江制置使（按：落阶官）。

九月二十一日，镇南军承宣使、神武副军都统制、充江南西路制置使（按：落"沿江"两字）。

九月二十四日，镇南军承宣使、神武副军都统制、江南西路舒蕲州制置使（按：增制置舒州、蕲州）。

九月二十九日，镇南军承宣使、神武后军统制、江南西路舒蕲州制置使。

〔考异〕 李安《岳武穆历任官职一览表》等无江南西路制置使及江南西路舒蕲州制置使官衔。

而《宋岳鄂王年谱》九月二十一日改除之命，仍作"江南西路沿江制置使"；《宋史·岳飞传》谓岳飞于绍兴三年（1133）秋，已改神武后军都统制；绍兴三年九月十五日岳飞"落阶官"，而《岳武穆历任官职一览表》止谓"武职晋至第九阶"。

李安《岳武穆历任官职一览表》："绍兴元年至绍兴三年（1131—1133），二十九岁至三十一岁。官名：亲卫大夫、中卫大夫。职称：……武安军承宣使、镇南军承宣使、江南西路沿江制置使。附注：武职官晋至第九阶，置司九江。"

《宋史·岳飞传》："（绍兴）三年秋，入见，帝手书'精忠岳飞'字，制旗以赐之。授镇南军承宣使、江南西路沿江制置使，又改神武后军都统制，仍制置使。"

《系年要录》卷六八："绍兴三年九月丙寅，中卫大夫、武安军承宣使、神武副军都统制岳飞落阶官，为镇南军承宣使、江西沿江制置使，戍江州。"

《金佗续编》卷五《改充江南西路制置使省札》："三省、枢密院同奉圣旨：岳飞落'沿江'贰字，充江南西路制置使，江州驻扎。其沿江、兴国、南康军一带江面，仰多方措置、防托提备，及本路州军缓急，遇有贼马侵犯去处，亦仰随宜分拨军马前去应援，无致疏虞。余并依已降指挥。右札送神武副军都统制、充江南西路制置使岳承宣疾速施行。准此。"

《宋会要·职官》四〇之五："绍兴三年九月十五日……十八日，枢密院已降指挥……除岳飞江南西路沿江制置使。……二十一日，诏岳飞落'沿江'二字，充江南西路制置使，江州驻扎。"

《除江南西路舒蕲州制置使省札》："……右除别降敕命外，今札送神武副军都统制、新除江南西路舒蕲州制置使岳承宣照会。准此。绍兴三年九月二十四日，押押。"（见《金佗续编》卷五）

《改差充神武后军统制省札》："奉圣旨：岳飞特改差充神武后军统制，还阙，依前江南西路舒蕲州制置使，其见统官兵，并改拨充神武后军。右除别降告命外，今札送新差神武后军统制、江南西路舒蕲州制置使岳承宣疾速施行。准此。绍兴三年九月二十九日，押押。"

按：如上所引，岳飞于绍兴三年（1133）九月赴临安受高宗接见后，在十五日至二十九日近半个月时间内，官衔经历了四次变动，最重要的是九月十五日"落阶官"，即于中卫大夫阶（武阶第九阶）上落阶。从此，越过中亮大夫至通侍大夫七阶，而直升为正任承宣使，官品由从五品跃至正四品。李安的《一览表》不解此意。仍谓"武职晋至第九阶"，并不标明镇南承宣使系正任官，误甚。其余九月二十一日、二十四日、二十九日三次变动，《一览表》皆遗漏失载。由"沿江制置使"而落"沿江"二字意味着制置区域扩大、权任增重，未可忽视。由神武副军都统制改为神武后军统制，系部队番号变更，即由神武副军升为神武后军，不可不察。《宋史·岳飞传》谓"又改神武后军都统制"。"统制"与"都统制"级别不同，此"都"字不可随便增加。事实上，至绍兴五年，岳飞方由神武后军统制升为神武后军都统制。（见《系年要录》卷八五绍兴五年二月丙戌条）

〔释〕 ①落阶官：阶官，指武阶官。所谓落阶官，是与刺史、团练使、防御使、观察使、承宣使（旧为节度观察留后）而领武官阶（大夫之类）称遥郡相对的一种意义，则上述诸使或刺史衔一旦获旨"落阶官"（不必再带武阶），就等于由遥郡而直升为正任，且不论在何阶"落阶"，其后武阶从此不必经历。这是一种不易获得的升迁机会，可以说是武臣仕途上的一个"突破"。如岳飞在中卫大夫、武安军承宣使阶上"落阶官"，这就意味着他由遥郡承宣使升为正任承宣使。中卫大夫是第九阶，除最高一阶太尉之外，自第八阶（中亮大夫）至第二阶（通侍大夫）以后就不必经历了。升至正任承宣使，今后只需经节度使一阶，就可望登上武阶极品——太尉。

②镇南军承宣使：岳飞落阶官而为镇南军承宣使，即由遥郡承宣使升为正任承宣使。正任承宣使，正四品，月俸三百贯。镇南军非赴任处，系挂名军额。李安解释说："承宣使：密院承旨，是曰承宣。"（见《岳

飞史迹考》第十三章《历任官职爵位与冤殁时之俸额》页190）显然错误。

③江南西路沿江制置使：制置使之名始于唐宣宗大中五年（851）。宋不常置。熙宁后多以武臣任制置使，职掌经画边防军旅之事，许节制安抚使、监司等州郡长官。南渡军兴，诸州知州每每既带安抚使，又兼制置使，权任过重。建炎四年（1130）五月二十七日罢帅臣带制置使之名，但因军事需要临时仍差充人任职制置使，岳飞则属武臣差充制置使一例。值得注意的是，江南西路包括洪州、江州、虔州、吉州、抚州、筠州、兴国军、南安军，相当于今江西省西部。而"沿江制置使"，指岳飞非制置江南西路一路军事，只限于制置"沿江"州军——江州、兴国军、南安军（大抵相当于自今湖北省黄石市经江西九江市至今江西彭泽一带江面）。

④江南西路制置使：落"沿江"两字，制置江南西路一路军事。

⑤江南西路舒蕲州制置使：于制置江南西路之外，增加制置舒州、蕲州（皆属淮南西路）两州军事。

⑥神武后军统制：神武后军，为神武军之一军。神武后军统制，为神武后军最高军事长官。神武后军下设若干部（疑为前、后、中、左、右五部），部长官为统领，如牛皋曾任神武后军中部统领官。（见《宋史·牛皋传》）

绍兴四年（1134） 岳飞三十二岁

镇南军承宣使、神武后军统制、江南西路舒蕲州制置使。

三月十三日，镇南军承宣使、神武后军统制、江南西路舒蕲州兼荆南鄂岳州制置使。

五月一日，镇南军承宣使、神武后军统制、江南西路舒蕲州兼荆南鄂岳州制置使、兼黄复州汉阳军德安府制置使。

八月二十五日，清远军节度使、神武后军统制、湖北路荆襄潭州制置使、特封武昌县开国子、食邑五百户、食实封二百户。

〔考异〕 李安谓"官同前"，仍认为保持中卫大夫武官阶。是年岳飞已升为神武后军统制，鉴于岳飞特授清远军节度使，李安认为"此后逐年兼晋文职官阶"，视节度使为"文职官阶"。

《清远军节度使、湖北路荆襄潭州制置使、特封武昌县开国子、食邑五百户、食实封贰佰户制（八月二十五日）》："门下：……镇南军承宣使、神武后军统制、充江南西路舒蕲州兼荆南鄂岳黄复州汉阳军德安府制置使岳飞精忠许国，沈毅冠军……可特授清远军节度使、湖北路荆襄潭州制置使，依前神武后军统制，特封武昌县开国子，食邑五百户、食实封贰佰户。主者施行。"（见《金佗续编》卷二）

《系年要录》卷八五："（绍兴五年二月）丙戌，神武后军统制、湖北路荆襄潭州制置使岳飞为荆湖南北襄阳府路制置使、充神武后军都统制，将所部平湖贼杨幺。"

徐度《却扫编》卷上："本朝既削方镇之权，节度使不必赴镇，但为武官之秩，间以宠文臣之勋旧。"卷下："国朝既以节度使为武官之秩，然文臣前二府之久次者，间亦得之，盖优礼也。其不历二府而为节度使者，自国初至今凡六人，然皆有由：……建炎初，杜仆射充自端明殿学士、东京留守拜宣武军节度使……以居守，欲重其任也。"

《系年要录》卷七九："绍兴四年八月壬寅，镇南军承宣使、神武后军统制、充江南西路舒蕲州兼荆南鄂岳黄复州汉阳军德安府制置使岳飞为清远军节度使、湖北路荆襄潭州制置使……飞时年三十二，自中兴后诸将建节，未有如飞之年少者。"

李安《岳武穆历任官职一览表》："绍兴四年（1134），三十二岁。官名：官同前（按：指同绍兴三年中卫大夫），加封武昌县开国子。职称：神武后军统制、兼荆南鄂岳黄复州汉阳军德安府制置使、清远军节度使、神武后军都统制、湖北路荆襄潭州制置使。附注：此后逐年兼晋文职官阶。"

按：据上所引，李安所编的绍兴四年（1134）岳飞官职颇为混乱。①漏落江南西路舒蕲州制置使衔；②误认仍带"中卫大夫"武阶，系未喻"落阶官"之义,即不再带"大夫"之类武阶所致;③将绍兴五年(1135)升为神武后军都统制一事,系入本年;④节度使系武官秩,授文臣只作优礼待之,岳飞为武臣,岂能称岳飞建节是"兼晋文职官阶"? 误。

〔释〕①兼荆南鄂岳州制置使:荆南为荆湖南路之省称,先属荆湖路,咸平二年(999)分为荆湖南路、荆湖北路。荆南路领潭州、衡州、道州、永州、郴州、邵州、全州、桂阳监,相当于今湖南省大部。鄂州、岳州属荆湖北路(在今湖南省岳阳至湖北省武汉一带长江流域)。此为岳飞于绍兴四年(1134)三月十三日,在制置江南西路舒蕲州范围之外,所增加的制置军事区域。

②兼黄复州汉阳军德安府制置使:复,复州,属荆湖北路,治所在今湖北省天门。黄,黄州,属淮南西路,治所在今湖北省黄冈。汉阳军,属荆湖北路,与鄂州隔长江相对,治所在今武汉市区。德安府,属京西南路,治所在今湖北省安陆。此系岳飞于绍兴四年(1134)五月一日所增加的军事辖区。岳飞至此担任制置使所辖军事范围,总计包括今江西、湖南、湖北三省大部或小部。制置使为军事职务。

③清远军节度使:节度使,武臣加衔,也可称加秩(因包括增加相应俸禄),系武臣加衔系列(自刺史而上)之最高一阶,殊不易得。节度使之名始于唐代,唐代节度使专制一方,掌有兵、民、刑之政,操生杀予夺之实权。入宋,赵匡胤大削藩镇之权,剥夺了节度使统治一方之大权,虽存其名,实不赴镇任职,仅作为武官的一种显宦。因待遇极高,月俸料钱一项就达四百贯,比宰相所得料钱还高(宰相止三百贯)。其余恩数视执政官,故不轻授,文臣中曾任宰执的元勋重臣,或授以节度使,作为优礼。一般只授予皇帝近属及有大功之武臣。节度使为从二品官。

又,清远军为节度使之军额,节度使不能带州、府名,须以某军称之,即所谓"军额"之意。如南宋临安府,其军名为宁海,若以临安地望为节度使建镇之处，只称宁海军节度使，而不能称临安府节度使。又如扬州，军名淮南，领扬州地望之节度使，只能称淮南军节度使；再如江宁府，军额为建康，其节度使称建康军节度使，而不能称江宁府节度使。岳飞为清远军节度使，"清远"为军额，其地望在广南西路融州（相当于今广西融水苗族自治州），并不赴融州建镇。

④湖北路荆襄潭州制置使：此仍为所兼军职。湖北路为荆湖北路之省称，领府二：江陵、德安；州十：鄂、复、鼎、澧、峡、岳、归、辰、沅、靖；军二：荆门、汉阳。至南宋，升鼎州为常德府。湖北路包括今湖北省大部、湖南省之一部。荆襄，即襄阳府，领六县，属京西南路。襄阳为魏晋荆州，故有荆襄之称。潭州，属荆湖南路，故独立标出，其治所在今湖南省长沙市。

⑤特封武昌县开国子、食邑五百户、食实封二百户：开国子属爵级。宋爵级因时不同，孙逢吉《职官分纪》所载北宋《元祐官品令》，分爵级为十：王，正一品；嗣王、郡王、国公、〔郡〕公，从一品；开国县公，从二品；开国侯，正三品；开国伯，正四品；开国子，正五品；开国男，从五品。而南宋《庆元条法事类》所载《官品令》之十级爵名，却有不同处：王为正一品，嗣王、郡王、国公为从一品，开国郡公为正二品，开国县公为从二品，开国侯为从三品，开国伯为正四品，开国子为正五品，开国男为从五品。《宋史·职官志》所列爵级为十二：王、嗣王、郡王、国公、郡公、开国公、开国郡公、开国县公、开国侯、开国伯、开国子、开国男。但注明：嗣王、开国郡公、开国县公后不封，实际上为九级。

按宋代爵制，开国公、侯、伯、子、男五等，都随封食邑：三百户以上食邑封开国男，五百户以上封开国子，七百户以上封开国伯，一千户以上封侯，二千户以上封公。并规定：开国伯、子、男三等都带某县之名，开国侯以上方带郡名。所以岳飞获赐爵级"开国子"，其前带一"武昌县"名。这武昌县不是岳飞封土，挂虚名而已。其领食邑则为五百户，与爵制相符合。但按故事，食邑须至一千五百户以上方加食实封，而岳飞不但越过开国男之爵级，且于食邑五百户这一档上就加食实封二百户，所以称为"特封"，由此亦可见岳飞军功之大，使皇帝刮目相待。又，食邑为虚授，标志等差而已。食实封随月给俸给钱，一户折钱二十五文，岳飞食实封二百户，计增月俸钱五十千。

绍兴五年（1135） 岳飞三十三岁

清远军节度使、神武后军统制、湖北路荆襄潭州制置使、特封武昌县开国子、食邑五百户、食实封二百户。

二月一日，镇宁崇信军节度使、神武后军统制、荆湖南北襄阳府路制置使、武昌郡开国侯、食邑一千户、食实封四百户。

二月十二日，镇宁崇信军节度使、神武后军都统制、荆湖南北襄阳府路制置使、武昌郡开国侯、食邑一千户、食实封四百户。

七月二十三日，镇宁崇信军节度使、神武后军都统制、荆湖南北襄阳府路制置使、武昌郡开国侯、食邑一千五百户、食实封六百户。

八月三日，镇宁崇信军节度使、神武后军都统制、荆湖南北襄阳府路蕲黄州制置使、武昌郡开国侯、食邑一千五百户、食实封六百户（按：何月日命岳飞兼蕲黄州制置使，失检，权依绍兴五年八月三日《照会添置将分省札》，载《金佗续编》卷六）。

九月十一日，检校少保、镇宁崇信军节度使、神武后军都统制、荆湖南北襄阳府路蕲黄州制置使、武昌郡开国公、食邑二千户、食实封八百户。

十二月一日，检校少保、镇宁崇信军节度使、神武后军都统制、湖北襄阳府路招讨使、武昌郡开国公、食邑二千户、食实封八百户。

十二月二日，检校少保、镇宁崇信军节度使、行营后护军都统制、湖北襄阳府路招讨使、武昌郡开国公、食邑二千户、食实封八百户（按：岳飞所统神武后军于是日改为行营后护军之后，在岳飞奏札中，却未签署行营后护军都统制军衔，三省所下省札也不书此衔）。

〔考异〕（一）李安将加检校少保视为加爵："绍兴五年（1135），三十三岁。官名：官同前，加爵授检校少保，封武昌郡开国侯，又晋封武昌郡开国公。职称：……荆湖南北襄阳府路招讨使、兼营田使。"（《岳武穆历任官职一览表》）

按：检校官系加官，非爵名，李安将检校官列入"爵"名，非是。赵彦卫《云麓漫钞》卷一〇："中兴用武……置三公、三少检校官，即检点之义，未与正官，且令检点其事。"

（二）岳珂《行实编年》未系"蕲黄州制置使"衔："绍兴五年，乙卯岁，年三十三。除镇宁崇信军节度使，充湖北荆襄潭州制置使。除荆湖南北襄阳府路制置使，升都统制。加检校少保。除湖南北襄阳府路招讨使。"（《金佗稡编》卷六）

按：岳飞授兼蕲黄州制置使之诏，虽未检获，但据七月二十三日《明堂加食邑五百户、食实封二百户制》未见兼蕲黄州制置使制书，而《照会添置将分省札》（八月二日）已见带有此衔分析，降诏时间应在七月二十三日至八月三日之间。《金佗续编》卷二《明堂加食邑五百户、食实封二百户制（七月二十三日）》："……可特授依前镇宁崇信节度使、神武后军都统制、充荆湖南北襄阳府路制置使、加食邑五百户、食实封二百户，封如故。主者施行。"《金佗续编》卷六《照会添置将分省札》："右奉圣旨：依已行事理，今札送荆湖南北襄阳府路蕲黄州制置使岳节使照会施行。准此。绍兴五年八月三日，押押。"

（三）十二月一日，岳飞迁湖北襄阳府路招讨使，而《宋史·高宗纪》五称"以岳飞为荆湖南路襄阳府路蕲黄州招讨使"，《行实编年》（卷之三）则谓"进荆湖南北路、襄阳府路招讨使"。

按：岳飞从六月十八日起，三次上奏乞解制置使军职，原因是每入夏天"两目赤昏、饮食不进"，害眼疾。但均未获准。十二月一日，由制置使进湖北路襄阳府路招讨使，既不带"湖南路"，又不包括蕲黄地区。《宋史·高宗纪》与《行实编年》记载皆有出入。《除湖北襄阳招讨使省札》："右三省、枢密院同奉圣旨：岳飞除湖北襄阳府路招讨使，除别降付身外，今札送新除湖北襄阳府路招讨使、检校岳少保照会。绍兴五年十二月一日，押押押。"（见《金佗续编》卷六）

《兼营田使省札》："三省同奉圣旨：荆湖北路襄阳府路招讨使岳飞……"（见《金佗续编》卷六）

《系年要录》卷九八："绍兴六年二月庚子，湖北襄阳府路招讨使岳飞……"

（四）李安《官职一览表》有"兼营田使"之衔。

按：岳飞兼营田使事在绍兴六年（1136）二月四日，《一览表》将此事系于绍兴五年（1135），误。

《金佗续编》卷六《兼营田使省札》："三省同奉圣旨：荆湖北路襄阳府路招讨使岳飞，川陕宣抚副使吴玠并兼营田使。右札送湖北襄阳府路招讨使、检校岳少保。绍兴六年二月四日，押押。"

（五）岳珂《行实编年》与《宋史·岳飞传》谓岳飞已于绍兴五年（1135）被授予国公封爵。

《宋史·岳飞传》："绍兴五年……诏兼蕲黄州制置使，飞以目疾乞辞军事。不许。加检校少保，进封公。"

《行实编年》卷六："绍兴五年，乙卯岁，年三十三。除镇宁崇信军节度使，充湖北荆襄潭州制置使。除荆湖南北襄阳府路制置使，升都统制。加检校少保。除湖南北襄阳府路招讨使。九月，进封鄂国公。"

按：岳飞于绍兴五年（1135）九月十一日加检校少保，并进爵位，由武昌郡开国侯进封武昌郡开国公，在十二等爵中，属第六级；而《行实编年》所谓封"鄂国公"，"国公"属第四爵级，与"武昌郡开国公"显非同一回事。《行实编年》与《宋史·岳飞传》失误甚明。

《检校少保加食邑制（九月十一日）》："镇宁崇信军节度使、神武后军都统制、充荆湖南北襄阳府路蕲黄州制置使、武昌郡开国侯、食邑一千五百户、食实封六百户岳飞……可特授检校少保，依前镇宁崇信军节度使、神武后军都统制、充荆湖南北襄阳府路蕲黄州制置使，加食邑五百户，食实封二百户、进封开国公，封如故。主者施行。"(《金佗续编》卷二)

〔释〕①镇宁崇信军节度使：岳飞由清远军节度使升为镇宁崇信军节度使，即由一镇之节度使升为镇宁军、崇信军两镇节度使，这是增宠加秩的优礼。南宋武臣领两镇节度者，为数甚少，自建炎三年(1129)起，韩世忠始领武胜、昭庆两镇节度使，继有张俊、岳飞、刘光世、杨存中、吴璘、吕文德，共七人。镇宁军、崇信军均为军额，前者地望开德府(北宋时，属河北东路；南宋时为金大名府路开州，相当于今河南省濮阳县)；崇信军，地望为随州(南宋属京西东路，治所在今湖北随县)。

②荆湖南北襄阳府路制置使：荆湖南路、荆湖北路制置使兼京西南路襄阳府、随州、郢州、唐州、邓州、信阳军制置使。襄阳府路非行政区划，系应军事需要而设的军管区。仍隶京西南路。襄阳府路始置于绍兴四年(1134)八月二十六日，置帅府，措置襄阳府、随州、郢州、邓州、唐州、信阳军诸军事。(见《系年要录》卷七九)

③武昌郡开国侯：开国侯，属第九等爵级，凡开国侯以上都带郡名，故改武昌县(开国子)为武昌郡。周必大《玉堂杂记》卷中："盖五等伯、子、男用县名，至侯则升郡。……如原系吴兴县开国伯，则合云进封吴兴郡开国侯。"宋代军额、郡名均有定制，如越州(绍兴府)节度军额为镇东军，郡名会稽；潭州军额为武安军，郡名长沙；临安府(杭州)军额为宁海军，郡名余杭；建康府军额为建康军，郡名为江宁；沙州军额为归义，郡名焞(敦)煌……进爵封郡、国，都有规范，未能随意为之。此"武昌郡"属书误。"武昌"非郡名，系军额，郡名为江夏。南宋知制诰者，间有混淆军、郡、县名者，此误未足为怪。

④神武后军都统制：都统制为神武后军最高军事长官，下辖神武后军左、右、前、后、中五军统制。

⑤检校少保：属检校官，是加官的一种，非正官。不带"检校"两字之少保为正官。北宋检校官自检校太师至水部员外郎共十九阶。元丰新制，除保留三公、三师带检校官外，一律罢去，则只保留六阶。南宋设检校官意义在于：授予久领节度使的武臣、文官，作为一个升迁台阶，如武臣节度使自检校少保累加至检校少师，则拜太尉；文臣累加至检校少师则拜开府仪同三司。"中兴用武，节度一转即入开府仪同三司，再转为少保，以太速故，又取未改官制检校官，置三公、三少检校官，即检点之义，未与正官，且令检点其事。"（《云麓漫钞》卷一〇）

⑥武昌郡开国公：开国公属第六等爵级。故事，开国公带郡名。武昌系军额，其郡望在鄂州，郡名应为江夏。按制，应书"江夏郡开国公"，称"武昌郡开国公"未确，属当制者之误。

⑦湖北襄阳府路招讨使：即荆湖北路、襄阳府路（属京西南路）招讨使。招讨使，古官，宋朝熙宁间始置，职掌辖区内军事、讨平群盗，军情紧急，许不经上奏自行处置，即有"便宜"之特权。其地位在制置使之上，宣抚使之下。至南宋孝宗时，招讨使"盖遥领其地，非张（俊）、岳（飞）之比也"（参李心传《朝野杂记》甲集卷一一《招讨使》）。

⑧行营后护军都统制：绍兴五年（1135）十二月二日，南宋政府考虑到"神武系北齐军号"，有重名之嫌，于是降诏易以"行营护军"之名，神武前军改称行营中护军，左军改称前护军，后军称后护军，刘光世所部御前巡卫军改称左护军，吴玠所部人马称右护军。经过此番更动，岳飞军番号即为"行营后护军"，岳飞都统制军职不变。

诏书规定"（行营护军各军）并听本路宣抚、招讨司节制"（见《系年要录》卷九六）。这就是说，行营护军受宣抚使、招讨使管辖，行营护军长官地位低于宣抚使、招讨使；又，其时湖北路未置宣抚司，荆湖北路招讨使就成了该地区最高军事长官，后护军都统制之职权被招讨使所覆盖，这也许是岳飞给三省的公文中署衔均不带"行营后护军都统制"头衔的原因。如岳飞《梁兴夺河申省状》："检校少保、镇宁崇信军节度使、荆湖南（按：'南'字疑衍）北襄阳府路招讨使岳飞状申……"（《金佗稡编》卷一八）

绍兴六年（1136） 岳飞三十四岁

检校少保、镇宁崇信军节度使、行营后护军都统制、荆湖北路襄阳府路招讨使、武昌郡开国公、食邑二千户、食实封八百户。

二月四日，检校少保、镇宁崇信军节度使、行营后护军都统制、充湖北路襄阳府路招讨使、兼本路营田使、武昌郡开国公、食邑二千户、食实封八百户。

二月十日，检校少保、镇宁崇信军节度使、行营后护军都统制、充湖北京西南路招讨使、兼本路营田使、武昌郡开国公、食邑二千户、食实封八百户。

二月三十日，特许岳飞北伐伪齐境内时，于衔内带上河东宣抚副使及节制河北路之名，即署衔：检校少保、武胜定国军节度使、湖北京西河东路宣抚副使及节制河北路、兼本路营田使、武昌郡开国公、食邑二千五百户、食实封一千户。

三月二日，检校少保、武胜定国军节度使、湖北京西路宣抚副使、兼营田使、武昌郡开国公、食邑二千五百户、食实封一千户（按：行营后护军都统制似已无实际意义，宣抚司副使为"大帅"之称，故史籍不复将行营后护军都统制列入衔中，本文姑从之）。

四月八日，起复检校少保、武胜定国节度使、湖北京西路宣抚副使、武昌郡开国公、食邑二千五百户、食实封一千户。

〔考异〕三月二日，岳飞迁湖北京西路宣抚副使，检校少保如故，此记载见于《系年要录》《宋史·高宗纪》《武胜定国军节度使、充湖北京西路宣抚副使制》；唯独《岳侯传》谓岳飞于绍兴六年（1136）"加少师、武胜定国军节度使、湖北京西路宣抚使，江夏驻扎"。岳珂《行实编年》谓"三月，易武胜定国两镇之节，除宣抚副使，置司襄阳"；

但在《家集》卷五《辞宣抚副使札子》中，却出现"五月十八日"收到金字牌递到枢密院札子，通知岳飞已迁为湖北京西南路宣抚副使的记载。是"五月十八日"还是"三月十八日"？

《三朝北盟会编》卷二〇七：《岳侯传》曰：绍兴六年，加侯为少师、武胜定国军节度使、湖北京西路宣抚使，江夏驻扎。"

《金佗续编》卷二《武胜定国军节度使充湖北京西路宣抚副使置司襄阳加食邑制（三月二日）》："……（岳飞）可特授武胜定国军节度使，依前检校少保、充湖北京西路宣抚副使、兼营田使，襄阳府置司，加食邑五百户、食实封二百户，封如故。主者施行。"

《系年要录》卷九九："（绍兴六年三月）己巳，少保、武成感德军节度使、淮南东路兼镇江府宣抚使韩世忠为京东淮东宣抚处置使兼节制镇江府，徙镇武宁、安化，楚州置司。检校少保、镇宁崇信军节度使、湖北京西南路招讨使岳飞为湖北京西宣抚副使，徙镇武胜、定国，襄阳府置司。时朝廷锐意大举，都督张浚于诸将中每称世忠之忠勇、飞之沈鸷，可以倚办大事，故并用之。"

《宋史·高宗纪》五："（绍兴六年三月）己巳，以韩世忠为京东淮东路宣抚处置使，岳飞为京西湖北路宣抚副使。"

《金佗稡编》卷七《行实编年》卷之四："绍兴六年，丙辰岁，年三十四。三月，易武胜、定国两镇之节，除宣抚副使，置司襄阳，加食邑五百户、食实封二百户。"

《金佗稡编》卷一四《家集》卷之五《辞宣抚副使札子》："检校少保、镇宁崇信军节度使、湖北襄阳府路招讨使、兼本路营田使臣岳飞札子奏：臣五月十八日准御前金字牌递到枢密院札子，枢密院奏：勘会岳飞已降指挥，除湖北京西南路宣抚副使。奉圣旨，疾速兼程前去鄂州，措置军事者。臣闻命震惊……"

按：据《制辞》《系年要录》等所载，岳飞于绍兴六年（1136）三月二日为湖北京西南路（简称京西路）宣抚副使，已属无疑，此为高宗赞同抗战派将领韩、岳北伐主张所采取的一项部署，故岳飞与韩世忠同日改命。然未见岳飞加"少师"之事，终岳飞一生，止得"少保"，何来绍兴六年曾加"少师"之官？《岳侯传》误笔，明矣。有关岳飞官职的类似紊乱记载，《岳侯传》不止一处，如"加侯检校少保行营都总管、右护圣将军"之类，纯系传闻失据之词，因其讹伪甚明，本文不一一拈引辨析。兹择其"加少师"一例，以知其余而已。

至于《家集》所载《辞宣抚副使札子》中出现"五月十八日"收到御前金字牌传递除岳飞湖北京西南路宣抚副使指挥，可以断定"五月"系"三月"之误。五月十八日离三月二日已有两个半月之久，金字牌日行四五百里，岂能拖至两个半月才送达岳飞手中？此其一。岳飞所上《辞宣抚副使札子》署衔为检校少保等等，并无"草土臣"或"起复检校少保"等字样。可证该《札子》当呈上于三月二十六日岳飞母姚氏卒之前，内中"五月十八日"为"三月十八日"之误，已属无疑，此其二。《赵忠简公鼎奏札·乞起复》："臣等契勘，今日据参谋官李若虚申，岳飞于三月二十六日丁母忧。"《乞终制第三札子》："合草土臣岳飞札子奏：近于四月十二日具奏辞免起复检校少保、武胜定国军节度使、湖北京西路宣抚副使。"（载《金佗稡编》卷一四）

又，李安《岳武穆历任官职一览表》漏载临时特许系衔，即于"湖北京西路宣抚副使"中增"河东"两字，又于其后增"节制河北路"五字。《进发至京西路添入河东及节制河北路字札》："契勘岳少保已除湖北京西路宣抚副使，所有将来进发至京西路分行下伪界文字，合添入'河东'二字，以湖北、京西、河东宣抚〔副〕使系阶，其行移湖北以里州军及申奏朝廷、并行府等文字，自合依旧，已于二月三十日札下岳少保照会施行去讫，须议指挥。……绍兴六年七月二日押。"（载《金佗续编》卷七）

〔释〕①湖北路襄阳府路（后改京西南路）营田使：募民耕荒田、官田谓营田，部兵开垦荒田、官田为屯田。南宋因对金战争，开支浩瀚，措置屯田、营田以助军饷。可是由于战乱,河南残破,百姓逃离,所创营田,全赖军兵。绍兴五年(1135),令都督诸路军事张浚往江淮经画屯田事,遂改屯田为营田。凡官田、荒田,召客承租。每五顷为一庄,客户五家相担保,以一人为佃头。每庄客给牛五头,并给农具、种子。每家另给菜田十亩,又借贷本钱七十贯,二年内无息偿还。绍兴六年(1136)二月二日,遂命李纲、吕颐浩二制置大使兼本路营田大使,刘光世、韩世忠、张浚三宣抚使兼本路营田大使,招讨使岳飞、宣抚副使吴玠兼本路营田使。因岳飞、吴玠位稍卑,不带"大"字。由帅臣兼领营田,旨在加重其事、督促有力。岳飞升宣抚使后,则带"营田大使"衔。

②武胜定国军节度使:节镇有大、小之分,以示等级高下之别。据《大观格》:"节镇自成德以下凡六十七,小镇自昭化以下凡二十二。"此武胜、定国属大镇。武胜军,地望在京西南路邓州(今河南邓州市)。定国军,地望在永兴军路同州(今陕西大荔)。

③湖北京西路宣抚副使:即荆湖北路、京西南路宣抚副使,相当于今大军区副司令员。宣抚副使,宣抚使之副贰;但亦有不置使而置副使者,以资望浅之故,岳飞即属此种情况。武臣为宣抚副使,始于建炎三年(1129)郭仲荀。文臣为宣抚副使,始于绍兴二年(1132)王似、卢法原。宣抚司职掌宣布威灵、外攘寇侮、抚绥边境、节制诸将、督视军旅,可便宜行事,极为尊严,位于制置司之上。宣抚使、副,有大帅之称,为南宋武臣军职中领兵实权之最高者。

④湖北京西河东路宣抚副使、节制河北路:河东路、河北路为金军所占领,刘豫政权为金人所扶立后,归属伪齐。绍兴六年(1136),岳飞北伐,深入伪齐境内,忠义民兵梁兴等响应之,高宗即许岳飞节制该沦陷区有关军事,为此特于正式官衔内系上"河东路宣抚副使、节制河北路"之名。其实,主要还是虚张声势而已。所以岳飞主动提出:"飞契勘河东、河北两路,近除有梁兴等前来之后,外别无前来之

人。所有前项所准指挥，令飞阶内添入'河东及节制河北路'字，伏乞行府特赐指挥寝罢施行。伏候指挥。"（参《金佗续编》卷七《进官至京西路添入河东及节制河北路字札》）

⑤起复：宋代官员有三年守父母丧（称丁忧）之制，在守丧期内，须解官持丧服。丧期满，再复职，称"服阕"。如果丧期未满，朝廷特许擢用者，称"起复"。岳飞母姚氏，卒于绍兴六年（1136）三月二十六日。岳飞即当天离任处理丧事，奏状中自称"草土臣"。可是高宗不许岳飞解官守丧，因是年正图北伐，军中离不开岳飞。四月八日即降圣旨："岳飞母身亡，已降指挥起复。可于格外特赐银、绢各一千匹两，令户部支给。右札送起复武胜定国军节度使、湖北京西路宣抚副使、检校岳少保。"（见《金佗续编》卷七《内艰赐银绢省札》）

⑥节制：本义为使驻屯之军服其权威；岳飞此处节制的河北路属沦陷区，当无屯戍驻军，仅止忠义民兵等而已。

绍兴七年（1137）　岳飞三十五岁

起复检校少保、武胜定国军节度使、湖北京西路宣抚副使、武昌郡开国公、食邑二千五百户、食实封一千户。

二月二十五日，起复太尉、武胜定国军节度使、湖北京西路宣抚使、兼营田大使、武昌郡开国公、食邑三千户、食实封一千二百户。

三月四日，太尉、武胜定国军节度使、湖北京西路宣抚使、兼营田大使、武昌郡开国公、食邑三千户、食实封一千二百户。（按：岳飞上奏文字署衔仍带"起复"两字，如三月十一日《乞出师札子》："……三月十一日，起复太尉、武胜定国军节度使、湖北京西路宣抚使、兼营田大使臣岳飞札子。"是年九月初二，《乞以明堂恩奏张所男宗本奏》内尚出现"起复"二字，直至绍兴八年七月六日）

四月十六日，岳飞自动解除军职，委宣抚司提举一行事务官张宪摄军事。十九日，朝廷以权兵部侍郎、兼都督府参议军事张宗元权湖北京西路宣抚司判官，监岳飞军。飞径自上庐山守母亲姚氏墓。

六月二十六日，岳飞复职，起复太尉、武胜定国军节度使、湖北京西路宣抚使、兼营田大使、武昌郡开国公、食邑三千户、食实封一千二百户。

九月，太尉、武胜定国军节度使、湖北京西路宣抚使、兼营田大使、武昌郡开国公、食邑三千五百户、食实封一千四百户。

〔考异〕（一）李心传谓岳飞迁太尉在二月十五日，升宣抚正使在十六日。

《系年要录》卷一〇九："（绍兴七年二月）丁巳，起复检校少保、武胜定国军节度使、湖北京西宣抚副使岳飞为太尉，赏商、虢之功也。翌日，升宣抚使。飞威名日著，淮西宣抚使张俊益忌之。"

按：岳飞迁太尉与升宣抚使当为二月十五日同一日事。有制书及《宋史·高宗纪》可证，《起复太尉加食邑制二月二十五日》："……起复检校少保、武胜定国军节度使、充湖南北京西路宣抚副使、兼营田使、武昌郡开国公、食邑二千五百户、食实封一千户岳飞……可特〔授〕起复太尉、依前武胜定国军节度使、湖北京西路宣抚使、兼营田大使、加食邑五百户、食实封二百户。主者施行。"《宋史·高宗纪》五："（绍兴七年二月）丁巳，以岳飞为太尉、湖北京西宣抚使。"

（二）李安所制《一览表》中，不载岳飞一度自动离职事。

《岳武穆历任官职一览表》："绍兴七年（1137），三十五岁。官名：太尉，余同前。职称：武胜定国军节度使、湖北京西路宣抚使、兼营田大使。"

按：四月十六日，岳飞为合并刘光世淮西军事，愤于高宗皇帝出尔反尔、一夜之间收回成命，借口赴都督府与张浚议事不合，自动解职，持丧服，怒上江州（今江西九江市）庐山守墓。这是岳飞主张抗金、高宗主张议和之矛盾的显化。湖北京西宣抚司军事，暂派张宗元监领。直到六月，在高宗高压下，岳飞不得不赴行在"请罪"。二十六日遂复原官。此段史事，岳珂《行实编年》也没有回避。李安所撰《岳飞史迹考》中的《岳武穆历任官职一览表》，将此事隐去，甚无谓。

《行实编年》卷之四："绍兴七年，丁巳岁，年三十五。入觐。论马。扈从至建康。除太尉，升宣抚使，升营田大使。论恢复大计。论刘光世军。解兵柄。复军。"

《宋史·高宗纪》五："（绍兴七年三月）癸酉，岳飞乞并统淮西兵以复京畿、陕右，许之，命飞尽护王德等诸将军。既而秦桧等以合兵为疑，事遂寝。……甲申，以刘光世为少师、万寿观使，以其兵隶都督府，张浚因分为六军，命吕祉节制。……夏四月丁未，岳飞乞解官持余服，遂弃军去。……六月辛卯朔，岳飞入见……丙辰，岳飞复职。"

《督府令收掌刘少保下官兵札》："勘今淮西宣抚刘少保下官兵等，共五万二千三百一十二人，马三千一十九匹，须至指挥。……右札送湖北京西路宣抚使岳太尉照会，密切收掌，仍不得下司。准此。绍兴七年三月十四日。"（见《金佗续编》卷八）

刘光世淮西军五万多兵马，并入岳飞军中，此事由高宗决定，高宗曾在建康行在所，将岳飞召入寝阁，面谕："中兴之事，朕一以委卿。除张俊、韩世忠不受节制外，其余并受卿节制。"（见《金佗续编》卷二七《岳武穆事迹》）可是，言犹在耳，高宗突然变卦，决定"不以德、琼军隶飞，诏飞诣张浚议事"（见《宋史纪事本末》卷七〇《岳飞规复中原》）。高宗亲自降旨："前所降王德等亲笔，须得朝廷指挥，许卿节制淮西之兵，方可给付。"（见《金佗稡编》卷一《高宗宸翰》）绍兴七年（1137），正是这样的深刻矛盾酿成了岳飞自动弃官的极不寻常决定。

《系年要录》卷一一二："绍兴七年秋七月丁卯，起复太尉、湖北京西宣抚使岳飞遣属官王敏求来奏事。初，飞请解官。未报。乃以本军事务官张宪摄军事。宪在告，而权宣抚判官张宗元命下。……上命参议官李若虚、统制官王贵诣江州敦请飞依旧管军，如违，并行军法。若虚等至东林寺见飞，具道朝廷之意，飞坚持不肯出。若虚曰：'相公欲反耶？且相公河北一农夫耳！受天子之委托，付以兵柄，相公可与朝廷相抗乎？公若坚持不从，若虚等受刑而死，何负于公？'凡六日，飞乃受诏，赴行在。"

（三）《岳侯传》谓岳飞加"河南河北招讨使并湖北京西路宣抚使"。

《三朝北盟会编》卷二〇七引《岳侯传》："时秦桧当国，方主和议，忌侯，申侯乞持母服，弃军权居江州庐山。桧遂举张宗元为宣抚判官，监军事。诏侯赴行在。加侯河南河北诸路招讨使并湖北京西路宣抚使。"

按：岳飞兼河南北诸路招讨使，系绍兴十年（1140）六月一日事，《岳侯传》扯到绍兴七年（1137），非是。《少保兼河南府路陕西东河北路招讨使加食邑制（绍兴十年六月一日）》："武胜定国军节度使、开府仪同三司、充湖北京西路宣抚使、兼营田大使、武昌郡开国公、食邑四千户、食实封一千七百户岳飞……可特授少保、依前武胜定国军节度使、充湖北京西路宣抚使、兼河南北诸路招讨使、兼营田大使、加食邑七百户、食实封三百户，封如故。"

〔释〕①太尉：政和二年（1112）九月改武选官名之前，太尉为三公官之一，即太尉、司徒、司空，但按升迁之序，太尉却位居三师官太傅、太保之上，仅次于太师，位极崇高。政和二年易"三师""三公"名，太尉虽不复属三公之列，但为武阶官之首——第一阶，官品正二品，月俸料钱一百贯，并特许领真俸（南宋初，因军兴，宰执不领全俸），其恩数视二府大臣（中书、枢密院长官，即宰执大臣），如仪卫特许"张伞"等。对此，岳飞不无自豪地说："陛下录臣微劳，擢自布衣，曾未十年，官至太尉，品秩比三公，恩数视二府，又增重使名，宣抚诸路。臣一介贱微，宠荣超躐，有逾涯分。"（见绍兴七年《手疏造膝陈恢复大计》，载《金佗续编》卷一）

②湖北京西宣抚使：全称为荆湖北路、京西南路宣抚使。宣抚使，北宋时不常置，如有军旅出征，则命执政大臣担任。武臣任宣抚使，始自仁宗朝皇祐二年（1050）九月，以宣徽南院使狄青为荆湖路

宣抚使、提举广南经制贼盗事。南宋初，以前宰相为宣抚使，有李纲、吕颐浩、朱胜非三人。武臣为宣抚使，自绍兴元年（1131）刘光世始。自高宗朝至宁宗朝，仅刘光世、韩世忠、张俊、岳飞、吴玠、吴璘六人为宣抚使，号称"大帅"。宣抚使为军职，是南宋最高一级的统兵长官，需侍从官以上为之。其地位虽次于中央政府的枢密使、副，但枢密使、副并不带兵，权任实际上亚于宣抚使。（可参见绍兴元年"宣抚副使"条注释）

③兼本路营田大使：宣抚副使带兼本路营田使，正使加"大"字，则带兼本路营田大使衔，以示位尊。

④草土臣：父母病故，称丁忧；官员须在父母发丧后，居家守丧；朝廷虽未明命罢职，但具衔只称"草土臣"。

⑤九月加食邑五百户、食实封二百户：《明堂加食邑五百户、食实封二百户制》止存词头，制词已佚，何时降制不明。今据九月二十二日（辛巳）"合祀天地于明堂"（见《系年要录》卷一一四）推定明堂礼恩当行于九月。

绍兴八年（1138） 岳飞三十六岁

太尉、武胜定国军节度使、湖北京西路宣抚使、兼营田大使、武昌郡开国公、食邑三千五百户、食实封一千四百户。

岳飞奏状仍署衔：起复太尉、武胜定国军节度使、湖北京西路宣抚使、兼营田大使（武昌郡开国公、食邑三千五百户、食实封一千四百户从略）。

七月二十一日，再令除落"起复"二字（按：绍兴八年六月一日，岳飞丁忧服阕，依例，奏状署衔不再带"起复"二字。湖北京西宣抚使司往来干办军期事务王敏求申状候指挥除落"起复"二字，六月二十八日、七月二十一日连下两道《省札》许依刘光世例，服阕除落。八月后，岳飞奏状不再有"起复"二字）。

按：岳飞自绍兴七年（1137）二月二十五日迁为太尉、宣抚使后，除了九月明堂恩加食邑五百户、食实封二百户之外，直到绍兴九年（1139）正月十日，高宗不予任何提升，官职"冻结"了一年零十个半月，这在岳飞不到十年"位至将相"的仕途中，实属罕见。由此可见高宗所谓"朕无怒卿之意"的虚伪，我们能窥察宋代皇帝忌惮、防范武将的世传家法。兹引高宗对下庐山具表"待罪"的岳飞说的一段话："朕实不怒卿。若怒卿，则必有行遣，太祖所谓犯吾法者惟有剑耳。所以复令卿典军，任卿以恢复之事者，可以知朕无怒卿之意也。"（见《系年要录》卷一一二，绍兴七年七月丁卯条）

绍兴九年（1139） 岳飞三十七岁

太尉、武胜定国军节度使、充湖北京西路宣抚使、兼营田大使、武昌郡开国公、食邑三千五百户、食实封一千四百户。

正月十一日，武胜定国军节度使、开府仪同三司、充湖北京西路宣抚使、兼营田大使、武昌郡开国公、食邑四千户、食实封一千七百户。

〔考异〕（一）岳飞授开府仪同三司时间。岳珂《行实编年》系于绍兴九年（1139）春三月之后的"十一月"："绍兴九年，己未岁，年三十七。讲和。授开府仪同三司。论虏情。春三月，以复河南，赦天下。……十一月，授开府仪同三司，加食邑五百户、食实封三百户。时三大帅皆以和议成进秩一等，先臣独力辞。"

按：岳飞被授予开府仪同三司时间，在绍兴九年（1139）正月十一日，可确定无疑。《金佗续编》卷二有《（绍兴九年）开府仪同三司食邑制（正月十一日）》，此为力证。《系年要录》卷一二五："（绍兴九年春正月丙戌）以金人来和，大赦天下。庚寅，扬武翊运功臣、少保、京东淮东宣抚处置使韩世忠，迁少师。少保、淮西宣抚使张俊赐号安民靖难功臣，迁少傅。自刘光世以下，所领三镇节钺皆如旧，用讲和恩也。壬辰，太尉、武胜定国军节度使、湖北京西宣抚使岳飞，保平静难军节度使、川陕宣抚副使吴玠并开府仪同三司。"此可资佐证。然按《行实编年》文字分析，"春三月，以复河南赦天下。……十一月，授开府仪同三司……三大帅皆以和议成进秩一等"。岳珂手书似无误，"春三月"即"春正月"之传误，"十一月"乃"十一日"之传误。宋代史书编年，通常有"春正月""夏四月""秋七月""冬十月"之书法，而无"春三月""夏六月""冬十有二月"之类的用法。此外，从记事上看，先叙宋金和议成大赦天下，再讲三大帅进秩，顺理成章。而"十一"之数又与《制书》《系年要录》之"十一（日）"相吻合。以是言之，《行实编年》今日流传版本所系月日，确属讹误。

（二）李安《一览表》，将"开府仪同三司"注释为"宋文官阶之首"，非妥。"开府"为使相，寄禄官阶之首应为"特进"。

绍兴十年（1140）　岳飞三十八岁

武胜定国军节度使、开府仪同三司、充湖北京西路宣抚使、兼营田大使、武昌郡开国公、食邑四千户、食实封一千七百户。

六月一日，少保、武胜定国军节度使、充湖北京西路宣抚使、兼河南北诸路招讨使、兼营田大使、武昌郡开国公、食邑四千七百户、食实封二千户。

九月九日，少保、武胜定国军节度使、充湖北京西路宣抚使、兼河南北诸路招讨使、兼营田大使、武昌郡开国公、食邑五千四百户、食实封二千三百户。

〔考异〕（一）六月一日，岳飞兼河南府路陕西河东河北路招讨使，省称"兼河南北诸路招讨使"，而《行实编年》谓"寻改河南北诸路招讨使"，《宋岳鄂王年谱》、李安《年表》《一览表》等皆附和此说。

《行实编年》卷之五："绍兴十年，庚申岁，年三十八。六月，授少保、兼河南府路陕西河东河北路招讨使。……先臣乃不敢辞，寻改河南北诸路招讨使。"

《宋岳鄂王年谱》卷四："庚申十年，王三十八岁。六月甲辰朔，加少保、兼河南府路陕西河东北诸路招讨使，加食邑、实封，寻改河南北诸路招讨使。《本纪》同。"

按：《行实编年》所谓岳飞由兼河南府路陕西河东河北路招讨使，寻改兼河南北诸路招讨使，其"寻改"之诏，检未获，然细读六月一日制书，不难发现，两者为同一任命，区别在一系全称，一为简称，今转引如下：

《金佗续编》卷二《（绍兴十年）少保、兼河南府路陕西河东河北路招讨使加食邑制（六月一日）》："武胜定国军节度使、开府仪同三司、充湖北京西宣抚使、兼营田大使、武昌郡开国公、食邑四千户、食实封一千七百户岳飞……可特授少保，依前武胜定国军节度使、充湖北京西路宣抚使、兼河南北诸路招讨使、兼营田大使，加食邑七百户、食实封三百户，封如故。"

至于钱氏《宋岳鄂王年谱》所谓"《本纪》同"，今查《宋史·高宗纪》六，也无"寻改"之词："（十年）六月甲辰朔，以韩世忠太保、张俊少师、岳飞少保并兼河南北诸路招讨使。"

（二）李安视"少保"为"爵"位。

《岳武穆历任官职一览表》："绍兴十年（1140），三十八岁。官名：加爵授少保，余同前。"

《岳飞生平任官职称与其身后之殊荣》："三十八岁，加少保（爵位）。"

按：宋代爵名中，最高一级为"王"，即亲王，绝无"少保"爵级。李安《岳飞史迹考》谓岳飞升少保是"加爵"，误。

〔释〕①兼河南北诸路招讨使：河南北诸路，即指黄河南北沦陷区，原北宋行政区的河南府路以及陕西、河东、河北路。绍兴十年（1140），高宗迫于金撕毁和议、国内抗战舆论高涨，决定北伐中原，遂于六月一日，同时任命三大帅韩世忠、岳飞、张俊兼河南北诸路招讨使，有授命三宣抚使一举荡平中原敌寇之意。

《系年要录》卷一三六："绍兴十年六月甲辰朔，宰臣秦桧言：'臣昨见挞懒有割地讲和之议，故赞陛下取河南故疆。既而乌珠戕其叔挞懒，蓝公佐之归，和议已变，故赞陛下定吊民伐罪之计。今乌珠变和议果矣。

臣愿先至江上，谕诸路帅同力招讨。'从之。少师、京东淮东宣抚处置使韩世忠为太保，封英国公；少傅、淮西宣抚使张俊为少师，封济国公；武胜定国军节度使、开府仪同三司、湖北京西宣抚使岳飞为少保，〔并〕兼河南北诸路招讨使。"（《宋史·高宗纪》作"并兼河南北诸路招讨使"，证以《宋史·韩世忠传》，无误）

②少保：政和改官名后，少保为"三孤官"（也称"三少"），为宰相、亲王、使相等高级官员之加官。三公、三孤官，秦汉以前，原以师道辅佐天子，后世官职演变，至宋，已变成表示尊荣的加官，不复有师保之任、论道经邦之职。又由"三孤""三公"六官升迁有序，慢慢变成了高出于文、武官阶之上的阶官。宋初，三师、三公官（即后来的三公、三少官）尚不轻易授人，文臣之有重望勋德者方能除授，仍带有辅教天子的含义。至徽宗朝宣和以后，除授始滥，内侍官童贯等亦可得之，王子亦可为师保之任。入南宋，扩展至武臣。岳飞即以一介胄之士，跃入"三孤"之位。依宋制，三孤、三公升迁之法为：节度使加检校三孤、三公官→开府仪同三司（使相）→少保、少傅、少师→太保、太傅、太师。随着时间推移，检校官不必经历六阶，如岳飞自检校少保跃上开府一阶。降及宁宗以后，"既建节，便抹过检校，径除开府至三孤、三公官"（参看《古今合璧事类后集》卷一二《检校官》）。

少保，正一品官，其班位在亲王之上，左右丞相之下，为岳飞戎马生涯中获得的最高官阶。清朝袁枚《谒岳王墓》诗中写道："江山也要伟人扶，神化丹青即画图。赖有岳于双少保，人间才觉重西湖。"此间所说"双少保"，就是指南宋岳飞与明朝于谦，这两位民族英雄曾获得的最高官阶，都是"少保"，这亦是历史的一种巧合。

③九月九日：岳飞因明堂礼加食邑七百户、食实封三百户。《制词》已佚，仅存词首。

绍兴十一年（1141） 岳飞三十九岁

少保、武胜定国军节度使、充湖北京西路宣抚使、兼河南北诸路招讨使、兼营田大使、武昌郡开国公、食邑五千四百户、食实封二千三百户。

四月二十四日，少保、枢密副使、武昌郡开国公、食邑六千一百户、食实封二千六百户。（按：纳节，并罢宣抚使）

八月九日，少保、武胜定国军节度使、充万寿观使、奉朝请（罢除枢密副使军职，赋闲）。

十月十三日，前少保、武胜定国军节度使、充万寿观使（是日，岳飞被诬以谋反罪下大理寺狱，虽未明命罢官职，实已罢。刑寺文书署岳飞官衔皆带一"前"字）。

十二月二十九日，岳飞被高宗"赐死"于大理寺。

〔考异〕（一）李安《一览表》作"武胜定胜军节度使"。

《岳武穆历任官职一览表》："绍兴十一年（1141），三十九岁。官名：官爵加封同前。职称：枢密副使、少保、武胜定胜军节度使、万寿观使、奉朝请，以迄于卒。"

按：李安所云"定胜军"为"定国军"之误。《金佗续编》卷二保存着绍兴十一年（1141）《武胜定国军节度使、万寿观使、奉朝请制（八月）》，即是力证。《系年要录》卷一四一，绍兴十一年八月甲戌条云："少保、枢密副使岳飞复为武胜定国军节度使、充万寿观使。"此可资佐证，特别是"复为"两字，归还旧两镇使节，十分明确。且宋代无"定胜"节镇之名。

（二）钱汝雯《宋岳鄂王年谱》载八月九日罢岳飞枢密副使及少保。

《宋岳鄂王年谱》卷五："辛酉绍兴十一年，王三十九岁。八月甲戌，罢枢密副使，充万寿观使、奉朝请。"

按：八月九日，解罢岳飞枢密副使军职，但未褫夺少保阶官。《武胜定国军节度使、万寿观使、奉朝请制》的制词中说："少保、枢密副使、武昌郡开国公、食邑六千一百户、食实封二千六百户岳飞……欻烦言之荐至，摘深衅以交攻，有骇予闻，良乖众望。朕方记功掩过，事将抑而不扬……可特授武胜定国军节度使，依前少保、充万寿观使，仍奉朝请。主者施行。"十分清楚，"依前少保"，是保留少保职官不变。《宋岳鄂王年谱》摘去"少保"衔，不妥。然岳飞之封爵"武昌郡开国公"，已同时被撤去。

（三）李心传《系年要录》将"万寿观使"作"醴泉观使"，《续资治通鉴》同。

《系年要录》卷一四二："绍兴十有一年，冬十月戊寅，少保，醴泉观使岳飞下大理寺。"

《续资治通鉴》卷一二四："高宗绍兴十一年冬十月戊寅，少保、醴泉观使岳飞下大理寺。"

按：《系年要录》在十月十三日条的岳飞系衔上，出现"醴泉观使"宫观官名，误。盖可能将同月韩世忠罢为醴泉观使一事混入。该书卷一四三绍兴十一年十二月癸巳（二十九日）条附注所引《刑部大理寺状》可证："准尚书省札子：张俊奏张宪供通，为收岳飞处文字后谋反。……勘证得前少保、武胜定国军节度使、充万寿观使岳飞所犯……"

《系年要录》卷一四二："绍兴十有一年冬十月癸巳，扬武翊运功臣、太保、枢密使、英国公韩世忠罢为横海武宁安化军节度使，充醴泉观使，奉朝请，进福国公。"

〔释〕①枢密副使：枢密院副长官，正二品，月俸料钱二百贯，属执政官。宋代枢密院为中央发布军事政令的最高机构，与中书门下（宰相办公机构，即中央最高行政机构）对掌文、武大政，号称"二府"。枢密院总掌兵符、印玺，拥有发兵之权，负责武臣迁补，但无统兵之权。统兵权，京师归三衙，地方归帅司。枢密院长官有枢密使、知枢密院事，与之相应有枢密副使、同知枢密院事为佐贰。置枢密使，则设副使；置知院事，则设同知院事，交错为之，并无定制。北宋枢密副使始置于宋太祖建隆元年（960）八月，以赵普为之。绍兴十一年（1141）四月二十四日,岳飞解除湖北京西路宣抚使之任,升为枢密副使,属明升暗降,是高宗、秦桧有预谋地削弱地方兵权、打击抗金派将领的行动。岳飞一旦升为枢密副使,与宣抚司即无缘接触,宣抚司军改名为"统制御前军马"。

枢密副使是岳飞一生仕途中所获得的最高军职。

②万寿观使:祠禄官(或称宫观官)之一种。凡带"使"名者,用以安排离职、解职的宰执大臣,挂名领月俸而不干事,休闲在家,所谓"退闲之禄"。神宗朝以后,始用祠禄官安排异议臣僚。徐度《却扫编》卷上:"辅臣既罢,领宫观使。其后惟以使相、节度、宣徽使为之,无所职掌,奉朝请而已。"周必大《玉堂杂记》卷中:"按故事,宗室戚里或前宰执带节度使多充宫观使。若至使相,自领使无疑。"

③奉朝请:凡在京祠禄官,带"奉朝请"三字者,虽休闲在家,许依在任时赴"六参",即在"六参"朝仪之日,许上朝立班。"六参"又名"望参"。每逢一、五日(初一、十一、二十一日,初五、十五、二十五日)上朝之礼。凡六参日,在京大小职事及不厘务官,须上朝,不得连续三次请假。

后 记

中华民族英雄岳飞诞生于北宋徽宗朝崇宁二年（1103），牺牲于南宋高宗朝绍兴十一年十二月二十九日（1142年1月28日）。他39年短暂而辉煌的人生，被千古传颂，已成为照亮华夏子孙的爱国明灯。

习近平总书记多次谈到民族英雄岳飞。2016年12月，总书记在会见第一届全国文明家庭代表时的讲话中说："我从小就看我妈妈给我买的小人书《岳飞传》，有十几本，其中一本就是讲'岳母刺字'，精忠报国在我脑海中留下的印象很深。"1983年，在河北省正定县工作时，他还曾引用岳飞的名言："以身许国，何事不敢为？"勉励正定青年团结一心，奋发图强。

岳飞一生短暂，但他的事迹与精神却光照日月，流芳百世。

"九一八"事变爆发，东北沦陷，岳飞"还我河山"那气壮山河的呐喊，成了鼓舞全国人民反抗日军侵略的强大力量！抗日将士高唱着《满江红》，走向前线，高举起大刀向着日本侵略军头上砍去！

岳飞离开我们已有881年了，在实现中华民族伟大复兴的道路上，我们更需要弘扬爱国精神，更需要岳飞"精忠报国"的精神！

了解岳飞的成长史，追寻他叱咤风云一生的足迹，探究他的精神世界，及其精忠报国、高风亮节的精神遗产对后世的深远影响，是历史研究工作者的重要任务。

后 记

20世纪以来，岳飞研究越来越引起人们的重视。北京大学邓广铭教授《岳飞传》的问世，奠定了用历史唯物主义方法研究岳飞的基础。1984年，杭州大学历史系宋史研究室（室主任为徐规教授）与国家重点文物保护单位杭州岳飞墓庙文保所（所长为贾荣发）共同发起成立了岳飞研究会。北京大学历史系教授邓广铭为岳飞研究会顾问，杭州大学历史系教授徐规为岳飞研究会会长，中国社科院历史研究所研究员王曾瑜、上海师范大学古籍所教授朱瑞熙、河南大学历史系教授周宝珠任副会长，杭州大学副教授龚延明任秘书长，岳飞墓庙文保所所长贾荣发任副秘书长。会员分布于北京、上海、天津、浙江、江苏、河南、河北、湖北、湖南、江西、安徽、广东、山西、陕西、四川、福建、黑龙江等十四个省三个直辖市的高校、研究所、文博单位。岳飞研究会吸引和团结了国内外广大研究宋史和研究岳飞的学者，从而把岳飞研究推上了新台阶。从1984年至2003年二十年间，举办了五次岳飞学术研讨会，其中两次是国际学术研讨会；出版了五本学术会议论文集，其中三本由中华书局出版。2013年，龚延明、岳朝军主编的《岳飞研究论文集汇编》收入了国内外作者143篇论文（175万字，1172页），由浙江大学出版社出版。这本《岳飞研究论文集汇编》的出版，是岳飞研究的一个里程碑。期待岳飞研究在新时期有更大的推进。

笔者研究岳飞有年。20世纪80年代初由浙江人民出版社出版了第一部相关作品《岳飞》，1990年由浙江古籍出版社出版了《岳飞的故事》，2001年由南京大学出版社出版了《岳飞评传》。承蒙浙江古籍出版社的青睐，继《岳飞的故事》改编为《精忠岳飞》（15万字）出版之后，又重版了学术性较强的《岳飞评传》（30余万字），在此表示衷心感谢！

浙江大学文学院古籍所暨浙大宋学研究中心教授
龚延明
记于2023年8月17日